中东地区发展报告

中东变局的多维透视

[2012年卷]

刘中民 朱威烈◎主编

时事出版社

图书在版编目（CIP）数据

中东地区发展报告（2012年卷）/刘中民，朱威烈主编. —北京：时事出版社，2013.1

ISBN 978-7-80232-558-6

Ⅰ.①中… Ⅱ.①刘… ②朱… Ⅲ.①经济发展—研究报告—中东—2012 ②政治—研究报告—中东—2012 Ⅳ.①F137.04 ②D737

中国版本图书馆CIP数据核字（2012）第244229号

出版发行：时事出版社
地　　址：北京市海淀区巨山村375号
邮　　编：100093
发行热线：（010）82546061　82546062
读者服务部：（010）61157595
传　　真：（010）82546050
电子邮箱：shishichubanshe@sina.com
网　　址：www.shishishe.com
印　　刷：北京百善印刷厂

开本：787×1092　1/16　印张：28.25　字数：368千字

2013年1月第1版　2013年1月第1次印刷

定价：79.00元

编辑委员会

主　　编：刘中民　朱威烈

参加编写人员（以姓氏笔画为序）

马丽蓉　王　凤　王　泰　田文林

孙德刚　皮凡倩　朱威烈　刘中民

闫　伟　陈　沫　陈　杰　吴冰冰

杨　阳　汪　波　余　泳　古　萍

钮　松　姚匡乙　钱学文　韩志斌

潘　暐　颜学雄

序言

2011年10月，由上海外国语大学中东研究所申报的教育部哲学社会科学发展报告《中东地区发展报告》获准立项。当时，恰逢肇始于突尼斯的中东变局向纵深发展之际。近两年来，在大规模民众抗议浪潮的冲击下，特别是受到外部势力的频繁干预和影响，中东地区局势陷入严重动荡。在此过程中，阿拉伯国家或发生和平方式的政权更迭（如突尼斯和埃及），或在外部的调解斡旋下实现权力过渡（如也门），或发生残酷的内战并引发外部干预推翻原国家政权（如利比亚），或陷入严重的暴力冲突并久拖不决（如叙利亚），其他阿拉伯国家也出现了不同程度的动荡。由于中东变局的冲击，中东国家政治和地区格局均处在深刻的变动与重组之中，美、欧、俄等大国的中东战略也都已发生深刻的变化和调整，传统的地区热点问题尤其是巴以问题、伊朗核问题、反恐形势等问题均趋于进一步复杂化。面对中东变局的影响，中国的中东外交既有巨大的历史机遇，也需应对和化解严峻的挑战。

中东变局导致的部分阿拉伯国家政权更迭和地区格局重组，以及包括中国在内的大国中东政策的深刻变化，既为《中东地区发展报告（2012年卷）》的编写提供了丰富的实践素材和研究课题，也对发展报告的编写形成了较大的压力。作为国内第一部以中东地区为独立分析对象的区域发展报告[①]，将中东变局作为主要分析线索，

① 从20世纪90年代中后期开始，中国社会科学院西亚非洲研究所每年编写并发布《中东非洲发展报告》，后改为《中东非洲黄皮书》，但并不是以中东为独立分析对象的发展报告。

全面总结和归纳中东变局的性质、特点、根源和影响，深入分析中东变局发生以来主要中东国家转型发展动态与演变趋势，考察地区格局深刻变化尤其是阿拉伯国家、以色列、伊朗、土耳其四大主体力量的地位变化，回顾和前瞻美、欧、俄等世界大国中东战略的变化与调整，总结中国应对中东变局的经验、分析中国中东外交的机遇与挑战并提供政策咨询，无疑是《中东地区发展报告》责无旁贷的任务。

中东地区是当今世界矛盾复杂深刻、局势动荡多变、大国利益竞争交汇的重要地区，其悠久的历史，复杂的民族、宗教关系，重要的多元文明文化，都需要不断加强基础性研究；其地缘政治与能源战略地位的重要性和层出不穷的热点问题，又使应用研究日显突出；中国在中东日益扩展的政治、经济、能源、安全和文化等战略利益，更亟待重视加强政策性研究。基于这种认识，《中东地区发展报告》积极贯彻教育部社科司《关于规范“教育部哲学社会科学发展报告”书稿编写工作的通知》精神，坚持基础性、应用性和政策性相结合的指导思想，贯彻理论与实践相结合、学术研究与政策研究相结合的基本原则，全面围绕中东地区的重大理论与现实问题进行跟踪研究，努力使《中东地区发展报告》成为能够服务于中国外交决策的对策性、前瞻性研究成果。

《中东地区发展报告（2012 年卷）》包括一个总报告、三个专题报告，共 18 个分报告。

总报告“中东变局的宏观透视”包括 5 个分报告，主要对中东变局的性质、特征、发展趋势进行宏观探讨，并围绕中东变局的深层次原因、社会文化背景、经济根源与经济影响以及伊斯兰力量的发展态势等较为重要的问题进行了专题分析。

专题报告一“中东变局对主要阿拉伯国家及地区格局的冲击”包括 5 个分报告，主要以埃及和利比亚为典型案例，分析它们陷入政治动荡的根源，政权更迭后的政治重建及其影响因素和发展前景；

同时注意结合中东地区四大主体民族，通过分析中东变局对阿拉伯国家、以色列、土耳其、伊朗的影响，探讨中东地区格局的变化及未来走势。

专题报告二“中东变局与大国的战略应对”包括3个分报告。中东变局导致阿拉伯国家的政治、社会生态和中东地区格局发生了深刻的变化，同时也对美、欧、俄等大国和大国集团的中东战略产生了重要影响。因此，本部分主要分析美、欧、俄对中东变局的战略应对，并对其效果进行评估。

专题报告三“中东变局与中国的中东外交”包括5个分报告，主要围绕中东变局对中国内政外交的冲击，结合中东变局后中国外交实践，尝试对中国外交应对的经验与不足进行分析，并在中国中东外交战略的调整方向方面提出若干政策建议；本部分还结合中东变局，对中国在中东的海外利益、国家形象、中国与海合会的关系等重要问题进行了案例分析。

教育部人文社会科学重点研究基地上海外国语大学中东研究所，虽已建立12年，但毕竟研究人员数量有限，凭一己力量显然难以完成《中东地区发展报告》的编写任务，而教育部关于围绕发展报告撰写组建跨行业、跨部门、跨机构编写团队的精神也不允许我们“闭门造车”。因此，我们在组建编写队伍过程中，努力结合实际，主动与有关机构和专家学者沟通，以取得共识，深化合作，形成合力。

从跨行业的角度，发展报告编写组对外交部政策规划司、西亚北非司等外交决策部门给予的大力指导与支持深表感谢，并特别感谢曾在2012年亲临上外中东研究所调研的中国中东问题特使吴思科大使、西亚北非司常华副司长、政策规划司杨义瑞副司长等给予的指导。外交部资深大使姚匡乙先生更是不辞辛劳，亲自撰写关于中国的中东外交的研究报告，极大地增强了《中东地区发展报告》的政策水平，中东研究所全体同仁都获益匪浅，心存感佩。

从跨部门、跨机构的角度，发展报告编写组得到了国内主要中东研究机构的鼎力支持，进而使发展报告能够充分反映国内学界的最高研究水平。国内各研究机构的中东问题专家在百忙之际，慨然应允参加编写，是发展报告能够如期完成的重要支撑力量。在这里我们谨向参加发展报告撰写的中国社会科学院西亚非洲研究所的王凤女士、陈沫女士，中国现代国际关系研究院的田文林先生，北京大学阿拉伯语系的吴冰冰先生，西北大学中东研究所的韩志斌先生，内蒙古民族大学世界史研究中心的王泰先生表示由衷的感谢。

我校中东研究所各位同仁在承担基地课题研究、人才培养、社会服务等基本任务的同时，还编辑出版中文双月刊《阿拉伯世界研究》和英文季刊《中东与伊斯兰研究》（*Journal of Middle East and Islamic Studies*），2012 年起开始承担《中东地区发展报告》的编写任务，使研究所成员的工作压力进一步加重，但各位同仁仍秉持敬业精神认真完成了任务。

《中东地区发展报告（2012 年卷）》的主题和编写大纲由刘中民教授和朱威烈教授商议拟定，刘中民负责通读、修改了发展报告的全部书稿，同时根据形势变化增删了各发展报告的部分内容，并编写了发展报告的内容提要。马丽蓉教授和余泳博士在承担发展报告撰写任务的同时，还承担了与校外作者的联系工作；孙德刚副教授负责了目录和内容提要的英文翻译。我校东方语学院从事希伯来语和阿拉伯语教学的杨阳和陈杰两位年轻副教授的加盟，也令发展报告增色不少。这里谨向参加发展报告撰写的中东所和东方语学院的每一位成员深表谢意。

“千里之行，始于足下”。作为首次面世的《中东地区发展报告（2012 年卷）》，肯定存在着诸多的不足与缺憾，诚望学界和社会同仁批评指正。我们深信，只要坚持认真贯彻教育部社科司的有关精神，坚持与国内学界、政界同仁协同努力，《中东地区发展报告

(2012 年卷)》一定会成为社会理解中东、学界研究中东、政界认知中东的重要园地。

是为序!

刘中民　朱威烈

2012 年 8 月于上海

目 录

总报告：中东变局的宏观透视

专题报告一：
中东变局对主要阿拉伯国家及地区格局的冲击与影响

专题报告二：
中东变局与大国的战略应对

专题报告三：
中东变局与中国的中东外交

Table of Contents

Appendix

Qian XueWen, Yu Yong

内容提要

《中东地区发展报告（2012 年卷）》以中东变局为基本线索，以 2011 年全年和 2012 年上半年的中东形势为观察与分析对象，通过一个总报告、三个专题报告，共 18 个分报告，在宏观认识中东变局性质、特点、原因、影响的基础上，围绕中东主要国家发展现状、地区格局变动、大国中东战略调整、中国与中东关系等方面，对中东地区的发展态势与走向进行了分析和前瞻。

一、总报告：中东变局的宏观透视

本部分作为对中东变局进行宏观认识的总报告，主要对中东变局的性质、特征、发展趋势进行宏观探讨，同时围绕中东变局的深层次原因、社会文化背景、经济根源及经济影响以及伊斯兰力量发展态势等较为重要的问题进行了专题分析。本部分共包括 5 个分报告。

1. 关于中东变局的几个基本问题

中东变局是一场席卷阿拉伯世界的地区性政治与社会运动，发展民主、改善民生构成了其主要政治诉求，以推翻现政权为目标的政治抗议浪潮构成了其典型表现形式。中东国家的政治变革既有典型的共性特征，又有鲜明的差异性特点，同时有着深刻的政治、经济和思想文化根源。从未来的发展趋势看，民主化、世俗化、如何处理与西方的关系问题构成了影响阿拉伯国家政治变革的三大核心议题，而阿拉伯国家、以色列、土耳其、伊朗四大力量的地位变化和地区热点问题的复杂化构成了中东地区格局变化的主要趋势。

2. 中东变局的原因分析

中东变局的根源主要包括三个方面：首先，政权阶级属性转向导致腐败盛行、分配不公、贫富悬殊不断扩大等社会积弊不断加深，进而导致阿拉伯国家政权根基发生动摇。其次，民族工业长期落后，而过度开放又导致阿拉伯国家日趋陷入严重依附西方的“全球化陷阱”。第三，多数阿拉伯国家过于亲美导致民意丧失乃至政权旁落。

3. 中东变局的社会文化分析

从宗教和教派因素的作用来看，阿拉伯国家的民众抗议浪潮与传统的、朴素的伊斯兰民主思想具有内在的一致性。在中东变局中，部落和家族因素的作用十分复杂。部落矛盾既是导致利比亚、也门等国家陷入的动荡的重要因素，同时也将继续掣肘其政治重建。在沙特等海湾君主制国家，王室政权积极依靠宗教与家族统治等传统因素维护政治合法性，同时利用石油美元改善民生，进而在总体上维护了国家的政权稳定。在相当长的历史时期内，宗教、教派、部落与家族等传统文化因素仍是影响和制约阿拉伯国家的社会发展与社会转型的复杂变量。

4. 中东变局与伊斯兰主义力量的发展趋势

中东变局发生后，伊斯兰主义组织在具有通过参与民主政治进程扩大影响这一共性特征的同时，呈现出多样化的发展态势。一些组织表现出与现代民主政治相容的自由主义的趋向，呈现温和化发展态势，与原先的政治社会目标拉开了距离；还有一些组织，基本保留原先的社会政治目标，保守性非常浓厚。伊斯兰主义组织虽取得巨大发展，但很难完全推行伊斯兰教法，建立完全伊斯兰化的国家体制。上台后的伊斯兰主义组织，可能继续采取温和、务实和开放的对外立场，与外部世界发展建设性的互利合作关系。

5. 中东变局的经济根源及经济影响

中东变局的经济根源主要在于中东国家内部存在的经济与社会问题，同时也有其国内体制的问题以及国际金融危机的冲击等方面的因素。中东变局对该地区经济尤其是政局动荡国家的经济产生了十分消极的影响，并主要表现为经济增长大幅下降、支柱产业受损严重、外国直接投资下降、通货膨胀严重等。从国际层面看，中东变局的经济影响突出表现为地区动荡对国际能源市场的冲击，及其对世界经济复苏的潜在威胁。中东变局也对中国的能源、经贸、投资等海外利益产生了一定的消极影响。对此，中国应提高对国际能源市场风险的应急反应能力；应继续加深和发展与中东产油国尤其是海湾产油国的关系，并提高“走出去”企业的风险防范能力。

二、专题报告一：中东变局对主要阿拉伯国家及地区格局的冲击与影响

本部分主要以埃及和利比亚为典型案例，分析了它们陷入政治动荡的根源，政权更迭后的政治重建及其影响因素和发展前景；主要结合中东地区四大民族单元，通过分析中东变局对阿拉伯国家、以色列、伊朗的影响，认识中东地区格局的变化及未来走势。本部分共包括 5 个分报告。

1. 埃及政局变化和内外政策的调整

埃及穆巴拉克政权垮台的原因主要包括民生问题恶化，华盛顿共识破产；威权体制僵化，政权合法性逐渐丧失；政治改革缓慢，社会危机孕育革命。在后穆巴拉克时期的埃及政治重建中，穆斯林兄弟会的崛起直至赢得总统选举胜利最为引人关注；在过渡政府时期，埃及外交政策也发生了较大的变化。在穆尔西当选埃及总统后，如何协调总统以及穆斯林兄弟会与军方关系，如何重振经济，如何实现民族和教派和解，都是穆尔西面临的棘手难题。

2. 利比亚战争与利比亚的发展前景

卡扎菲政权在威权体制下的独裁专断、家族腐败、意识形态混乱和外交政策的摇摆与部落矛盾、外部干预等因素综合作用，导致了利比亚陷入动荡，直至引发内战和西方干预的利比亚战争，最终导致卡扎菲政权覆灭。在后卡扎菲时期的政治重建中，政治派别林立、政治合法性脆弱、部落矛盾、伊斯兰力量的崛起等都是利比亚政治重建面临的严峻挑战。从其国内政治发展前景看，利比亚虽面临诸多挑战，但分裂的可能性很小；从外交变化的前景看，利比亚将与阿拉伯国家、非洲国家和西方国家建立更为平衡的关系。

3. 中东变局与阿拉伯世界的分化与重组

在中东变局后，对内如何探索综合发展模式、推进民主政治建设、妥善处理教派矛盾，对外如何处理与西方尤其是与美国的关系，决定着阿拉伯世界在中东变局后分化与重组的趋势和方向。根据中东变局后阿拉伯国家与美国的关系，它们可以划分为沙特等亲美国家阵营、叙利亚等反美国家阵营和埃及等中间国家阵营；埃及在政局变化后对于综合发展模式的探索，对于整个阿拉伯世界具有重大的意义和影响；在阿拉伯世界正在形成五个力量集团，即尝试伊斯兰民主的共和制国家力量集团、谋求维持现状的君主制国家力量集团、穆斯林兄弟会力量集团、瓦哈比-萨拉菲派力量集团、什叶派力量集团，并围绕阿拉伯国家发展道路和中东地区格局形成了错综复杂的关系。

4. 中东变局对以色列的冲击及其应对

中东变局使以色列陷入了十分尴尬被动的境地，其外交和安全战略均面临着前所未有的考验。从总体来看，中东变局导致以色列处于无所适从的境地，只能对“阿拉伯之春”进行被动观望。具体来看，埃及穆巴拉克政权垮台和穆斯林兄弟会在总统选举中获胜，无疑使以色列对埃以和平条约的前景备感忧虑；动荡的叙利亚局势使以色列饱受煎熬；继续谋求独立建国和入联的巴勒斯坦使以色列面临诸多新的考验；土耳其与以色列关系急剧恶化，进一步加剧了以色列的孤立。目前摆在以色列面前最艰难的抉择则是伊朗核危机的加剧，若以色列采取单方面军事行动，将使以色列面临更为严峻的考验。

5. 中东变局与伊朗的地区地位变化及伊朗核问题的走势

在中东变局中，伊朗国内局势虽曾出现波动，但总体上保持了稳定。对于阿拉伯国家，伊朗一方面支持突尼斯、埃及等国的反政府游行示威，另一方面则支持盟友叙利亚稳定国内局势。在应对中东变局的过程中，伊朗的总体目标是国家稳定，并利用中东变局加强自身实力和影响力，提升自己在中东地区的大国地位。在中东变局发生的同时，伊朗加紧了核计划的发展，并引发了新一轮伊朗核危机。西方和以色列虽然会继续制裁和孤立伊朗，但短期内不会对伊朗贸然动武；而伊朗则在高调宣示伊朗核发展成就的同时，继续保持较为灵活的政策，伊朗核问题仍将在一定时期内处于僵持状态。

三、专题报告二：中东变局与大国的战略应对

中东变局导致阿拉伯国家的政治生态和中东地区格局发生了深刻的变化，同时也对美、欧、俄等大国和大国集团的中东战略产生了重要影响。因此，本部分主要分析美、欧、俄对中东变局的战略应对，并对其效果进行评估。本部分共包括 3 个分报告。

1. 中东变局与美国的战略应对

美国应对中东变局的战略措施彰显了“奥巴马主义”，其具体内容包括：在军事上谨慎用兵，避免直接地面占领或卷入一场针对伊斯兰国家的新战争，而是通过武装反对派，推行“阿拉伯人打阿拉伯人”的策略，减少人道主义干预的成本；政治上运用所谓的“巧实力”，通过欧洲大国和阿拉伯盟友提出议程设置，并使其充当“急先锋”，而美国在背后“掌舵”，以最廉价的方式维系美国在中东的领导地位；在外交上重视议题设置，积极通过国际组织和地区组织谋求合法性，并充分利用联合国人权委员会等国际组织和非政府组织；在经济上运用援助和制裁两手政策来实现政治目标；在文化上利用媒体、非政府组织和网络，开展民间外交和网络外交。

2. 中东变局与欧洲大国及欧盟的战略应对

欧盟对中东变局进行战略应对的特点是：综合运用多种手段应对中东变局，突出表现为在军事上实施双重标准，重点打击利比亚和叙利亚等反西方国家，推行政权更迭；在政治上利用多边舞台凝聚意识形态一致性，重申欧洲肩负在中东推广“自由、民主、人权”

等西方价值观的特殊责任；在经济上采取经济制裁与经济援助两手政策，附加推广民主的政治条件；在文化上通过大众传媒渲染“人道主义干涉有理”的强者逻辑。

3. 中东变局与俄罗斯的战略应对

俄罗斯应对中东变局的战略具有以下特点：以军事和经济手段为辅，以政治和外交手段为主，包括在政治上防止西方在独联体国家推行新一波“颜色革命”和干扰2012年俄罗斯大选；积极应对中东伊斯兰势力上升对俄高加索等伊斯兰地区的冲击；加强对国内互联网监控，不给外部势力以可乘之机；外交上重申不干涉内政原则，根据俄利益相关度决定介入中东变局的深度；对西方采取既合作又斗争的策略，坚决捍卫俄在中东的核心利益。

四、专题报告三：中东变局与中国的中东外交

本部分主要围绕中东变局对中国内政外交的冲击，结合中东变局后中国外交实践，对中国外交应对的经验与不足进行了分析，并针对中国中东外交战略的调整方向提出了若干政策建议；本部分还结合中东变局，对中国在中东的海外利益、国家形象、中国与海合会的关系等重要问题进行了案例分析。本部分共包括5个分报告。

1. 中东形势剧变与中国的中东政策

中东动荡导致该地区多国政权更迭，并迅速扩展到叙利亚，叙危机已成为这场动荡旋涡的中心；伊斯兰势力的崛起成为转型国家面临的严峻课题；动荡使中东地区格局面临新的调整，地区大国间矛盾和力量消长，将影响有关国家政局和热点问题走向；美国调整

中东政策，深刻影响了地区局势走向。中国坚持“不干涉内政”原则，尊重有关国家人民自主选择的原则立场，得到国际社会理解和肯定。中东形势演变对中国中东外交带来了重要机遇和严峻挑战，中国应审时度势，积极应对，谋求中国与中东国家关系的新发展。

2. 关于中东变局与中国中东外交的若干思考

中国对中东变局的外交应对经历了一个从紧急应对到全面统筹的过程，并取得了巨大的成功。中国要正确认识中东变局的复杂性，要从统筹国际国内两个大局的高度认识中东变局的影响，要从“外部环境考验”的高度认识中东变局的冲击；要客观认识中东变局对中国国际环境变化的影响；要进一步总结应对中东变局宝贵经验，并对存在的不足与偏差加以改进。在中东战略调整方面，中国要科学谋划中长期的中东外交战略及实现手段，尤其要进一步增强对中东战略地位的认识，并在坚持传统外交原则的同时适度扩大对中东事务的参与。

3. 中东变局对中国海外利益的影响及对策

中国在中东的海外利益主要表现在经贸、能源、投资、工程承包、人员安全等领域。从总体上来说，中东变局并未改变中国与中东国家经济合作持续发展的基本态势，但中国在中东的海外利益也受到了一定的冲击，并突出表现为工程承包遭受的损失，以及中东形势总体动荡、伊朗核危机加剧、南北苏丹冲突导致的能源安全风险的扩大。因此，研究报告主要围绕投资风险防范和能源安全两个方面提出了若干对策建议。

4. 中东变局背景下的中国与海合会关系研究

中国与海合会的关系历经 30 余年的发展，经历了从追求彼此政治诉求到大幅提升经贸交往，再到建章立制并举行战略对话三个发展阶段。中东变局虽然对双方关系产生了一定冲击，但并未改变双方关系合作共赢的发展大势。一年多来，双方的合作主要表现为加强高层互动交流，战略对话继续深化；加强协调磋商，促进热点问题政治解决；加强经贸人文合作，交往途径不断拓宽。从未来发展趋势来看，双方合作关系有望继续深化和拓展，但也在某些方面存在着一定的隐忧。

5. 阿拉伯媒体中的中国形象分析

长期以来，基于中国与阿拉伯国家的友好合作关系，中国在阿拉伯世界一直保持着良好的国际形象。自中东变局发生以来，中国的政策主张尤其是中国连续在安理会对叙利亚问题决议案行使否决权，对中国在阿拉伯国家的国家形象产生了一定的消极影响。最初，阿拉伯媒体对中国的报道和评论出现了许多批评和指责，但随时间的演进，又逐步呈现出褒贬不一的多元化趋势，有许多报道和评论逐步趋于理性客观。因此，尽管中国在阿拉伯媒体中的国家形象暂时受到了一定的冲击，但这并不会改变中阿友好关系的大局，也不会改变中国在阿拉伯国家的良好国际形象。

Abstract

Reports on Middle East Development (*2011 – 2012*), by focusing on the Middle East upheaval, analyzes the Middle East situation in 2011 and the first half of 2012 with 18 reports, which are categorized into One Overview and Three Special Reports. This volume, on the basis of reviewing the essence, characteristics, causes and implications of the Middle East upheaval, focuses on the development of the regional countries, the policy adjustment of the world Great Powers, the relations between China and the Middle East, so as to forecasts the prospect of the Middle East development and its general trend in the years to come.

Overview: A MacrocosmicPerspective of the Middle East Upheaval

From a macrocosmic perspective, the first session of the volume probes the essence, characteristics and development trend of the Middle East upheaval in general. Meanwhile, it touches down upon the hidden causes, socio – cultural background, economic roots and impacts as well as the development trend of the Islamic forces in the region. The five reports in this session are as follows.

I. Some Basic Issues in the Middle East Upheaval

The Middle East uphaeval is a regional political and social movement sweeping the whole Arab world. Democracy and people's well – being are the major political pursuits of the demonstrators, and overthrowing the authoritarian regimes is the major goal. The political transformation of the Middle East countries share both similar features and conspicuous peculiarities with profound political, economic, ideological and cultural roots. Judging by its future development, the Arab political transformation has three core issues of democratization, secularization, and the new relations with the West; the regional trends of development can be characterized by the changing international status of Arab countries, Israel, Turkey and Iran, as well as the more complex regional hot – spot issues.

II. The Major Causes of the Middle East Upheaval

The root causes of the Middle East upheaval are three – folds. First, the change of social classes have given rise to corruption, disparity of income, wealth polarization and other social problems, which have shaken the basis of Arab regimes. Second, backward in national industrialization, the Arab countries have overly opened – up, which compelled them to depend unduly on the West, resulting to a "globalization trap". Finally, many Arab countries are pro – West, so much so that they have lost the support from the mass.

III. A Socio - cultural Perspective of the Middle East Upheaval

Judging by the religious andsectarian factors, the protest waves in the Arab countries are coherent with the traditional and fundamental Islamic ideas of democracy. In the Middle East upheaval, tribes and family factors are complicated. The tribal conflicts are not only the causes of Libyan and Yemeni chaos, but also barriers to the two states' political reconstruction. In Saudi Arabia and other Monarchies, the royal families attempt to strengthen their legitimacy by relying on religion and family rule. Meanwhile, the royal families make use of petrodollars to improve people's well-being. Therefore, their national stability is guaranteed. For a long period of time, religions, sectors, tribes, family and other traditional cultural factors are the complex variables both affecting and constraining the Arab social development and transformation.

IV. The Middle East Upheaval and the Development Trend of the Islamism Forces

Since the outbreak of the Middle East upheaval, the Islamic organizations on the one hand share the similarities of expanding their influence through participating in the democratic politics, and on the other hand reveal great diversity. Some religious organizations have shown a trend of liberalization congruent with modern democratic politics, and have partly abandoned their previous political and social goals, while others have retained their previous goals and remained conservative. Although some Islamic organizations have achieved great development, they can hardly put *Sharia* (Islamic Law) into practice and build an Islamic *Khalifah*. After taking authorities, these Islamic organizations may continue to seek moderate, pragmatic and open posture, and explore constructive and win-win cooperative relations with other countries.

V. The Economic Root Causes and Implications of the Middle East Upheaval

The economic root causes of the Middle East upheaval lie in the Middle East internal economic and social problems, which are propelled by the problematic Arab domestic systems and by international financial crisis. The Middle East upheaval has exerted a quite negative impact on the economy of the Middle East countries, particularly the regional transitional governments, with the impending problems of slow economic growth, impaired pillar industries, shrinking overseas investment, serious inflation, etc. Internationally, the Middle East upheaval has lashed the world energy market, and will continue to slow down the world economic recovery. The upheaval also has exerted a certain impact on China's energy, economy, trade, investment and other overseas interests. Therefore, China should enhance its response to the risks of the dynamic international energy market, proceed in deepening and developing its relations with Middle East oil-producing countries, especially the Gulf countries, and strive to promote her overseas enterprises'risk prevention capabilities.

Special Report One: the Impact of the Middle East Upheaval on Arab Countries and Regional Patterns

With Egypt and Libya as two cases in point, this session explores the root causes of this political upheaval, as well as the political reconstruction after their respective regime change, affecting factors and the prospect. By analyzing the four major nations of the Middle East, i. e. Arabs, Jews, Persians, and Turkish, this part touches down upon the influence of the Middle East upheaval on the Arab countries, Israel and Iran, and the new regional pattern of the Middle East and the development trend. This session consists of five reports.

I. The Change of Egyptian Politics and the Adjustment of Its Domestic and Foreign Policies

The downfall of Mubarak regime originated from the worsening well – being of Egypt and the bankruptcy of the Washington Consensus; the rigid authoritarian systems, slow political reforms, and serious social crisis all give birth to revolutions. During the political reconstruction of Egypt after the downfall of Mubarak regime, the success of Muslim Brotherhood in general election is the most eye – catching. Therefore, Egyptian transitional government's foreign policy will also experience a major change. After taking presidency, Mohamed Mursi administration is confronted with a variety of thorny issues, such as how to keep a balance among the Presidency, Muslim Brotherhood and the military; how to revitalize Egyptian economy; how to achieve national and ethnic reconciliation, etc.

II. Libyan War and the Prospect of Libya

The collapse of Qaddafi regime was caused by its autocracy, corruptive family rule, chaotic ideology, changeable foreign policy, tribal contradictions, as well as external intervention and regime change. In the process of political reconstruction of post – Qaddafi regime, the new government will be challenged with overwhelming issues, such as competing political sectors, weak political legitimacy, tribal disputes, the rise of Islamic forces, etc. Domestically, despite the various challenges, Libya will remain integrated; internationally, Libya may seek more balanced relations among the Arabs, Africans and the West.

III. The Middle East Upheaval and the Disintegration and Reorganization of Arab World

Since the outbreak of the Middle East upheaval, domestically, the Arab countries have explored their development modes, promoted democratization, and properly handled the inter – sectarian contradictions at home; internationally, these countries have attempted to readjust their relations with the West, particularly with the US. Their domestic and foreign policies will determine the trend and orientation of the Arab countries' disintegration and reorganization. In accordance with their respective relations with the US, the Middle East Arab countries can be categorized into three blocs, i. e. Saudi – led pro – America bloc, Syria – led anti – America bloc and Egypt – led neutral bloc. Among these countries, Egyptian exploration of a comprehensive development mode is of great significance in the Arab countries and the world as the whole. Meanwhile, in the years to come, five new Arab blocs are looming, i. e. the Arab republic bloc which attempt to combine Islam with democracy, the Monarchy bloc which attempt to maintain status quo, the Muslim brotherhood – dominated bloc, the Wahhabi – Salafia alliance and the Shia resistance coalition. These five blocs will form a complex network in the exploration of Arab development modes and the formation of a new Middle East power pattern.

IV. The Impact of the Middle East Upheaval on Israel and Its Response

Israel has been lost in embarrassment and it's diplomatic and security strategies have been confronted with unprecedented challenges. Overall, Israel has felt ill – at – ease, and it has to seek a passive "wait and see" policy. Israel has been quite concerned with the prospect of the Middle East peace process since the downfall of Mubarak regime and the success of Muslim Brotherhood in general election; Israel is also upset with the chaotic Syrian situation and Palestinian authorities, and the latter is enthusiastic in pursuing independence and obtaining the UN membership; the sudden discord of Turkish – Israeli relations have further isolated the State of Israel. However, the top security concern of Israel is, undoubtedly, the severe Iranian nuclear crisis, namely, if Israel launched a unilateral military action, will it be confronted with an even graver ordeal.

V. The Middle East Upheaval, the Change of Iranian International Status and the Prospect of Iranian Nuclear Issue

Since the outbreak of the Middle East upheaval, the domestic situation ofIran has been basically stable, although sporadic ups and downs erupted in the countries sometimes too. In response to the Arab upheaval, Iran on the one hand supports the anti – governmental demonstrations in Tunisia and Egypt; on the other hand, it stands by Syrian regime firmly to stabilize its domestic situation. In the process, Tehran's general target is to stabilize its internal situation, and makes use of the Middle East upheaval to consolidate its power, influence and regional status. Meanwhile, Iranian government has accelerated its nuclear program, which has given rise to a new round of nuclear crisis. The West and Israel have continued to exert sanction and isolation on Iran, but can hardly launch a military strike in a short run. Tehran on the one hand reveals its glorious achievement in nuclear program, and on the other hand maintains a flexible policy, but Iranian nuclear issue will remain a deadlock in a quite long period of time.

Special Report Two: The Middle East Upheaval and the Strategic Response of the World Powers

The Middle East upheaval has profoundly transformed the Arab countries' political ecology and regional pattern, which has exerted an essential impact on Great Powers' Middle East strategy. This session consists of three parts, i. e. US, EU and Russian strategic responses to the Middle East upheaval and their respective efficacy.

I. The Middle East Upheaval and the Strategic Response of the US

US strategy towards the Middle East upheaval is a good test of "the Obama Doctrine", which can be characterized by the following attributes. Militarily, Washington is cautious to use military force so as to prevent another war against an Islamic country like Iraq and Afghanistan. Instead, it attempts to arm Arab opposition forces to overthrow the authoritarian regimes with a lower cost. Politically, America makes use of its "smart power" and requests European and Arab allies to act as the "staunch pioneers" to maintain US leadership in the Middle East from behind. Diplomatically, the Obama administration adheres to agenda - setting rights and let UN Human Rights Commission and other IGOs and NGOs serve the US interest. Overall, the US takes advantage of multi – facet tools to promote regime change in the anti – American countries, while maintaining regime stability in the pro – American countries.

II. The Middle East Upheaval and the Strategic Response of European Powers and EU

European Union's strategic response to the Middle East upheaval has the strong features as comprehensively making use of various measures; militarily implementing a double standard, and facilitating regime change in anti – west countries, such as Libya and Syria; politically attempting to achieve an ideological consensus on the multi – lateral stages; diplomatically underscoring the EU's special obligations in promoting liberty, democracy and human rights and other western values; economically relying on economic sanction and aid with political conditions attached; culturally trumpeting the logic of humanitarian intervention through mass media.

III. The Middle East Upheaval and the Strategic Response of Russia

Russianresponse to Arab Upheaval can be characterized by "political and diplomatic measures first, and military and economic measures second". First it places emphasis on preventing another wave of "Color Revolution" in the Central Asian and the Caspian regions, being on guard against the destruction of Russian general election by western forces. Second, it is allergic to the impact of Islamic revitalization to Russian and its neighboring countries. Third, it tightens its censorship on internet, denying the chance of external anti – Russian force to penetrate into Russian society. Fourth, it reiterates the principle of non – intervention, and participates in the Middle East affairs based on the correlation between its national interest and the specific countries. Fifth, it both cooperates and rivals with the western countries, and does not fear being isolated on the world stage. Finally, it attaches great importance to cooperation with other developing countries to safeguard its vital interest in the Middle East.

Special Report Three: the Middle East Upheaval and China's Middle East Diplomacy

This session focuses on the impact of the Middle East upheaval on China's domestic politics and diplomacy, summarizes China's experience, merits and demerits of foreign policy, and puts forward some policy suggestions for the readjustment of China's Middle East diplomacy. This session, consisting of five reports, further explores the Middle East upheaval's impact on Beijing's overseas interests, national image, Sino – GCC relations and other aspects.

I. The Middle East Situation and China's Middle East Policy

Judging from Chinese perspective, the Middle East upheaval has caused regime change in various countries, which has now spread to Syria, the epicenter of the upheaval. The rise of Islam has become a serious subject to various transitional countries. In this regards, China adheres to the "non – intervention principle" and the target countries' independent choice of the countries and people concerned, which has received world wide acclaim and understanding. Meanwhile, the Middle East upheaval has brought China both opportunities and challenges, so China should judge the hour and size up the situation and respond actively, and promote a new development of China and the Middle East relations.

II. Reflection on the Middle East Upheaval and China's Middle East Diplomacy

China's response to the Middle East upheaval has experienced a change from crisis management to an inter – agency coordination, which is a great success. As the next step, China ought to review the complex situation in the Middle East and analyze the impact of the Middle East upheaval from the strategic perspective of integrating international and domestic chessboards; China should also regard the Middle East upheaval as an "external environmental challenge", evaluating the impact of the upheaval on China's international setting, summarizing the precious experience in responding to the upheaval and correcting the flaws and even mistakes in the process. As to the adjustment of the Middle East strategy, China should scientifically map out medium and long – term Middle East strategy and tactics, enhance its awareness of the strategic importance of the Middle East to China, and further expand and deepen its participation in the Middle East affairs on the basis of adhering to the traditional diplomatic principles.

III. The Impact of Middle East Upheaval on China's Overseas Interests and Its Countermeasures

China's overseas interests in the Middle East include trade, economy, energy, investment, contracting projects and the physical security of overseas Chinese nationals etc. Generally speaking, the Middle East upheaval hasn't yet changed the sustained China – Middle East economic cooperation, but China's overseas interests in the region have faced more impending potential threat, particularly the contracting projects. The Middle East upheaval, the worsening Iranian nuclear issue, and the north – south Sudanese conflict have all threatened the energy security. Therefore, this part puts forward some policy suggestions for preventing investment venture and guaranteeing energy security.

IV. China – GCC Relationswithin the Backdrop of the Middle East Upheaval

China – GCC relations have witnessed, in the past three decades, three development stages of political consideration, expanding economic ties and strategic dialogue through establishing a new system. The Middle East upheaval has exerted a certain impact on the bilateral relations, but will not change the general trend of win – win development of the two sides. In the past 15 months, China and GCC countries have strengthened their high level exchanges, deepened strategic dialogue, fostered coordination, promoted solutions to some hot – spot issues, and consolidated in – depth cooperation in economy and culture. In the future, the bilateral cooperation will continue to deepen and expand, but the potential barriers cannot be ignored either.

V. China's Image in the Arab Media

For a long period of time, thanks to its enduring friendship with the Arab countries, China boasts a quite positive image in the Arab world. Nevertheless, since the outbreak of the Middle East upheaval, China's policies, particularly its use of veto powers in the UNSC on the Syrian crisis have brought a negative impact on China's image. At the first stage, the Arab media's reports on China's policy were most negative, but thereafter, there are both positive and negative reports on China with more and more rational evaluations on China's Middle East policy. Consequently, despite the fact that China's image was damaged in the Arab media, it's only temporary and does not affect the general friendship between Chinese and the Arabs, nor will it affect China's positive image in the Arab world in the long run.

总报告：

中东变局的宏观透视

关于中东变局的几个基本问题

上海外国语大学中东研究所　**刘中民**

【内容提要】

中东变局是一场从席卷阿拉伯世界的地区性政治与社会运动，发展民主、改善民生构成了其主要政治诉求，以推翻现政权为目标的政治抗议浪潮构成了其典型表现形式。中东国家的政治变革既有典型的共性特征，又有鲜明的差异性特点，同时有着深刻的政治、经济和思想文化根源。从未来的发展趋势看，民主化、世俗化、如何处理与西方的关系问题构成了影响阿拉伯国家政治变革的三大核心议题，而阿拉伯国家、以色列、土耳其、伊朗四大力量的地位变化和地区热点问题的复杂化构成了中东地区格局变化的主要趋势。

自2010年底以来，在大规模民众抗议浪潮的冲击下，在外部势力的干预和影响下，中东地区局势陷入严重动荡。在此过程中，阿拉伯国家或发生和平方式的政权更迭（如突尼斯和埃及），或在外部的调解斡旋下实现权力过渡（如也门），或发生残酷的内战并引发外部干预推翻原国家政权（如利比亚），或陷入严重的暴力冲突并久拖不决（如叙利亚），其他阿拉伯国家也出现了不同程度的动荡。中东地区的历史巨变表明，在内外因素的共同作用下，中东地区国家政治和地区格局均处在深刻的变动与调整之中，其地区影响和国际影响也处在进一步发酵与扩散之中。当前，中东形势变化的复杂性质与深刻根源、阿拉伯国家政治转型的复杂趋势与影响因素、中东地区格局的深刻变化、大国中东战略的深刻调整、中东形势动荡对中国的冲击和影响等，都构成了国内外广泛关注的焦点。本报告主要就中东地区形势动荡的性质、特征、原因和发展趋势等基本问题略作分析与探讨，希望能对认识中东变局的复杂性有所帮助。

一、中东变局的性质和特点

（一）关于中东变局性质的讨论

由于中东地区形势变化具有时间上的突发性、根源的复杂性、波及范围的地区性、影响的广泛性等特点，同时由于不同研究主体的意识形态和价值偏好不同，加之中东形势仍处在瞬息万变的变局之中，当前国内外学界、政界围绕中东形势变化的性质存在巨大的争议。具体说来，代表性的观点主要有：

1. 民主革命说：认为中东变局的性质为“民主革命”，并称之为“茉莉花革命”和“阿拉伯之春”。国外有论者指出，“这是一场民主革命”，阿拉伯民众“是在为自由、尊严、公正而斗争，是为了用民主取代各自国家的专制制度而斗争。”当民众抗议“要求当权者立即下台，用一个全新的政治制度取而代之，这种‘抗议’就成为一种革命”。[①] 国内也有学者认为“这是一次以实现‘政体’转变为目标的‘阿拉伯革命’，即从一党专政和一人独裁的政治体制转变为多党选举执政的民主体制”[②]。

---

① 哈维尔·巴仑苏埃拉：“阿拉伯革命的七个关键问题”，西班牙《国防杂志》2011 年 4 月号。

② 王锁劳：“有关北非中东巨变的几个问题”，《外交评论》2011 年第 2 期，第 3 页。

2. 起义和暴动说：此类观点认为阿拉伯抗议浪潮并非革命，更不是民主革命，它们只是形态各异的起义和暴动。有分析指出，“这不是革命，更像是暴动，如果愿意也可以称作起义。”① “所谓的‘阿拉伯之春’包含了各种类型的示威活动”，但“并非所有示威活动都属于革命。并非所有革命都是民主革命。”②

3. 政治危机说：此类观点认为中东变局是“波及中东广大地区，具有多米诺骨牌效应的一系列政治危机”，具体表现形式有三种：第一，民众集会和示威游行；第二，带有宗教色彩的政治抗议和宗教冲突，如巴林；第三，示威游行引发武装冲突和外部干预，如利比亚。③

4. **社会运动说**：有观点认为，在中东形势动荡中，“虽然掺入部落、教派冲突，其间甚至有分裂主义、极端宗教势力和恐怖主义乘机作乱，但就总体而言，这是一场自下而上的、群众自发的社会变革运动，是长期积累的政治社会矛盾的总爆发。”④

从总体上看，西方和阿拉伯学界更倾向于“民主革命说”，认为中东变局正在终结传统的关于中东不适合民主发展的“阿拉伯例外论”。在中东变局局限于突尼斯和埃及时，“民主革命说”和“民族民主革命说”在中国学界有一定的反映，但伴随利比亚战争爆发，以及也门、巴林、叙利亚局势恶化，多数人认为中东变局的性质尚有待进一步观察。

---

① 阿列克谢·马拉申科：“历史缓慢前进”，俄罗斯《独立报》2010 年 4 月 27 日。

② George Friedman, “Obama and the Arab Spring”, http://www.stratfor.com/weekly/20110523-obama-and-arab-spring.

③ 王京烈：“解读中东政治危机”，《西亚非洲》2011 年第 6 期，第 3、9 页。

④ 姚匡乙：“中东形势巨变以及中国的中东政策”，载 2011 年上海外国语大学《“中东形势的巨变及其影响”学术研讨会论文集》，第 1 页。

本报告认为，中东形势动荡是一场席卷阿拉伯世界的地区性政治与社会运动，它是继 20 世纪 50—60 年代的阿拉伯民族主义运动、20 世纪 70—80 年代的伊斯兰复兴运动之后发生的第三次地区性的政治与社会运动，增强民主、改善民生构成了其主要政治诉求，民众和政治反对派以推翻现政权为目标的政治抗议浪潮构成了其典型表现形式。但具体到不同的国家，其具体性质和表现形式有所不同，突尼斯和埃及和平民主变革的色彩较为浓厚，利比亚和也门局势与部落暴力冲突密切相关，巴林、叙利亚局势具有教派斗争的特点，同时也掺杂有部落因素。

中东国家形势动荡的共性特征主要包括：以民众抗议浪潮为主要形式；以改善民生、增强民主为主要政治诉求；缺乏独立的领导阶层和政治理念；以青年为主体力量，广泛借助网络、手机等新型媒体等特点，并具有显著的地区性、跨国性的特征。但是，中东国家的形势变化存在着极大的差异性，诸如北非共和制国家形势变化的烈度明显强于海湾君主制国家；利比亚的暴力冲突与地方部落势力与卡扎菲政权的矛盾密切相关，并诱发了西方的国际干预；海湾国家尤其是巴林的动荡凸显了逊尼派政权与什叶派、反对派之间的矛盾，并与伊朗的煽动与支持有重要关系，同时也反映了伊朗什叶派势力与沙特逊尼派政权渗透与反渗透的角逐。因此，深入认识中东地区形势的变化既要看到其共性特征，又要重视其差异性，不应一概而论。

（二）中东国家形势变化的共性特征

1. 以推翻现政权为目标，以民众抗议浪潮为主要表现形式

尽管阿拉伯国家的抗议浪潮的强度、烈度以及具体形式有所不同，但推翻现政权构成了阿拉伯各国抗议浪潮的共同目标。对此，有评价指出，阿拉伯民众“是在为自由、尊严、公正而斗争，是为

了用民主取代各自国家的专制制度而斗争。”[①] 在民众抗议浪潮中，阿拉伯国家的共和制与君主制政权均受到了不同程度的冲击，并已经导致突尼斯、埃及、也门、利比亚先后发生政权更迭。

2. 改善民生、发展民主构成了抗议浪潮的主要政治诉求

在经济与社会层面，抗议浪潮争取改善民生的诉求反映了民众对高失业率、高通胀率、两极分化严重、腐败肆虐等问题的强烈不满；在政治层面，抗议浪潮争取民主的诉求反映了对政治体制僵化、专制独裁、老人政治、家族统治等政治顽疾的强烈抗议。“阿拉伯专制者被推翻是经济普遍管理不善与政治高度集权的结果。对经济的种种不满——包括大规模失业、过度的差距等——促使阿拉伯世界的民众试图重新绘制政治版图。”[②]

3. 具有显著的地区性、跨国性特点

在中东的历史中，由于民族与宗教同构等因素的影响，阿拉伯民族主义、泛伊斯兰主义、伊斯兰主义（原教旨主义）等政治思潮均具有典型的超国家特征，都曾掀起过大规模的地区性运动。由于阿拉伯国家面临相似的政治、经济与社会矛盾，拥有共同的语言和宗教，使得此次阿拉伯社会变革运动仍然具有典型的地区性特点。在22个阿拉伯国家中，除卡塔尔和阿联酋以外均发生了程度不同的抗议浪潮。因此，有评价指出，“因为有着共同语言和历史经验，不同阿拉伯国家的人民在追求的目标和采用的方法上彼此鼓舞和启发”[③]。

---

① 哈维尔·巴仑苏埃拉：“阿拉伯革命的七个关键问题”，西班牙《国防杂志》2011年4月号。

② Richard Javad Heydarian, “The Economics of the Arab Spring”, http: //www.fpif.org/articles/the_ economics_ of_ the_ arab_ spring.

③ Eugene Rogan, “The Arab Wave”, *The National Interest*, May - June 2011. http: //nationalinterest.org/article/the - arab - wave - 5169.

4. 具有缺乏独立领导阶层和政治理念的草根性特征

抗议浪潮的主体为中下层民众，他们发起的“阿拉伯起义和革命迄今在大多数情况下都没有领袖和有远见人物的领导”，“它们是无人领导的革命”[①] 抗议浪潮缺乏独立的政治理念和统一的组织、宗旨、口号、纲领和目标，具有明显的草根性特征。这也恰如俄罗斯外交部下属的莫斯科国际关系学院副院长阿列克谢·博加图罗夫的评论所言：“阿拉伯革命的主要谜团之一是它的理念”，“革命没有在任何情况下推出统一的政治口号。暴动者一致提出的要求只有一个，那就是更换年迈的领袖。在其余问题上没有志同道合的迹象”[②]。

5. 以青年为主体力量，具有政治不成熟的特点

在阿拉伯抗议浪潮中，占阿拉伯世界人口 60% 的青年构成了变革的“推动力量”[③]，但也存在着政治不成熟、缺乏领导能力的弊端。有评价指出，“阿拉伯年轻人对阿拉伯起义的成功发挥了重要作用，但他们普遍不受信任。……他们几乎没有准备建立政党和自己承担责任。”“‘谷歌’青年仍处在一种政治无知状态。”[④]

6. 网络、手机、微博等新型媒体发挥了重要辅助作用

在阿拉伯抗议浪潮中，网络、手机、微博等新型媒体在信息传递、社会动员等方面发挥了重要作用。起初，“维基解密”披露和传播的突尼斯本·阿里家族腐败内情，对阿拉伯抗议浪潮的爆发发挥了重要刺激作用。因此，西方媒体多将阿拉伯抗议浪潮称为“维基

---

① 德新社伊斯坦布尔 2011 年 4 月 5 日英文电：“阿拉伯世界的革命需要有感召力的领导人”。

② 阿列克谢·博加图罗夫：《争权夺位还是要求自由——阿拉伯世界的变化可能导致专制死灰复燃》，俄罗斯《独立报》2011 年 4 月 11 日。

③ 哈维尔·巴仑苏埃拉：“阿拉伯革命的七个关键问题”，西班牙《国防杂志》2011 年 4 月号。

④ 德新社伊斯坦布尔 2011 年 4 月 5 日英文电：“阿拉伯世界的革命需要有感召力的领导人”。

革命”，认为“这类革命只有在拥有互联网的情况下才变得有可能，因为互联网能够迅速使民众集结起来。”[1] 但是，新媒体的作用相对于阿拉伯国家长期累积的政治、经济与社会矛盾而言，仅仅发挥了重要的辅助作用，而非决定性因素。

（三）中东国家形势变化的差异性

1. 北非共和制国家抗议浪潮的程度和效果明显高于海湾君主制国家

此次中东乱局的中心主要是北非和西亚的阿拉伯共和制国家。从历史上看，这些国家的民众在反殖、反帝斗争中形成了善于革命的传统；从政治结构上看，这些国家政权多由军官革命建立，其政权多采取强人政治和军人政治等威权政治模式，政治体制僵化问题严重；[2] 从社会结构上看，突尼斯和埃及等国家较为发达的中产阶层、市民社会和非政府组织都为社会变革的发生创造了条件。有评论指出，突尼斯和埃及之所以能够实现和平变革，原因在于“他们都拥有相对健全的体制、公民社会团体、中产阶级以及自古以来以各种国家形态延续至今的古老文明。”[3]

从海湾君主制国家的情况来看，民众的不满和抗议主要指向了家族统治和教派统治相结合的君主制政权。但由于海湾国家有石油美元做后盾，其民生情况好于北非国家，同时由于家族统治的君主制有较悠久的传统以及美国和西方国家采取双重标准，它们所面临的压力小于阿拉伯共和制国家。对此，有评论指出，海湾国家民众抗议浪潮的强度弱于北非共和制国家，其原因主要有二：首先，石

---

① 德新社伊斯坦布尔2011年4月5日英文电：“阿拉伯世界的革命需要有感召力的领导人”。

② 详尽论述参见刘中民：“乱局为何在中东蔓延”，《环球时报》2011年2月24日。

③ Robert D. Kaplan，“The Middle East Crisis Has Just Begun”，http://online.wsj.com/article/SB10001424052748704050204576218842399053176.html.

油美元使政府拥有巨大的财政影响力；其次，作为重要的能源供应国，海湾国家对于西方国家具有战略价值。巴林是最典型的例证。①

2. 抗议浪潮在不同国家引发政治危机的程度及形式不同

阿拉伯各国的抗议浪潮均引发了程度不等的政治危机，但其形式和程度有较大的差异性。具体来说，阿拉伯各国的政治危机可以根据其烈度和影响因素的不同划分为三种类型：

第一，以民众和平示威为主的政治与社会动荡，突尼斯和埃及为典型代表。在突尼斯和埃及，虽然抗议浪潮引发了一定程度的动荡，但由于它们长期受欧洲文明和思想影响，“市民社会和中产阶层相对成熟，其较强的民族凝聚力能够保障其国家不致在政治变革中走向内战或分裂”。②

第二，民众抗议向部落冲突演变，直至发生内战并引发国际干预的局部战争，利比亚为典型代表。在利比亚和也门，民众抗议的主体力量主要体现为反政府的部落力量，盘根错节的部族矛盾导致国家认同与民族凝聚力异常脆弱，并极易在政治变革中滑向部族冲突，甚至走向内战。利比亚冲突与东部部落（以班加西为中心）和西部部落（以的黎波里为中心）的长期对立有重要关系，并使班加西成为利比亚政治反对派盘踞的大本营，进而成为西方对利比亚进行军事干预借助的核心力量。③

第三，民众抗议与教派冲突相交织，并渗透着外部势力的复杂较量，巴林为典型代表。巴林民众抗议的主体力量是占人口多数的什叶派，其目标是推翻逊尼派政权，但其背后则是沙特与伊朗的意

---

① Richard Javad Heydarian, “The Economics of the Arab Spring”, http: //www.fpif.org/articles/the_ economics_ of_ the_ arab_ spring.

② 刘中民：“‘阿拉伯之春’缘何走向‘严冬’”，《东方早报》2011 年 6 月 14 日。

③ 阿列克谢·马拉申科的访谈录：“历史缓慢前进”，俄罗斯《独立报》2010 年 4 月 27 日。

识形态与地缘政治较量。“在海湾地区，对伊朗的遏制令地缘政治因素趋于复杂。由于海湾地区的抗议者是什叶派穆斯林，阿拉伯各王室经常祭出‘伊朗牌’来为血腥镇压抗议活动正名。”① 而美国基于自身利益考虑所采取的双重标准也默认了沙特主导的海湾合作委员会对巴林的武装干预。

3. 外部力量的干预方式和干预程度不同

西方的外部干预是影响阿拉伯国家政治危机走向的重要外部因素。但是，由于美欧在地缘战略和国家利益上的不同考虑，它们在对阿拉伯国家政治进程进行干预的方式上采取了典型的实用主义策略，即针对不同国家采取不同的标准。概括起来，主要有以下几种典型方式：

第一，军事干预：突出表现在法英美通过主导联合国通过1973号决议，对利比亚卡扎菲政权实施军事打击。有评论指出，美国和欧洲之所以能够在军事打击利比亚问题达成一致，其主要原因在于，“利比亚是中东北非国家中唯一既拒绝美国‘大中东计划’，又反对法国‘地中海联盟’计划的国家”，“因此，美欧在利比亚问题上找到了一个共同的突破口，当然，双方又都有各自的如意算盘。”② 在2011年10月4日和2012年2月4日安理会围绕叙利亚问题决议案表决受挫后，美欧是否绕开联合国对叙利亚进行军事干涉，已成为中东局势的焦点所在。

第二，外交施压：在埃及等和平变革的国家，美欧一方面对民众抗议浪潮予以舆论支持，一方面根据形势变化对穆巴拉克政权施加外交压力。对于利比亚，西方国家则采取了力度更强的外交攻势，

---

① Richard Javad Heydarian, “The Economics of the Arab Spring”, http: //www.fpif.org/articles/the_ economics_ of_ the_ arab_ spring.

② 林宏宇、李小三：“从国际政治经济视角看北非—中东局势”，载《学习时报》2011年6月6日。

突出表现为对反对派领导的“全国过渡委员会”予以外交承认，为其反政府活动创造外交空间。对于叙利亚，在推动安理会叙利亚问题决议案受挫后，西方主要利用阿盟、土耳其和叙利亚反对派进行施压，以实现最终颠覆巴沙尔政权的目标。

第三，外交庇护：突出表现在美国对巴林、沙特等海湾国家的政策。西方虽然在外交舆论上要求它们顺应政治变革潮流，加大改革力度，但在实际上默许乃至纵容了海湾国家对抗议浪潮的严厉打击，其原因主要在于遏制伊朗、保障能源安全、开展反恐合作、军事基地安全等现实利益考虑。“由于美国重要的海军资源集中部署在海湾地区，因此华盛顿不愿谴责对抗议民众的残酷镇压。尽管对镇压采用了强硬的措辞予以抨击，但美国的暧昧态度令海合会（GCC）敢于疯狂压制以什叶派为主的抗议民众提出的诚挚的民主要求。美国的压力对于推动埃及和突尼斯的民主革命曾起到至关重要的作用，但是华盛顿对海湾国家抗议民众的支持远远不够。”①

二、中东变局的原因探析

中东国家的形势动荡和迅速蔓延，既有这些国家政治体制、社会矛盾具有同构性等表层原因，也有受历史文化传统、共有的宗教因素影响等深层原因，同时也受到了全球化挑战、国际金融危机扩展、美国“大中东民主计划”等外部因素的影响。但从内外因关系的角度看，中东内部矛盾的长期累积是导致中东乱局的根本原因。因此，受篇幅所限，这里主要侧重对内因的分析。

---

① Richard Javad Heydarian, “The Economics of the Arab Spring”, http: //www. fpif. org/articles/the_ economics_ of_ the_ arab_ spring.

(一) 政治因素分析

在政治领域，严重的政治合法性危机和意识形态危机是阿拉伯国家陷入动荡的主要根源。从政治合法性危机的角度看，无论是共和制国家还是君主制国家，长期的威权政治和老人政治都使国家的政治体制陷入僵化，尤其是在实行威权体制的共和制国家，政治领袖完成民族独立与解放的政治光环日渐黯淡，民众已日渐丧失了对现行体制的信心。阿拉伯国家的抗议浪潮也正是民众长期绝望情绪以及变革求新渴望的剧烈宣泄。

所谓政治合法性，是指国家政权及其统治的正当性问题，即国家政权的权力来源与分配、政治架构不仅要有充分的正当性，还必须得到国民的效忠与忠诚进而获得社会心理层面的广泛认同。战后中东伊斯兰国家的政治合法性具有明显的多元化特征，大致有以下几种类型：（1）现代法制国家，即根据法律建构国家制度，进行政权更迭，国家元首通过民选产生的国家，只有土耳其接近这种类型。（2）以魅力型领袖为最高权威的国家，多属于在二战前后民族解放运动中建立的国家，纳赛尔、卡扎菲、阿萨德等人都属于这种类型的代表。（3）以君主、国王等世袭权威为合法性来源的国家，这种国家以沙特等海湾国家为代表。[1]

此次中东乱局的中心主要是北非和西亚的阿拉伯共和制国家。埃及、利比亚、也门、叙利亚等国家政权都是在民族独立革命的过程中或独立革命之后，由军官发动革命建立的，其政权多采取强人政治和军人政治等威权政治模式，并形成了一种事实上国家领导人

① 王京烈主编：《面向二十一世纪的中东》，北京：社会科学文献出版社 1999 年版，第 15—17 页。

终身任职的老人政治。[①] 从历史上看，这些国家的民众在反殖、反帝斗争中形成了善于革命的传统，在有着革命传统的上述国家，在社会矛盾长期累积之后，老人政治和强人政治自然会成为民众抗议浪潮要求变革求新所反对的对象，即昔日的革命者成为被革命的对象。在君主制国家，长期的体制僵化，家族统治、教派统治和老人政治[②]也引起了民众的强烈抗议。

从意识形态危机的角度看，在当代阿拉伯社会，各种意识形态和社会思潮色彩纷呈。但是，无论是20 世纪五六十年代的阿拉伯民族主义、阿拉伯社会主义，还是20 世纪七八十年代的伊斯兰复兴主义，都未能实现阿拉伯民族复兴的渴望，阿拉伯社会已经发生了严重的意识形态迷失。

早在 20 多年前，美国伊斯兰问题学者埃斯波西托就指出："在建构政治合法性和创造民族团结的意识形态方面，穆斯林国家的政府似乎既没有兴趣也不成功，他们更衷情于维持长久的专制统治。王朝统治、军人或准军人政权依然主导着穆斯林世界。政党被禁止或严加限制，选举经常被操纵，政府的议会和政治党派被统治者玩弄于股掌之间，而统治者的政治合法性，像他们的安全一样，完全依赖军人和秘密警察的忠诚，有的统治者则干脆依靠外国政府和多国公司的支持。"[③] 上述结论固然有言过其实的成分，但是，在未来阿拉伯国家的政治转型中，如何重建国家权力、意识形态以及社会心理的合法性，无疑是它们面临的严峻

① 如突尼斯总统本·阿里75 岁，执政 23 年；埃及总统穆巴拉克 83 岁，执政 30 年；利比亚革命领导人卡扎菲 69 岁，执政 42 年；也门总统萨利赫 69 岁，执政 33 年；阿尔及利亚总统布特弗利卡 74 岁，执政 11 年；苏丹总统巴希尔 67 岁，执政 22 年。

② 如沙特国王阿卜杜拉 87 岁，科威特埃米尔萨巴赫·艾哈迈德 81 岁，阿曼苏丹卡布斯 70 岁。

③ ［美］J. L. 埃斯波西托：《伊斯兰威胁——神话还是现实?》，东方晓等译，北京：社会科学文献出版社 1999 年版，第 16 页。

的历史课题。

在对外政策上的失误也是导致阿拉伯国家陷入政治危机的重要原因。许多国家或者长期充当美国盟友，丧失外交自主性并惨遭美国抛弃（如埃及），或者长期与西方对抗并挑战现行国际体系（如2003年前的利比亚），使自己孤立于世界体系之外，或者在二者之间进行激进的摇摆（如2003年前后的利比亚）。其结果是长期追随西方的国家在国内丧失了民意，而对抗国际体系的国家丧失了利用全球化的发展机遇。

（二）经济与社会因素分析

从本质上看，中东动荡的经济与社会根源在于发展的危机，尤其是发展模式的危机，其突出表现是经济结构脆弱和经济政策失误使阿拉伯国家难以应对经济全球化的挑战，尤其是国际金融危机的冲击。

以突尼斯和埃及两个非典型产油国的经济为例，本·阿里政权和穆巴拉克政权都实行大开大放的经济政策，他们“抛弃了前任以平等主义和以福利为中心的政策，转而奉行经济开放和减少干预的政策。”因此，国际货币基金组织和世界银行一直把埃及和突尼斯的改革奉为该地区全球化的成功范例。突尼斯和埃及2009—2010年的经济竞争力分列世界第32位和第70位；在瑞士经济研究所的全球化排名中，埃及和突尼斯的排名分别为第12位和第35位。在西方看来，“这两个国家一直是阿拉伯世界经济全球化的代表”。但是，由于旅游业、房地产和银行业等对外依存度较高的产业构成了埃及和突尼斯的支柱产业，加之“在减少干预和开放的过程中的肆无忌惮，突尼斯和埃及的物价越来越取决于境外的因素。”近年来，受国际金融危机影响，作为主导产业的旅游、金融和房地产业大幅下滑，而国际市场大宗商品价格一路走高，尤其是“过去十年的粮食危机把依靠进口解决粮食问题的阿拉伯国家的民众推向赤贫和饥饿的境地”。[①]

中东产油国经济结构的缺陷突出表现为严重依赖石油美元，工业化水平低下，生活必需品和工业品严重依赖国际市场等弊端。据联合国《阿拉伯人类发展报告》的评估，2007年阿拉伯世界的工业化程度仍然停留在20世纪70年代的水平。[②] 阿拉伯世界滚滚而来的石油美元，多数流入发达工业国家，或用于购买奢侈品和炫耀性财富，即使在本国也大都投资于房地产。因此，“石油贸易带来的巨量资本，本质上并未给本国经济带来实质性好处——它既没有促成商人阶层的出现，也未使本国民族工业发展进入良性循环。相反，阿拉伯国家越是参与全球竞争和利益分配，本国的财富越是日趋流向发达国家。”[③] 工业不发达必然造成就业不足的弊端，这正是中东石油富国同样存在高失业率的原因所在。

从具体原因上看，腐败肆虐、两极分化严重、青年人口比例较大与高失业率、高通胀率、高贫困率等经济与社会问题的交互作用，构成了导致阿拉伯国家群体性动荡的直接诱因。

中东国家的威权政治体制在经济领域并没有产生“集中力量办大事”的优势，相反，政治权贵与经济自由化相结合产生了“权贵资本主义”怪胎，[④] 其直接后果是腐败横行和严重的贫富分化。在“透明国际”的全球腐败国家排名中，埃及、黎巴嫩、也门、叙利

---

① 本段中的引文均出自：Richard Javad Heydarian，“The Economics of the Arab Spring”，http：//www. fpif. org/articles/the_ economics_ of_ the_ arab_ spring。

② Arab Human Development Report 2009：Challenges to Human Security in the Arab Countries，http：//www. arab - hdr. org/publications/other/ahdr/ahdr2009e. pdf.

③ 田文林：“对当前阿拉伯变局的深度解读”，《现代国际关系》2011年第3期，第33页。

④ Richard Javad Heydarian，“The Economics of the Arab Spring”，http：//www. fpif. org/articles/the_ economics_ of_ the_ arab_ spring.

亚、伊拉克等国的腐败程度在世界名列前茅。① "腐败已成为该地区日常生活的一部分。从裙带主义到直接受贿，国家高度介入经济生活，为公职人员腐败提供了充足的机会。几乎没有国家试图解决这一问题。因为它已经深深地融入到日常经济生活之中。"② 普遍存在的腐败导致财富日趋集中到少数当权者手中，进而导致社会贫富分化不断加大。据统计，在阿拉伯世界，5%的人支配80%的财富。在埃及，20%富人占有社会财富的55%，而60%的穷人的社会财富拥有量只有18%。③

在阿拉伯国家，人口出生率长期高居不下，据英国《经济学家》杂志的统计，25岁以下青年人口占总人口的比例均在40%至50%左右，部分国家甚至高达60%（参见下表）。而阿拉伯国家经济结构的弊端导致其就业吸收能力低下，进而使高失业率尤其是青年人大量失业成为威胁社会稳定的严重问题。

阿拉伯国家青年人口比例情况

国家	人口总数（百万）	25岁以下人口比例（%）	国家	人口总数（百万）	25岁以下人口比例（%）
阿尔及利亚	35.9	47.5	阿曼	3.3	51.5
巴林	1.2	43.9	巴勒斯坦	5.3	64.4
埃及	54.6	52.3	卡塔尔	1.7	33.8
伊拉克	31.4	60.6	沙特	27.1	50.8
约旦	6.4	54.3	苏丹	43.2	59.0
科威特	3.5	37.7	叙利亚	22.5	55.3

① 安国章："阿拉伯世界三分之一国民生产总值被腐败吞噬"，http://intl.ce.cn/gjzx/africa/201007/07/t20100707_21588027.shtml。

② Edited by Nora Bensahel and Daniel L. Byman, *The Future Security Environment in the Middle East: Conflict, Stability, and Political Change*, Rand Corporation, 2004, p. 23.

③ "埃及社会贫富分化严重，两成富人拥有五成五社会财富"，http://news.timedg.com/2011-01/27/content_1136139.htm。

续表

国家	人口总数（百万）	25 岁以下人口比例（%）	国家	人口总数（百万）	25 岁以下人口比例（%）
黎巴嫩	4.3	42.7	突尼斯	10.4	42.1
利比亚	6.5	47.4	阿联酋	6.7	31.0
毛里塔尼亚	3.4	59.3	也门	24.3	65.4
摩洛哥	32.4	47.7			

资料来源：王京烈："解读中东政治危机"，《西亚非洲》2011 年第 6 期，第 5 页。

阿拉伯世界的失业率长期居世界前列，地区平均失业率超过 23%，30 岁以下年轻人占阿拉伯世界人口的比例达到 60%。[①] 据国际劳工组织 2008 年发布的《全球青年就业趋势》显示，年轻人群失业率在中东地区为 20.4%，在北非地区为 23.8%。在阿拉伯劳工组织 2008 年发布的阿拉伯就业报告中，年轻人群失业率达到了 25%。以埃及为例，2008 年平均失业率为 8.7%，在年龄分布上，15—19 岁年龄段失业率为 18.4%，20—24 岁年龄段失业率为 51.1%，25—29 岁年龄段失业率为 22%。据报道，在 2004—2008 年间，埃及国内因无法承受失业压力而自杀的年轻人达 1.2 万。[②] 此外，突尼斯的青年失业率高达 52%，巴林和也门的失业率分别在 15% 和 35% 左右。[③] 因此，青年之所以构成民众抗议浪潮和政治变革的主体力量，也正在于阿拉伯国家长期存在的"青年膨胀"（Youth Bulge）[④] 和高

① Richard Javad Heydarian，"The Economics of the Arab Spring"，http：//www. fpif. org/articles/the_ economics_ of_ the_ arab_ spring.

② 转引自陈杰："浅析阿拉伯国家的失业率问题"，《阿拉伯世界研究》2009 年第 6 期，第 51、54 页。

③ "分析称经济问题为阿拉伯各国动荡主要原因"，http：//news. sina. com. cn/w/2011 - 02 - 17/010621965877. shtml。

④ Arab Human Development Report 2009：Challenges to Human Security in the Arab Countries，http：//www. arab - hdr. org/publications/other/ahdr/ahdr2009e. pdf.

失业率问题。“与安贫乐道、观念保守的老一代不同，阿拉伯新生代视野宽，束缚少，易被煽动和组织，加上谋生无路，因此他们不满现状、谋变的动力最为强烈。”[①]

在阿拉伯国家，高贫困率和高通胀率的问题也十分严重。据统计，目前阿拉伯世界1/3的人生活在贫困线以下，其中埃及近1/2人口中生活在贫穷线以下，每天生活费不足2美元。[②] 近年来，在国际金融危机的冲击下，中东各国基本消费品价格持续上涨，引发阿拉伯各国尤其是北非国家多次发生社会骚乱，并成为最终酿成阿拉伯国家陷入群体性动荡的直接诱因。这也正如前阿盟秘书长穆萨所言，“贫困、失业和普遍衰退已经摧毁了阿拉伯民族的精神”，不断恶化的经济状况构成了导致突尼斯事件发生的先导性因素。[③]

(三) 思想文化因素分析

在思想文化领域，思想精英和知识分子对阿拉伯伊斯兰社会积弊的批判与外来民主思想的交互影响，为此次阿拉伯政治变革提供了思想素养。在当代阿拉伯世界，无论是受西方影响的自由主义思想家，还是受伊斯兰文化影响的传统主义思想家，他们都对当今阿拉伯世界面临的政治、经济、文化与社会危机予以了积极的关注和深刻的批判，甚至预言阿拉伯社会必将发生巨大的变革或革命。

根据我国学者薛庆国教授的总结，阿拉伯思想界认为阿拉伯政

---

① 田文林：“对当前阿拉伯变局的深度解读”，《现代国际关系》，2011年第3期，第33页。

② Shawn Baldwin, “Egypt's Problem and Its Challenge: Bread Corrupts”, *New York Times*, January 17, 2008.

③ Pat Lancaster, “Tunisia: A Catalyst for Change”, *Middle East*, Issue 419, February 2011, p. 19.

治文化与社会文化存在的积弊突出表现为：具有膜拜权威、压抑个性的专制主义倾向；神本主义、宗教蒙昧主义盛行；对西方缺乏理性认识；宗派主义思想根深蒂固；男尊女卑、歧视女性的痼疾。埃及著名小说家阿斯旺尼在2008 年接受《纽约时报》采访时愤懑地表示："专制统治者诛杀了埃及的精神，遮蔽了埃及的光芒……我们生活在埃及历史上最糟糕的一个时期。……我深信，人民一旦愤怒，一切都会改变。革命就是这样自发地、无人策划地爆发的。埃及的生活如此不堪，无法再沉默下去。一切都该改变，也必定会改变。我觉得前方有巨大的意外在等待我们。"当代阿拉伯世界的杰出的诗人阿多尼斯对阿拉伯社会的现状予以了激烈批判，并预言阿拉伯世界必将发生巨大变革。他指出："今天的阿拉伯，是历史上几个黑暗时期——蒙古人洗劫巴格达，拜占廷的战争，安达卢西亚的沦陷（指中世纪穆斯林失去对西班牙的控制权，引者注），奥斯曼的殖民，巴勒斯坦的割让——的延续。"他曾经预言，"发生在阿拉伯的土地上，和阿拉伯人有关的一切，已经构成在 21 世纪实现巨大变革的基本条件"。①

伊斯兰中间主义思潮的代表人物、埃及学者优素福·盖尔达维近年来一直倡导探索适合伊斯兰社会的发展道路和发展模式。他对阿拉伯社会存在的专制独裁、官场腐败、经济发展滞后、贫困与失业问题日趋严重、教育落后、思想封闭保守、理性缺失、文化更新停滞不前等问题予以了深刻批判。在政治改革领域，盖尔达维提出了一系列穆斯林社会必须尊重和遵循的原则，诸如他强调尊重"公正、协商、自由、尊严和人权"等"普世价值"；主张"爱护妇女原则"，强调"妇女的权利、地位和尊严"；主张"民主政体原则"和"尊重民意原则"，强调人民"有权力以和平方式罢黜无能渎职

① 本段中的引文均转引自薛庆国："阿拉伯巨变的文化审视"，载 2011 年上海外国语大学《"中东形势的巨变及其影响"学术研讨会论文集》，第 35—38 页。

的统治者”；等等。①

因此，从思想文化的角度看，席卷阿拉伯世界的政治变革并非无源之水。阿拉伯知识界和思想界对阿拉伯社会弊端的批判与反思，无疑为以发展民主、改善民生为主要诉求的民众抗议浪潮提供了思想源泉，这也符合重大社会政治变革的历史规律。

三、中东变局的发展趋势

当前中东地区形势的发展仍存在诸多的不确定性因素，这里主要从总体态势和地区格局两个层面加以分析。

（一）阿拉伯国家发展转型的总体趋势

从总体上来看，阿拉伯国家将进入到全面变革与调整的时期，其中以下几个问题值得高度关注。

1. 民主化问题

在未来的发展转型中，民主化无疑将成为中东国家政治变革的主流。无论是传统的君主制国家，还是现代的共和制国家；无论是通过自上而下的改革，还是通过自下而上的变革，政治变革都将成为大势所趋，但中东国家不会照搬西方民主，而是实现具有各自国情和特色的民主。对此，有评价指出，“2011 年的反独裁斗争终结

① 优素福·盖尔达维：《世纪之交的伊斯兰民族》（阿拉伯文），曙光出版社 2002 年版，第 153—154 页；优素福·盖尔达维：《伊斯兰中间主义与维新思想坐标》（阿拉伯文），盖尔达维伊斯兰中间主义与维新思想研究中心，2009 年版，第 8 章。对于伊斯兰中间主义的思想的了解，得益于上海外国语大学东方语学院祁学义博士提供的翻译资料，在此深表谢意。

了阿拉伯民族和穆斯林与民主观念格格不入的观念”，[①] “不管变革中的阿拉伯国家的社会政治形势如何发展，即便很可能许多国家仍保持着那种在西方看来不完全民主的统治模式，对民意和民众的重视程度都会上升。”[②] 但是，可以预见，阿拉伯国家的民主化不可能一蹴而就，中东的伊斯兰传统文化，复杂的部落、教派等因素决定了中东民主化进程将是一个漫长而又曲折的长期过程。这也恰如相关的评价所言：“突尼斯不会像法国一样，而埃及也不会变成瑞士。不要期待发生划时代的变革。在阿拉伯世界将维持缓慢发展的半传统社会，传统和现代化的对立将加深。”[③] 另有人悲观地指出，“阿拉伯革命的被迫性、不成熟、被形势所迫和相互影响的特点使人们认为，阿拉伯世界的迫切任务可能不是消灭专制，而是修复专制”[④]。

2. 世俗化问题

在此次中东政治变革的过程中，最初宗教因素并不突出。因此，有观点认为世俗化在阿拉伯国家未来政治发展中的主导地位应得到进一步加强。对此，有评价指出，阿拉伯“起义者不希望未来国家模式成为伊朗霍梅尼式神权模式，而是成为土耳其式的民主模式”[⑤]。但是，随形势的发展演进，伊斯兰势力逐步增强的趋势在部分国家已经显现，尤其以突尼斯伊斯兰复兴党、埃及穆斯林兄弟会的崛起尤为引人注目。有预测指出，在埃及“可能上台的不是宗教狂，而

---

① Eugene Rogan, “The Arab Wave”, http://nationalinterest.org/article/the-arab-wave-5169.

② 费奥多尔·卢基扬诺夫：“重建联系的时候到了：应该在西方影响力衰落的地区加大活动力度”，俄罗斯《独立报》2011 年 4 月 27 日。

③ 阿列克谢·马拉申科：“历史缓慢前进”，俄罗斯《独立报》2010 年 4 月 27 日。

④ 阿列克谢·博加图罗夫：“争权夺位还是要求自由——阿拉伯世界的变化可能导致专制死灰复燃”，俄罗斯《独立报》2011 年 4 月 11 日。

⑤ 哈维尔·巴仑苏埃拉：“阿拉伯革命的七个关键问题”，西班牙《国防杂志》2011 年 4 月号。

是相当温和、稳重的伊斯兰教徒，他们将在未来产生重大影响。”[1]因此，总体来说，宗教因素在未来阿拉伯国家政治发展中的作用仍不容忽视，教派矛盾和宗教极端组织在巴林、也门、叙利亚等国家的影响也不容低估。

3. 阿拉伯伊斯兰国家与西方的关系问题

此次中东民众抗议浪潮具有明显的内生性特征，反西方的色彩相对淡薄。因此，有评价指出，在此次中东变革中，“要求自由、尊严、公正的思想已经取代了曾经的反对帝国主义大旗”。[2] 即使在西方军事打击利比亚以后也没有引发阿拉伯伊斯兰世界大规模的反西方浪潮。因此，当前中东国家的社会运动更为关心的是自身的命运与前途问题，而不再像历史上的阿拉伯民族主义和伊斯兰复兴主义，一味将反西方作为其核心价值诉求之一，它力图通过包括思想和制度改造在内的自我救赎，实现国家的再造与民族的复兴。近代以来，反西方几乎构成了阿拉伯伊斯兰世界政治思潮和社会运动的核心主题之一。从纳赛尔的阿拉伯民族主义到霍梅尼的伊斯兰原教旨主义，乃至拉登的伊斯兰极端主义，尽管它们之间也有意识形态的矛盾，但它们却都具有强烈的反西方倾向，并且多把西方的侵蚀作为伊斯兰世界落后的根源之一。

当前，中东的政治变革具有明显的淡化反西方色彩的特征，西方民主价值观和社会制度对阿拉伯国家政治变革的影响呈上升的态势。此外，在利比亚和叙利亚问题上，海湾合作委员会主导的阿盟，在干涉内政问题上发生了向西方的价值趋同。它们不仅积极参与推翻卡扎菲政权的利比亚战争，而且不断与西方合作向叙利亚巴沙尔

---

① 阿列克谢·马拉申科：“历史缓慢前进”，俄罗斯《独立报》2010 年 4 月 27 日。

② 哈维尔·巴仑苏埃拉：“阿拉伯革命的七个关键问题”，西班牙《国防杂志》2011 年 4 月号。

政权施压。“对于整个阿拉伯世界而言，如果中东政治变革换取的是整个阿拉伯世界完全倒向西方，使自身的命运操控于他者之手，无疑将是更大的民族悲剧，阿拉伯民族的复兴也将变得更加遥遥无期。”① 阿拉伯伊斯兰国家只有不断加强自身的主体性建设，真正解决自身的发展问题，才能更加自信地面对西方。

（二）中东地区格局的发展趋势

当前，中东地区格局的变化突出表现为阿拉伯世界进一步分化，以色列安全环境趋于复杂，土耳其影响力增强，伊朗周边环境复杂化等。此外，在中东变局的影响下，中东和平进程、伊拉克问题和伊朗核危机等热点问题的发展也进一步趋向复杂化。

1. 中东变局导致阿拉伯世界进一步分化

由于阿拉伯国家陷入群体性动荡，阿拉伯世界的整体地位将呈现出进一步下降的趋势。埃及传统大国地位进一步衰落，利比亚战争和叙利亚危机导致阿拉伯世界内部的分裂加剧，都是阿拉伯世界进一步分化的体现。有观点认为，未来的阿拉伯世界有可能分裂成两大阵营，即“富有影响的阿拉伯君主国精英俱乐部”和“民主运动已经取代或者试图取代腐败独裁专制的国家”，而“新的集团的形成使阿拉伯联盟失去价值。”② 但是，从阿拉伯世界次区域的角度看，沙特领导的海湾合作委员会对巴林危机的干预，对利比亚和叙利亚问题施加的重要影响，都表明海合会在阿拉伯世界的地位呈上升态势，而卡塔尔和阿联酋的活跃外交也值得高度关注。

2. 中东变局对以色列的周边环境产生了巨大的冲击

作为最早与以色列建交的阿拉伯国家，埃及的变革将对以色列

---

① 刘中民：“叙利亚大棋局”，《东方早报》2012 年 2 月 8 日。

② 亚历山大·斯莫尔齐克、福尔克哈特·温德富尔：“阿拉伯之夏”，德国《明镜》周刊 2011 年 5 月 16 日。

的安全环境产生重要影响。继土耳其与以色列关系恶化之后，埃以关系再遭破坏乃至美以关系遭到冲击都将使以色列更加孤立。埃及开放加沙的拉法口岸、斡旋巴勒斯坦内部实现和解、埃及发生冲击以色列使馆、西奈半岛通往以色列天然气管道多次发生爆炸等事件，都引起了以色列的忧虑。对此，有评价指出，“阿拉伯之春震动了整个中东地区，……而以色列则对其联盟和安全忧心忡忡”①。此外，伊朗核问题的升温、叙利亚的动荡局势、土耳其与以色列矛盾的上升，都进一步恶化了以色列的周边环境。更为重要的是，美国和以色列的盟友关系也面临着严重的信任危机。以色列已经认识到中东地区的“政治战略环境正向着不利于他们的方向演变。”②

3. 中东变局使土耳其的地区影响上升

中东变局导致阿拉伯国家的政治体制和发展模式发生严重危机，土耳其作为中东伊斯兰国家中世俗化、民主化的典型代表，其发展模式将对阿拉伯国家政治经济转型产生重要影响。因为“土耳其兼备伊斯兰和世俗民主国家的特性有利于其施加地区影响力。”③ 从外交角度看，土耳其对利比亚危机的斡旋以及近年来加强参与中东事务的外交调整，尤其是土耳其在巴以问题上的政策调整，都使土耳其的地区影响不断上升。此外，土耳其作为叙利亚的重要邻国和西方的重要盟国，无疑将对叙利亚危机的解决发挥重要作用。

---

① Ethan Bronner and Isabel Kershner, “Fatah and Hamas Announce Outline of Deal”, http: //community. nytimes. com/comments/www. nytimes. com/2011/04/28/world/middleeast/28mideast. html? permid = 9.

② 阿兰·弗拉松：“以色列，巴勒斯坦和‘阿拉伯之春’”，法国《世界报》2011 年 4 月 29 日。

③ Benjamin Tua, “Winners and Losers in a New Middle East”, http: //www. fpif. org/articles/winners_ and_ losers_ in_ a_ new_ middle_ east.

4. 中东变局使伊朗的周边环境复杂化

在阿拉伯国家抗议浪潮的影响下，伊朗也一度发生民众抗议浪潮，但并未对伊朗现政权产生严重冲击。在一段时期内，由于主要阿拉伯国家陷入动荡，美国在阿富汗和伊拉克的战略收缩，都有利于伊朗在中东地区坐大。对此，有评价曾指出，当前“中东的均势已经打破，伊朗自然而然占据了优势”①，因而“伊朗是地区变革的受益者”。② 但是，自2011年下半年以来，叙利亚政权作为伊朗盟国岌岌可危，西方不断加大对伊朗的制裁力度，美国和以色列多次威胁军事打击伊朗，都使伊朗面临着前所未有的压力。2011年底以来，伴随伊朗多次进行军事演习，并发出封锁霍尔木兹海峡的威胁，美国进一步加大了对伊朗的制裁。美国和以色列是否对伊朗核设施进行军事打击，或发动对伊朗的全面战争，已成为中东局势的最大悬念之一。

5. 中东变局导致地区热点问题进一步复杂化

在中东变局的影响下，国际社会尤其是美国等西方国家将更多精力投入到阿拉伯国家的政治变革，导致中东和平进程被进一步边缘化，并使巴以和平的前景堪忧。2011年9月，巴勒斯坦正式提出了加入联合国的申请，其重要目的就在于以寻求“入联”的方式引起国际社会尤其是西方的注意力，以避免巴勒斯坦建国问题被中东乱局所淹没。③ 在伊朗核问题上，伊朗的政策更趋强硬，使短期内解决伊朗核问题的前景更加渺茫。对此，有美国学者悲观地指出，“阿拉伯之春或许很迷人，但却不一定长久。可悲的

---

① “美国在中东陷入孤立境地”，日本《选择》月刊2011年4月号。

② Benjamin Tua, “Winners and Losers in a New Middle East”, http://www.fpif.org/articles/winners_and_losers_in_a_new_middle_east.

③ 刘中民：“巴勒斯坦建国难在何处”，《东方早报》2011年9月27日。

是，伊朗的霸权威胁却看起来更为持久”[①]。在伊拉克问题上，海湾周边国家教派矛盾加剧与伊朗政治渗透相结合，有可能加剧伊拉克的教派冲突。在阿富汗问题上，在美国击毙拉登事件的刺激下，“基地”组织和塔利班的报复性恐怖袭击也呈大幅上升的态势。

① John Bolton, “Iranian Winter Could Chill the Arab Spring”, *Wall Street Journal*, 18 April, 2011.

中东变局的原因分析

中国现代国际关系研究院　**田文林**

【内容提要】

中东变局的根源主要包括：首先，政权阶级属性转向导致腐败盛行、分配不公、贫富悬殊不断扩大等社会积弊不断加深，进而导致阿拉伯国家政权根基发生动摇。其次，民族工业长期落后，而过度开放又导致阿拉伯国家日趋陷入严重依附西方的“全球化陷阱”。最后，多数阿拉伯国家过于亲美导致民意丧失乃至政权旁落。

中东变局来势之猛、持续之久、烈度之强，出乎许多人的意料。因此，总结中东变局的深刻根源，无疑是解读和研究阿拉伯大变局必须面对的课题。近两年来，关于中东变局的根源主要有以下几种流行说法。

第一种观点是“专制独裁说”。认为只要中东推行民主化，就能确保长治久安。这种观点与当前中东国家普遍存在的终身执政、君主专制、家族世袭等时弊切合，但其无法解释下列事实：首先，埃及、利比亚等国家从建国后就实行“专制集权”，为何在纳赛尔时代（甚至穆巴拉克执政初期）政权稳固，而现在才出现根基动摇。其次，这次率先发生政权更替的突尼斯政治相对清明，据统计，其民主程度排世界第32位，廉洁程度超过意大利，而政体最落后的海湾君主国则安然无恙。最后，如果说实行民主化可以带来政治稳定，这又无法解释伊拉克和阿富汗在实行民主化后政局依然动荡。所以，这种说法站不住脚。

第二种是“经济决定论”。认为中东变局的根源在于经济问题引发的政治不稳定。这种说法过于笼统简单，它不能解释下列现象：首先，单从经济指标看，现已垮台的突尼斯和埃及，其经济业绩在阿拉伯国家中并不算差：突尼斯经济竞争力非洲第一，世界第40，幸福指数世界第29位，还荣获“抵御金融危机十佳国家”之一；埃及2008年被评为“全球最佳改革国家”之一，在178个国家中列第26位，在中东仅次于阿联酋和以色列；2006－2008年经济增长率达7%，即使在深受金融危机牵连的2009年和2010年，仍达到3%和5.8%。其次，它也无法解释类似利比亚和巴林这样的高收入、高福利国家，为何同样会发生骚乱。因此，简单地将中东变局归结为经济没搞好，理论上没错，但未能切中要害。

第三种是“网络煽动说”。众所周知，在这次中东变局中，网络起到了推波助澜的作用。“维基解密”2010年12月披露的外交电文，将本·阿里称为控制国家的“黑手党”，这些电文内容一经网站散布，便引发国内民怨四起。而2010年12月17日发生的失业大学生自焚事件，也是经由网络传播，彻底点燃民众反抗情绪，最终导致本·阿里下台。因此突尼斯革命被称为“维基革命”。在埃及穆巴拉克政权倒台的过程中，社交网站（如脸谱、推特等）同样在散布消息、组织动员、内外联动方面发挥了重要作用。但是，网络只是一种承载和传播信息的工具，而且遍布世界每个角落，把中东变局简单地归咎为新媒体革命，无异于本末倒置，颠倒事物的逻辑关系，掩盖对真相的探究。

阿拉伯国家政治动荡始于今日，但导致这一局面的问题和症结早已存在，阿拉伯世界此前已就陷入总体性失败处境，中东变局实际上是若干矛盾长期累积，最终由量变引发质变的产物。

一、政权阶级属性转向导致政权根基动摇

政治的本质就是“谁得到什么，何时和如何得到”。[①] 对一个国家来说，最关键的不在于采取何种政体，而是采取何种国体，即政权主要依托哪个或哪些阶级。政权阶级基础越厚实，政权本身就越稳定，反之亦然。二战结束以来，中东地区共发生三轮政治更替大潮：第一轮是在20世纪50—60年代的阿拉伯民族主义运动中，军人政变推翻代表封建势力和少数权贵的君主制统治，如1952年纳赛尔领导的“自由军官组织”推翻法鲁克王朝；1958年卡塞姆推翻伊拉克费萨尔王朝（后被阿拉伯复兴社会党取代）；1969年卡扎菲政变推翻利比亚伊德里斯王朝等；第二轮是20世纪70—90年代的“伊斯兰复兴运动”，这轮冲击波导致1979年伊朗伊斯兰革命，苏丹、阿富汗、阿尔及利亚等国的伊斯兰势力也曾一度掌权或险些掌权。而当前的中东变局，则标志着中东又进入第三波政权更替潮。总结中东政治这种“翻烙饼”式的政治更替潮，其共性根源就是当权者阶级基础越来越窄，政治上日趋众叛亲离。

阿拉伯世界政治制度最先进的是20世纪五六十年代建立的共和制国家（如埃及、伊拉克、叙利亚、利比亚等）。纳赛尔、卡塞姆、阿萨德等领导人基本都出身贫苦，因此对中下层民众感情至深，其上台执政后也矢志维护这一阶层利益，如实行土地改革、扩大福利范围、进行全民教育等等，因而得到多数民众支持。这一时期，这些政权最稳固，国力也蒸蒸日上。但由于受生产方式限制，这些政治上最进步的国家，也不过是小资产阶级统治。而小资产阶级一大

① ［美］哈罗德·D. 拉斯韦尔：《政治学：谁得到什么，何时和如何得到?》，杨昌裕译，北京：商务印书馆2000年版。

特点，就是先天具有不确定性和易变性，他们从来都不是一个稳定的阶级，它不希望保持现状，而总是谋求跨入其他社会阶层，其意识形态也总在不断变化。[①]“他们既讨厌又羡慕有钱人，而自己对穷人往往不是以恩人自居，就是表示轻蔑。”[②]

理论上说，这类政权主要有两条政治路径选择：一种是继续“向下看”，拓宽政治参与和执政基础，向真正的“人民民主”方向发展；另一种是转而“向上看”，由服务中下层民众转为服务社会中上层，乃至演变成权贵政治。从实践看，显然后一种情况居多。如埃及、伊拉克、利比亚等共和制国家中，其政权在建立初期大都能励精图治，在土地改革、社会福利等方面采取有利于中下层民众的政策，因而也得到多数民众支持。但到后期，这些政权阶级属性普遍发生转向。如埃及在萨达特执政后，明显转向依靠少数精英和西方。伊拉克在复兴党刚上台时着重维护中下层民众利益，而到萨达姆时期，“党天下”就成了“家天下”，其内外政策日趋极端化。

中东共和制国家的政权阶级基础转向，引发了一系列严峻问题，最明显的就是威权统治的优势逐渐成了劣势，国家公器日趋成为个人私授的财产和工具。中东国家大都实行威权统治，这种模式本来具有“集中力量办大事”的优势，可以达到民主政体难以企及的调配资源能力。但其本身也包含了“自我毁灭的种子”，如因权力缺乏监督而容易出现独裁、权钱交易问题等等。因此，一旦当权者脱离民众基础，政权服务对象由多数民众转向少数精英，这种政体的优势马上就变成了劣势——国家权力很快成为少数当权者谋取私利的工具。

---

① Alam Richards and John Waterbury, *A Political Economy of the Middle East: State, Class, and Economic Development*, Westview Press, 1990, pp. 413 – 414.

② [英] 狄利普·希罗：《中东内幕》，赵炳权等译，广州：广东人民出版社1984年版，第117页。

阿拉伯共和制国家当政者阶级属性变化，使当权者权力观发生改变。其突出表现是越来越多的当权者开始贪恋权位，如埃及总统穆巴拉克、也门总统萨利赫执政均超过30年，利比亚卡扎菲执政41年，直至阿拉伯民众抗议浪潮风起云涌之前他们仍均无让位迹象，甚至有意做出子承父业的安排。这实际上是将国家权力当成了可以私下授受的个人财产。同时，权力日渐被用于个人谋利。据维基解密文件称，在突尼斯，只要是本·阿里家族看上的，无论是现金、土地、房屋甚至游艇，最终都得落入他们手中，该家族总资产达35亿英镑（约366亿元人民币）[①]；另据报道，利比亚总统卡扎菲的八子一女，分别涉足石油、燃气、酒店、媒体、流通、通信、基础设施等产业，基本控制了国家的经济命脉。据估计，每年有数百亿美元流入他们的私人腰包。[②] 而埃及总统穆巴拉克家族的资产据称达到了400亿—700亿美元。[③] 这些当权者周围，日渐形成一个由亲信和高官组成的特权阶层。奥尔森认为，这类特殊利益集团的主要目的，就在于重新分配国民收入，而不是去创造更多的总收入，因此它们的存在会导致全社会效率与总产出的下降。[④]

“上有所好，下必甚焉”，领导层巧取豪夺，使腐败日趋成为这些国家社会政治的常态。据统计，阿拉伯世界1/3的GDP被腐败吞噬。在“透明国际”的全球腐败国家排名中，埃及、黎巴嫩、也门、

① “突尼斯骚乱依然持续，前第一夫人被爆大肆敛财”，http：//cankaoxiaoxi. ti-etai. com/a/junshitiyu/2011/0118/23564. html。

② “卡扎菲八子一女掌控利比亚经济命脉”，http：//club. china. com/data/thread/1011/2722/97/86/2_ 1. html。

③ 刘长锋：“‘阿拉伯革命’其实是一场反腐革命”，http：//www. yslzc. com/news/Class149/201102/20110218143234. html。

④ ［美］曼库尔·奥尔森：《国家兴衰探源：经济增长、滞胀与社会僵化》，吕应中等译，北京：商务印书馆1999年版，第55页。

叙利亚、伊拉克等国的腐败程度在世界名列前茅。[①]“腐败已成为该地区日常生活的一部分。从裙带主义到直接受贿，国家高度介入经济生活，为公职人员腐败提供了充足的机会。几乎没有国家试图解决这一问题。因为它已经深深地融入到日常经济生活之中。”[②]如埃及贫富分化加剧，腐败渗透到社会生活的每个角落。只要与政府公职人员打交道，不管是申请驾照还是出租房屋，都要行贿。[③]当政者日渐背叛最初的阶级属性，由矢志清除腐败和无效率问题的社会进步力量，变成腐败政治的维护者，成为阻碍社会进步的落后力量。

这样，本该“往下淌”的社会财富变成了“往上流”，日趋集中到少数当权者手中，由此导致社会贫富分化（也就是阶级分化）不断加大。据统计，在阿拉伯世界，5%的人支配80%的财富。在埃及，20%富人占有社会财富的55%，而60%的穷人的社会财富拥有量只有18%。[④]普通民众“被剥夺感”十分强烈。“水能载舟，亦能覆舟”。阿拉伯国家的贫困阶层不断扩大，其政权维系统治的难度也就越来越大。

阿拉伯政治的特殊性还在于中东地区是专制政权最集中之地，被称为“独裁统治的生态保护区”，由此使该地区此类问题格外复杂。几乎每个中东国家无不既存在一个多数人问题（权贵统治所致），又存在一个少数人问题（民主自由不够所致）。由此使当权者日趋众叛亲离：一方面因主要服务于少数权贵，缺乏足够的“实质

---

① 安国章：“阿拉伯世界三分之一国民生产总值被腐败吞噬”，http://intl.ce.cn/gjzx/africa/201007/07/t20100707_21588027.shtml。

② Edited by Nora Bensahel and Daniel L. Byman, *The Future Security Environment in the Middle East: Conflict, Stability, and Political Change*, Rand Corporation, 2004, p. 23.

③ Robert Fisk: “The rotten state of Egypt is too powerless and corrupt to act,” *Independent*, January 1, 2009.

④ “埃及社会贫富分化严重 两成富人拥有五成五社会财富”，http://news.timedg.com/2011-01/27/content_1136139.htm。

合法性”来赢得左翼和中下层民众支持；另一方面，又因为家族世袭或终身执政，缺乏足够的“程序合法性”赢取西式民主派认可。在这些当权者周围，除了少数特权集团和既得利益者外，剩下的几乎都是反对派：穷人憎恨富人豪华奢侈，平民憎恨权贵巧取豪夺，教士憎恨世俗化带来声色犬马，民主派憎恨专制统治。换句话说，权贵统治几乎总是自动为自己培养掘墓人和反对者。而在如今这场突如其来的动荡冲击波中，就出现了“昔日革命者被再次革命”的怪现象。

二、过度开放导致阿拉伯国家日趋陷入“全球化陷阱”

当前，国家间竞逐富强，很大程度体现为在世界产业链中所处地位之争。尽管当前世界产业链上下游呈现不断拉长的态势，但一个不争的事实是，具有一定规模和水平的民族工业，是实现国家富强的基本前提。而发展壮大民族工业的重要前提，就是要进行有效的民族产业保护，而不是简单地“融入世界经济体系”。所谓“全球化”久已开始，其实质是已经实现工业化的西方国家，在全球范围内进行资源优化配置（寻找更廉价劳动力、原料和销售市场）的过程。很显然，这种价值交换过程看似公平自愿，实则只会让生产高附加值产品的工业国家更多受益，而依靠出卖初级产品和原材料的不发达国家则受益有限，而且日益被固定在产业链下游位置（也就是穷国位置），并导致两者间贫富差距越来越大，直至在承受力最弱的不发达国家爆发社会政治危机。

在这方面，中东国家其实早就吃过亏。在奥斯曼帝国晚期，人们“普遍认为奥斯曼经济从属于西方是合理和正常的。……西欧国家成为‘世界工场’，而世界其他地区的人民应继续成为或变成为砍柴挑水，也就是干苦活的人。”[①] 正是这种依附性生存状态，使奥斯曼帝国在经济上日趋羸弱，晚期财政完全被西方控制。奥斯曼政府每年仅向西方支付年金、利息和偿债基金，就相当于帝国年总收入一半。一个法国观察家十分露骨地指出：“奥斯曼帝国维持现状就是让一切继续下去和支付债券。”[②] 而作为从奥斯曼帝国母体中独立出来的阿拉伯国家，许多国家当权者仍是代表落后生产方式的封建特权阶层，他们与西方之间“有一种固有的机制，几乎是自动地引导殖民国家本身与特权集团结盟”。[③] 他们没有汲取历史教训，没有意识到貌似公平的“全球化”背后暗含的不平等和残酷性，在经济上仍遵循西方设定的“比较优势分工”，靠出售原材料和初级产品为生，而中东丰富的石油储量及由此带来的巨额“石油美元”，无疑强化了这一不合理的发展模式（这种现象被称为“石油诅咒”）。其结果是阿拉伯国家日趋被纳入这种“主从型”经济结构，导致落后状态日益固定化。

埃及等民族主义政权，在纳赛尔时期曾采取“进口替代”战略，试图通过发展本国民族工业摆脱对西方的依附，但未能坚持到底。到萨达特时期，埃及转而推行“开放政策”，外资大批涌入，当地民族工业在外部竞争下纷纷倒闭。穆巴拉克时期又加大自由化改革，如建立埃镑自由外汇兑换市场，削减进口关税，大幅度削减个人所得税和公司所得税，实行银行私有化等等。[④] 私有化不仅导致国有资产严重流失和少数特权阶级从中受益，当地经济也日趋依附于外部世界。目前，阿拉伯世界对外依存度高达82%。据统计，到2007年

① ［美］斯塔夫里亚诺斯：《全球分裂》，迟越、王红生等译，北京：商务印书馆1995年版，第213—214页。

② 同上书，第215页。

③ 同上书，第487页。

④ Philip Rizk, “ Egypt and the global economic order,” http://english.aljazeera.net/indepth/opinion/2011/02/ 20112148356117884. html.

时，阿拉伯世界的工业化程度竟不如 1970 年时期。[①] 即使在石油领域也没有建立独立完善的石油工业体系。在阿拉伯国家，缺乏强大的民族工业导致了一系列严重问题。

首先，国家财富缓慢流失。由于缺乏像样的工业投资项目，阿拉伯世界滚滚而来的石油美元，多数流入发达工业国家，或用于购买奢侈品和炫耀性财富，即使在本国也大都投资于房地产。因此，石油贸易带来的巨量资本，本质上并未给本国经济带来实质性好处——它既没有促成商人阶层的出现，也未使本国民族工业发展进入良性循环。同时，因民族工业瓦解，这些阿拉伯国家日渐失去了创造财富的能力。阿拉伯国家需要的各种商品，从传统手工艺制品到日用品，从蛋禽肉类供应到米面食油等食品，从汽车、电子产品到各种奢侈品，几乎所有阿拉伯国家都需要大量进口。阿拉伯国家越是参与全球竞争和利益分配，本国的财富越是日趋流向发达国家。像埃及政府只能靠出口初级产品、运河通行费、旅游业、侨汇乃至外援勉强度日。据统计，自 1980—2004 年间，阿拉伯世界实际人均 GDP 增长 6.4%，平均每年不足 0.5%。[②] 2004 年中东国家的实际工资和生产率水平与 1970 年时相同。[③] 目前阿拉伯世界 1/3 的人生活在贫困线以下。埃及 8000 万人口中近一半生活在贫穷线以下，每天生活费不足 2 美元。[④] 约旦约 1/4 的人口处于贫困线以下，失业率高达 14%；也门 230 万人口中近半数每天的生活费不超过 2 美元，1/3

① "Arab Human Development Report 2009: Challenges to Human Security in the Arab Countries", http://www.arab-hdr.org/publications/other/ahdr/ahdr2009e.pdf.

② Ibid.

③ Edited by Nora Bensahel and Daniel L. Byman, *The Future Security Environment in the Middle East: Conflict, Stability, and Political Change*, Rand Corporation, 2004, p. 61.

④ Shawn Baldwin, "Egypt's Problem and Its Challenge: Bread Corrupts", *New York Times*, January 17, 2008.

的人长期挨饿。[①] 这些国家的实体经济就像缓慢下沉的"泰坦尼克"号，日趋走上衰退道路。海湾石油富国因处在位置较高的头等舱而暂时无恙，但突尼斯、埃及等非产油国作为三等舱客人，则最先被淹没。

其次，缺乏民族工业导致国家吸收就业人口能力不足，致使年轻人失业及"青年膨胀"等问题突出。众所周知，阿拉伯国家人口出生率世界最高，60%的人口年龄在25岁以下。而本国工业不发达，导致国家吸收就业人口的能力不足[②]，致使年轻人失业及"青年膨胀"（Youth Bulge）等问题突出。[③] 在埃及，占总人口70%的年轻人面临高失业问题，甚至受过高等教育的人也很难找到工作。[④] 阿尔及利亚3/4的人在30岁以下，许多年轻人没有工作，全国失业率高达25%。与安贫乐道、观念保守的老一代不同，阿拉伯新生代视野宽，束缚少，易被煽动和组织，加上谋生无路，因此他们不满现状、谋变的动力最为强烈。亨廷顿就认为，游民无产阶级和青年学生是革命性最强的群体。[⑤] 日益膨胀的青年失业大军成为威胁政局稳定的"火药桶"，而突尼斯"革命"恰恰源于一名失业大学生自焚事件。埃及、也门等国的反政府抗议，也都是年轻人担当主力军。这种现象绝非偶然。

在过去相当长的时期内，阿拉伯当权者为维系政权稳定，避免穷人起来造反，长期实行补贴政策，"以面包换稳定"、"以福利换

---

① "阿拉伯'革命年'：经济是主因"，http：//roll. sohu. com/20110220/n303371945. shtml。

② Peter Coy，"The Youth Unemployment Bomb，" *Businessweek*，February 2，2011.

③ "Arab Human Development Report 2009：Challenges to Human Security in the Arab Countries，" http：//www. arab - hdr. org/publications/other/ahdr/ahdr2009e. pdf.

④ J. Scott Carpenter and David Schenker，"Will Egypt's 'Day of Rage' Become a Revolution?" http：//www. washingtoninstitute. org/templateC05. php？CID = 3295.

⑤ ［美］塞缪尔·亨廷顿：《变化社会中的政治秩序》，王冠华等译，北京：三联书店1988年版，第254页。

支持”。但2008年以来，全球金融危机后，美国为刺激本国就业及经济增长，滥印钞票，由此不可避免地导致全球通货膨胀加剧，造成大宗物资价格大幅度波动，由此使经济最为脆弱、食品依赖进口的阿拉伯非产油国率先受到冲击，政府维稳模式难以维系：如果继续补贴，经济上吃不消。以突尼斯为例，2010年初以来，粮食价格上涨导致突尼斯居民消费品价格大幅增长，当地市场面粉、蔬菜等价格上涨幅度一度高达60%。但取消补贴，又将直接影响民众生计，埃及、苏丹、阿尔及利亚、约旦等国均曾因取消补贴引发骚乱。在此背景下，阿拉伯统治者已很难继续维持下去。

总之，在部分阿拉伯国家，被压迫者已不能照旧生活下去，当权者也不能照旧统治下去，整个国家日趋坐到了火山口上。在导致动荡的“干柴”越堆越多情况下，网络泄密、青年失业、政府镇压等任何一起偶发性事件，都可能成为“压倒骆驼的最后一根稻草”。因而不难理解，突尼斯一起偶发事件，为何竟会在阿拉伯世界引发燎原大火。

三、西方的影响是加剧中东变局的重要外部因素

中东变局主要是阿拉伯世界的内生性革命。从表面上看，它与西方大国并无太大关联，抗议民众迄今也未明确打出反西方旗帜。但实际上，无论是中东变局的起因，还是后续的发展走势，西方因素均不可忽视。

（一）阿拉伯国家的亲西方外交恶化了其生存环境

外交与内政是一个硬币的两面，有什么样的内政，就有什么样的外交。这些年来，阿拉伯国家在内政中依托和服务少数精英，这种“向上看”的执政理念，体现到外交领域，就是重点加强与

西方国家关系，尤其是把搞好对美关系列为外交重中之重。几年前，一位埃及大学教授曾说过，“所有阿拉伯国家都热衷于同美国结盟，听到布什总统对他们说句赞扬的话，立即受宠若惊，感激涕零。”其实，像海湾的卡塔尔、阿曼、巴林以及约旦等小国，国小力薄，在夹缝中生存，从外部找靠山是没有办法。但埃及是阿拉伯世界的地区大国，外交选择余地很大，由此使其推行的亲西方外交始终存在争议。在纳赛尔时期，埃及在地区内依托阿拉伯国家，反对以色列；在国际上依托不结盟运动，并亲苏反美，那个时期是埃及国际威望最高的时期。从萨达特时期开始，埃及转而“亲美远苏”，1972 年驱逐数千名苏联顾问，转而与美国发展关系，1979 年又与以色列单独媾和。穆巴拉克继任后基本沿袭了这种外交路线。

这种“只顾自己”和“亲美和以”的政策，对埃及短期有利，但长远来看却是得不偿失。从短期看，埃及获益匪浅，如从以色列手中收回西奈半岛；与以色列实现和平，军费开支下降；充当阿拉伯世界与以色列之间的外交桥梁；成为美国在中东仅次于以色列的第二大受援国，每年军援13 亿美元。但从长远来看，这种做法却存在着害人害己的严重弊端。

首先，使以色列对阿拉伯国家威胁日趋加大。若干年来，以色列作为西方植入阿拉伯世界的异己力量，在安全、政治、经济乃至心理上，均对阿拉伯国家造成持久的威胁。不解决以色列问题，阿拉伯世界便永无宁日。因此，若干年来，以色列一直被阿拉伯国家群起围攻。政治学中有个“猎鹿博弈”：几个猎人联手去围捕一只鹿，他们如果齐心协力，抓住鹿的可能性很大（但不是百分之百）。这时正好有只兔子从身边经过，其中任何一个猎人只要一转身就肯定能抓到这只兔子，但鹿将乘机逃跑，其他猎人将一无所获。而在历时长久的阿以冲突中，以色列就是被围捕的那只鹿，而埃及后来的做法，实际就是充当了那个率先脱离队伍、独自去抓野兔的猎人。最终结果，是埃及短期受益，但代价是以色列由此“逃脱”并日益坐大。在摆脱了埃及这一阿拉伯强国的制衡后，以色列在阿拉伯世界行为日趋肆无忌惮。2006 年，以色列仅因真主党绑架几名以色列士兵，就大举入侵黎巴嫩，造成 5000 多人伤亡；2009 年底至 2010 年初，以色列又借口哈马斯发射火箭弹，而对加沙地带发动“铸铅行动”，再次造成数千人伤亡。面对阿拉伯国家主权、尊严不断遭受侵害的挑战，许多亲西方阿拉伯国家反击乏力，其表现甚至不如伊朗总统内贾德和土耳其总理埃尔多安，这种巨大反差使阿拉伯民众对本国政府的不满日趋加剧。而埃及还关闭拉法口岸，协助以色列围堵哈马斯，并向以色列低价出卖天然气的做法，导致领导人在民众中威望丧失殆尽，国家政权基础发生动摇。有学者认为，“民众起义暴露出阿拉伯国家领导人依靠对西方国家亦步亦趋、充当西方应声虫的策略是错误的，这种策略只会令这些政府丧失名誉。”①

其次，阿拉伯世界整体生存环境恶化，日趋成为西方谋霸世界的地缘政治牺牲品。阿拉伯民族人口众多，版图巨大，资源丰富，信仰统一，具备成为世界一极的潜力。但自多数阿拉伯国家建国时期开始，它们就被西方有意识地分而治之，最终形成了今天 22 个阿拉伯国家的“巴尔干化”。这种地缘版图破碎化，可以说是中东所有动荡、苦难的总根源。而唯一可行的补救办法，就是尽可能加强内部团结，对外用一个声音说话，像欧盟那样实行“准联合”。20 世纪五六十年代，阿拉伯世界内部确曾进行过不少联合尝试，尽管最终没有成功，但“加强阿拉伯团结”是各国基本共识，那个时期也因内部相对团结，而成为阿拉伯民族在现代史上最辉煌的时期。但从 20 世纪 70 年代后，埃及转向亲西方，尤其与以色列媾和，使阿

---

① Hussein Agha and Rober Malley, “The Arab world was dead. In Egypt, it’s reborn,” *The Washington Post*, February 13, 2011.

拉伯世界内部陷入严重分裂，“阿拉伯世界实际上已经完全巴尔干化了”。[①] 埃及依托阿拉伯世界生存的传统地缘政治格局被彻底改变。事实上，这种分裂明显增加了中东被外来大国干涉的可能性，而最终损害了埃及的国内外生存环境。

冷战结束以来，西方在世界上共发动5场地区战争（海湾战争、科索沃战争、阿富汗战争、伊拉克战争和2011年的利比亚战争）中，4场在伊斯兰国家，3次直接针对阿拉伯国家。这一切都表明，阿拉伯世界日趋丧失昔日的国际影响力和自我保护能力，而成为任人宰割的地缘政治牺牲品。有学者曾指出：“如果说阿拉伯领导层曾经尚且支持过一系列失败的事业——泛阿拉伯团结、藐视西方国家、抵抗以色列——那么如今它已经完全失去了斗争的目标。即便是往日的挫折也比如今的茫然若失更令民众感到自豪。阿拉伯国家的政府受到了比贫穷和独裁更具破坏性的诅咒。它们成了‘赝品’，被自己的人民视为异类，推行仿佛来自遥远地方的政策。”[②] 而2010年以来的阿拉伯民众抗议潮，就带有否定过去、探索民族复兴新路的性质。如穆巴拉克被赶下台后，埃及外交政策调整迹象明显，提高对以色列天然气售价，重新开放拉法口岸，将埃及与伊朗复交等提上议程，表明既往外交政策已被基本否定并遭到清算。

（二）西方的推波助澜加剧了中东变局

美国一直将中东视为战略经营重点。冷战结束后，为构筑所谓“世界新秩序”，美国在中东大力推行价值观外交，尤其是“9·11”

---

① ［埃及］穆罕默德·海卡尔：《萨达特遇刺记》，发恩、黎启译，北京：新华出版社1987年版，第322页。

② Hussein Agha and Robert Malley, “The Arab world was dead. In Egypt, it's reborn,” *The Washington Post*, February 13, 2011.

事件恐怖分子主要来自亲美阿拉伯国家的事实，促使布什政府痛下决心，大张旗鼓地推行“中东民主改造”，甚至不惜以武力塑造“民主样板”。但阿富汗和伊拉克战争泥潭，以及金融危机冲击，使美国国力受损，在中东战略收缩态势明显，中东变革计划也被束之高阁。

在中东变局中，美国在中东的主要战略伙伴纷纷“出事”，导致地区力量此消彼长，美地区影响力骤减：一是穆巴拉克下台使美铁杆盟友以色列失去强援，并有可能重回四面环敌的险境。穆巴拉克政权垮台不久，埃及在近 30 年来首次允许伊朗军舰通过苏伊士运河，折射出地区力量正朝着不利于以色列的方向重组；二是美国遏制伊朗难度骤增，进而使美国的中东霸权面临极大挑战。

在中东变局中，美国只能亦步亦趋，尽力“避免与失败者站在一起”，对中东盟友采取了一种差异性明显的实用主义政策：一是力保沙特等海湾产油国，对 2011 年 3 月 15 日沙特、阿联酋联手出兵巴林，镇压当地抗议民众，美国采取了暗中默许的态度；二是鼓励埃及、突尼斯等北非国家民众抗议和政治转型，但力求使其政治进程保持在美国可以接受的范围内。据报道，美国曾鼓动埃及军队废黜穆巴拉克，尤其是敦促穆巴拉克不能“动粗”，无形中捆住其手脚，使其像当年伊朗巴列维国王一样，最终被赶下台；三是对利比亚、叙利亚等反美国家，美国等西方国家则竭力煽风点火，公开鼓励抗议者起来反抗当政者。在利比亚问题上，欧美联手发动战争，最终借中东变局推翻了卡扎菲政权。此后，西方又重点向叙利亚施压，通过经济制裁、外交孤立、扶植叙利亚反对派等方式，使该国政治局势始终难以稳定，并使巴沙尔政权在愈演愈烈的国内冲突中日益走向穷途末路。

同时，这场动荡也使美国深刻认识到，中东传统政治模式已难以维系，美国的中东利益如果仅仅建立在现行统治模式基础上，势必难以持久。因此，这次中东变局在损害美国现实利益的同时，也极大重振了美国调整中东战略，推行“民主改造”战略的信心。2011年初，奥巴马在国情咨文中明确表态支持突尼斯自由、民主诉求，实则暗压其他阿拉伯国家进行改革。国务卿希拉里公开称“中东地基正在下陷”，并敦促阿拉伯国家加大改革。2011年4月13—15日，在华盛顿举行的第八届“美国与伊斯兰世界论坛”上，国务卿希拉里在长篇发言中，系统阐述了美国对当前中东变局的看法，从中不难看出美国未来对中东政策的新脉络。

首先，鼓励中东变革，“坚定不移”地站在抗议民众一边，认为停滞不前、专制统治、腐败、贫富不均等弊端导致阿拉伯民众反抗，阿拉伯政府改革势在必行，而年轻人已成为中东变革主力。

其次，拓宽外交思路，“民间外交”成外交拓展主方向。美国过去主要与中东当政者打交道，但今后将朝野兼顾，既与政府打交道，又重视利用网络社交等新兴手段，与中东民众（包括商界、宗教界、妇女界、少数民族群体等）建立更牢固纽带，意图谋求对中东国家的长久影响和控制。

第三，借助经济手段确保对突尼斯、埃及等转型国家的掌控。为此，美国制定了“三步走”规划：近期，提供即时经济援助（如为埃及民主转型提供1.5亿美元经援）；中期，为上述国家制定发展蓝图，建立“实业基金”，制定“全球创业计划”，建立“美国—北非经济机会计划”网络，深化北非国家经济一体化；长期，鼓励北非与美欧建立更紧密经济联系。这些步骤环环相扣，实则是使埃、突等国经济上依附西方，以确保其对美国服从。

第四，教唆阿拉伯国家继续参与对中东激进国家的围堵。希拉里指责伊朗政府镇压民众抗议，称伊朗是“新独裁政权”；继续挑拨中东激进与温和国家间关系，鼓励更多国家参与孤立叙利亚、伊朗等反美国家。

总之，中东变局的根源主要包括：首先，政权阶级属性转向导致的腐败盛行、分配不公、贫富悬殊不断扩大等社会积弊不断加深，进而导致阿拉伯国家政权根基发生动摇。其次，民族工业长期落后，而过度开放又导致阿拉伯国家日趋陷入严重依附西方的“全球化陷阱”。最后，多数阿拉伯国家过于亲美导致民意丧失乃至政权旁落。

中东变局的社会文化分析

上海外国语大学中东研究所　**马丽蓉**

【内容提要】

从宗教和教派因素的作用来看，阿拉伯国家的民众抗议浪潮与传统的、朴素的伊斯兰民主思想具有内在的一致性；在中东变局中，部落和家族因素的作用十分复杂。部落矛盾既是导致利比亚、也门等国家陷入动荡的重要因素，同时也将继续掣肘其政治重建。在沙特等海湾君主制国家，王室政权积极依靠宗教与家族统治等传统因素维护政治合法性，同时利用石油美元改善民生，进而在总体上维护了国家的政权稳定。在相当长的历史时期内，宗教、教派、部落与家族等传统文化因素仍是影响和制约阿拉伯国家社会发展与社会转型的复杂变量。

目前仍在持续中的中东变局，是多种因素相互影响、相互作用的结果，其中既有政治、经济等现实动因，也有宗教、部落、家族等传统社会文化的诱因。在阿拉伯国家多处于社会转型时期混乱、动荡的现实背景下，伊斯兰信仰、部落认同以及家族政治等传统社会文化因素对这些国家的政治变革产生了深远影响。

一、从伊斯兰教与民主的关系解读中东变局

“民主”（democracy）一词的原意为“人民的统治”。在西方的

民主化、现代化进程中，它在本质上意味着“主权在民”对“君权神授”的否定。但在民主的具体构建中，许多国家又常常从宗教中寻找某种“支持”，因为“不同宗教的某些教义或某些内容可能会更有利于民主的建立，或可以支持民主的理念——为推行民主提供有限的政治资源。”[①] 伊斯兰教作为一种宗教信仰和政治文化，它所包含的朴素的民主观念，同样对包括民主化进程在内的伊斯兰国家政治变革有重要的影响。

传统的伊斯兰民主思想主要包括：首先，平等是伊斯兰教的重要思想基石，“穆斯林皆兄弟”的传统价值观渗透着朴素的民主思想。其次，伊斯兰教大力倡导公正、公平原则。除《古兰经》、圣训的明确阐述、伊斯兰学者的系统解读外，西方学者也承认“忍耐、正义、公平和穆民皆同胞”等是伊斯兰的显著特征[②]。最后，伊斯兰主张国家统治者作为真主在人间的“代治者”应该“信道”并“行善”，穆斯林民众有权推翻“不义”的“代治者”。

传统的伊斯兰民主在形式上主要包括：

第一，阿拉伯部落的“舒拉”（Shura）传统对伊斯兰民主实践产生了深远影响。“舒拉”原意为“协商”和“商议”等，原为古阿拉伯部落会议的议事习惯与协商传统，后为伊斯兰教所确认、沿用，并成为基本原则得以运用。但世袭制的出现标志着“舒拉”原则对政权制约形式的失效，直至14世纪以来其作为政治原则再获重视，现代伊斯兰原教旨主义思想家毛杜迪等称之为“伊斯兰民主制”，并要求政府在实践中落实。

第二，强调“全体一致”参与的“公议”（Ijma）原则，为伊斯兰国家的民众政治参与提供了法理依据。“公议”原意为“决定”

① 王林聪：《中东国家民主化问题研究》，北京：中国社会科学出版社2007年版，第135页。

② G. W. Choudhury, *Islam and the Contemporary World*, London, 1990, p. 21.

（做某事）、“全体一致”、“全体同意”及“一致”等，被视为除经、训之外的伊斯兰第三大法源，以及以多数意见为核准来类比推理的法理依据之一。“参与”是公议前提，“一致性”是其结果，要达到一致意见须经全体穆斯林的参与才能实现，这从根本上强调了全体穆斯林参与政治和社会生活的重要性。

第三，“创制”是伊斯兰文明的一种自我更新机制，并对伊斯兰民主实践具有积极的推动意义。“伊智提哈德”（Ijtihad）原意为“努力”等，意译为“创制”，特指教法权威者对伊斯兰教义所作的与时俱进的解读和应用，丰富了伊斯兰文明的现实阐释力，体现了伊斯兰教对现实社会的适应性。“创制”对民主实践的意义正在于此。①

从伊斯兰教与民主的关系看，2010 年肇始于突尼斯，并席卷阿拉伯世界的民众抗议浪潮，在某种程度也是公平、公正、代治和舒拉、公议、创制等伊斯兰民主理念的体现：首先，穆斯林民众对专制统治和社会不公的反抗，体现了穆斯林民众对平等、公正等伊斯兰价值理念的追求；其次，抗议浪潮体现了穆斯林民众对作为“代治者”的阿拉伯政权“不义”行为的抗议；最后，穆斯林政治参与方式从部落首领召开舒拉会议到清真寺集体公议，直至当今广场示威抗议的转变，彰显了伊斯兰民主的现实活力。

但是，西方社会却普遍以“民主缺失”来形容阿拉伯伊斯兰国家的政治现状，并将伊斯兰教视为民主化进程的障碍。例如，亨廷顿认为“许多伊斯兰国家中民主化的障碍基本上是文化的”②。事实上，印度尼西亚、马来西亚、土耳其等伊斯兰国家都拥有丰富的民主经验。尽管“伊斯兰与自由民主虽然不具有内在的完全一致性，

---

① 王林聪：《中东国家民主化问题研究》，北京：中国社会科学出版社 2007 年版，第 155—163 页。

② ［美］塞缪尔·亨廷顿：《第三波——20 世纪后期的民主化浪潮》，刘军宁译，上海三联书店 1998 年版，第 379 页。

但二者也不存在固有矛盾。民主政治发展缓慢，并不意味着伊斯兰文化本身排斥民主，只是表明它们之间存在如何处理相互关系的问题。”① 因此，“对伊斯兰教的最好的理解是在民主化的全球背景下来考察穆斯林们的独特观念。”② 针对2004年小布什政府的“大中东倡议”，沙特等阿拉伯国家明确表示，“阿拉伯人必须拒绝外来的改革计划”；③ 即使是已经被推下神坛的穆巴拉克也曾强调，“相信改革是一个必要而紧迫的问题；改革应源自阿拉伯社会内部；改革应该满足民主对制定包括政治、经济、社会和文化等领域在内的全面改革计划的愿望。”④

在很大程度上，2011年席卷阿拉伯世界的民众抗议浪潮就是源自阿拉伯社会内部、集体表达穆斯林要求民主、改革愿望的一场内生型的社会运动，它所体现的民主内涵主要包括：（1）以民众抗议浪潮的方式集体表达阿拉伯民族的民主诉求；（2）民主在阿拉伯社会拥有广泛的民意基础；（3）阿拉伯民众的民主诉求几乎涵盖了国家内政外交的所有领域；（4）这场民主运动连锁效应强大，但因西方大国的强权干预而日趋复杂化。由此可见，这场内生型的阿拉伯民主运动也是对“伊斯兰例外论”的否定，即使是西方学者也承认，“伊斯兰教对于整个北非和中东地区正在发生的事情是至关重要的，表明此次大变局有希望构建起公平而又仁慈的新政治体系——尽管这个过程存在种种危险。公平和仁慈仍是伊斯兰教信仰的两大支柱。对我们来说，在西方世界里，这也意味着我们将消除长期以来对穆斯林和阿拉伯人的一些恶意。”⑤

---

① 高祖贵：《美国与伊斯兰世界》，北京：时事出版社2005年版，第83页。

② 王林聪：《中东国家民主化问题研究》，北京：中国社会科学出版社2007年版，第122页。

③ 转引自高祖贵：《美国与伊斯兰世界》，北京：时事出版社2005年版，第239页。

④ 高祖贵：《美国与伊斯兰世界》，北京：时事出版社2005年版，第241页。

⑤ 詹姆斯·卡罗尔：“梦魇般的阿拉伯的消失”，香港亚洲时报在线网站2011年3月10日。

当前，伊斯兰复兴党和穆斯林兄弟会已经分别在突尼斯和埃及掌握了国家政权，并必将对伊斯兰特色的民主进行探索和尝试（由于本书的其他报告有专门探讨，本报告不再就此展开论述）。

二、中东变局中的教派矛盾

公元632年先知穆罕默德去世后，在围绕继承人问题上引发穆斯林内部矛盾，并裂变为逊尼派和什叶派两大派别。“逊尼”（Sunni）在阿语中原意为“遵循传统者”，逊尼派认为四大哈里发都具有合法性，因而成为伊斯兰教中的正统派与多数者，人数约占全世界穆斯林的85%以上。“什叶”（Shiah）在阿语中原意为“追随、党派”，认为只有先知穆罕默德的后裔阿里才有资格担任哈里发，其他哈里发都是篡权者，因而成为伊斯兰教中的少数者，人数约占全世界穆斯林的15%左右。（海湾国家的教派情况具体参见表1）

表1：海湾国家穆斯林教派人口比例统计表①

国家	什叶派人口比例	逊尼派人口比例
阿联酋	15%	85%
阿曼	5%	95%
巴林	70%	30%
卡塔尔	10%	90%
科威特	35%	65%
沙特阿拉伯	5%	95%
伊拉克	65%	35%
伊朗	90%	10%

① 数据来源于王联：《中东政治与社会》，北京大学出版社2009年版，第130页。

逊尼派和什叶派都信奉伊斯兰教的基本教义、教法，不同之处主要有：(1) 什叶派还信奉伊玛目（原意为“领袖”、“表率”、“楷模”），并根据所信奉的伊玛目神性大小和数目多寡派生出不同的内部派系；(2) 逊尼派以《布哈里圣训实录》等“六大圣训集”为立法依据，但什叶派则以《宗教学大全》等“四大圣训集”作为立法依据；(3) 什叶派有大阿亚图拉、阿亚图拉、霍贾特伊斯兰等宗教等级制，只有极少数什叶派宗教学者才能达到大阿亚图拉等级，如伊朗前最高精神领袖霍梅尼；(4) 除麦加、麦地那和耶路撒冷三大伊斯兰圣地外，什叶派还有自己的圣地，如伊拉克的纳杰夫、卡尔巴拉及伊朗的马什哈德等。因此，两大教派因教义教法分歧派生出矛盾冲突，甚至爆发战争，教派矛盾最终成为穆斯林内耗的渊薮。

除教义分歧、历史恩怨等因素外，近代西方殖民主义和帝国主义利用民族与教派矛盾，推行分而治之的政策，进一步加剧了中东的教派矛盾与教派斗争。特别是在英国殖民中东时，采用扶植少数派统治多数人的政策，不仅转嫁了殖民者与当地民众间的矛盾，也使得统治者不得不依靠殖民者才能维系所谓的地方统治，海湾地区是什叶派穆斯林集中地区，但除伊朗外全部都由逊尼派掌权，也由此引发持续而激烈的教派斗争。

除历史上西方殖民主义者的挑拨外，阿拉伯伊斯兰国家间的教派纷争也与美国的中东战略密切相关。20世纪下半叶，中东地区逊尼派国家大致分为泛阿拉伯主义国家（如埃及、伊拉克、叙利亚及利比亚等）和君主制国家（沙特、巴林等海湾国家），逊尼派国家主导了中东地缘政治。但自伊朗“伊斯兰革命”以来，什叶派力量进入上升期，并在伊朗、叙利亚、黎巴嫩及伊拉克等国复兴。在伊朗“伊斯兰革命”后的20多年中，为遏制伊朗输出革命，美国一直通过扶持逊尼派阿拉伯政权来抑制伊朗，沙特等多数逊尼派国家成为美国盟友，而伊朗作为“邪恶轴心国家”成为美国打压的对象，进一步激化了两派间的矛盾与冲突。

美国的伊拉克政策同样导致了逊尼派和什叶派矛盾的复杂化。伊拉克什叶派穆斯林占该国人口的65%，在萨达姆时期长期遭受打压而处于边缘地位，而美国出于遏制伊朗的需要，默许了萨达姆对什叶派的迫害。但在2003年伊拉克战争后，为清除萨达姆政权的残余势力，美国在伊拉克战后重建中转而实施扶植什叶派、打压逊尼派的政策，伊拉克新政府皆由什叶派和库尔德人掌权，进一步激化了伊拉克的教派矛盾，并造成伊朗成为伊拉克战争最大赢家这一“意外结果”，导致伊朗对伊拉克什叶派的影响不断上升。

此外，教派矛盾作为沙特与伊朗矛盾的重要表现，也与美国的中东政策密切相关。伊朗伊斯兰革命后，“德黑兰的什叶派穆斯林神权统治对阵利雅得的极度保守的逊尼派穆斯林君主制，以争夺这个世界上石油蕴藏量最丰富的地区的霸权”①；而后来伊朗拥核崛起的战略同样对沙特等逊尼派阿拉伯国家造成极大威胁，进而使沙特与美国在打压伊朗这一目标上找到了共同利益。在中东变局中，美国继续向伊朗施压，它所采取的默许海合会出兵巴林、向叙利亚施压等政策选择，均与美国遏制伊朗的政策目标存在密切联系；而沙特等海湾国家则希望通过主导阿盟，借助美国等西方国家的力量，铲除作为伊朗盟友的叙利亚巴沙尔政权，进而实现削弱什叶派和打压伊朗的双重目标。因此，叙利亚危机的复杂性表明，教派矛盾与外部大国干预相结合，深刻影响了中东地缘政治格局的重组。

“教派纷争是中东的旧伤，但民众近来对民主、民族团结和尊严的要求再次挑起这个问题，并注入了新的含义。”因此，“我们应当警惕教派冲突的影响，因为教派冲突一旦公开化，就很可能

① 迈克尔·史莱克：“巴林的傀儡战”，载《纽约时报》网站2011年3月19日。

沿着破坏的道路发展下去，使本地区和全世界付出沉重的代价。"[①] 其中，教派矛盾与霸权干涉的交互作用导致中东地缘政治复杂化，这已成为该地区地缘政治发展的周期性现象：当教派矛盾加剧，阿拉伯伊斯兰世界内耗加剧到无法自行解决之际，西方大国就乘势介入中东，谋求霸权利益，进而加剧地区冲突，导致中东地区陷入长期动荡。

三、中东变局的部落因素

（一）阿拉伯社会的部落文化

部落是"由相互拥有亲属关系的部分所组成，这些部分又由各个家庭所组成。"[②] 在部落社会，将部落的各个组成部分紧密联结在一起的是氏族、年龄集团、秘密结社、战争团体等泛部落组织。[③] 因此，基于血缘、地缘要素之上的部落文化，既是特定社会群体习得且共有的一切观念和行为，也是"围绕人类的不同活动领域而具有规范作用和道德感召力的文化力量，同时也是人类在历史长河中的创造性想象的沉淀。"[④]

在阿拉伯民族正式形成前的漫长历史中，"父权制、劫掠与族仇，以及荣誉等部落文化使贝都因人获取生存资源的首要能力和缔造其精神生活变得简单，也使他们更易掌控他人及财产。通过联盟，亲近疏远，在部落内外都可以采用。小家族被迫联合其他家族与另

---

① 瓦利·纳斯尔："假如拉伯之春变味了"，载美国《纽约时报》网站 2011 年 8 月 27 日。

② Elman R. Service, *Primitive Social Organization: An Evolutionary Perspective*, Random House, Inc., 1964, p. 100.

③ Ibid., p. 105.

④ ［美］E·希尔斯：《论传统》，傅铿等译，上海人民出版社 1991 年版，第 26 页。

一家族抗衡；当部落人发生冲突时，部落内外的所有成员都联合起来，组成统一战线，并提供物质支持，以一致对外组成统一战线，并提供物质支持。”①

在历史上，贝都因部落文化“已经深深地渗入到阿拉伯人的民族性格中，并成为其心理积淀，在当今仍然影响并制约着阿拉伯人，体现了阿拉伯人不屈不挠的抗争精神，并在未来仍将发挥其文化的力量。”② 伊斯兰教的产生既对贝都因部落文化产生了严重的冲击，并促进了阿拉伯民族的产生，但它并没有彻底根除部落文化的积弊。其具体情况是，尽管伊斯兰教“这种一神教的统一性打破了氏族部落和各个小酋长国的狭隘性与排他性，并以地域关系逐渐取代血缘关系”，但是，“伊斯兰教又通过集体礼拜这种仪式促进了教胞间的兄弟关系，把阿拉伯人过去对部落的狭隘忠诚转到对宗教事业的忠诚，并异常团结，一致对外。”亦即，先知穆罕默德“在部落体系基础上”“构建了一个具有包容性的结构”，使“贝都因人的劫掠与征战又因这一宗教而变得神圣。”③ 因此，阿拉伯部落文化是血缘、地缘、宗教等诸多因素作用的产物，蕴含部落派系、宗教派别等错综复杂的矛盾与冲突，使得阿拉伯部落问题变得异常复杂，并对阿拉伯社会产生了深远的影响。具体而言，大体表现在以下几个方面：

1. 对抗性的部落生存机制

为争夺有限的生存资源，各大部落间频繁地争斗仇杀，在严酷环境中形成了弱肉强食的丛林生存法则与竞争机制，并逐渐形成一种“胜者为王、败者为寇”的从众心理。因此，对阿拉伯人而言，“平衡对抗”是确保自身安全的基本原则，阿拉伯谚语“我反对我

---

① See Marsh all Sahlins, “The Segmentary Lineage: An Organization of Predatory Expansion”, *American Anthropologist*, Vol. 63, 1961, pp. 322 – 343.

② 蒲瑶：“中东冲突的部落文化解读”，载《西亚非洲》2009 年 6 期。

③ 同上。

兄弟，我和我兄弟反对我堂兄，我、我兄弟和堂兄反对全世界”就是最生动的诠释，阿拉伯人最基本的生存法则是“联合近亲抵抗远族”。亦即“部落不论大小，基于血亲关系，每个部落成员都有责任保护本族成员，并攻击外敌。假如发生了一场家庭与家庭、宗教与宗教、部落与部落、教派与教派、穆斯林与异教徒之间的对峙，这种‘平衡对抗’就能平衡双方敌对关系。任何潜在对手都知道其敌人并非力量薄弱，至少是势均力敌。”[①] 在此种对抗框架下，“他—我关系”即“敌—我关系”和“是—非关系”。

因此，阿拉伯部落文化中的“对抗”内涵极为丰富，且随着时代变迁而不断变化，主要体现为三个方面：第一，资源争夺。为应对恶劣的生存环境，父系家族结构成为氏族部落时期最基本的社会构成，并依靠父系部落争夺游牧资源。各个部落大多通过世袭制、族（教）内婚姻、多妻、多子等方式来提升自身血亲实力和社会地位，凭借其实力和地位争夺生存和发展空间。第二，血亲复仇。血亲复仇是部落社会的重要内容，在不同的部落之间，任何利益矛盾，甚至是个人间的争执都会演变成部落战争，血亲复仇也因此成为对内确立部落凝聚力的重要机制。第三，对异教徒进行“圣战”。伊斯兰教将阿拉伯部落社会推向了一个外延更广的层面，它主要通过“圣战”团结和凝聚各个部落，构建了穆斯林与异教徒间对抗的新秩序。

2. 复杂的部落认同

在传统的部落社会，“荣誉产生于劫掠和战争，反过来荣誉又进而为劫掠和扩张提供了精神支柱。”也就是说，“赢得荣誉成为对外劫掠的重要使命。首先，忠于部落团结，实现使命就会获得荣誉；其次，在双方冲突中取胜就会赢得荣誉；再次，在部落矛盾中，成

---

① 蒲瑶：“中东冲突的部落文化解读”，载《西亚非洲》2009 年第 6 期。

功者带来荣誉。”[①] 这种部落文化在伊斯兰教产生后仍然在阿拉伯伊斯兰社会得以延续。一方面是阿拉伯民族内部的部落冲突与矛盾纷争，另外一个方面则是为所谓阿拉伯民族的荣誉与外部世界尤其是基督教西方的对抗。但是，从某种意义上讲，伊斯兰国家只有在对抗异教徒时，才能从更高层面上发挥穆斯林部落社会的超强粘合力，进而在伊斯兰信仰的强大支撑下捍卫个人、家族、部落乃至宗教的荣誉。尽管“荣誉和对抗这两个部落文化因素才是深刻渗入阿拉伯人国民性格中的历史积淀”，但现代阿拉伯人“却发现自己处在一种无法立足的境地：将近代历史和阿拉伯帝国的繁荣相比，阿拉伯人看到的只是一次又一次的失败与挫折。在其中如何寻找荣誉？没有荣誉的阿拉伯人如何寻找自信？在这个充斥失败的世界里，只有反抗才能找到自信。阿拉伯的自尊要求他们不惜代价地起来战斗，去寻找荣誉”[②]。

长期以来，阿拉伯伊斯兰世界在全球化冲击下的边缘处境，曾经的辉煌与当下的衰败所造成的失落感，圣地、《古兰经》的相继遭辱所造成的屈辱感，历史的创伤记忆与现实的生存困窘共同积淀而成了一种顽强的集体潜意识，形成阿拉伯伊斯兰民众仇恨与暴力交织的心理死结，并外现为以暴易暴、铤而走险的病态行为。从某种意义上看，荣誉感构成了阿拉伯民族恢复家族、部落乃至民族自信的重要内驱力。阿拉伯部落获得荣誉感的过程，实为捍卫忠诚、赢得成功并增强自信的过程，为忠于家族、部落甚至宗教信仰之荣誉而进行的各种努力，更成为考验部落成员忠诚度的主要目的和手段。

在阿拉伯社会，部落成员存在着对家族、部落、宗教、国家及民族的多种认同，但部落认同在某种程度上构成了阿拉伯群体认同的内核。首先，各部落首领多由本地区政治精英和宗教领袖担任，

① 蒲瑶：“中东冲突的部落文化解读”，载《西亚非洲》2009 年第 6 期。
② 同上。

民众对部落的向心力在很大程度上取决于部落成员对于部落酋长的忠诚度，部落认同实为部落民众对部落酋长的忠诚；其次，为应对严酷恶劣的沙漠环境，贝都因部落通过宗教来安放心灵和祈盼来世、通过结成血缘家族纽带来寻求现世庇护。除真主外，部落成员对本部落酋长的效忠远大于对国家和军队的效忠①，并形成“真主—酋长（家族—部落—部落联盟）—国家—民族”这种由内向外逐层淡化的同心圆认同结构，甚至将酋长家族血统高贵化、酋长统治神圣化。最后，部落认同还受血缘、地缘及教派等复杂因素的制约，并派生出西亚与北非地区不同的阿拉伯部落社会。

3. 独特的部落制度

在摩尔根看来，“每一个部落都自有其名称，自有其不同的方言，自有其最高政府，自有其所占据、所保卫的领土”②，并形成“用以协调和管理公共事务的组织制度”③。作为人类社会最早的政治组织形式，部落制度具有以下基本特点：第一，政治上的松散性。因实权掌握在各部落酋长手里而形成一种水平权力体系，“没有形成统一的中央集权是部落赖以生存的政治基础”，“因而在政治上未能形成相互统一的政权机构”。第二，经济上的共生性。在部落内部多实行土地、山林、牧场等的公有制，部落成员共同生产和消费公有资源。第三，文化上的共通性。因部落成员拥有共同的祖先、语言、风俗、传统以及相同地域等，文化共性成为部落核心要素。第四，社会管理上的民主性。由地位和权限平等的若干酋长组成的部落议事会，有权决定内外大事，宣布酋长和军事首领的职务任免，但其一切决议须经全体一致通过，并按部落来表决。部落议事会也就成

① 王猛：“部落因素：利比亚变局的背后”，载《世界知识》2011 年第 11 期。

② ［美］摩尔根：《美洲土著的房屋和家庭生活》，李培荣译，北京：中国社会科学出版社 1985 年版，第 18 页。

③ 王希恩：《民族过程与国家》，兰州：甘肃人民出版社 1998 年版，第 42 页。

为协调人们社会关系的机构，并组织、领导本部落成员与外部落进行战争。[①]

人类学家萨尔兹曼（Salzman）指出，历史上曾经有两种方式统治着中东：部落的自治和君王的中央集权制。前者是这个地区的特色，也是理解该地区的关键[②]，它起源于游牧民族依赖大家族保护其成员生命安全的原生机制。曾长期在中东从事报道和研究的托马斯·弗里德曼于2011年3月22日在《纽约时报》撰文指出，“中东和北非往往有两类国家，一类是‘真正的国家’，如埃及、突尼斯和伊朗，有历史疆域和民族认同；另一类是仅有部落的旗帜，利比亚、科威特、约旦等皆属这类。”无论是曾经统治这块土地的奥斯曼帝国，还是西方殖民主义者，都无意也没有能力去改变这种“原生态”格局。在现代阿拉伯国家地区，家族部落仍然是最基本的社会细胞，而部落联盟是基本的社会组织形式之一，并对国家内政与外交产生了深远影响。

（二）部落因素影响中东变局的主要方式

1. 部落与国家对抗的利比亚方式

利比亚境内生活着近140个部落，其中有10个是跨国界部落，中等规模的约有30个，瓦法拉、图阿雷格、卡扎法是最有影响力的三大部落，人数约占利比亚640万总人口的1/3。利比亚部落制度主要表现为：第一，部落实际上由一个个成员数量不等的大家族构成，每个家族根据其成员数量每年向部落基金会捐款，用于部落公共事务的开销。第二，部落长老以协商的方式处理部落内外事务，长老依仗自己的威望处理部落事务，这使得部落对成员的约束力有很大

① 安俭：“试论部落的性质和政治体制”，载《西北师大学报》2000年第1期。

② Daniel Pipes, “The Middle East’s Tribal Affliction”, http://www.zh－hans Daniel pipes org/article/5417.

的不确定性，如阿姆勒斯部落曾是一个很大部落，现已经分解为17个大的家族。第三，大部分部落都是以家庭为单位的个体，很少有部落能形成一个共同的经济利益体。第四，松散的组织形式使部落处于不断分化、组合的过程中，部落成员对部落的认同感很大程度上取决于长老的威望。①

利比亚部落在反抗奥斯曼帝国和意大利殖民统治的过程中发挥了重要作用，位于东部的港口城市、经济重镇班加西的瓦法拉部落拥有100多万人，在历史上是伊德里斯王朝的大本营。伊德里斯王朝虽然在形式上实现国家统一，但并没有打破根深蒂固的部落政治传统。由于国家高度依赖以班加西为中心的昔兰尼加地区，进而形成利比亚政治完全被东部地区部落所控制的局面。在历史上，卡扎菲所属的卡扎法部落，曾是一个处于边缘地位的贫穷部落，人口仅有几万。1969年9月，卡扎菲在成功推翻伊德里斯王朝后，也曾采取措施弱化部落影响力，如在各地建立营地监视民众活动，禁止部落拥有武装，牢牢掌握国家机器等。与此同时，现代社会的城市化进程使越来越多的部落人员移居城市，并建立起新的社会关系，这在一定程度上弱化了部落成员和自己原部落的联系。但是，卡扎菲在削弱部落权力的同时，又推行以自己所在家族和部落为基础的部落统治，实施“以部落治部落”的国家统治模式，进而埋下了日后部落矛盾激化并导致卡扎菲政权因内战和外部干预而覆灭的根源。

第一，卡扎菲政权试图通过迁都的黎波里、打压瓦法拉部落、拉拢其他部落等一系列手段，扭转利比亚“东强西弱”的部落权力格局，但收效甚微。1993年10月，瓦法拉部落公然发动军事政变，抗议利益分配上的歧视和经济发展停滞，众多瓦法拉族人遭到驱逐或审判，随后的数起部落叛乱也遭到了卡扎菲的镇压。2008年，国际油价大跌和经济危机导致利比亚石油出口损失高达40%，各部落

① 李远：“利比亚部落没想像中强大”，载《参考消息》2011年5月9日。

之间关系也日趋紧张，卡扎菲在国家资源特别是石油利益分配上偏袒西部、排斥东部的做法，造成“东穷西富”的失衡现状，并最终形成以东部班加西为中心的“反卡大本营”。

第二，依照“唯亲是用”的原则来处理部落关系，加剧了部落纷争。卡扎菲上台后，他所在的卡扎法部落开始“扬眉吐气”，所有政府要职以及部队、警察和情报等安全部门的重要位置，都被该部落及与之结盟的部落成员占据。卡扎菲的这种政策导致部落之间关系紧张乃至军队内部的部落纷争，对卡扎菲不满的部落构成了最终埋葬卡扎菲政权的最重要的反政府力量。

第三，卡扎菲为削弱国民的部落认同大搞个人崇拜，加剧了个人独裁，并最终使其成为利比亚战争的殉葬品。为削弱部落认同，卡扎菲大搞个人崇拜，力图将自己塑造成为所有利比亚人忠诚的对象。卡扎菲的支持者经常高呼“真主安拉、奥马尔和利比亚!”（卡扎菲的全名为奥马尔·穆阿迈尔·卡扎菲）其中卡扎菲的名字被排在真主之后、利比亚之前，卡扎菲的目的就是要使利比亚人对自己的效忠超越于对国家和民族的效忠之上。卡扎菲虽然曾经在利比亚风光无限，但在中东变局发生后，卡扎菲政权及其本人很快便沦为千夫所指的对象。

总之，卡扎菲40多年的“强人统治”，主要就是依靠部落统治来维系的。20世纪90年代初，卡扎菲以家族部落的血亲力量和雇佣军的高额报酬为基础，打造了一支忠于自己的精锐部队，并安排其子女控制国家军政大权，推行以家族为中心的部落统治。为此，卡扎菲对内通过培植嫡系部落、压制异己部落维系其独裁统治，对外则通过对抗西方塑造伊斯兰世界圣战者形象。

卡扎菲政权的崩溃以及卡扎菲本人的悲惨下场表明，卡扎菲的部落统治导致的一系列结构性矛盾，构成了利比亚政治动荡的重要根源，利比亚的战后重建仍将面临部落矛盾的严峻挑战。

第一，利比亚全国过渡委员会与部落的关系尚未理顺。全国过渡委员会主要包括部落力量、包含基地成员的伊斯兰势力、反卡扎菲的民主人士、伊德里斯王朝的王室力量以及军人等多种势力，其成分构成复杂、代表性不强，且内部矛盾严重。利比亚东部部落长老曾致信“非盟”，质疑全国过渡委员会的合法性。目前利比亚部落正在重新组合以期在新政权中获得席位，部落与利比亚过渡政权的矛盾，无疑仍是影响利比亚战后重建的重要因素。

第二，后卡扎菲时代的权力争夺引发利比亚部落矛盾加剧。卡扎菲政权崩溃后，在各种政治派别争夺政治主导权的同时，众部落亦欲重划势力范围，进而有可能打破利比亚不同力量之间的脆弱平衡，并破坏利比亚战后重建。卡扎菲政权的反对者主要是长期受到压制的东部部落，而在卡扎菲时期在政治经济上享有特权的西部部落很有可能成为重新掌管政权的东部部落打压的对象。

第三，武器失控埋下了部落仇杀的隐患。利比亚境内大的部落原本就拥有武器，在利比亚战争后，枪支泛滥、武器失控将成为利比亚战后最大的安全隐患，政府和军队的治安控制力也将因此遭到极大削弱。

第四，协调国家利益与部落利益的关系成为利比亚战后包容性政治重建的关键。按部族分配权力，必将导致利比亚国家权力的“碎片化”，使国家陷入部落、军阀割据的“伊拉克化”状态。对此有学者指出，“后卡扎菲时代无论何时出现，但有一点可以预见，那就是利比亚将陷入局势紧张、危机四伏的状态，各种社会力量将上演群雄逐鹿的大戏。”全国过渡委员会的二号人物贾布里勒也坦言，利比亚转型“好比汤姆·克鲁斯的一部电影名——《不可完成的使命》”。《纽约时报》专栏作家托马斯·弗里德曼也指出，随着国家认同的不断丧失，利比亚国内矛盾已指向各个部落间的矛盾，如果局势进一步恶化，也不排除有陷入长期内战的可能。[①]

① 方晓文：“利比亚：东西分裂的宗教部落国家”，载《世界新闻报》2011 年 3 月 15 日。

2. 国家与部落相互妥协的也门方式

作为部落势力极强的国家，也门曾拥有上千个部落，较大部落有170个左右，并以哈希德、贝克尔、哈卡和穆兹哈等“四大部落”的影响为巨。在也门，部落至今仍然作为基本的社会成分存在，部落居民占也门人口的80%，部落制度和习俗在也门社会生活中起着重要作用。目前，在也门势力最强、知名度最高的是由50多个中小部落组成的哈希德部落，它是一个集政治、经济、军事、宗教四位一体的强大实体，人口逾百万，必要时可动员10万以上武装力量。由于严格的部落俗规发挥了巨大作用，该部落才能长期保持久盛不衰的局面，并在也门国家事务中起着举足轻重的作用。[①]

也门的各部落都信奉伊斯兰教，按教派划分，它属于伊斯兰教什叶派中的宰德派。由于严格的部落俗规发挥了巨大作用，哈希德部落是也门公认的首屈一指的大部落，有“超级部落”之称，其部落首领是阿卜杜拉·本·侯赛因·艾哈迈尔大酋长。艾哈迈尔家族作为哈希德部落的世袭首领已经延续了三百多年。进入20世纪以来，艾哈迈尔家族积极参与了许多也门的重大政治事件，其地位和重要性更加突出。第一次世界大战期间，阿卜杜拉·本·侯赛因的祖父纳赛尔和其父侯赛因参加了反对土耳其奥斯曼帝国的斗争。之后，他们又长期坚持反对叶海亚国王的斗争。纳赛尔被迫逃往沙特，侯赛因与其长子哈米德继续从事反对也门王室政权的斗争。1960年，侯赛因与其长子哈米德被艾哈迈德国王杀害后，阿卜杜拉继任哈希德部落大酋长。1962年也门爆发推翻王室政权的革命后，哈希德部落一直站在共和一边，反对王室复辟。1967年底，阿卜杜拉·本·侯赛因·艾哈迈尔大酋长亲率6000多名哈希德部落兵，参加了保卫萨那的“七十天战斗”。在统一和南北内战期间，大部落联盟的酋长们在实现统一和维护国家稳定方面发挥了重要作用，进而赢得

---

① 时延春：“话说也门部落”，http://www.shiyanchun.blshe.com/post/8/386511。

了政权的信任，获得了稳定的生存环境。[①]

从南北也门共和国建立到 1990 年统一后成立阿拉伯也门共和国，也门政权基础从国王时期的封建王族和宗教势力转变为由军人、民族民主人士和部落首领组成的联合阵线。1994 年南北内战后，南方的社会民主党势力受到削弱，以萨利赫为首的全国人民大会和以部落酋长为主的伊斯兰改革集团结成两党政治同盟，以萨利赫势力为主，以部落酋长势力为辅，构成政权的核心力量，使也门初步具备了现代国家的雏形。

但是，也门部落制度保留完整并持续发挥作用，以及哈希德部落在也门历代政权建立与巩固中所扮演的重要角色，导致也门形成了国家与部落两个权力中心并存的政治架构，中央垂直权力体系与部落水平权力体系维持着畸形与脆弱的妥协关系，引发各种冲突不断，并突出表现为部落制度与现代国家制度的冲突、家族冲突（也门总统萨利赫所属的桑汉部落与哈希德部落的首领艾哈迈尔家族的冲突）、城市与部落所在的乡村之间的冲突以及部落制度与现代法律制度的冲突。[②]

在部落暴力传统和宗教极端思想的影响下，也门的暴力文化十分盛行。首先是部落的暴力文化。也门部落暴力是由来已久的一种现象，是部落人为了维持生存而惯用的解决问题方式，部落居民常因争夺稀缺水源和土地资源及捍卫部落利益与相邻部落和地方政府发生纠纷，以致发展为暴力冲突，这已成为他们的生活习性和习俗。在部落暴力文化的影响下，携带刀枪成为也门历史悠久的部落传统习俗。长期以来，也门政府缺少对枪支武器的法制管理，国内有多个武器交易市场，买卖各式枪支武器。也门也因此被认为是世界上人均拥有轻型武器最多的国家。据也门内政部估测，在这个人口约

---

① 杨鲁萍："也门部落暴力问题初探"，载《西亚非洲》2008 年 10 期。

② 同上。

2000万的国度里，约有5000万支枪械。[①] 其次是本·拉登的圣战文化。本·拉登的祖籍为也门部落聚集的哈达拉毛省，“基地”组织在也门的长期活动使拉登的国际恐怖主义思想在也门有深厚的社会土壤。最后是非法宗教学校的极端文化。据阿拉伯媒体报道，近年来地下的伊斯兰极端主义宗教学校在也门境内兴起，约有4000所分布在各地的非法宗教学校向33万学生宣扬宗教极端主义，主要通过教授瓦哈比教派的学说、教义和思想，向年轻人灌输瓦哈比教派中的极端思想，强化对异教徒特别是西方文化的敌视态度，以发展和扩大伊斯兰原教旨主义势力。[②] 也门的暴力文化在中东变局中主要表现为以下两个方面。

第一，也门民众抗议运动蜕变为部落武装与政府军之间的持续流血冲突。自2011年1月以来，也门多省先后陷入动荡，首都萨那更是发生大规模示威和流血事件，抗议者要求总统萨利赫下台；2011年5月，也门反对派“哈希德”部落武装对首都萨那的政府目标发动袭击，并与政府军发生激烈冲突；2011年6月，也门反对派武装分子对总统府发动火箭弹袭击，造成也门总统萨利赫和多名政府高级官员受伤，迫使总统暂避沙特治疗。此后，反对派与萨利赫支持者之间爆发激烈军事冲突，激化了国内政治危机，并迫使萨利赫交权。

第二，“基地”活动猖獗，加剧了也门的动荡。2009年1月，沙特与也门“基地”组织分支宣布合并成立“基地”组织阿拉伯半岛分支，该组织成立后宣布建立“亚丁－阿比扬军”和“伊斯兰政权”，也门境内的恐怖袭击事件骤增，袭击手段更加灵活多变，活动

① 罗伯·科洛特：“荣誉与武器——也门的‘枪文化’”，载《轻兵器》2007年3期。

② 黄培昭：“也门非法宗教学校向33万学生宣扬宗教极端主义”，载《环球时报》2005年4月22日。

地点也由传统的也门东部地区开始向南部及全境发展，甚至直逼防卫本来就很薄弱的也门与沙特边境。2011 年 5 月 28 日，“基地”组织阿拉伯半岛分支宣称已占领也门南部阿比扬省省会津吉巴尔市，并宣布该市为“基地”组织“伊斯兰酋长国”的首都。因此，“基地”组织在也门以建立“伊斯兰酋长国”的方式来“搅局”，成为加剧也门形势动荡的重要因素。

从本质上来说，以萨利赫总统和平交权为特征的也门政治变革方式，是萨利赫家族与以哈希德部落为首的反对派妥协的产物。

2011 年 4 月，海合会提出了旨在化解也门危机的调解协议，但遭到萨利赫的一再抵制，后在各方压力下，萨利赫于 2011 年 11 月 23 日签署了海合会的调解协议，也门执政党全国人民大会党和反对党联盟代表随后签署了关于协议执行机制的协议。根据该协议，萨利赫把权力移交给副总统哈迪，自己担任名誉总统直至选出新总统，而萨利赫及其任军政要职的亲属将获得豁免权。2011 年 11 月 27 日，哈迪发布共和国令，任命反对党领导人巴桑杜为新总理，并根据反对党联盟的提名，授权巴桑杜进行组阁；2012 年 2 月，哈迪当选也门总统；2012 年 5 月，也门共和国卫队第三装甲旅指挥官、前总统萨利赫的侄子塔里克·穆罕默德·阿卜杜拉·萨利赫正式移交指挥权并退出军队。因此，在政权平稳过渡的背后实为萨利赫家族与部落酋长相互妥协的结果。

3. 依靠宗教与家族统治维护政治合法性的阿拉伯君主制国家

在历史上，阿拉伯半岛并没有形成统一的政治实体，公元 7 世纪伊斯兰教的兴起，首次实现了半岛的统一，并建立起一个强大的阿拉伯帝国。但是这种统一是短暂的，因为伊斯兰教刚兴起就开始向半岛外大规模迁徙和扩张，其重心亦随之偏离了它的发祥地而转移到了半岛外的其他地区。以后建立的大马士革倭马亚王朝、巴格达阿拔斯王朝，或其他更遥远的北非、西南欧的伊斯兰国家，实际上都放弃了阿拉伯半岛的游牧与部落传统，接受了当地的集权政治体制与农本经济结构。而在那以后的一千多年中，阿拉伯半岛的广大地区仍然大体保持着氏族部落的政治传统及政治上的分裂混乱状态，直到20世纪二三十年代还停滞在部落组织与家族统治的阶段上。当时5000人以上的大部落约有一百多个，还有许多更小的部落。主要的家族势力集团有内志利雅得的沙特家族、沙马尔山的拉希德家族、汉志麦加的哈希姆家族等。这些家族分别控制着不同的势力范围和部落组织，形成大大小小的埃米尔国、酋长国或教长国。[①]至今在沙特阿拉伯、阿曼、阿拉伯联合酋长国、巴林、科威特、卡塔尔等阿拉伯国家里，权力仍以世袭的方式掌握在统治家族手中。

在海湾的阿拉伯君主制国家，尽管也效仿西方建立了部分代议制的权力机构，但它们并没有立法权，只是国王的咨询机构，附属于国王，且国王有权解散议会。国王代表统治家族独揽行政、司法、立法大权。国王既是国家元首，又是政府首脑，司法权也是以国王的名义由相关司法机构行使；国王同时是整个统治家族的核心，代表整个家族统治国家。[②]沙特的沙特家族、阿曼的赛义德家族、阿联酋（由阿布扎比、迪拜、沙迦、阿治曼、乌姆盖万、富查伊拉和哈伊马角等7个酋长国组成）的阿勒纳哈扬家族（也称为扎耶德家族）、巴林的哈利法家族、卡塔尔的萨尼家族、科威特的萨巴赫家族、约旦的哈希姆家族等，长期控制着国家政权。

在阿拉伯君主制国家，人们对于自身所属的部落与家族都有强烈的依赖感与认同感，并将自己“对部落酋长的崇拜转化为对国王的崇拜，对部落的忠诚扩展为对国王的忠诚。正是这种根深蒂固的对部落家族的依赖认同心理和对部落家族首领的崇拜意识，构成了

① 刘鸿武：“论君主制在沙特阿拉伯长期延续的根源”，载《西亚非洲》1991年2期。

② 赵海平：“中东君主国的家族统治”，载《阴山学刊》2009年1期。

君主政治存在的深厚社会政治文化基础，制约着人们的政治行为和政治价值观，使君主制成为广大民众最易接受认可的政体形式。"[①] 再加上这些国家大多"控制着一种稀少和珍贵的资源，这使得它们可以获得异乎寻常的经济增长率，并能推行技术高速现代化的政策，而且常常伴随着采取分配性和大众福利的政策。它们没有对政治结构实行革命性变革而取得了成绩。它们把传统的世袭统治模式同官僚组织结合起来。这些国家能够如此出色地把传统主义和现代主义结合在一起，其原因只能用它们发了石油横财来解释。"[②] 也正是由于政权具有传统合法性与石油经济带来的大众福利，使得阿拉伯君主制国家在中东变局中虽遭到一定的冲击，但并未造成类似共和制国家的社会动荡与政权更迭，在总体上保持了稳定。

在多数阿拉伯国家相继陷入动荡之际，沙特王室积极利用宗教当局的影响力说服民众不要上街游行，以维护政权稳定。在2011年3月11日"愤怒日"游行示威前夕，沙特最高宗教委员会发布宗教法令说，示威游行违反经、训基本原则，严禁穆斯林参与示威活动。宗教当局还将法令印刷成册分发给民众，各大清真寺阿訇在周五的礼拜演讲时再次奉劝民众不要参加示威游行。与此同时，沙特政府还利用部落影响力，协助稳定局势。就沙特而言，王室、宗教及部落三者是一个利益共同体，在国家管理的不同层面上发挥着各自的重要作用，有了这三重"安全阀"，再通过改善民生、政治改革、武力镇压等诸多软硬兼施的手段，沙特政府基本上控制住了国内形势，并暂时避过了中东变局的冲击。

① 刘鸿武："论君主制在沙特阿拉伯长期延续的根源"，载《西亚非洲》1991年2期

② ［美］阿尔蒙德：《比较政治学》，曹沛霖等译，上海译文出版社1987年版，第452页。

四、总结与结论

通过分析中东变局中的宗教、教派和部落等传统社会文化因素，可以发现其影响十分复杂，很难一概而论。

从宗教和教派因素的作用来看，突尼斯、埃及等国家的民众抗议浪潮在某种程度上与传统的、朴素的伊斯兰民主思想具有内在的一致性，而已经掌握这些国家政治主导权的伊斯兰主义势力，如突尼斯的伊斯兰复兴党和穆斯林兄弟会，也必将就伊斯兰教与现代民主的融合进行积极的探索。但就叙利亚问题的复杂性来看，教派斗争和外部势力的干预相结合，无疑导致叙利亚危机已经蜕变为地区内外势力展开的地缘政治博弈，进而使中东政治中的教派因素进一步凸显。当然，宗教激进势力和极端势力在整个中东变局中的破坏作用也不容小觑。

部落因素的作用同样十分复杂。在利比亚，部落矛盾构成了导致利比亚爆发内战，并与外部干预相结合导致卡扎菲政权崩溃的重要因素，同时也将继续掣肘利比亚的政治重建。在也门，以萨利赫总统和平交权为特征的也门政治变革方式，从本质上来说是萨利赫家族与以哈希德部落为首的反对派妥协的产物，是双方力量相对势均力敌以及海合会、西方积极调节等因素综合作用的产物。在沙特等海湾君主制国家，王室政权积极依靠宗教与家族统治等传统因素维护政治合法性，同时利用石油美元改善民生，进而在总体上维护了国家的政权稳定。

总之，中东变局再次体现了宗教、教派、部落与家族等传统文化因素的复杂作用，在相当长的历史时期内，它们仍将是影响和制约阿拉伯国家的社会发展与社会转型的复杂变量。

中东变局与伊斯兰主义力量的发展趋势

——以埃及和突尼斯为例

中国社会科学院西亚非洲研究所　王　凤

【内容提要】

中东变局发生后，伊斯兰主义组织在具有通过参与民主政治进程扩大影响这一共性特征的同时，呈现出多样化的发展态势。一些组织表现出与现代民主政治相容的自由主义的趋向；另一些组织呈现温和化发展态势，与原先的政治社会目标拉开了距离；还有一些组织，基本保留原先的社会政治目标，保守性非常浓厚。伊斯兰主义组织虽取得巨大发展，但很难完全推行伊斯兰教法，建立完全伊斯兰化的国家体制。上台后的伊斯兰主义组织，可能继续采取温和、务实和开放的对外立场，与外部世界发展建设性的互利合作关系。

在中东变局中，具有雄厚群众基础和广泛影响力的伊斯兰主义组织，已在政治上获得重大发展，突尼斯和埃及的伊斯兰主义组织已经上台执政或主导议会，它们今后的发展态势尤其令人关注。因此，本报告主要以埃及和突尼斯为例，分析中东变局中的伊斯兰主义力量及其发展走势。

一、何谓“伊斯兰主义”

“伊斯兰主义”（Islamism）或“伊斯兰主义者”（Islamist）指“那些声称伊斯兰教，或更具体而言，是沙里亚（伊斯兰教法）能为人类生活所有领域，不论是个人还是社会领域均能提供指导，并因此要求建立‘伊斯兰国家’或者‘伊斯兰秩序’的穆斯林”。[①] 一言以蔽之，“伊斯兰主义”概指坚持伊斯兰发展道路的政党、组织及其成员。它是自20世纪70年代以来世界范围内伊斯兰复兴的重要层面。“伊斯兰主义”一词词义较为中性，较能为穆斯林学者所接受，越来越多的中外学者也愿意使用这个称谓，并以取代此前所称的“伊斯兰原教旨主义”或“政治伊斯兰”。

伊斯兰主义者比较关注政治事务，同时也关注经济、社会和道德问题。许多伊斯兰主义组织具有强烈的政治特性和行动主义特征，长期以来在中东各国居于宗教政治反对派的地位。不过，即便是这些伊斯兰主义组织，其内部也千差万别。按政治行动方式的不同，可将它们划分为温和派、极端派和激进派三种。温和派反对使用暴力，主张合法参政，在现存政治体制内活动；极端派主张通过暴力甚至恐怖活动夺权；激进派介于两者之间。

温和派为数众多，比如埃及的穆斯林兄弟会就属于这个类别。穆斯林兄弟会长期坚持的社会政治目标，是建立政教合一的伊斯兰国家，全面实施伊斯兰教法，通过《古兰经》和伊斯兰教解决国家和社会问题。穆斯林兄弟会创建者、理论家哈桑·班纳认为，西方世俗主义和物质主义是伊斯兰社会全面衰落的主要原因，因此需要

---

① John L. Exposito, et al, *The Oxford Encyclopedia of the Islamic World*, Volume 3, Oxford: Oxford University Press, 2009, p. 191.

“回到伊斯兰教中去”，以《古兰经》和圣训作为重建伊斯兰政府体制的主要源泉，以此来解决伊斯兰社会的各种问题。[①] 穆斯林兄弟会第二代总训导师赛义德·库特卜在其里程碑式的著作《路标》中，为该组织规划了更加明确的蓝图。他指出，一切现存秩序都是非伊斯兰社会秩序，是“蒙昧主义社会”，因此应当通过圣战，建立真正的伊斯兰秩序——“伊斯兰乌玛”（在阿拉伯语中，“乌玛”的基本含义为“社团”，在伊斯兰教中尤其指以穆斯林公社为原型的宗教共同体，《古兰经》中译本多译为“民族”，事实上并不十分准确。——引者注）。库特卜的思想推动了穆斯林兄弟会以及其他伊斯兰主义组织的激进化和极端化发展。[②]

突尼斯伊斯兰复兴党也属于这样的派别。该组织起源于一个1970 年创建的名为“保留《古兰经》协会”的组织。它呼吁穆斯林回归伊斯兰教，强调伊斯兰教在社会中的地位，提倡对突尼斯社会进行改革。1981 年，该协会被改组为“伊斯兰倾向运动”，1989 年进一步改组为“伊斯兰复兴党”。该组织宗教政治思想受到赛义德·库特卜以及伊斯兰主义另一位思想家毛杜迪的影响。比如，在 1981 年公布的《伊斯兰倾向运动宣言》中，“伊斯兰倾向运动”主张：国家与宗教不可分离，政权属于真主，伊斯兰选择是突尼斯社会的唯一出路；伊斯兰是净化社会风气、调节国家和社会生活、解决社会问题的最好办法；以伊斯兰经济原则改造社会经济生活，公平分配社会财富。[③]

---

① John L. Exposito, *Islam and Politics*, New York: Syracuse University Press, Forth Edition, 1998, pp. 137 – 138.

② 丛林：“伊斯兰原教旨主义的转向——兼论赛义德·库特卜的思想”，载《阿拉伯世界研究》2007 年第 6 期，第 58 页。

③ 赵增泉：“突尼斯原教旨主义剖析”，刘竞主编：《伊斯兰复兴运动论集》（内部发行），北京：中国社会科学院西亚非洲研究所 1989 年版，第 209 页。

此外，存在于埃及和中东其他国家的萨拉菲组织，也属于伊斯兰主义组织的范畴。它们总体上属于伊斯兰教逊尼派，虽然内部也千差万别，但也具有共性。其共性在于[①]：

第一，要求返回到伊斯兰教创立后前三个世纪由“虔诚的先辈们”所坚持的“可靠的”、“纯净的”宗教信仰和实践当中，通过这些信仰和实践“净化”穆斯林社会，复兴伊斯兰教。

第二，主张真主的绝对统一，完全排斥真主具有任何属性的可能。如果承认真主之外，允许诸多属性的存在，等于承认真主与其属性都是永恒的，无疑是主张两个或两个以上永恒实体的并存，从而破坏真主的统一，导致多神论。[②]

第三，认为伊斯兰教法的合法权威来源是《古兰经》、“圣训”和先知穆罕默德圣门弟子的“公议”。

第四，主张对《古兰经》和圣训进行严格的字面意义的解释，认为这些严格解释足以指导任何时代、任何地区的穆斯林。

萨拉菲组织的这些共性，既决定了各种萨拉菲组织的伊斯兰主义特性，也使他们与穆斯林兄弟会、伊斯兰复兴党等区别开来，具有不同于后者的独特性、保守性、甚至极端的特性。

萨拉菲组织形形色色，按政治取向不同，也可分为三类。第一类主张通过暴力推翻现存政治秩序，建立统一的哈里发国家。第二类倡导非暴力的政治行动主义。第三类比较平和，主张远离政治，禁止所有公开的政治组织和行动尤其是暴力活动，以免在穆斯林当中导致内战。此外，像在伊斯兰世界占多数地位的逊尼派穆斯林一

① John L. Esposito, et al, *The Oxford Encyclopedia of the Islamic World*, Volume5, Oxford: Oxford University Press, 2009, p. 27.

② 金宜久主编：《伊斯兰教》，北京：宗教文化出版社 1997 年版，第 243、253—254 页。

样，它也主张服从穆斯林统治者的统治，是每个信徒应尽的宗教义务。[①] 埃及的“萨拉菲呼声运动”大致属于第三类。该组织是在 20 世纪 70 年代由亚历山大大学医学专业学生创建的。数十年来，它一直远离埃及政治，主要从事宗教和社会文化活动，向孤儿、穷人等提供免费社会服务和医疗服务。在穆巴拉克统治时期，该组织经常遭到镇压，其领导人也被迫离开亚历山大。

二、中东变局后突尼斯和埃及伊斯兰主义的发展态势

突尼斯本·阿里政权和埃及穆巴拉克政权被推翻后，伊斯兰复兴党、穆斯林兄弟会和萨拉菲呼声运动等组织，先后介入国家民主政治进程的发展，同时组建政党，寻求实现合法化，进而参加了制宪议会或议会选举。突尼斯伊斯兰复兴党已经开始主导制宪议会，并与其他党派一起组建了由它领导的联合政府。埃及穆斯林兄弟会创建的自由与正义党，以及萨拉菲呼声运动建立的光明党，相继成为埃及议会第一、第二大政党，并且开始主导议会。

2011 年 10 月 23 日，作为中东变局的首发之地，突尼斯举行制宪议会选举。结果，伊斯兰复兴党顺利胜出，在全部 217 个席位中获 89 个席位，得票率为 41%，成为制宪议会第一大党。此后，它与保卫共和大会、争取工作与自由民主论坛等两个世俗政党结成联盟，组建了新的过渡政府。伊斯兰复兴党总书记哈马迪·杰巴利出任过渡政府总理，来自其他两党的本·加法尔和蒙塞夫·马祖吉分别担任议长和总统。在过渡政府当中，这三大政党成员也在制宪议会担

① John L. Exposito et al, *The Oxford Encyclopedia of the Islamic World*, Volume5, Oxford: Oxford University Press, 2009, p. 26.

任了多数职位。

埃及穆斯林兄弟会和萨拉菲呼声运动也不例外。它们分别于2011年4月和6月创建政党，并于当年11月参加了议会选举。结果，在下院议会选举中，穆斯林兄弟会创建的自由与正义党在总共508个议席中，赢得47.18%；由萨拉菲呼声运动组建的光明党赢得24.29%；两党议席总和接近75%。世俗的自由主义华夫脱党、自由主义埃及联盟等，席位分别排在第三和第四位。[①] 此外，在议会上院选举中，自由与正义党也获得超过1/3的席位，光明党获得1/4的席位。在赢得议会选举胜利后，自由与正义党总书记萨阿德·卡塔特尼出任议长，来自光明党的阿什拉芙·萨拜特出任副议长，另一名副议长由来自华夫脱党的穆罕默德·阿卜杜勒·阿利姆·达乌德担任。

此外，自由与正义党、光明党还相继推出候选人，参加了2012年5月23—24日举行的总统选举。在全部12名候选人当中，有5位支持率较高。其中，埃及前外长、原阿盟秘书长阿布·穆萨，以及上届过渡政府总理、前空军总司令阿赫默德·沙菲克，代表世俗势力，分别受到埃及中产阶层或者埃及军方的力挺。自由与正义党支持党主席穆尔西参选；光明党原候选人被否决参选资格后，决定支持穆斯林兄弟会前成员阿卜杜勒·莫奈姆·阿布勒·福图赫参选。

2012年5月，自由与正义党参加了埃及有史以来第一次真正民主、自由的总统选举，其候选人穆尔西和埃及前总理沙菲克在第一轮选举中胜出。

在埃及第二轮总统选举之前，埃及武装部队最高委员会先后决定撤销人民议会，并发布补充宪法声明，收回了总统的立法权和财政权。这种做法既与军方和兄弟会在长期对抗中形成的严重不信任密切相关，也是军方在沙菲克大势已去的情况下，为避免兄弟会完

① 法新社开罗2012年1月23日电。

全控制埃及权力而采取的先发制人之举，进而为约束和限制兄弟会埋下了伏笔。尽管如此，在 2012 年 6 月举行的第二轮选举中，穆尔西仍然成功当选埃及总统，并在不久后解除了多名军方高官的职务，以逐步摆脱军方对穆尔西政权的牵制。

伊斯兰主义政党在埃及和突尼斯获得巨大成功，其原因主要包括：

第一，埃及、突尼斯的民主进程为伊斯兰主义组织实现合法化，进而为顺利参政提供了先决条件。2011 年 2 月，本·阿里政权倒台后组建的突尼斯过渡政府立即宣布一系列民主改革措施。在这种变革进程中，长期遭受本·阿里政权打压的伊斯兰复兴党得以重组，并在历史上首次获得了合法地位，进而获得参加制宪议会选举的权利。埃及穆斯林兄弟会及其创建的自由与正义党，萨拉菲派创建的光明党，也在穆巴拉克政权倒台后的埃及民主进程中首次获得合法地位。

第二，与世俗政党相比，伊斯兰主义组织群众基础深厚，组织系统较为完善。在突尼斯，在原执政党——宪政民主联盟于 2011 年 3 月 9 日被解散后，伊斯兰复兴党是仅有的几个拥有全国性组织体系的组织。在贫穷和失业率很高的南方地区，它更是拥有很高的支持率。相对而言，其他大多数世俗政党，虽为数众多，但社会基础十分薄弱，难以在短时间内获取更多的群众支持。

埃及穆斯林兄弟会的群众基础也非常广泛，其基层组织遍布全国，资金也非常雄厚，能够在较短时间动员足够的支持力量。“萨拉菲呼声运动”也是如此。据称，它拥有 200 万追随者，在全国建有基层组织和卫星电视台，它的清真寺和宣教者也遍布全国。萨拉菲派所创立的光明党，通过传统和现代传媒，将其宗教理念和施政方针以浅显易懂的语言传播到各个角落，能够为普通民众所接受。特别是它的宣教者，作为普通信众的精神指导者为民众答疑解惑，因此很容易在剧变后将追随者转化为巨大的政治支持力量。

第三，伊斯兰主义组织的民众支持率很高，不是一国独有的现象，它们在中东地区普遍具有雄厚的群众基础。半个多世纪以来，以世俗化、西方化为特点的中东现代化进程，导致多数国家相继建立了世俗的政治体制，经济上则采取以市场化和自由化为特点的资本主义生产方式。但是真正支持世俗化和西方化的阶层，仅是各国的少数上层精英，众多的中产阶层和下层民众仍然深受伊斯兰传统思想文化影响。而中产阶层尽管不支持伊斯兰主义思想，但是也希望在社会生活中保持伊斯兰教文化传统。他们对于长期处于非法地位的伊斯兰主义政党，也抱有同情心，愿意给予后者平等参政的机会，以证明它们的执政能力。为数众多的下层民众，尤其是乡村地区的民众，由于长期以来能够从伊斯兰主义组织遍布全国的社会服务和慈善机构得到实惠，因此构成伊斯兰主义组织最坚实的社会基础。

最后，来自外部尤其是富有的海湾产油国的巨额资助，为伊斯兰主义组织壮大声势提供了动力。在突尼斯，伊斯兰复兴党接受海湾产油国的巨额资金支持，用来进行竞选宣传和群众集会，已是公开的事实。光明党也接受来自卡塔尔、科威特等国的资金支持。据称，萨拉菲组织一位高级成员一年接受的海湾国家资助，达到上千万美元。海湾产油国力图推动中东变局向着有利于自身的方向发展，它们不仅通过各种手段巩固自身的政权合法性，还希望通过资助伊斯兰主义势力赢得对中东地区事务的主导权。

三、伊斯兰主义的多元化发展趋势

伊斯兰主义本身就是一个非常宽泛的概念，其内部千差万别，不同组织关注的侧重点和领域均有所不同，不同的伊斯兰主义组织内部又可分为不同派别。伴随中东变局的持续发展，伊斯兰主义也表现出不同的发展趋向。一些伊斯兰主义组织，比如突尼斯伊斯兰复兴党，表现出与现代民主政治相容的自由主义的趋向；另一些组织，比如穆斯林兄弟会呈现温和化发展态势，与原来的政治目标拉开了距离；还有一些组织，比如光明党以及其他一些伊斯兰主义组织，虽然不同程度地表现出务实化特点，但基本上保留了原来的社会政治目标，或未对原来的目标做出任何调整，保守色彩非常浓厚，甚至仍旧非常极端。

（一）突尼斯伊斯兰复兴党的自由主义倾向

中东变局后，突尼斯伊斯兰复兴党正经历着深刻的变化。根据民众变革的需求，该党及时对政治目标和发展方向进行了调整。它试图通过重新定位，超越自身的传统属性，向“非神权”的、与现代民主政治相融合的“公民政党”转变。

伊斯兰复兴党高层多次表示，将推动突尼斯迈向一个现代化的、世俗的多党民主制国家，而不是此前它倡导的政教合一的伊斯兰国家和社会。该党还否定自身的宗教性质，仅承认自身的伊斯兰特色。比如，在本·阿里政权被推翻后，伊斯兰复兴党原主席拉西德·加努西从国外返回突尼斯，他多次表示，“伊斯兰教法在突尼斯没有生存空间”；伊斯兰与现代化具有兼容性；支持政治多元化，支持实行多党民主制；信奉个人自由，尊重妇女权利，主张男女平等。在政治体制问题上，加努西认为，突尼斯不会走向伊朗式的政教合一的神权国家模式，突尼斯将以土耳其模式为参照对象。在他看来，土耳其模式的特点是：尽管由具有伊斯兰背景的正义与发展党来统治，但国家和宪法的世俗性质和政教分离的政治制度是土耳其立国的根本。他还经常将伊斯兰复兴党比作土耳其的正义与发展党，而不是埃及的穆斯林兄弟会。[①]

---

① http://news.hexun.com/2011-10-27/134599019.html.

伊斯兰复兴党发言人萨米尔·迪娄也表达了类似观点。他认为，“我们不想要神权政体。我们想要建立一个具有思想自由特点的民主国家，民众可以自由决定他们的生活方式。”“我们不是一个伊斯兰主义的政党（Islamist Party），我们是一个具有伊斯兰教特色的政党（Islamic Party）。”①

伊斯兰复兴党领导人的上述言论并非出于机会主义的考虑，它们具有一定的思想支撑。自20世纪80年代末以后，伊斯兰复兴党已经接受现代民主政治的理念。作为该党的创建人、理论家和政治活动家，加努西的思想自20世纪80年代末就越来越多地体现了将伊斯兰教与现代化相调和的价值取向。他认为，西方文化与伊斯兰原则是可以共存与合作的，这构成了两者关系的基础。在社会问题上，他主张男女平等，妇女有权从事各种社会工作，并参与政治进程。另外，他倡导对社会和政治进行渐进式改革。加努西实际上是在对伊斯兰教及其价值观进行现代主义的解释，使之适应解决现代社会面临问题的需要。②

（二）穆斯林兄弟会的温和化、务实化倾向

穆斯林兄弟会的温和化、务实化倾向主要体现在它创建自由与正义党的政治理念之中。尽管自由与正义党不能完全代表穆斯林兄弟会的全部组织，但从自由与正义党这扇窗口可以看到，穆兄会正试图将原来的政治目标和指导原则与现代世俗政治相协调。结合自由与正义党党纲以及穆兄会高层领导的多次谈话可以看出，自由与正义党试图在埃及建立以伊斯兰教法为基础、“非神权”的多党民主

---

① http：//en. wikipedia. org/wiki/Renaissance_ Party.

② John L. Exposito，et al，*The Oxford Encyclopedia of The Islamic World*，Volume 2，Oxford：Oxford University Press，2009，p. 310.

制“公民国家”。[①]

不可否认，自由与正义党仍试图体现政党和国家的伊斯兰属性。例如，其党纲规定：“伊斯教法是国家立法的主要源泉”；“舒拉”（阿拉伯语原意为“协商”）是民主的本质。但是，该党高层表示，自由与正义党不会在个人领域推行伊斯兰教法。该党成员还面向所有埃及人开放，包括妇女和信仰基督教的科普特人。[②]

自由与正义党的党纲还规定了实行政治改革，实行制宪自由和公众自由，保障建立政党和公民社会的自由等内容。在参加议会选举和总统选举前，该党没有提出明确的经济纲领，只是扼要指出，支持以自由市场为特色的自由资本主义经济，反对垄断；支持以旅游业作为国家收入的主要来源之一；维护经济的平衡发展和可持续发展。

此外，自由与正义党的指导原则也体现了现代民主政治思想，而不是伊斯兰主义组织一贯坚持的“古兰经”和“逊奈”（圣训）就是一切、一切权力源自真主等宗教政治理念。例如，自由与正义党的党纲规定：国家是权威的来源，人民具有选择统治者及其代理人的与生俱来的权力；自由、正义和平等，是真主赋予人民的权力，是每位公民——不分宗教、性别和种族——与生俱来的权力等。这种理念，体现的正是现代西方政治思想的“天赋人权”观念。

自由与正义党主席穆尔西明确指出，自由与正义党不是宗教性质的政党，不是传统意义上的“伊斯兰主义政党”（Islamist Party），它是非“神权”的“公民政党”（Civil Party）。[③] 当然，能否完全实现上述变化，不仅要看自由与正义党母体组织——穆斯林兄弟会能

① 党纲内容参阅维基百科，http：//en. wikipedia. org/wiki/Freedom_ and_ Justice_ Party_ （Egypt）。

② http：//en. wikipedia. org/wiki/Freedom_ and_ Justice_ Party_ （Egypt）.

③ http：//ngzb. gxnews. com. cn/html/2011 - 05/02/content_ 536912. htm.

否进行彻底的改造与转型，更要看今后自由与正义党和穆斯林兄弟会的政治实践。

埃及穆斯林兄弟会表现出来的温和化和务实化倾向，与突尼斯伊斯兰复兴党的自由主义倾向有所不同。尽管两者都试图通过否定自身的传统伊斯兰主义特性而寻求改变，但相比而言，伊斯兰复兴党发生的变化更大。它不仅试图否定自身的伊斯兰主义特性，还试图否定自己的宗教特性，表现出强烈的世俗化倾向；它坚持伊斯兰教必须与现代自由民主政治相容的理念，仅主张在政党和国家中保留一些伊斯兰教特色。穆斯林兄弟会也支持建立“非神权”的现代自由民主政治，即建立世俗政体，但它不敢奢谈世俗化，而用模糊不清的“公民国家”或“公民政党”代替。同时，还希望将自由民主政治建立在伊斯兰教法基础之上。

（三）光明党以及其他组织的保守主义倾向

脱胎于保守宗教派别萨拉菲派的光明党，既不同于伊斯兰复兴党和穆斯林兄弟会，也不同于其他不做任何调整的极端组织。自创建后，它一直没有放弃实施伊斯兰教法的总原则和基本目标，也没有试图否认或超越自身的伊斯兰主义属性。但是，它不排斥伊斯兰教与现代民主的相容性，同时在社会、外交等领域表现出了一定的灵活性和务实性。这在光明党创建人兼主席伊马德·加富尔的讲话中得到了集中的体现。①

加富尔声称，埃及是伊斯兰国家，宪法规定伊斯兰教是主要宗教，伊斯兰教法是国家立法的主要来源。“一些人想知道我们未来是什么样子的国家，像伊朗或沙特？我想告诉他们，我们会有一个不同的、现代伊斯兰国家的模式。我们不会强迫别人做任何事情。”其

① 以下谈话内容均引自《国际先驱导报》，http：//www.2muslim.com/portal.php？mod = view&aid = 61071。

他一些高级成员也表示，将灵活实施伊斯兰教法。

光明党还声称将保障公民权利和自由。加富尔说："我们保证，每个公民都有自己的权利，只要法律得到认真贯彻，公正和平等是能够实现的。"他还说，那些声称萨拉菲政党会限制自由的说法都是谣言，是在选举中失利的党派散播出来的。"我们尊重妇女受教育、就业和参与政治生活的权利。"他强调，"光明党不会强迫妇女带头巾，也不会驱赶占人口少数的科普特基督徒。"光明党还希望在未来新宪法中限制总统权力。加富尔说，原宪法赋予总统的权力过大，新宪法应对总统权力施加一定的限制，给予工会、地方议会和政府更多权力。

此外，并非所有的伊斯兰主义组织都迎合民众需要和形势发展，对自身进行积极的改革与调整。例如，墨守陈规的"突尼斯解放党"，在中东变局后仍旧要求严格实施伊斯兰教法。该党是埃及穆斯林兄弟会的极端势力于 20 世纪 50 年代在突尼斯建立的分支机构。在这场变革中，该党仍然坚持原先的政治立场。2011 年 3 月，它宣布，要建立一个基于严格的伊斯兰教法基础之上的政权，国家唯一的立法来源只能是伊斯兰教法；在突尼斯专制政权垮台后，伊斯兰教是解决问题的办法；一旦获得政权，将禁止其他政党活动。[①] 对此，伊斯兰复兴党原主席拉西德·加努西予以了谴责。他认为，解放党是在向外输出一种被歪曲理解的伊斯兰教。迄今为止，突尼斯一直没有批准解放党以及其他两个伊斯兰主义政党的合法化申请，其根据是突尼斯法律不允许以宗教、性别、民族、地区等为基础建立政党。

中东变局发生以来，穆斯林兄弟会和伊斯兰复兴党都表现出了很强的政治适应性，这正是它们能够在两国民主政治发展中取得重大进展的重要原因。这种政治适应性，不仅有利于减轻国内外世俗

① 法新社突尼斯 2011 年 3 月 10 日电。

势力对伊斯兰主义组织实行神权政治的疑惧心理，避免遭到国内外势力的镇压或干涉，而且能够使它们顺利跨越法律红线，实现长期以来梦寐以求的合法化地位。可以说，正是这种政治适应性，使它们获得了生存和发展的良机，使它们能够参政议政直至上台执政。相反，像伊斯兰解放党这样墨守陈规，结果只能坐以待毙，影响组织的生存、发展和壮大。

四、伊斯兰主义组织内外政策的发展走向

伊斯兰主义组织在政治上获得巨大发展，势必对所在国内外政策走向产生重大影响。无论是穆斯林兄弟会，还是伊斯兰复兴党，在它们上台后，基本上不会改变国家的世俗政体，并推动建立某种类型的多元民主政治体制。突尼斯和埃及新宪法可能遵循以下原则：政教分离，多党参政，自由资本主义经济，推动公民社会的发展等。它们不可能在埃及或者突尼斯建立神权政体，完全推行伊斯兰教法，进而像伊朗那样建立完全伊斯兰化的国家体制。埃及光明党，有可能在立法领域或者社会生活发挥一些作用，不过相比而言，由于保守性相对浓厚，它的群众影响力有限。此外，上台后的伊斯兰主义组织，有可能继续采取温和、务实和开放的对外立场，与外部世界发展建设性的互利合作关系。但在不涉及世俗政体、国家利益等核心问题上，伊斯兰主义组织在一定程度上将重视发挥伊斯兰教在政治、经济和社会生活中的调解作用，同时与地区和世界范围内的伊斯兰势力加强联系与合作。从原因方面看，除前述穆斯林兄弟会或者伊斯兰复兴党指导原则所发生的重大变化外，其他决定因素还有：

第一，世俗民主政治是时代发展潮流，伊斯兰主义组织若违背民意全面推行伊斯兰化，必将遭致反对乃至自取灭亡。

尽管世俗政党在埃及和突尼斯的政治影响力下降，但它们仍能在议会或政府对伊斯兰主义政党进行某种程度的限制。总体来说，它们对穆斯林兄弟会或伊斯兰复兴党在执政后是否推行全面的伊斯兰化仍怀有很强的疑惧心理。它们的力量虽然非常分散，但可能通过制宪、联合组阁等方式，将多元民主制、禁止政党发展武装力量、保障权力和平过渡、确保与西方发展关系、鼓励外国投资等内容写入新宪法，或运用到政府的内外政策之中。

此外，军队也是世俗政体的有力捍卫者，这在埃及表现得更加明显。若伊斯兰主义组织推动全面的伊斯兰化，埃及军队出面干政的可能性极大。迄今为止，尽管穆尔西在总统就职不久后就解除了多名军方高官的职务，但埃及军队对局势仍有较大的控制力和影响力。当前，军方与穆斯林兄弟会的斗争仍未尘埃落定，甚至仍无法排除军方以军人干政和政变的方式与穆尔西对决，以保障自己的权力以及世俗政体的基础。突尼斯军队在政治上一贯保持中立，它的主要职责是捍卫国家主权和领土完整，干政的可能性较小。对于这些世俗力量，伊斯兰主义政党不会不慎重对待，以免这些势力与外部西方势力联手，制造或激化社会政治矛盾，进而逼其下台。

第二，是否实行世俗民主政治是伊斯兰主义政党能否顺利执政的关键。

伊斯兰主义组织上台执政后，将面临前所未有的执政考验，以及各种迫在眉睫、困难重重的社会经济发展问题，它们只能与世俗力量合作，取长补短，集思广益，才能共渡难关。比如伊斯兰复兴党上台后，面临着走出乱局、完成政权改造、经济复兴等一系列难题和严峻挑战。其中最紧迫的任务是，如何尽快解决日益高涨的失业率，解决沿海与内陆的贫富差距，以及急剧减少的外国投资等经济困境，这些问题关乎它今后能否长期执政。但是，对于如何成功解决这些难题，伊斯兰复兴党并无成竹在胸的答案，因为它没有执政经验，缺乏行之有效的经济发展政策，只是在党纲中笼统地提出要实行自由主义市场经济等大的发展方向。今后，它将不得不继续淡化或改造其意识形态，而以现实问题和国家利益为主。它需要与国内各种政治势力合作，充分调动各方面的积极性，才能稳定局势，走出困境，走向繁荣。正如突尼斯总理杰巴利在2012年施政纲领中表示的那样，新政府将以服务人民利益为核心，然后有计划、有步骤地加以解决各种问题，需要在制订国家预算等问题时充分考虑全国人民的期盼和国民经济平衡发展的需求。[①]

在埃及，自由与正义党也多次表示，它将与其他世俗政党以及伊斯兰政党合作，甚至与军队合作，共同解决国家面临的问题，促进稳定和发展。穆斯林兄弟会的许多成员，也属中产阶层，也具有相当深厚的专业和技术背景，明白自己上台后担负的执政重任。埃及光明党主席加富尔在议会选举后也表达了类似的主张。他承认有必要与其他各种政治力量一起合作，解决埃及的各种问题，“为了埃及的利益，我们愿意与穆斯林兄弟会和其他政党合作，组建联合政府。考虑到现在的安全、经济和政治问题，我们不得不团结起来，共同应对。”[②]

第三，发展良好的对外关系是伊斯兰主义组织执政后的必然选择。

建立与外部世界的互利合作关系，有利于由伊斯兰主义者主导的政府吸引急需的外部投资，促进经济的恢复和发展。这也是伊斯兰主义组织和政党上台后面临的紧迫问题之一。埃及、突尼斯两国经济均严重依赖欧洲和西方市场。旅游业是埃及经济支柱之一，也是解决其就业问题的关键。突尼斯也不例外，出口和旅游是其经济支柱，但均严重依赖欧洲。突尼斯与欧洲的贸易占其贸易总额的

① http：//world. huanqiu. com/roll/2011－12/2295785. html.

② http：//www. 2muslim. com/portal. php？mod＝view&aid＝61071.

80%，旅游业约占全国外汇收入的 20%，占 GDP 的 6% 以上[①]，大约 90% 的突尼斯游客来自欧洲。面对这样的经济结构，任何执政党，都必须推行务实、开放的对外政策。由伊斯兰复兴党主导的突尼斯新政府表示，将推动突尼斯与西方建立更加密切的政治和贸易关系。

伊斯兰复兴党前主席加努西还访问了美国，设法打消美国对于伊斯兰复兴党推行伊斯兰化的忧虑，以便美国和西方加强对突尼斯的援助和投资。伊斯兰复兴党还多次承诺，不会推行禁酒令，以利于国内旅游业的恢复和发展。[②] 突尼斯新总统马祖吉也指出，将重新审视国家的外交政策，对外交进行“决定性”的改革。他强调，突尼斯“不会把外交队伍政治化”，而是需要大批有能力、负责任的外交人才。他还说，突尼斯希望与邻国、阿拉伯国家、西方恢复和加强经贸合作，还应转向中国、印度和巴西，向这些国家开放，以促进经济发展。[③]

此外，穆斯林兄弟会发言人马哈茂德·戈兹朗也说，未来的埃及仍将是一个世俗国家，不会允许军人独揽政权，也不允许宗教专制。在是否禁止饮酒问题上，他说在埃及的非穆斯林有权造酒、饮酒；在酒店等公共场所，如果那些非穆斯林的宗教没有限制饮酒，穆斯林兄弟会也绝不禁止。[④] 埃及光明党也表示将把吸引外国投资，推动旅游业的发展，解决经济发展的资金短缺问题作为工作的重点。[⑤] 光明党领袖加富尔说，旅游业对埃及相当重要，它建立在文化基础之上。他强调，非穆斯林可以自由饮酒，吃他们想吃的东西，

---

① 杨鲁平、林庆春：列国志《突尼斯》，北京：社会科学文献出版社 2003 年版，第 249 页。

② http：//www. bbc. co. uk/news/world－africa－15442859.

③ http：//news. xinhuanet. com/world/2011－12/15/c_111244646. htm？prolongation＝1.

④ http：//www. 2muslim. com/portal. php？mod＝view&aid＝61071.

⑤ http：//www. 2muslim. com/portal. php？mod＝view&aid＝61071.

光明党不会强迫非穆斯林做任何事情。

尽管如此，上台后的伊斯兰主义组织或政党，仍有可能在不改变国家世俗性质的前提下，支持泛伊斯兰主义的发展，关注地区和世界穆斯林利益的发展，同时可能对以色列构成一定压力。迄今为止，埃及穆斯林兄弟会一直公开支持利比亚、叙利亚、也门等国的变革运动。它为卡扎菲的倒台欢呼，公开谴责叙利亚政府对民众的镇压，要求各国统治者满足民众的政治愿望。它们同时表示支持巴勒斯坦人民的合法权益，也关心中国的穆斯林利益，对我国的宗教和民族政策也颇有微词。此外，无论是埃及自由与正义党，还是光明党，都表示尊重埃及签署的所有国际协议，包括与以色列的和平协议。但是如果民众愿意，或者根据国家利益需要，协议内容可以进行调整。两党还主张巴勒斯坦人民应有自己的权利，应该尽早通过谈判建立独立国家。

中东变局的经济根源及经济影响

中国社会科学院西亚非洲研究所　陈　沫

【内容提要】

中东变局的经济根源主要在于中东国家内部存在的经济与社会问题，同时也有其国内体制的问题以及国际金融危机的冲击等方面的因素。中东变局对该地区经济尤其是政局动荡国家的经济产生了十分消极的影响，并主要表现为经济增长大幅下降、支柱产业受损严重、外国直接投资下降、通货膨胀严重等。从国际层面看，中东变局的经济影响突出表现为地区动荡对国际能源市场的冲击及其对世界经济复苏的潜在威胁。中东变局也对中国的能源、经贸、投资等海外利益产生了一定的消极影响。对此，中国应提高对国际能源市场风险的应急反应能力；应继续加深和发展与中东产油国尤其是海湾产油国的关系，并提高“走出去”企业的风险防范能力。

中东变局的经济根源主要在于中东国家内部经济结构存在的问题以及国际金融危机的强烈冲击。由于中东地区是世界石油供应的主要来源地，该地区的动荡不仅严重威胁国际石油供应安全，国际市场能源价格的变化也对中东经济以及世界经济的发展产生了重要的影响。

一、中东变局的经济根源

中东变局的经济根源主要在于中东国家内部存在的经济与社会问题，同时也有其国内体制的问题以及国际金融危机的冲击等方面的因素。

(一) 内部因素

中东国家近年来普遍存在人口增长率高，年轻人占人口的比例较大，经济发展滞后，经济结构不合理，民族工业发展严重不足，产业结构单一，失业率和通胀率居高不下等经济与社会问题。如埃及、突尼斯年轻人失业率分别高达 26.9% 和 27.8%[①]。每年约有 8 万名大学生进入就业市场，但就业市场最多能提供一半岗位。2011 年，突尼斯、埃及、叙利亚、阿尔及利亚的失业率分别为 18%、12.2%、12.3% 和 10%[②]。大批年轻人找不到工作，绝望、不满情绪蔓延，极易在突发情况下引发社会动乱。

中东地区尤其是发生动乱的国家，其经济结构严重失衡，普遍不重视粮食生产，导致粮食生产对外依赖程度较高，在粮食短缺导致的价格上涨继而引发物价上涨时，使人民生活受到严重影响。2011 年，中东地区发生动乱的国家，其通货膨胀率大都高于 2010 年。政府的腐败问题等也严重阻碍了经济的增长，在埃及，贪污受贿、收回扣等是司空见惯的事情。动乱国家普遍存在总统任期时间长，因高度集权、拒绝推行政治体制改革、家族腐败严重等特点，

---

① http：//www.microbell.com/ecodetail_ 198048.html.

② EIU Tunisia \ Egypt \ Sirya \ Aergira Country Report，March 2012. EIU 为英国著名媒体《经济学人》(Economist Intelligence Unit) 的缩写。

进而导致民怨沸腾。长期以来，政府腐败引发了社会矛盾的严重激化，由此引发的社会不稳定是导致动乱发生的重要原因之一。

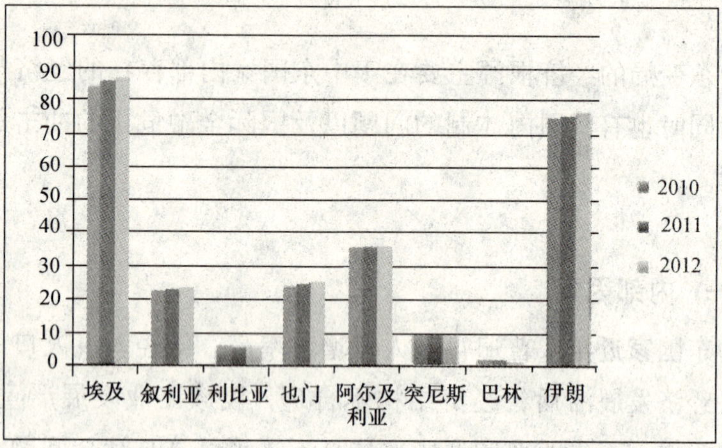

图 1：2010—2012 年部分中东国家人口增长情况①

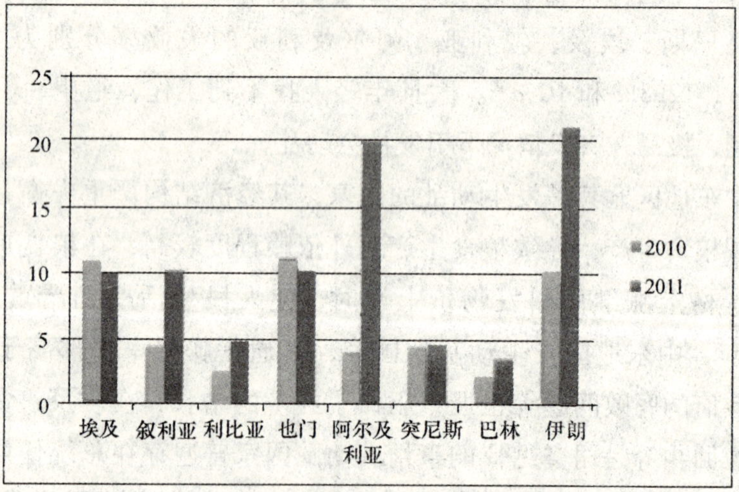

图 2：中东动乱国家 2010 年、2011 年通货膨胀

---

① 图表数据来源：《经济学人》年度国别报告：EIU Country Report，March 2012. 后文图表中关于中东各国的统计数字也来源于此。

（二）外部因素

受金融危机的后续影响，欧元区经济衰退的压力加剧以及世界经济复苏乏力，构成了导致中东国家经济增长疲软的重要外部因素。近几年来，受强风暴雨和洪涝灾害的侵袭，菲律宾、泰国、印度尼西亚等世界主要稻米出产国农业损失惨重，导致国际市场农作物价格飞涨。由于2010年全球粮食主要产区发生的极端天气情况，粮食大面积减产，而粮食需求则不断上升，进而导致国际农产品价格不断高涨。据联合国粮农组织报道，全球粮食价格在2010年12月创下历史新高。受外部环境的不利影响，中东国家内部多出现粮食短缺和物价上涨等问题，导致社会矛盾和民众不满情绪日趋严重。

金融危机导致的贸易条件恶化，致使多数中东国家的国际贸易额在2011年出现严重下降。如利比亚的贸易额从2010年的734.9亿美元下降到2011年的267.8亿美元①；叙利亚的贸易额从2010年的770.6亿美元下降到2011年的210.5亿美元②；也门的贸易额从2010年的16.4亿美元下降到2011年的16亿美元③。欧元区主权债务危机的冲击，使得与美元或欧元挂钩的货币受到严重影响，出现不同程度的贬值，助推了中东国家通货膨胀的压力。此外，金融危机导致欧美到中东游客的严重减少，致使埃及、突尼斯等以旅游为支柱产业的国家外汇收入锐减，并进一步导致就业环境的恶化。

---

① EIU Libya Country Report, March 2012, p. 14.

② EIU Syria Country Report, March 2012, p. 15.

③ EIU Yemen Country Report, March 2012, p. 15.

二、中东变局的经济影响

中东国家政局和地区局势的动荡严重影响了该地区的经济发展，尤其是发生动乱和政权更迭的国家经济更是受到严重冲击，其经济增长显著下降。其中很多国家都面临经济难以持续发展的问题，如高通货膨胀、高失业率等。一些国家虽然经济发展较好，但也面临如何平衡经济发展与社会稳定关系的沉重压力。在全球化时代，中东变局对中东地区、新兴经济体经济的发展，乃至世界经济增长都将产生不同程度的影响。

（一）对中东地区经济的影响

中东变局严重阻碍了中东国家经济的增长，但是，受益于石油价格的上涨，海湾国家经济增长并没有受到过多的影响。中东变局对动荡国家经济的消极影响突出表现在以下四个方面。

1. 经济增长大幅下降

中东变局导致中东国家尤其是发生动乱的国家经济增长严重下降（参见图3），失业率继续增加，宏观经济环境持续恶化。在利比亚，外国公司撤离、石油生产部分中断，一度导致经济陷于崩溃。石油产量减少导致出口锐减，利比亚的石油出口曾一度从 2010 年的 489 亿美元减少到 2011 年的 135 亿美元。随着石油收入的减少，利比亚的国际储备也从长期以来的增加转向减少。

埃及和突尼斯近年来出现的经济复苏势头也因社会动乱而中断，外国援助大规模减少、财政赤字继续扩大的态势，都导致经济增长速度迅速下降，同时也严重影响了就业吸收能力，导致失业问题进一步加重。2011 年消费者物价指数上涨，尤其是食品类价格上涨较快，导致通胀状况进一步恶化。埃及财政部 2011 年 4 月初发布报告显示，其财政赤字占国内生产总值的比重预计达9.5%，远高于国际公认的3%的警戒线；外汇储备在2011年3月一个月的时间内下降约22亿美元；埃镑兑美元汇率达到6年来最低水平。[①]

巴林的动乱导致经济发展严重受阻，失业问题更加严重。巴林已成为中东地区产油国中唯一经济增长下降的国家，其经济增长率从2010年的4.5%下降到2011年的2.2%[②]，其经济增长下滑幅度超过50%。巴林是中东金融服务中心，动乱造成巴林金融业停业所带来的损失更是难以估量。

表1：2010—2012年第一季度中东动乱国家GDP变化情况（%）

	埃及	叙利亚	利比亚	也门	阿尔及利亚	突尼斯	巴林	伊朗
2010	5.1	3.2	3.3	6.2	3.3	3.7	4.5	2.9
2011	1.8	-3.4	-27.9	-7.8	2.5	-1.9	2.2	2.0
2012	1.6	-5.9	28.8	5.3	2.9	2.8	3.1	-0.8

2. 支柱产业受损严重

石油天然气作为中东国家的支柱产业因社会动荡受到了严重冲击。例如，利比亚原油减产幅度达到每日50—70万桶，约占该国产量的三分之一到二分之一。埃及西奈地区通往约旦和以色列的天然气出口管道因发生爆炸遭到严重破坏，管道天然气出口一度完全中断。叙利亚石油产量也不断下降，也门的石油和天然气基本处于停产状态。作为埃及外汇收入主要来源的旅游业严重受到影响，动乱开始后有100万外国游客离境，造成的损失超过10亿美元，2011年全年旅游业收入同比减少35.4%[③]。在全球经济危机和国内局势动

① “中东动荡局势殃及当地经济民生”，http://www.chinanews.com/cj/2011/04-19/2982356.shtml。

② EIU Country Report: Bahrain, March 2012, p.15.

③ http://www.mofcom.gov.cn/aarticle/ztdy/201202/20120207951102.html.

荡的双重打击下，巴林经济增长率从 2010 年的 4. 5% 下降到 2011 年的 2. 2%[①]。

3. 外国直接投资下降

中东变局使得中东地区投资环境遭到严重破坏，而国际金融危机也使得发达国家和亚洲新型经济体经济增长萎缩，对外投资减少。在此背景下，在形势动荡的中东国家，外国直接投资的流入呈明显减少的态势，并对这些国家的经济发展产生了十分消极的影响。外国直接投资流入减少最明显的是利比亚，2010 年利比亚外国直接投资为 19. 1 亿美元，2011 年则为零。埃及 2010 年外国直接投资为 63. 9 亿美元，2011 年仅为 483 万美元。（参见图 3）

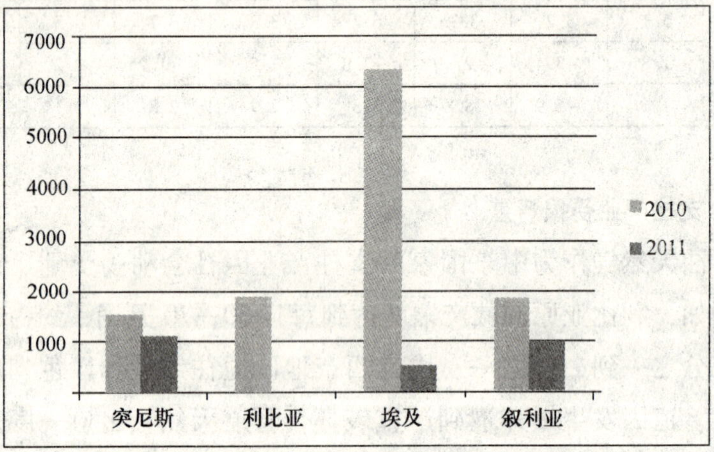

图 3：2010 年和 2011 年中东动乱国家外国直接投资（FDI）流入情况对比[②]

4. 遏制通货膨胀更加困难

动乱发生前，埃及和突尼斯的财政货币政策都转向遏制通货膨胀。但在动乱发生后，埃及政府为缓和民众情绪，不敢继续落实

---

① http：//www. mofcom. gov. cn/aarticle/i/jyjl/k/201203/20120308035993. html.

② http：//www. unctadstat. unctad. org/TableViewer/tableView. aspx.

减少补贴措施，进而导致埃及镑贬值到6年以来的最低点。这些因素都使得埃及的通货膨胀率进一步上升，而游客锐减、投资低迷、企业开工不足等也使埃及国民经济遭受重创。尽管近期国际社会纷纷表示将增加对埃及经济的支持和援助，但埃及宏观经济基本面尚未得到根本改善，国民经济出现明显的滞胀特征。由于投资严重不足，如果政府采取加息的货币政策，将进一步抑制投资活动的恢复，延缓埃及经济复苏的步伐。埃镑贬值、国际市场粮食及能源价格上涨是造成埃及通货膨胀的主要原因，短期内要实现经济恢复增长和控制通胀的目标十分困难。在动乱发生后，标准普尔、穆迪等国际评级机构，纷纷下调埃及、突尼斯、约旦等国家的主权信用等级及其一些主要银行的信用等级，使这些国家的国际融资更加困难。

相比之下，未发生动乱的中东国家地区经济受到的冲击不大，特别是海湾地区的石油输出国沙特阿拉伯、科威特、阿联酋、卡塔尔、伊拉克等国，反而因动乱导致国际石油价格明显上涨获得了更多的石油收入。（参见图4）石油收入的增加不仅支持了这些国家的经济增长，也为这些国家进一步增加社会福利开支，维护社会稳定提供了更多的财政手段。海合会国家2011年通胀率不仅低于4.5%的世界平均水平，而且远低于13.8%的其他中东北非国家平均水平，主要原因是海合会提供了高额的燃料补贴。

近年来，在世界政治经济多极化背景下，特别是随着中国快速经济增长，以及“9·11”事件以后海合会国家与美国和西方国家关系紧张，海合会国家日益看重中国、印度等国家石油天然气市场的潜力，以及运用石油美元对中国、印度等国家进行投资的市场潜力和安全性。在中东变局中，作为高油价的最大受益者，海合会国家继续保持了经济增长的势头，其贸易和投资机会也相应增加。

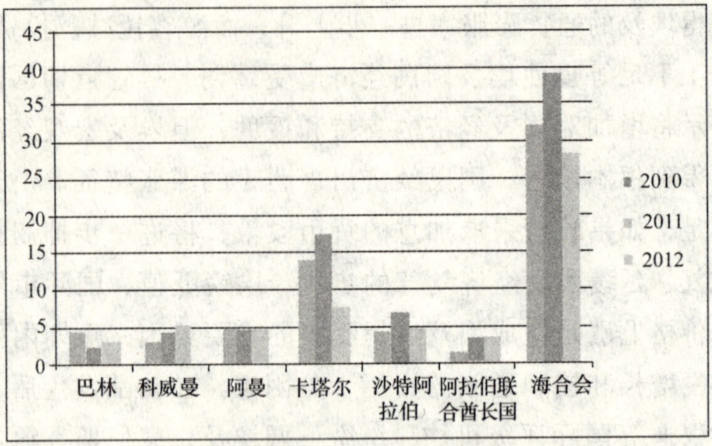

图 4：海合会国家 GDP 增长率

首先，海合会国家贸易市场全面回升，进口产品结构多样化格局没有发生明显变化，机电产品、铁矿砂等矿产品，以及日用品和食品等主要进口商品的需求都将显著增长。

其次，承包市场在复苏中调整。海合会国家是世界第二大建筑工程承包市场，未来随着各国经济恢复，基础设施项目相对增多，项目结构优化，开放程度提高，海合会国家的工程承包在国际社会仍有较大的吸引力。

再次，金融市场保持盈利。海合会国家的金融市场发展和对外开放都在取得进展，伊斯兰融资方式独具特色。巴林、阿联酋、卡塔尔等国家都把建立国际金融中心列入了国家发展战略。随着地区经济复苏，流动性紧张局面将进一步趋于缓解，金融市场将重新活跃。

最后，对外投资将重新回升。海湾国家特别重视中国、印度等新兴经济体的投资市场，对中国、印度的投资增加较快，领域不断拓宽。海湾主要石油输出国特别重视通过海外投资，实现其石油工业国际一体化战略，以确保其未来石油出口市场安全。

在中东变局后，中东各国未来的经贸政策将有比较大的调整。埃及、突尼斯等国的新政府都将重振旅游业、发展劳动密集型企业作为经济调整的重点，以增加就业；海湾国家将继续利用获得石油收入发展经济多元化；海合会也将积极支持巴林、阿曼等海湾国家的经济发展。

（二）对国际石油供应安全的潜在威胁

中东变局造成的地区动乱对国际能源安全产生了一定的冲击。2011 年利比亚战争爆发后，曾一度导致利比亚石油供应下降幅度达 140 万桶/日。虽然利比亚仅为世界第八大产油国，第十二大石油出口国，2010 年日产原油 165 万桶，占全球石油总产量的 2%，本身并不足以对世界石油供应造成巨大的影响。但是，受利比亚战争对市场信心的影响，2011 年初国际原油价格仍然迅速上升至 120 美元/桶。利比亚石油出口的下降，还严重影响了欧洲的原油供应特别是轻质原油的供应，造成了对人们心理预期的影响，主要体现在对未来石油供应可能发生局部短时中断的担忧，以及对动乱蔓延至中东核心产油国的担心。

2011 年下半年，伊朗核危机再度升级，伊朗一再声称，如果美国或以色列攻击伊朗核设施，伊朗将关闭霍尔木兹海峡。而 2011 年霍尔木兹海峡每日石油运输流量为 1700 万吨，占全球所有海运石油贸易量的 35%。苏伊士运河作为国际供应的重要通道，其航行安全也一度因埃及的国内动乱而增加了风险。在伊朗威胁关闭霍尔木兹海峡的背景下，世界石油运输中断的风险致使原油价格攀升。实际上，2011 年 3 月以来，国际原油价格已经 5 次超过 100 美元/桶。

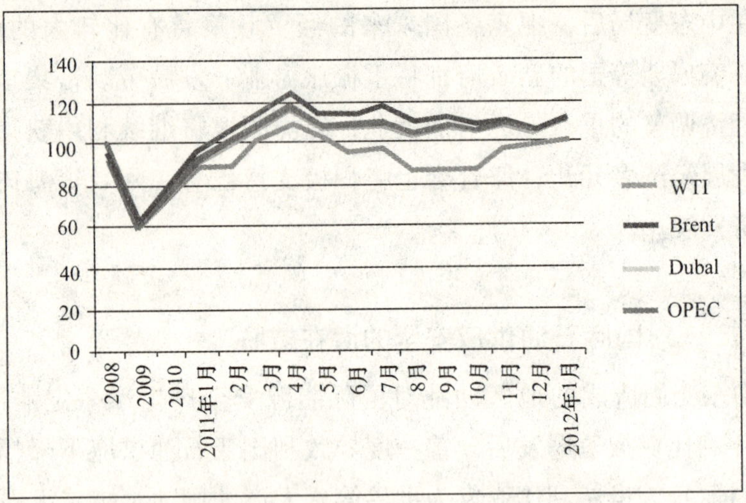

图 5：2008—2012 年主要原油现货平均价格 路透社普氏报价

中东变局对国际石油供应造成的更大风险在于巴林动乱直接逼近了世界主要资源油气区——海湾地区。在阿拉伯大变局中，民众抗议浪潮具有明显的要求民主变革、反对独裁专制的特征。因此，中东地区政治民主化程度最低的海湾君主制国家深感忧虑。尽管海湾国家依靠巨额的石油收入和较高的福利水平可以暂时延缓动乱的冲击，但反对君主制，教派平等和民主权利的要求已经开始在海湾地区涌动。

2011 年巴林爆发了要求取消君主制，改善伊斯兰教什叶派地位的多次示威游行。在海合会的干预下，依靠沙特和阿联酋联合出兵才避免了巴林局势的进一步恶化。阿曼也发生了反对物价上涨的群众示威，王室通过增加补贴和依靠其他阿拉伯国家的资助才暂时缓解了压力。沙特有 200 万伊斯兰教什叶派居民，长期不能享有和逊尼派相同的政治经济权利，进而使沙特也存在发生动乱的隐患。随着中产阶级以及受西方教育的现代知识阶层的出现，反对绝对君主制要求的呼声日益高涨。2011 年，沙特出现了中产阶级和知识阶层上书国王，要求改绝对君主制为立宪君主制的请愿活动。更为令人担忧的是，这个拥有世界最大石油产能和最大剩余产能的国家正在面临继承危机。由于沙特第二代王室中国王和王储均年事已高，2011 年和 2012 年连续发生年迈的王储早于国王去世的现象，而第三代亲王承袭王位的制度尚不存在，进而使兄弟相承的继承制度面临着严重危机。在第三代亲王中，许多人受过西方教育，思想活跃，对现存的继承制度严重不满。因此，王室继承制度的危机使沙特政局存在着极大的不确定性。

在中东变局中，世界主要油气资源产区——海湾地区的政治变革正在酝酿中。巴林的动乱已经波及到了沙特、阿曼、也门和科威特，这些国家都出现了不同程度的动乱，世界石油市场的石油价格也显现出升高的趋势。海湾地区一旦发生政局变化，势必对国际石油市场产生显著影响。

石油价格的上涨对美欧等西方国家产生了一定的不利影响。例如，利比亚石油出口的一度中断，曾导致欧洲尤其是意大利、希腊和西班牙等国的石油供应紧张，而由于制裁伊朗导致的石油供应缺口则进一步加剧了欧洲能源安全的脆弱性。从整个世界经济来看，国际能源供应和价格的波动无疑将掣肘世界经济的复苏进程。

中东变局对该地区吸引石油投资也产生了不利的影响。中东变局发生后，外国石油公司纷纷撤离该地区，资本流入几乎陷入停顿。国际投资的减少势必影响石油生产的扩大，而产量的减少又会引发油价的上涨，进而有可能导致国际能源投资与市场之间的恶性循环。

三、中东变局对中国的经济影响及其对策思考

(一) 中东变局对中国的经济影响

1. 对中国能源安全的影响

众所周知，中东地区是世界上最主要的石油产地。从历史上看，

中东地区局势的动荡都严重影响了世界能源市场石油价格的变化，也对世界经济的发展尤其是石油进口国经济的发展产生了程度不等的消极影响。

随着中国经济的快速增长，在今后较长的历史时期内，中国对国际市场的能源需求仍将处在刚性增长阶段。长期以来，中国的国际石油供应主要来自中东地区。2010 年，中国从中东地区进口原油为1.13 亿吨，占中国原油进口总额的47.1%[①]，而世界其他地区在一定时期内尚难以取代中东作为中国主要石油供应来源的地位。今后，中东依然是中国最主要的国际石油供应来源地。沙特阿拉伯等海湾国家，是中国最主要的石油进口来源国。在2010 年，中国从沙特阿拉伯进口原油 4463 万吨，占中国原油进口总额的 18.6%[②]。沙特是中东重要的地区大国，在中东地区事务、欧佩克组织及国际能源格局中占有举足轻重的地位。

中国经济的发展既需要和平稳定的国际环境，也需要维护国际石油供应的相对稳定。防止中东地区局势动荡造成国际石油市场供应中断或价格剧烈波动对中国能源安全的重要影响。因此，中东地区，特别是如沙特阿拉伯等产油国的稳定对中国海外能源供应有着重要的影响。

巴林与中国的贸易量较小，双边经济合作也很少，中国在巴林没有投资项目，巴林在中国的投资也较少。因此，巴林动乱对中国直接影响不大。但巴林形势动荡的重要影响在于其动乱波及海湾石油输出国而产生的潜在威胁。由于沙特阿拉伯、阿曼、也门和科威特都出现了不同程度的动乱，并对国际能源市场的信心造成严重冲击，进而成为推高油价的一个重要因素。而石油价格的上升将直接

① 资料来源：国家海关总署，转引自《国际石油经济》2011 年第 3 期，第 19 页。

② 同上。

加大国内油价的上涨压力。近年来，中国能源对外依存度不断加深，2011 年已达到 57%，随着未来石油进口的增加，高油价对经济发展的影响将越来越大。

中国作为亚洲乃至世界的重要经济大国，经济的增长状况对亚洲经济和世界经济都会产生影响。因此，中东国家政局的变化对中国能源安全有重要的潜在的影响。毫无疑问，国际油价高企对中国经济增长和能源安全造成了潜在的威胁。一方面，油价上涨首先会增加中国石油进口开支，导致贸易盈余减少或赤字增加，这将对经常项目平衡、投资建设等带来不利影响。另一方面，油价上涨也可能使西方发达国家的经济增速放慢，导致消费需求下降和进口减少，并殃及作为中国经济增长主要动力的对外出口。此外，油价上涨将会提高企业的生产成本，降低企业效益，影响企业扩大再生产；油价上涨还会抬升物价，带来通货膨胀压力。如果沙特等主要石油生产国发生更大的动乱，石油价格还将继续攀升，并将导致中国国内基础产品发生输入性价格上涨，从而引起国内市场商品的价格上涨，并最终引发成本推动型的通货膨胀，直接影响农产品、铁路及运输行业，并在更大程度上影响中国经济的持续发展。

21 世纪初是中国全面建设小康社会的关键阶段，中国需要保持与阿拉伯伊斯兰国家的团结，在维护国家主权、防止宗教极端主义和民族分离主义等涉及中国国家核心利益的问题上，中国需要继续得到包括阿拉伯伊斯兰国家在内的第三世界广泛支持；中国需要在中东这一外交平台上妥善处理大国关系，维护中国外交的总体格局。

2. 对中国经贸和投资利益的影响

中国与中东国家的贸易、投资及建筑工程承包近年来都有较大的发展。中国与中东阿拉伯国家双边贸易额已从 2004 年的 364 亿美元攀升至 2010 年的 1454 亿美元，增加 4 倍以上。截止到 2010 年底，中国累计在阿拉伯国家签订承包工程合同额 1469 亿美元，完成营业额 925 亿美元。[①]

中东阿拉伯国家还是中国对外投资的重要地区。中国在埃及建设了苏伊士经贸合作园区，为双边投资的发展搭建了良好平台。在埃及的中国公司总数已近 1 千家。中国企业在埃及、利比亚、沙特阿拉伯等国的承包工程营业额也增加迅速。利比亚是中国企业“走出去”战略的重要对象国，包括中国铁建、中国建筑等一大批中国公司在利比亚有数百亿美元的海外工程项目，主要从事建筑、铁路、通讯、油田服务等项目。受利比亚战争的影响，包括中交、中建、中铁、中水等大型中资企业的项目工地都发生了遇袭案，蒙受了不同程度的损失。

中东政局的变化，对中国在该地区的经贸和投资等经济利益都产生了较大的影响。机械制造、纺织服装、箱包、食品加工、服务、电信等行业是中国主要投资涉及的相关领域。由于多数阿拉伯国家政局不稳，不仅已开工项目不能正常进行，新的项目也无法开展。要继续扩大和发展与中东地区国家的经贸关系，还取决于该地区的稳定和繁荣。

（二）关于如何维护中国在中东经济利益的若干思考

1. 要提高中国对国际能源市场风险的应急反应能力

中东变局再次显示出国际石油市场随时可能因发生突发事件而发生动荡。作为世界第二大石油进口国，2010 年中国石油消费量为 4.6 亿吨，其中进口量达 2.6 亿吨，55% 以上来自进口。未来中国对石油的需求会更大，至 2020 年将达 6 亿吨，进口量将以每年新增 3000 万吨的速度增长。目前，中国的石油储备仅有 1200 万吨，危机时仅能维持 10 至 15 天。若按国际标准需维持 3 个月期限，中国需

---

① 《中国贸易外经统计年鉴》2005—2011 年相关各期。

6000 万吨储备，但目前只达到这一指标的 20%。①

因此，中国作为世界第二大石油进口国，应尽快提高应对石油供应中断的能力。从中短期来看，要加快建设战略储备，提高应急反应能力。从长期来看，要加快推进替代能源开发，如对页岩气和油砂的开发等。另外，要提高能源使用效率，推动节能建筑材料的使用，从开源节流两个方面提高能源安全度。此外，中国还要着力实现石油进口来源的地区多元化，积极发展与中亚、非洲及拉美产油国的能源合作。

2. 要继续加深和发展与中东产油国尤其是海湾产油国的关系

温家宝总理 2012 年 1 月对沙特、卡塔尔、阿联酋海湾三国的访问表明，中国高度重视海湾地区在中国能源供应体系中的战略地位。海湾国家是中国目前最主要的石油供应来源，因此，要维护从该地区获得稳定的石油供应，就要积极推进与这些国家在贸易、投资、工程承包等领域的经济关系。因为中国与这些国家在贸易、投资、工程承包领域的关系都是以能源为核心的。在双边贸易方面，主要是以中国进口石油为主，中国处于贸易逆差地位。在双边投资方面，投资的项目主要集中于与能源相关的行业。中国与海湾产油国在经济上有着较强的互补性，海湾国家的市场环境相对宽松，市场需求旺盛，鼓励外国直接投资，这些都有利于中国企业进入该地区的市场。

中国应与海湾国家积极探索双边投资合作模式的创新，由简单的投资开发向能源资源的深加工和综合利用发展；发展石油业下游领域如石化行业的合作，以此促进中国企业“走出去”战略的实施。投资当地石化行业也是保证中国能源安全的一种方式。在温家宝总理访问海湾三国期间，中石化与沙特阿美石油公司达成协议，双方决定在沙特的延布地区建造一座日加工能力 40 万桶原油的炼油厂。

① http：//www. ce. cn/cysc/ny/tjsj/201101/24/t20110124_ 20757421. shtml.

另外，中国还应积极利用沙特推行经济多元化发展战略的机会。例如，目前沙特已开放以沙特国王经济城为代表的6个经济城，并为外资提供优厚的待遇。中国企业可以考虑在经济城设立项目，尤其是沙特政府推荐的吉赞经济城。

中国还应大力发展与卡塔尔、阿联酋、阿曼的天然气开发合作。中国企业应该尽早介入或扩大在这些国家天然气上游领域的合作，并对日本加大对海湾国家液化天然气（LNG，Liquefied Natural Gas）进口和投资可能引发的竞争早做准备。在2011年福冈大地震后，日本已经将加大与海湾国家在天然气领域的合作作为其能源战略的重要组成部分。

中国应利用美国减少从中东地区进口石油的机遇，巩固发展与该地区的石油合作，稳定石油供应市场。美国2001年从中东进口石油占其总进口的28%，2010年已经减少为18%。在此背景下，存在巨大能源需求、经济增长强劲的中国已经成为海湾国家推行"向东看"战略的首选对象，同时也是海湾国家最为看好的石油销售市场。因此，中国应积极利用这一历史机遇，巩固和拓展与海湾国家的能源合作。

3. 提高"走出去"企业的风险防范能力

尽管中东变局使中国企业蒙受了一定的损失，但中东地区仍然是中国企业实施"走出去"战略的重点区域之一。考虑到巩固拓展中阿传统友好关系以及中东对中国能源供应的战略重要性，中东无疑仍是中国拓展海外利益的重要地区。

因此，中国不能因中东变局蒙受的部分损失而因噎废食。当然，在实施"走出去"战略的过程中，中资企业必须提高"走出去"的风险意识，加强政府、企业与研究单位的联系与合作，加强对"走出去"重点地区和国别的政治风险进行研究和预判。"走出去"的企业自身应加强风险评估机制建设，做好应对政治风险的预案；应加强企业的本土化程度，密切与当地部落、宗教组织、非政府组织的合作；应细化风险防范工作，对员工加强风险防范培训，配备应急手册等。

政府除重视外交大局以外，还应根据我国在不同地区的切实利益，制定地区性的外交战略。因此，在企业自身重视对所在国政治风险进行研判的同时，中国政府相关部门和研究机构也要加强研究并及时提供信息，建立科学的风险预警机制，积极服务于“走出去”战略的实施。

总之，中东变局对世界石油供应安全、对中东地区和新兴经济体经济乃至世界经济增长的影响仍在继续。中国作为世界主要石油进口国，应积极应对中东变局对石油供应安全和中国海外利益的挑战，积极巩固和拓展与中东国家的经济关系，致力于实现互利共赢、共同发展。

专题报告一：

中东变局对主要阿拉伯国家及地区格局的冲击与影响

埃及政局变化和内外政策的调整

内蒙古民族大学马克思主义学院　王　泰

【内容提要】

埃及穆巴拉克政权垮台的原因主要包括民生问题恶化，“华盛顿共识”破产；威权体制僵化，政权合法性逐渐丧失；政治改革缓慢，社会危机孕育革命。在后穆巴拉克时期的埃及政治重建中，穆斯林兄弟会的崛起直至赢得总统选举胜利最为引人关注；在过渡政府时期，埃及外交政策也发生了较大的变化。在穆尔西当选埃及总统后，如何协调总统以及穆斯林兄弟会与军方关系，如何重振经济，如何实现民族和教派和解，都是穆尔西面临的棘手难题。

在波及整个阿拉伯世界的政治大变局中，埃及作为中东的地区大国也未能幸免。2011 年 1 月 25 日，由于不满政府腐败、物价上涨和高失业率等问题，开罗、亚历山大和苏伊士等地发生大规模的反政府抗议活动，要求总统穆巴拉克下台。当晚，在开罗市中心的解放广场上抗议的民众达数万人。在 18 天后的 2 月 11 日，穆巴拉克黯然辞职，将权力交由埃及军方组成的最高权力机关——武装部队最高委员会及其组建的临时政府，议会也旋即被解散。至此，主导埃及长达 30 年之久的穆巴拉克政权在民众抗议浪潮的冲击下垮台，埃及由此进入后穆巴拉克时代。因此，本研究报告主要对埃及穆巴拉克政权垮台的原因、当前埃及国内政治发展的现状与趋势及其影响因素、埃及内政与外交政策的变化与调整等问题进行分析。

一、“一·二五”革命与穆巴拉克政权的垮台

早在“9·11”事件发生后不久，就有美国学者预言，埃及如果不进行改革，很可能会发生类似 1979 年伊朗的革命或者“起义”；还有学者借用哈贝马斯“合法性危机”的理论暗示，如果埃及政治统治精英不能兑现现代化和民主化的承诺，那么就很有可能会被国内的伊斯兰势力所推翻。2011 年春天，执政近 30 年穆巴拉克政权被推翻，十年前西方学者的预言变成了现实。不过推翻它的并不是西方学者认为的伊斯兰政治势力，而是地地道道的埃及普通民众。穆巴拉克政权被推翻的原因是多方面的，但主要表现在以下三个方面：

（一）民生问题恶化，“华盛顿共识”破产

社会生产力水平和社会经济基础长期落后，使埃及政府始终面临着巨大的经济社会发展难题和挑战。穆巴拉克上台之初，埃及 GDP 增长率是 8.1%，到 20 世纪 90 年代初下滑为 3.3%，进入 21 世纪后后虽略有增长，但仍在 5% 左右徘徊。与此相对照的是失业率持续上升，从 20 世纪 80 年代初的 5.7%，上升到 90 年代初的 10.8%，21 世纪初为 9.1%，可谓居高不下①。

20 世纪 90 年代以来，埃及开始执行所谓的“经济改革和结构调整计划”，试图通过全面走向市场化、私有化、自由化来应对全球化的挑战。该计划并不是埃及自主选择的经济发展模式，世界银行、国际货币基金组织（以及政府的债权人，主要是巴黎俱乐部）成为

① Fouad and Barbara Ibrahim, *Egypt: An Economic Geography*, London: I. B. Taurus, 2003, p. 3.

埃及经济政策的主要制定者和美国式资本主义模式的提倡者。[①] 加拿大学者马耀邦不无讽刺地指出，“它给埃及带来的并不是想象的繁荣，而是裙带资本主义与掠夺性外资相互合作，而民族工业则被破坏殆尽。埃及社会的两极分化也日趋严重，据评估，1000 个左右的家庭控制着该经济体的大部分领域”。为了保护其财富，维护自身利益，精英们不断施加政治压力，促使有利于自身的税收改革法律获得通过。其结果是，最高所得税从 42% 削减为 20%。在穆巴拉克的领导下，埃及政府实行单一的统一所得税。据此，高工资和低工资收入者按其收入支付同一税率。因此，“穆巴拉克主导了一个这样的进程：国家财富落入小部分私人手中，而绝大多数人贫困化，40% 的人生活在贫困线之下，每天的生活费不足两美元，失业率不断上升，年轻一代没有就业机会”。更为严重的是，在新自由主义意识形态和国际货币基金组织结构调整计划的重压下，埃及甚至将公共社会服务私有化。结果，大多数埃及人丧失了基本医疗卫生和教育的机会。那些受不到教育的穷苦孩子最终只能从事卑贱的工作，拿着微薄的薪水，来勉强维持家庭的生计。[②]

随着城乡新一批贫困者阶层的产生，埃及所面临的社会问题趋于严重。显然，如此腐败的政权已经在埃及人民心目中名誉扫地。有学者指出，不管华盛顿收买了多少埃及精英，也不管动用多么强大的军事力量，都无法动摇埃及人民要求变革的意愿和决心。革命不仅推翻了穆巴拉克政权，也宣告了“华盛顿共识”在埃及的破产。

（二）威权体制僵化，政权合法性逐渐丧失

埃及的威权政治体制，特别是选举制度存在的结构性缺陷，以

① ［美］霍华德·威亚尔达主编：《非西方发展理论——地区模式与全球趋势》，董正华等译，北京大学出版社 2006 年版，第 98 页。

② 马耀邦：“中东变局与美国、新自由主义”，《国外理论动态》2011 年第 6 期。

及由此造成的民族民主党长期一党执政，构成了穆巴拉克政权合法性逐步丧失殆尽的政治根源。埃及政治体制的特征及其缺陷主要表现为以下几个方面：

第一，政治结构中总统独大，议会形同虚设。作为总统制国家，总统拥有巨大的宪政和立法权。在埃及，几乎所有国家权力机构都正式或者非正式地隶属于总统办公室。与此相对照，埃及立法机构不能监督行政部门，因为立法机构的绝大多数席位都被民族民主党所控制。议会被广泛认为是一个没有立法和监督能力的傀儡机构。

第二，严格限制政党政治和政治参与，反对派活动有名无实。埃及的多党制是“自上而下设立的多党制，并且强加了严格的限制条件以阻止那些受大众欢迎并且有潜在竞争力的组织的出现”①。在穆巴拉克执政近 30 年期间所采取的政策更多的是偏向于控制而不是促进埃及多党制进程的发展。

第三，政府牢牢控制军队、警察、法院等国家机器；政府为了维护政权的稳定在一系列涉及国家变革重大方针政策方面，经常性地使用压制性政策。到穆巴拉克时期，则是频繁地启动紧急状态法对待政治反对派。自从 1981 年萨达特总统遇刺之后，埃及的紧急状态法每三年就重新启动一次，它赋予政府控制各个层面的政治活动以合法的权力。

第四，宪法规定的公民权利与自由无法兑现，甚至不断恶化。作为在中东较早宣布男女平等的共和制国家（世俗化程度在中东为最高），埃及妇女的政治参与水平仍然很低，远远落后于叙利亚、突尼斯、苏丹、阿尔及利亚等国家，甚至也落后于摩洛哥、约旦等君主制国家。从发展中国家角度看，据《阿拉伯战略报告》统计，在

① Larry P. Goodson and Soha Radwan, “Democratization in Egypt in the 1990s: Stagnant, or merely Stalled?”, in *Arab Studies Quarterly*, Volume 19, Number 1, Winter 1997.

87 个国家中，埃及妇女在政治和社会地位方面的排名仅名列第 75 位.①

埃及威权统治的产生，无疑有着深刻的历史与现实根源。从历史的角度来看，在经历了英国长达半个多世纪的殖民统治后，现代化的启动要求埃及政府清除殖民时期的历史遗产、进行大规模的社会动员、确定的优先发展领域等，这一切都构成了埃及威权体制得以产生的原因。但是，在经历了半个多世纪的不成功的现代化进程后，伊斯兰势力的不断发展壮大，庞大的中青年人口规模，不景气的经济造成的高失业率，教育发展的不平衡等诸多问题都构成了导致埃及社会动荡不安的主要因素，而这反过来又成为威权主义得以强化的原因。埃及威权政治体制不断强化的机理在于，它寄望于通过威权体制实现国家的现代化，而现代化受挫乃至失败导致的政治不稳定，又促使当政者不断强化其威权统治，进而使其政治体制长期僵化，并最终为民众抗议浪潮所推翻。

（三）政治改革缓慢，社会危机孕育革命

从 20 世纪 90 年代初开始，在国内外的压力下，穆巴拉克政府进行了一定的政治改革。但是直到 2005 年 2 月穆巴拉克总统向人民议会提议废除总统选举“唯一候选人”的选举制度，其政治改革实在乏善可陈。在埃及实施严格政治控制 25 年之后，穆巴拉克总统主动提出了修改宪法第 76 条，允许有多党多名候选人通过直接选举产生总统等改革措施。上述改革举措虽受到社会各界的欢迎，但这次改革仍然非常不彻底。其一，从 1981 年开始实施的“紧急状态法”一直没有废除；其二，对大选的监督力度不够；其三，埃及国内最大的反对派——穆斯林兄弟会由于种种限制被排除在选举之外，从

① “Promoting Political Reform in Egypt”，http：//www.washingtoninstitute.org/templateC07.php？CID＝283.

而在一定程度上使大选大打折扣；其四，新选举方案几乎为穆巴拉克儿子贾迈勒在未来接管政权铺平了道路。①

在2005年大选中，由于修改宪法并未改变1980年宪法关于总统可以连选连任的关键条款，穆巴拉克继1981年、1987年、1993年、1999年之后，第五次毫无悬念地当选埃及总统，使得反对党的候选人几乎形同虚设。在当时拥有7000万人口的埃及，登记选民总数为3180多万，但投票率为23%。因此，尽管穆巴拉克获得了88.57%的选票，但如果以投票率计算，事实上只有640多万埃及选民支持穆巴拉克。② 埃及民众对现政权的厌倦以及人心思变由此可见一斑。

30年来，尽管埃及政治民主化进程缓慢，但其政治生态还是出现了变革的趋势和苗头。首先，埃及已经实现了多党参政，政党数量已增加到23个。其次，埃及新闻和言论自由不断发展。据统计，现在埃及的报刊杂志已达到500多家。最后，埃及的公民社会日趋活跃。20世纪90年代以来，各种非政府组织、工会、行业协会、体育协会、企业家联合会和宗教团体等非政府性志愿组织开始频繁活动，特别是伊斯兰主义者通过控制行业协会来扩大对社会的影响，从而增强其合法性，增加了与国家竞争的资本。穆斯林兄弟会这个在政治上长期得不到合法承认的伊斯兰政治组织开始大规模向公民社会渗透，融合成为实力雄厚的强大社会力量，从而很大程度上改变了国家、宗教、社会三者的力量对比。③

近年来，在政治、经济与社会矛盾不断加剧的背景下，埃及的反对派活动开始迅速增长。从2004年底以来，开罗大学连续四次发

① 王泰："2011，埃及的政治继承与民主之变——从宪政改革到政治革命"，《国际政治研究》2011年第1期。

② 刘中民："埃及变局"，《法制周末》2011年2月17日。

③ 王泰："埃及现代化进程中的世俗政权与宗教政治"，《世界历史》2011年第6期。

生反对穆巴拉克的示威活动，包括自由派、左派和伊斯兰教人士在内的500多名示威者公然打出了“打倒穆巴拉克”的标语，并要求进行宪法改革和总统自由选举。仅2007年上半年，埃及的群众性抗议和示威活动就发生了283次；2008年同期达到600次。[①] 2008年4月6日，超过10万名埃及网民决定通过“脸谱”社交网站支持大迈哈莱市的工人罢工，随后发展为全国性罢工。这也成为“4月6日”青年运动成立的推动力。尽管这些活动被称“无组织并且大部分与政治势力无关”[②]，主要是民众为了表达对经济政策的不满，但它已经预示着埃及正经历着严重的社会危机，并孕育着更大的社会变革。

因此，穆巴拉克政权倒台是埃及民心向背长期发展的产物。人们终于在“一·二五”革命中看到了不同于以前任何时代的埃及。如果说以前埃及人走上街头游行示威者不过区区几百人，最多也不过几千人的话，那么这次仅聚集在解放广场的民众就多达数万人，成为埃及各界民众对穆巴拉克政权长期不满的总爆发；如果说以前的游行示威主要是要求政府改变政策、实行“良治”，那么这次则是直接要求穆巴拉克政权下台；如果说以前的集会示威只是反对派部分政治精英的“走秀”之作，缺乏广泛的群众基础，那么这次则真正地唤起了那些“沉默的大多数”，成为一场真正意义上的人民革命。

在这场革命中，长期以稳健著称、一生历经多次考验的穆巴拉克终于无奈地走下神坛，并以银铛入狱、被判终身监禁结束了政治生命。“一·二五”革命后，埃及开启了修改宪法、议会选举、总统选举、审判穆巴拉克等政治进程，标志着埃及由此进入了充满希望但又艰难曲折的政治转型时期。

---

① Conference Report, “Arab Reform: A Retrospective and Look Ahead”, http://www.carnegieendowment.org/files/ARB_ conf_ report_ English.pdf.

② Ibid.

二、艰难曲折的政治重建进程

由于埃及在阿拉伯世界和中东的突出地位，革命后的埃及内政外交何去何从，备受国际社会关注。2011 年 2 月 11 日，穆巴拉克被迫辞职后，埃及武装部队最高委员会接管了国家权力，军方领导的过渡政府在异常艰难复杂的局面下开启了政治重建进程，埃及由此进入军方掌管的过渡期。尽管军方最初承诺将在 6 个月后举行议会和总统选举，但此后由于埃及抗议示威不断，临时政府更迭频繁，议会和总统选举日程多次被推迟。为加快埃及政治重建进程，2011 年 3 月 19 日，埃及就宪法修正案举行全民公决。宪法修正案对总统任期、总统候选人资格、选举司法监督等一系列内容进行了修改，并最终以 77.2% 的支持率获得通过，进而为大选铺平了道路，埃及政治过渡和民主进程向前推进了关键一步。在过渡政府时期，埃及最为引人瞩目的事件是穆斯林兄弟会的崛起直至赢得总统选举胜利，因此这里主要分析穆斯林兄弟会的崛起和埃及总统大选这两大重要历史事件。

（一）穆斯林兄弟会的崛起及其原因

在埃及政治重建进程中，最大的受益者无疑是长期以来在夹缝中求生存的宗教政治组织——穆斯林兄弟会。面对埃及复杂的重建形势，以穆斯林兄弟会为代表的埃及伊斯兰势力，通过多年与世俗政权的博弈与自我发展，抓住了革命提供的历史机遇，正式成为埃及政治的主导力量，完成了具有历史意义的重大转型。

从 2011 年年初埃及发生游行示威开始，兄弟会在时刻关注并从中寻求机会，力求在重新洗牌的埃及政坛中获得合法地位。2011 年 2 月 6 日，兄弟会加入埃及政府与反对派之间的政治对话，这是兄弟会多年来首次以合法组织身份与政府进行公开对话，也是兄弟会参与埃及变局的第一步。当天，埃及政府与反对派代表同意建立一个专门委员会，研究宪法和立法改革的事项。

2011 年 4 月 30 日，穆斯林兄弟会协商委员会发表声明，宣布成立自己的政党“自由与正义党”，并声称将在议会选举中赢得 45%到 50% 的议会席位。另外，穆斯林兄弟会还推举其领导机构——政治局的多名主要成员担任新政党的领导职务，其中党主席由工科教授穆罕默德·穆尔西担任。随后不久，自由与正义党获得当局承认。

2011 年 9 月 27 日，埃及军方宣布将于 11 月 28 日举行人民议会（议会下院）选举，2012 年 1 月 29 日举行协商会议（议会上院）选举。随后，埃及先后完成两院选举。2012 年 1 月，人民议会选举结束，自由与正义党领导的民主联盟赢得 235 席，占议会总席位的 47.2%，成为议席最多的联盟，自由与正义党总书记卡塔特尼在 1 月 23 日的人民议会首次会议上当选为议长。

2012 年 2 月 25 日，埃及最高选举委员会公布了协商会议选举的最终结果，自由与正义党与萨拉菲派的光明党成为人民协商会议的两大政党，自由与正义党共赢得 106 个席位，占全部 180 个席位的 59%，远远高出了原来兄弟会将赢得选票三成的预期；光明党在上院选举中获得 43 席，占参选议席的 23.9%，这样，自由与正义党和光明党在两院共赢得约 70% 的席位。2012 年 3 月 24 日，埃及人民议会和协商会议举行联席会议，按照议员和非议员各占 50 名的比例选出了制宪委员会，结果穆斯林兄弟会的自由与正义党和萨拉菲派光明党的成员在委员会中拥有超过半数席位。

此外，兄弟会还积极为参加埃及总统选举做准备，提名副总导师海特拉·沙特尔、著名理论家福图赫以及自由与正义党主席穆罕默德·穆尔西作为总统候选人。

穆斯林兄弟会的转型之路，反映了埃及世俗政权与宗教政治相互对抗和利用合作关系的新发展[①]。在埃及现代民族国家建构以及现代化的进程中，世俗政权对兄弟会采取打压、限制或是拉拢、利用的策略，目的都是为了维护世俗政权的稳定。20世纪70年代之后，兄弟会彻底沦为政府打击世俗反对派和伊斯兰激进主义可资利用的工具。穆巴拉克政府虽在一定程度上允许一些反对政党的存在，但这些政党扮演的角色显然不同于西方的多党制，“他们的权限仅仅被限制在议政但不参政的范围内，除非现任政权失去了其合法性。”[②]伴随世俗政权采取宗教宽容和政治“民主化”政策，“以穆斯林兄弟会为代表的温和的伊斯兰主义利用天时、地利、人和等条件，取得了巨大的发展，并开始以新的姿态向世俗政治发出挑战。”[③]促使主流的穆斯林兄弟会向温和方向转型的因素主要有：

首先，兄弟会关于民主、自由、宪政等方面的思想转变，是推动其转型的重要内部动因。

穆斯林兄弟会创始人哈桑·班纳所处的时代是英国殖民统治时期，因此，班纳十分痛恨外国势力对埃及内政的干预，进而对西方文明及其社会、经济和政治思想一概持否定态度，包括民主制度、世俗教育、社会制度和妇女解放。[④]

然而，随着埃及国内外政治局势的变化，兄弟会的宗教政治理念也遇到了挑战，其内部思想开始发生微妙的变化。在民主问题上，兄弟会认为，“宪政体制建立在个人自由、咨询公民、负责的统治

---

① 王泰：“埃及现代化进程中的世俗政权与宗教政治”，《世界历史》2011年第6期。

② Brynjar Lia, *The society of the Muslim Brothers in Egypt: The Rise of an Islamic Mass Movement* 1928–1942, Ithaca, 1998.

③ 王泰：“埃及现代化进程中的世俗政权与宗教政治”，《世界历史》2011年第6期。

④ 毕健康：《埃及现代化与政治稳定》，北京：社会科学文献出版社2005年版，第166页。

者、权力制约等基础之上，这些原则都来自于伊斯兰的经文。这就是穆斯林兄弟会接受这种统治系统，并使其无限地靠近伊斯兰的原因所在，因为他们意识到没有其他任何的统治模式能与伊斯兰等同。”[①] 据此，哈桑·班纳接受了民主和宪政的原则，结束了围绕民主问题的无休止争论。兄弟会还提出伊斯兰教的天性决定了它不会建立宗教权威，“因为伊斯兰国家本身就是一个公民国家，乌玛将会建立公民社会的系统和制度，而乌玛就代表着权威的来源之一”，在永恒的伊斯兰沙里亚法中，人类的伊智提哈德（创制）并没有被禁止。[②] 也就是说，兄弟会承认埃及实行宪政制度的合法性，认为宪政制度的原理同《古兰经》“创制”的思想精髓在某些方面有相通之处。

从20世纪90年代以来，主流的穆斯林兄弟会进一步向民主政治靠拢，以谋求合法参政议政的权利。在此背景下，兄弟会不断强调共同协商和政治多元化对穆斯林社会的重要性，并在整体上承认宪法和议会制度的合法性，强调民族是一切权力的源泉；强调公正选举的重要性，认为选举是权力和平交接的最好方式，甚至主张提高妇女地位。

其次，兄弟会的转型是埃及政治生活日益多元化和公民社会发展的必然产物。

穆巴拉克上台后，在保持政治稳定的前提下，稳步推进有限的民主化进程。“穆巴拉克执政伊始，便与反对党派握手言和，缓和反对党派和民主人士的关系，释放1981年9月大逮捕中下狱的反对党

---

① “Muslim Brotherhood and Democracy in Egypt,” Ikhwan Web, June 13, 2007, http://www.ikhwanweb.com.

② Mohamed Fayez Farahat, “Liberalizing the Muslim Brotherhood, Can It Be Done?” *Arab Insight*, vol. 2, No. 6, Winter, 2009.

派领袖人物和思想家，并在总统府接见他们。”[1] 在穆巴拉克时代，多党制从萨达特时代的有名无实状态进入了正式运行状态，尽管是“有限的”，但毕竟迈出了埃及政治民主化进程中的重要一步。因此，相对宽松的政治环境，使兄弟会的主流派别也愈益温和，兄弟会在保留自身核心价值理念的同时，开始承认现行宪法、选举制度、议会政治等，以便为合法参政创造条件。

“从 30 多年埃及社会发展来看，公民社会组织由少到多，由弱到强，特别是同业公会、工会、商会等社会组织的作用日益突出，构成自下而上推动民主化进程的重要力量。”[2] 在 2001 年律师协会的选举中，兄弟会赢得了多数选票，控制了协会理事会，这从侧面反映了伊斯兰主义对世俗公民社会的渗透，出现了具有伊斯兰属性的宗教公民社会，这当然引起了政府的不满和恐慌并颁布法律限制甚至取缔协会，兄弟会领导的协会则不断抨击政府违背民主原则。在公民社会的发展中，尽管穆斯林兄弟会与政府之间的冲突时有发生，但穆斯林兄弟会不仅接受了公民社会的理念，其自身也成为埃及公民社会建设的重要推动者。

穆斯林兄弟会认识到，独自承担起领导埃及政治改革的重担是非常困难的。因此，它在政治实践中进一步认识到和“所有的政治派别组成联盟”[3] 的重要性，并采取同其他政党合作的策略。与此同时，穆斯林兄弟会的社会基础也在发生变化，中产阶级和知识分子逐渐成为穆斯林兄弟会内部崭新的社会力量。[4] 兄弟会明确地提出：“现代的宪法制度提供了一种通过选举来获得权威的道路。只要宪法

---

① 毕健康：《埃及现代化与政治稳定》，北京：社会科学文献出版社 2005 年版，第 116 页。

② 王林聪：“埃及公民社会刍议”，《西亚非洲》2010 年第 10 期。

③ Mohamed Fayez Farahat, “Liberalizing the Muslim Brotherhood, Can It Be Done?” *Arab Insight*, vol. 2, No. 6, Winter, 2009.

④ 哈全安：“埃及穆斯林兄弟会的演变”，《西亚非洲》2011 年第 4 期。

制度可以选举出负有责任感的人，并能防止他们转入威权统治，那么伊斯兰就不会与它对抗。”[①] 因此，兄弟会反对的是威权统治，而不是宪政制度；它尊重在宪法和法律框架内的多党制，但要维护宪法尊严，限制总统任期。

第三，组织内部的代际交替也是推动兄弟会进行转型的重要因素。

从组织内部的代际交替来看，穆斯林兄弟会成立至今 80 多年的历史横跨了几代人。在此过程中，兄弟会内部年老一代与年轻一代在思想观念和行动策略方面的分歧日趋明显。毫无疑问，思想观念更为开放的年轻一代逐步掌握兄弟会的组织大权是大势所趋。在兄弟会内部，“很多年轻的兄弟会成员也开始要求兄弟会组织结构更为民主和透明，他们倡导权力应该有规律地在成员之间循环，威权思想应该从兄弟会的思想中剔除”，“很多人还希望修改兄弟会的内部章程，允许更多的年轻的兄弟会成员参加组织领袖的竞选”。[②]

从埃及社会发展和人口增长来看，据统计，近年来埃及的青年人口比例猛增，15—28 岁年龄段的年轻人占到了埃及全部人口的 28%，换句话说，埃及 8000 万人口中近 1/3 的人口年龄都在 30 岁以下。[③] 许多年轻人加入非政府组织，进行游行示威的政治实践表明，其诉求已经不限于就业和教育等具体问题，而是转向要求扩大政治参与、尊重人权、实现更大的个人自由等政治诉求，而全球信息技术的革命也为埃及青年人参与关于自由、人权和民主化等问题的讨论提供了便利的条件。穆斯林兄弟会的年轻成员也不例外。近年来，兄弟会的年轻人已经成为了埃及最富活力的主体力量，他们

---

① “Muslim brotherhood and democracy in Egypt”, Ikhwan Web, June 13, 2007, http: //www. ikhwanweb. com.

② Khalil Al - Anani, “The Young Brotherhood in Search of a New Path”, *Future Of Muslim*, October 6, 2009, http: //www. ikhwanweb. com/article. php? id = 17454.

③ Ibid.

有高效的组织，并能采取有计划的政治行动。在 2005 年的议会大选中，兄弟会中年轻的积极分子就发挥了重要的作用，使得兄弟会在历史上首次赢得了议会 20% 的席位。[①] 毫无疑问，兄弟会的年轻成员已经开始对兄弟会高层决策产生重要影响，并推动兄弟会向着符合时代潮流的发展方向进行转型。

（二）前所未有的“历史性”总统大选

根据埃及政治重建进程的安排，2012 年 5 月 23 日，备受关注的埃及首次总统自由选举的首轮投票在全国 27 个省区全面展开。在此之前，旅居海外的埃及公民已经于 5 月 11 号至 5 月 17 号期间完成了投票工作。埃及《金字塔报》23 日发表题为“决定性时刻”的文章，认为这次选举是埃及历史上至关重要的选举，号召人们积极投票，选出自己中意的总统，而不是再诞生一个“法老”。卡塔尔《旗帜报》发表评论称，埃及选举“正在创造一个新的历史”，并将决定埃及未来的命运和内外政策走向。路透社称，这是普通埃及人历经法老、苏丹、国王和军队统治后，首次真正有权选择自己的领导人。[②]

据报道，埃及民众对这次总统选举的热情非常高，不少投票站都排起了长长的队伍，尽管天气很热，大家似乎并不在意。很多选民都兴高采烈，像过节一样来迎接选举。而为了方便更多民众前往投票站投票，埃及最高总统选举委员会 23 号宣布将投票站开放时间延长一小时，也就是到当地时间晚上 9 点钟关闭。24 号的时候，埃及最高总统选举委员会再次决定延长投票时间一小时。从投票情况来看，总体进展良好，也没有出现大的违规情况。埃及内政部长默

---

① Khalil Al - Anani, “The Young Brotherhood in Search of a New Path”, *Future Of Muslim*, October 6, 2009, http: //www. ikhwanweb. com/article. php? id = 17454.

② “埃及选总统进入决定性时刻”，《环球时报》2012 年 5 月 24 日。

罕默德·易卜拉欣称，根据安全部队的报告，虽然选举期间也出现了少数几个违规行为，但情况并不严重，整体情况还是达到了相关要求。[①]

参加第一轮总统选举的共有 13 人（后有 1 人主动宣布退出，实际为 12 人），其中有 4 名候选人在选前民意调查中的支持率位居前列，他们分别是前外长、阿拉伯国家联盟前秘书长穆萨，穆斯林兄弟会高级成员福图赫、穆兄会下属自由与正义党主席穆尔西和前总理沙菲克。

2012 年 5 月 28 日，埃及最高总统选举委员会公布总统选举的第一轮投票结果，穆斯林兄弟会下属的自由与正义党主席穆罕默德·穆尔西与前总理艾哈迈德·沙菲克分获前两名，两人分别获得约 570 万和约 550 万张选票，而此前呼声很高的穆萨和福图赫则双双出局。由于没有任何一名候选人获得超过 50% 的选票，根据规则，穆尔西和沙菲克将进入决胜轮角逐。[②] 5 月 31 日，实施已经 30 年之久而备受诟病的紧急状态法被废除，军政府承诺今后将由军队保卫国家安全。

2012 年 6 月 16 日至 17 日，总统选举决胜轮投票举行。就在此前的 6 月 14 日，埃及最高宪法法院裁定去年新选出的人民议会有三分之一的席位无效，并由此解散议会。6 月 17 日，武装部队最高委

---

① “埃及总统选举首轮投票结束 或将进入决胜轮投票”，http：//news. xinhuanet. com/yzyd/world/20120525/c_ 112032176. htm。

② 根据埃及最高总统选举委员会公布的统计数据显示，在总统选举第一轮投票中，自由与正义党候选人穆尔西获得了 5764952 张选票，位列第一。前总理沙菲克获得 5505327 张选票，排名第二。世俗革新派人士萨巴希排名第三，他获得的选票数超过 480 万。穆斯林兄弟会前高级官员福图赫和前外长穆萨分别排名第四和第五位，他们获得的选票数分别为 405 万和 258 万。此外，数据还显示，在此次总统选举首轮投票中，全国 5000 多万选民中共有约 46% 的选民参加了投票。为保证选举的公正与透明，埃及配置了 1. 45 万名法官监督本次总统选举，其中包括 1200 名女性法官。此外，还有 3 个国外非政府组织和 49 个本土非政府组织参与选举监督工作。

员会又发布补充宪法声明，将立法权和国家预算决定权移交给埃及武装部队最高委员会，新总统将无权干涉。

2012 年 6 月 24 日下午 3 时 30 分，埃及总统选举最高委员会在首都开罗东部纳赛尔城的总部召开新闻发布会，选举委员会主席法鲁克·苏尔坦正式公布总统选举结果。自由与正义党主席穆尔西以极微弱的优势险胜前总理艾哈迈德·沙菲克，赢得穆巴拉克下台后首次埃及总统大选，成为 1952 年以来继纳吉布、纳赛尔、萨达特、穆巴拉克之后的埃及第五位也是首位非军人出身的总统。①

在随后的胜选感言中，穆尔西表示："我将成为所有埃及人的总统……我呼吁你们，伟大的埃及人民，加强我们的民族团结。这里没有对抗之辞的空间……民族团结是如今埃及走出艰难时期所必须要走的道路。埃及将遵守所有国际条约，我们带着和平而来。" 6 月 30 日上午，穆尔西在埃及最高宪法法院全体大会上宣誓就职，开始其 4 年的总统任期。在就职仪式上，穆尔西宣称："我将致力于建设一个世俗、民主、宪政的现代化国家。超人总统时代一去不复返，我愿意成为各政治派系、各宗教派系在内的所有埃及人的公仆。"

在埃及变局发生后，从声称决不参加总统选举的徘徊观望到逐步取得主导权后的信心满满，从取得埃及议会选举优势到穆尔西最终赢得总统选举，兄弟会可谓稳扎稳打、步步为营。穆尔西当选埃及总统无疑是穆斯林兄弟会有史以来取得的最大胜利。但是，穆尔西及其团队也将面临巨大的执政挑战。正如有的阿拉伯政治学家指出，这是伊斯兰主义者在中东地区首次以民主的方式掌权，但他们

① 根据埃及总统最高选举委员会发布的数据，此次选举共有 5030 万合法选民，决胜轮投票率为 51.8%，其中 843200 张选票被认定无效，约占总选票的 3.1%。选举委员会共收到 452 起选举舞弊投诉。穆尔西获得 1323 万张有效选票，得票率为 51.73%，穆尔西的竞争对手、前总理沙菲克获得 1234 万张有效选票，得票率为 48.27%。参见 Reem Leila，"The Brothers Take Charge"，http：//weekly. ahram. org. eg/2012/1104/eg2. htm，2012/7/6。

却面临着多重的考验以证明他们能够有效执政：第一，国家面临的社会和经济问题积重难返。革命发生16个月以来，埃及旅游业受到重创，经济在去年年底出现实际性负增长，是50年来头一次。货币贬值、食品价格上涨，增加投资与援助迫不及待。[①] 第二，如何在“腐败盛行的金融和行政领域整顿秩序”，特别是“抵制安排自己人担任要职和垄断权力的诱惑”，而这被认为最终会催生新的专制[②]。第三，他在选举造势时宣称要保障基督教徒和妇女的权利，以及安抚支持民主、发动革命的各青年组织等承诺[③]能否兑现，不仅需要听其言，更需观其行。最后，也是最重要的，如何与具有强大影响力的军方合作更是充满了不确定性。

对于埃及总统选举的结果及其影响，国内有学者评价指出：“从本质上来说，此次总统选举是以穆斯林兄弟会代表的伊斯兰力量和以军方代表的世俗主义力量的对决。由于发动民众抗议浪潮的自由主义力量已经在此前进行的议会选举和首轮总统选举中被边缘化，当前角逐埃及权力仍然是两大传统力量，区别只在于双方角色与地位的变化，过去双方是执政者与反对派的关系，而目前则把战场转移到了埃及政权内部。由此可见，新当选总统、国会和军队如何通过新宪法划分和界定权力，无疑是埃及政治转型面临的严峻挑战。总统及其背后的兄弟会势力与军方的妥协和平衡无疑将异常艰难，双方的矛盾和对抗仍然有可能导致埃及陷入严重的冲突与动荡。”[④]

① “埃及新总统即将面临的非常严峻的挑战”，载美国《大西洋月刊》网站5月23日，《参考消息》2012年5月25日。

② 《美国向温和原教旨主义下注》，《参考消息》2011年12月14日。

③ 美联社开罗2012年5月29日电。

④ 刘中民：“埃及仍处在畸形的政治过渡期”，《东方早报》2012年6月26日。

三、过渡政府的外交政策调整及其影响

自 2011 年 2 月埃及过渡政府成立至埃及总统选举结束，历时一年多的埃及过渡政府在外交方面做出了一系列较大的调整，重在加强外交的独立自主性，在阿拉伯世界、美国、以色列以及伊朗之间确立新的平衡关系，并继续深化和传统友好国家的关系。其政策调整对于重塑埃及在阿拉伯世界的地位、与周边国家形成睦邻友好关系、摆脱对大国的追随以实现本国利益等多个方面都产生了重要影响。

（一）过渡政府外交政策调整的主要表现

1. 对以色列态度的改变及对巴以和平进程的立场

长期以来，埃及作为与以色列建立并保持密切外交关系的阿拉伯国家，在阿以和谈中一直扮演着重要角色，它通过积极协调各方的立场，在推进和平进程方面发挥着不可替代的作用。过渡政府成立后马上明确表示将遵守所有地区和国际义务及条约，其用意在于减轻以色列和美国方面对埃及外交政策走向的担忧。但是，随着时间的推移，革命后埃及社会的总体环境已经不允许其对外政策再像穆巴拉克时代那样向以色列倾斜，并日益体现出对以色列的不满。

2011 年 8 月 18 日发生了以色列武装直升机突袭南部靠近埃及边境地区的武装人员事件，导致 5 名埃及边防部队士兵和警察丧生，这一事件迅即引发了埃及国内大规模的示威。9 月 9 日晚，示威抗议者冲击了开罗的以色列大使馆，导致以色列驻开罗大使一度被迫撤离埃及。尽管我们看到以色列方面在不断地做出让步，但是埃及人

似乎并不买账。[①]

在经济上，围绕埃及是否继续以优惠价格向以色列提供天然气的问题上，埃以之间也多有摩擦。埃及明确表示以色列不应对此“再有期望”，“以色列曾经把穆巴拉克总统当成一个‘珍宝’，而现在犹太国家随心所欲的日子已经结束了。”[②] 2011 年 10 月 9 日，埃及石油部长正式宣布，埃及将逐步提高销往以色列的天然气价格。由于以色列 43% 的天然气来自埃及，而以色列全国 40% 的电力供应依赖埃及天然气供应[③]，埃及此举势必对以色列国内油气价格和电力产生重要影响。

在巴以和平进程方面，埃及过渡政府的政策调整主要表现为：

第一，提出埃及将努力实现“全面的阿以和平，而不只是巴以和平进程”，埃及“与以色列的关系将建立在针锋相对的基础上，如果有必要对埃以和平条约作出修改，埃及的法律条款是允许这样做的”。[④] 2011 年 10 月，沙拉夫总理在接受土耳其一家媒体采访时表示，埃及与以色列在 1978—1979 年签署的戴维营协议“可以讨论和修改，只要是有利于这一地区的和平，戴维营协议不是什么圣书，完全可以修改”。[⑤]

第二，长期开放拉法口岸，以期有效减轻加沙巴勒斯坦民众的生活负担。埃及调整与加沙地带的边境政策，更多地意味着对该口

---

① Herb Keinon, “Netanyahu Pledges Allegiance to Treaty with Egypt,” http: //www. jpost. com/Diplomacy and politics.

② Michael Theodoulou, “Egypt's New Government Ready to Renew Country's Ties with Iran,” http: //www. thenational. ae/news/worldwide/middle - east.

③ “埃及将逐步提高销往以色列的天然气价格”，http: //finance. ifeng. com/roll/20111009/4762942. shtml。

④ Mohamed Anis Salem, “In Search of a Foreign Policy,” http: //www. weekly. ahram. org. eg/2011/ 1050/op8. htm.

⑤ “‘外交海啸’冲击以色列，周边外交四面楚歌”，http: //news. 66wz. com/system/2011/10 12/102822513_ 02. shtml。

岸人员和物资出入限制的放松。[1]

第三，推进巴勒斯坦内部政治派别的和解。埃及方面强调巴勒斯坦内部和解无疑是实现“全面阿以和平”的第一步。在埃及的积极调停下，哈马斯同巴勒斯坦民族解放运动（法塔赫）于 2011 年 5 月 4 日在开罗正式签署和解协议，中止自 2007 年以来的纷争，并启动过渡期联合政府成立计划[2]。这次法塔赫与哈马斯都比较积极，尤其是法塔赫顶住了以色列的巨大压力，在与哈马斯的和解道路上迈出了巨大步伐。

2. 尝试与伊朗改善关系

埃及和伊朗交恶于 20 世纪 70 年代末，原因是埃及同以色列媾和，收留伊斯兰革命后被废黜的伊朗国王巴列维等。此外，埃及在中东问题上与美国和以色列关系亲近的做法也令伊朗不满。但是，埃及和伊朗均为中东地区大国，虽然在争取地区影响方面有矛盾，但并没有根本利害冲突。埃及过渡政府的新外交团队认为，阿拉伯国家在中东地区的头号敌人是以色列而不是伊朗，时任埃及外长阿拉比表示：“埃及人民和伊朗人民应该互相联系来反映他们的历史和文明。”[3]

特别引人注目的是，就在埃及过渡政府成立不到一个星期的 2011 年 2 月 22 日，两艘伊朗军舰通过了苏伊士运河。埃及称，这是遵守国际条约的表现，因为根据国际相关条约，伊朗军舰是有资格

① 黄培昭、李潇：“新外长认为封锁加沙口岸是在帮以色列的忙—埃及对以政策趋于强硬?”，《人民日报》2011 年 3 月 8 日。

② 黄培昭、李潇：“暂停移交代征税款，警惕开放口岸举动以对巴内部和解深感不安”，《人民日报》2011 年 5 月 3 日。

③ Michael Theodoulou, “Egypt's New Government Ready to Renew Country's Ties with Iran,” http: //www. thenational. ae/news/worldwide/middle – east.

通过苏伊士运河的。对于以色列的过激反应，埃及置之不理。[①] 这表现出埃及在处理地区外交事务，尤其是在平衡地区敏感国家之间利益方面，表现出完全不同于穆巴拉克时期的一些新动向。

2011 年 4 月，埃及外长阿拉比在开罗会见伊朗驻埃及代表处代表时强调，埃及愿意发展与伊朗的关系，并表示已为“与伊朗恢复外交关系做好准备”，两国之间的关系将会翻开新一页。伊朗也做出积极回应，其外长萨利希强调伊埃历史关系虽然波折起伏，但“始终持续不断”，希望新形势能够提高两国关系的水平。埃及《消息报》副主编易卜拉欣于 4 月 7 日指出，埃及和伊朗建交是“很快的事情”。穆巴拉克辞职后，埃、伊出于各自的战略需要，都对恢复外交关系表现出强烈的意愿。[②]

3. 与尼罗河流域国家重归于好

在历史上，在尼罗河河水开发问题上，沿河 9 个国家纠葛不断。1929 年签署的条约规定，尼罗河上游国家在未经埃及同意的情况下，不得实施能够造成水量显著减少的灌溉和其他项目。长期以来，沿岸的其他国家对此颇有怨言，甚至采取单独行动力图改变供水分配状况。穆巴拉克为此与很多国家交恶。过渡政府表示愿意以此为契机，积极协调同各国利益，要同苏丹、埃塞俄比亚等国共同投资建立“千年水坝”，此举“打开埃及和尼罗河流域国家交往的大门”[③]。

2011 年 4 月初，埃塞俄比亚举行了规模盛大的建立水坝的奠基仪式。[④] 而埃及过渡政府则表示希望与尼罗河流域各国形成一种友好

---

① 黄培昭：“埃及将吸收反对派人士入阁，重视恢复秩序和民生”，《人民日报》2011 年 2 月 24 日。

② 黄培昭：“埃及外交打出‘伊朗牌’”，《人民日报》2011 年 4 月 8 日。

③ “Egypt’s Nile Valley Policy: Setbacks and Opportunities,” http://news.egypt.dreamhosters.com.

④ Ibid.

的睦邻关系，在帮助邻国开发水资源方面，埃及“具有丰富的经验和富有才能的专家，而且农用工业发达，这些都可以为尼罗河流域国家提供帮助。”[①]

4. 对美政策的适度调整与转变

穆巴拉克时期的埃及是美国在北非和中东的支柱伙伴，美国虽然支持以色列，但由于其仰赖阿拉伯国家的石油，因而无法忽视与阿拉伯世界的关系，埃及由此成为错综复杂的美、以、阿三角关系中不可替代的一方。在过渡政府建立之后，国际货币基金组织和世界银行纷纷承诺向埃及提供贷款或免除埃及部分债务，其背后均有美国奥巴马政府的支持。[②]

2011年3月15日，美国国务卿希拉里·克林顿与阿拉比举行了会晤。希拉里承诺美国将向埃及提供9000万美元的紧急经济援助，美国进出口银行还批准了向埃及金融机构开立的信用证，提供保险业务，以“显示对埃及经济复苏的支持”。根据美国国务院发表的公告，奥巴马政府已要求美国国会建立“美国埃及企业基金”。3月16日上午，希拉里·克林顿参观了开罗市中心的解放广场，她向广场上的民众表示，美国将继续支持埃及的民主自由和政治改革进程。在与埃及武装部队最高委员会主席坦塔维、总理谢拉夫举行会谈时，希拉里强调，美国支持埃及在6个月内实现由过渡政府向民选政府的转变，并希望确保这一过程平稳有序。[③] 希拉里此访着眼于美埃关系的未来，美国希望处于过渡时期的埃及仍能与其保持并巩固同盟关系，继续支持美国的中东战略。不过，种种迹象表明，埃及政府在强大的国内压力下，已不可能再像过去那样过于追随美国。

---

① “Egypt's Nile Valley Policy: Setbacks and Opportunities”, http://news.egypt.dreamhosters.com.

② “Egypt's Backward Turn”, http://www.Thewallstreetjournal.com.

③ 黄培昭、李潇：“美国主动与埃及磨合关系”，《人民日报》2011年3月17日。

5. 深化与中国等传统友好国家的战略伙伴关系

埃及是第一个与新中国建交、第一个与中国建立战略合作关系的阿拉伯国家和非洲国家。在埃及过渡政府建立之后，中国立即与其建立联系，并及时地提供援助。[①] 2011 年 3 月 10 日，外交部发言人姜瑜在例行记者会上表示，中埃是友好国家，中方愿为埃及过渡政府克服困难提供帮助，并充分尊重埃及人民的意愿。埃及过渡政府的组建是埃方为恢复社会稳定、保持经济发展所采取的重要举措，中方希望并且相信这有利于实现埃及的稳定与发展。5 月 2 日，中国外交部长杨洁篪前往埃及首都开罗进行访问。[②] 阿拉比在会见杨洁篪时表示，埃方高度赞赏中国领导人带领中国取得的发展和进步，不会忘记中国对埃及和其他发展中国家提供的支持和帮助，赞赏中方在埃国内局势变化后所持立场，期待加强与中方在包括经济、高科技和研发等各领域的交流与合作，支持两国在中阿和中非合作框架内进一步开展合作。

（二）埃及过渡政府外交政策调整的原因

首先，国内民众的巨大压力是推动过渡政府外交调整的根本动力。

埃及的政治变革是由多种原因促成的，但无可置疑的是，革命之所以成功，是与埃及群众，特别是与开罗解放广场群众的斗争反抗分不开的。如果说“在过去的60 年中，埃及外交政策的制定和实施都是由总统和外交精英掌控的一个较为封闭的系统做出的”[③]，那

① “China Contributes to Stability in West Asia, North Africa,” http://www.chinadaily.com.cn/opinion/2011-06/01/content_12624113_2.htm.

② “中国外长同埃及外长举行会谈”，http://news.xinhuanet.com/world/2011-05/03/c_121370258.htm。

③ Mohamed Anis Salem, “In Search of a Foreign Policy,” http://weekly.ahram.org.eg/2011/1050/op8.htm.

么“革命创造了一种新的现实，将建立一个民主系统和立宪制度提上了日程，以此来推进公民自由和对来自不同背景阶层的人们意愿的尊重。”[①] 这就不可避免地会反映到埃及的外交政策及其为加强国际地位而采取的措施上。

早在2011年1月25日，在开罗召开的一次外交政策研讨会上，包括各个政党、学者、研究人员、媒体等各界人士的参会者，都要求政府要尊重人民的意愿，建立民选政府，保持国内政局的稳定，安抚抗议的民众。在巴以问题上，过渡政府的成立被认为是以“一个可靠忠实的政府取代了穆巴拉克的威权政府，革命剥夺了以色列在该地区的防洪堤，并将埃及民众就以色列对待巴勒斯坦人行径的不满情绪加以释放，而过渡政府只有这样才能尽力维持自身的合法性”。[②] 在9月9日埃及民众冲击以色列大使馆问题上，原埃及驻以色列大使穆罕默德·巴西奥尼明确指出：“在这里（埃及）你看到了民众的意见，这是非常重要的。”[③]

其次，重塑埃及地区大国地位，强化阿拉伯认同的需要。

在革命之前，埃及社会舆论普遍认为，由于埃及与美国过分亲密的关系，以及对以色列宽容的行为，使得埃及的影响不断降低。无论穆巴拉克怎样努力在中东和阿拉伯世界重塑埃及的大国形象和领导地位，但它与以色列亲近这一事实还是会被部分阿拉伯人视为对阿拉伯世界的背叛，是对巴勒斯坦的放弃，在情感上难以接受，并直接导致埃及在阿拉伯世界的地位不断下降。要重塑埃及在阿拉伯世界真正的领导地位，过渡政府认识到必须同以色列拉开距离才能博得阿拉伯国家的好感，最明显的例子就是在巴以问题立场上的

---

① “Egypt's Partial Foreign Policy Revival,” http://weekly.ahram.org.eg/2011/1064/op3.htm.

② “Nations Race to Defuse Crisis between Egypt and Israel,” http://www.nytimes.com/2011/08/21/world/middleeasr/21egypt.html.

③ Ibid.

变化。同时，埃及过渡政府在处理与邻近尼罗河国家关系时，也一改穆巴拉克时期的冷淡局面，与尼罗河流域国家关系开始拉近，因为过渡政府意识到，与自己周边邻国形成一个友好团结的氛围，维持与周边国家关系的稳定，有利于埃及处理自己的内部事务。

(三) 过渡政府外交政策调整的影响

1. 埃及同伊朗改善关系在地区内产生强烈反响

埃及发展与伊朗的关系，已经“引起阿拉伯世界的极大关注，包括来自海湾国家的关注甚至是指责，同时使以色列十分气馁，这也是美国不愿意看到的，因为出于遏制伊朗的核计划，美国一直在竭力孤立伊朗”。①

伊朗埃及两国走近，使海湾地区的阿拉伯国家十分担忧，虽然埃及总理沙拉夫在访问海湾阿拉伯国家时表示：“‘海湾安全是埃及的红线’，而开展对伊朗的外交关系不会以破坏埃及与海湾阿拉伯国家的关系为代价。”② 但海合会国家并不满足于这样的承诺，一旦埃及与伊朗复交，它将面临如何处理与海湾国家关系的挑战。

埃及如与伊朗复交也将使以色列有被埃及进一步冷淡的可能。③“在开罗，很多专家学者也支持与伊朗关系的升级，认为这将会使得埃及的外交努力对阿以冲突、黎巴嫩、海湾地区安全和建立区域性无核区等产生更多影响。”④ 就伊朗方面而言，夏威夷大学的伊朗问

---

① Michael Theodoulou, “Egypt’s New Government Ready to Renew Country’s Ties with Iran,” http: //www. thenational. ae/news/worldwide/middle – east.

② Mohamed Anis Salem, “In Search of a Foreign Policy”, http: //weekly. ahram. org. eg/2011/ 1050/op8. htm.

③ “Breaking World Gaze Strip News”, http: //topics. nytimes. com/top/news/international/ coun triesandterritories/gaza_ strip/index. html? inline = nyt – geo.

④ Mohamed Anis Salem, “In Search of a Foreign Policy”, http: //weekly. ahram. org. eg/2011/ 1050/op8. htm.

题专家法李德·法伊认为，与埃及重新建交对于伊朗来说具有重要的意义，尤其是目前伊朗与沙特、海湾国家关系恶化的情况下，将使伊朗增加与西方国家打交道的筹码。[①]

2. 埃及与美国关系处在调整之中，但并不会走向对抗

自 20 世纪 70 年代以来，美国和埃及已维持了 30 多年的盟友关系。美国每年向埃及提供 20 多亿美元的经济和军事援助，埃及是中东地区仅次于以色列的第二大受援国。美国对埃及军方高层有重要影响力，因此成功地塑造了埃及军方确保埃及和平过渡的局面。2011 年 2 月以来，随着美国逼迫穆巴拉克下台，并由埃及武装力量实行军管，进行政权过渡，美国逐步摆脱被动，赢得了在后穆巴拉克时代的主动性。尽管埃及在对待以色列、伊朗等国家的政策上会发生一定的变化，埃及也将进一步向阿拉伯世界回归，但埃及与美国的关系并不会走向对立。有的专家甚至认为，“政权的变化并没有使埃及对美政策发生变化”，“为埃及寻求投资，并减轻埃及的债务负担”[②] 等因素都会使埃及继续依靠美国提供的大量经济和军事援助，这是埃及不愿意与美国关系走向破裂的重要原因。

3. 中埃战略关系有望进一步深化

埃及过渡政府建立后，中国就立即与其取得联系，并及时提供了援助。2011 年是中埃建交 55 周年，在新的形势下，双方应在战略框架的安排下进一步深化政治和战略合作，巩固中阿、中非关系发展的大好局面，密切在国际和地区事务中的协调配合，深入推进两国的沟通与交流[③]。

① Michael Theodoulou, “Egypt's New Government Ready to Renew Country's Ties with Iran,” http: //www. thenational. ae/news/worldwide/middle – east.

② “Egypt's Transitional Government Lobbies on Seeking Funds, Debt Reduction,” http: //rep orting. sunlightfoundation. com/2011/egypt – lobbying/.

③ 王泰、刘永：“中埃战略合作十周年：历程、特点与前景”，载《西亚非洲》2009 年第 11 期。

总之，埃及过渡政府在外交方面屡屡有新的调整和举措，特别是在中东和平进程及对以关系、伊核问题、对美关系等重大问题上，体现出强烈“去穆巴拉克”色彩。随着新任总统穆尔西宣誓就职，埃及过渡政府的使命已经结束。在对外政策上，穆尔西提出了非常宏大的构想，具体主要有三：第一，埃及要平衡埃及的多种属性，致力于复兴在非洲、阿拉伯、伊斯兰世界“三个圈子”内的领导地位；第二，要实现埃及向所有国家的开放，与美国和欧盟发展良好的合作关系；第三，埃及要学习包括中国在内的亚洲国家的发展经验，加强与“金砖国家”的合作。[①] 在此背景下，埃及外交如何进行调整，无疑值得高度关注。

① 刘中民：“埃及仍处在畸形的政治过渡期”，载《东方早报》2012 年 6 月 26 日。

利比亚战争与利比亚的政治重建前景

西北大学中东研究所　韩志斌　闫　伟

【内容提要】

卡扎菲政权在威权体制下的独裁专断、家族腐败、意识形态混乱，以及外交政策的摇摆与部落矛盾、外部干预等因素综合作用，导致了利比亚陷入动荡，直至引发内战和西方干预的利比亚战争，进而导致了卡扎菲政权的覆灭。在后卡扎菲时期的政治重建中，政治派别林立、政治合法性脆弱、部落矛盾、伊斯兰力量崛起等都是利比亚政治重建面临的严峻挑战。从其国内政治发展前景看，利比亚虽面临诸多挑战，但分裂的可能性很小；从外交变化的前景看，利比亚将与阿拉伯国家、非洲国家和西方国家建立更为平衡的关系。

席卷阿拉伯世界的中东变局，引发了中东地区秩序的整体性动荡。而利比亚的动荡程度更为严重，最终在西方的强力干涉下演化为利比亚战争，并导致卡扎菲政权被推翻，他本人也死于非命。本报告将在深入挖掘卡扎菲政权垮台原因的基础上，宏观认识利比亚战争的原因、影响，分析和前瞻当前利比亚内政外交的发展动态与趋势。

一、卡扎菲政权垮台的根源

2011 年 2 月 16 日，利比亚第二大城市班加西爆发抗议示威；3 月 19 日，北约以执行安理会 1973 号决议为名发动利比亚战争；8 月底，的黎波里陷落，卡扎菲父子逃亡；10 月 20 日，卡扎菲在其家乡苏尔特死于非命。三天后，利比亚反对派执政当局宣布“解放”利比亚全境。利比亚局势演变之快令人瞠目，真可谓“八个月颠覆 42 年的江山”。[①]“冰冻三尺，非一日之寒”，卡扎菲政权的垮台并非一蹴而就，而是有着复杂的深层次根源。

(一) 从“民众革命”到威权政治

从理论层面来说，卡扎菲所强调的“民众革命”因强调“还政于民”而具有一定的合理性，也曾经在利比亚颇具吸引力。但利比亚的权力体系具有二元化的特点，即民众形式上通过人民大会、人民委员会以及各级人民大会直接行使权力，但卡扎菲通过革命委员会掌握实际权力，形成威权政治。1969 年卡扎菲“军官革命”后，利比亚实际权力一直掌握在卡扎菲手中。新成立的革命委员会领导人主要从卡扎菲的信任部族中任命，国家行政官员在实际上沦为卡扎菲的附庸。

卡扎菲“民众革命”的实践，表面上是将民众的利益置于至高无上的地位，但实际上更多依靠对领导者个人魅力的大力宣传，树立和确保卡扎菲个人的绝对权威，并由卡扎菲掌握利比亚的发展方向。从本质上看，利比亚政治体制并未超越传统威权主义的范畴。

① 郑挺颖：“利比亚：八个月颠覆 42 年江山”，载马晓霖主编：《阿拉伯剧变：西亚、北非大动荡深层观察》，新华出版社 2012 年版，第 16 页。

昔日与卡扎菲称兄道弟的革命志士（即所谓的“反水反对派”）之所以反目成仇，很大程度上是由于不满卡扎菲垄断权力，或者由于自己的权力欲没有得到满足。这次利比亚政治变局仍是卡扎菲利益集团内部矛盾与部族政治斗争的延伸，再加上外部力量（特别是北约）的干预，从而使危机扩大化，发展成为利比亚战争。

（二）从民族主义到部族政治

相对于其他国家的政治变局，部族因素成为利比亚政治变局中极为活跃的因素。在中东地区，强大的部族势力通常都认为，民族国家的建立将使他们的权益受到威胁，因此普遍要求新建立的国家应以部族势力占主导地位。部族分裂对国家权威的挑战是利比亚独立后一直面临的一个重要问题。但长期以来，由于利比亚社会中部族氛围浓厚，国家观念淡薄，部落居民皆习惯于通过部落酋长的权威形成一套权力体系和行为规范，只有部落酋长才能把他们动员起来。因此，卡扎菲在指责部族主义的同时，却不得不依靠部族势力巩固自己的统治。①

冷战结束后，卡扎菲思想在利比亚政治实践中发生的一个明显变化就是强化了对部族主义的依赖，其重要标志是革命委员会领导人主要从部族中任命。到1994年，革命委员会领导人大都控制在卡扎菲部族的派系手中。卡扎菲依靠的部族为卡扎法部族，来自该部族的军官被委以重任，其目的是保证其个人的生存和政权的安全。卡扎菲求助于部族主义，依靠强力实现暂时巩固政权的同时，也使其政治体系具有部族政治的特征，这对于现代政治模式来说是一种历史的倒退。更重要的是，卡扎菲重用卡扎法部族的做法引起了其他部族的强烈不满，导致政治权力结构沿着种族、教派界限出现断

① Mansour El - Kichia，*Libya's Qadhafi*：*The Politics of Contradiction*，University Press of Florida，1997，pp. 26 - 27.

裂的可能性不断增大，从而也使卡扎菲的“魅力型统治”黯然失色。利比亚危机始于班加西并非偶然，其重要原因在于以班加西为中心的东部地区的部族长期存在严重的分离主义倾向。

（三）世袭政治与家族腐败

卡扎菲虽号称“人民领袖”，自身也算廉洁，但在权力、利益分配等关键问题上仍难脱“家族政治”的窠臼。据报道，卡扎菲的八子一女分别涉足石油、燃气、酒店、媒体、流通、通信、基础设施等产业，基本控制了国家的经济命脉。其长子穆罕默德掌控通讯部门；次子赛义夫（被视为卡扎菲继承人）负责卡扎菲发展基金会；三子萨阿迪担任特种部队司令；四子穆阿塔希姆担任国家安全顾问；六子哈米斯担任精锐的第32旅旅长。这种以家族统治为中心的国家管理模式弱化了民众对卡扎菲家族统治权力的认同。

（四）民族与国家的悖论

在理论上，卡扎菲的“革命民族主义”意识形态试图把“民族”和“国家”结合成一体。但在现实操作中，由于阿拉伯民族主义意识形态的超国家特点，阿拉伯民族主义与国家利益往往存在现实的矛盾，这也是卡扎菲泛阿拉伯主义联合行动失败的根本原因。每当利比亚与其他国家进行联合时，包括利比亚在内的每个阿拉伯国家首先想到的是自己的、现实的、具体的“国家利益”。因此，卡扎菲推动“阿拉伯联合”的激进做法，如鼓吹推翻阿拉伯君主制，支持摩洛哥军官推翻国王，在阿拉伯峰会上用手枪逼约旦国王侯赛因退位，在阿盟峰会上与沙特国王阿卜杜拉恶言相向，[①] 均得罪了许多“阿拉伯兄弟”国家。阿盟本身就积聚了阿拉伯世界的各种复杂

---

① 田文林：“利比亚局势的多维透视”，《学习月刊》2011年第9期，第33页。

矛盾，而卡扎非本人更是各种矛盾的集合体。在阿盟峰会上，卡扎非与别国领导人吵架的新闻总是见诸报端。因此，阿盟一直对卡扎非政权心存不满，它最终通过支持联合国在利比亚设置禁飞区的 1973 号决议，给长期飞扬跋扈的卡扎非以致命打击。

20 世纪 90 年代后期，卡扎非的区域联合理念又从泛阿拉伯民族主义转向泛非主义，并通过对非洲国家难民施以援手而施加影响，但却导致了国内社会矛盾的加剧。例如，1997 年，利比亚政府接纳 200 万非洲移民后导致国内失业人数剧增。利比亚政府这种盲目接纳非洲移民以迎合其革命民族主义和泛非主义的激情，造成国内失业现象严重，引起了国内民众的严重不满。

（五）“革命民族主义”与国家发展的困境

利比亚以“革命民族主义”为国家的意识形态取向，其重要表现是长期与美国和西方对抗，甚至采取支持恐怖主义的做法。因此，利比亚政府不得不将国家财政大量投入到国防预算。而过度增加军事开支，不可避免地要减少经济发展的投入，加重了国内的经济负担，造成利比亚国有企业资金投入不足，效率低下。国家也没有精力专注于对企业进行科学管理，或者制定相关政策提高劳动者的积极性。利比亚政府牢牢控制了经济运行的各个环节，不允许个人进口外国货物，因此一些人先在国有商店买进国家补贴的、价格较低的外国商品，然后再到黑市转手高价倒卖以赢取厚利；另一个渠道是国外劳工携带大量外国商品回到利比亚贩卖。在利比亚，工人中 50% 为外国人，他们几乎都有黑市收入，甚至利比亚革命指挥委员会成员也沉溺于黑市交易。利比亚政府推进革命民族主义，极力加强国家对经济的垄断性控制，导致经济发展的严重畸形，削弱了利比亚统治者的合法性。

（六）突尼斯和埃及“街头革命”的示范效应

一般来说，北非政治变局的原因主要包括以下几点：一是经济治理和发展陷入困境；二是政治体制僵化、老人政治和家族政治导致政治合法性陷入危机；三是欧美大国的直接和间接干预。具体到利比亚政治变局，上述原因都不同程度地存在，但也与北非政治变局所产生的“蝴蝶效应”密切相关。首先，突尼斯和埃及“革命”的成功，极大地鼓励了利比亚的反政府组织。其次，全球通讯的急剧扩展，特别是通讯卫星与电视、网络等传媒的推动，使得威权政府越来越难以进行信息封锁。最后，突尼斯、埃及与利比亚在地理上相近，文化相类似，因而其“蝴蝶效应”更为强烈。

二、利比亚战争的性质、原因及影响

2011 年 3 月 19 日，法英美主导的多国部队以执行安理会 1973 号决议为名，发动了以推翻卡扎菲政权为目标的利比亚战争。战争的参与者主要有三种力量：以法、英、美为首的北约国家；卡扎菲政权及其支持者；受西方国家支持的反政府组织——全国过渡委员会。利比亚战争尽管推翻了劣迹斑斑的卡扎菲政权，但从国际法理的角度看，它仍然是由西方滥用联合国安理会决议，以挽救人道主义灾难，维护民主、自由与人权为幌子发动的非正义战争，是西方新干涉主义的新发展。这场战争给利比亚人民带来了巨大灾难，直接造成 2.6 万人死亡，直接经济损失达到数千亿美元，并导致 100 多万人逃亡国外。[①]

---

① 王晓军、劳侠：“简析利比亚战争的起因、性质与启示”，《法制与经济》2012 年第 1 期，第 146 页。

（一）利比亚战争的原因

1. 卡扎菲政权长期与西方对抗以及其对外政策反复摇摆的恶果

自 20 世纪 80 年代以来，利比亚一直与美国处于对抗状态。随后，美国和联合国加强对利比亚的制裁，导致利比亚在国际社会陷入孤立处境，国内社会、经济发展也遭遇重重困难。为摆脱孤立的处境和国际制裁，卡扎菲在继续强烈谴责西方对利比亚制裁的同时，开始谋求改善与西方的关系。1999 年初，利比亚政府将两名涉嫌制造“洛克比空难”的利比亚人移交给联合国，联合国随即宣布暂停对利比亚的制裁，利比亚与西方国家的关系有所缓和。在此背景下，欧盟宣布暂时终止对利比亚的制裁，利比亚与英国中断了 15 年的外交关系也得以恢复。

伊拉克战争后，由于受到萨达姆政权悲剧命运的冲击，以及西方不断对利比亚施压，卡扎菲决定放弃大规模杀伤性武器，承担洛克比空难家属赔偿费用，并积极改善与欧美国家的关系，但卡扎菲“革命民族主义”意识形态中的反西方情结并没有发生真正改变。在每年一次的九月革命纪念日上，卡扎菲仍将反西方作为赢取民众支持的革命民族主义话语，强烈谴责和批判西方成为卡扎菲演讲的核心内容。在 2009 年 9 月的第 64 届联大上，卡扎菲做了长达 75 分钟的长篇发言，抨击西方实行种族主义和恐怖主义。卡扎菲政权长期反西方的政策，以及伊拉克战争后在反西方与亲西方之间的反复摇摆，并未赢得西方的谅解，其毫无章法的外交政策，最终导致国内反对派与西方联手推翻了卡扎菲政权。

2. 西方主导安理会通过的 1970 号和 1973 号决议为西方发动利比亚战争开了绿灯

针对利比亚局势，联合国安理会先后通过了 1970 号和 1973 号决议，前者要求对利比亚实行制裁，后者准许在利比亚设立“禁飞区”。这两个决议，特别是 1973 号决议要求为保护平民可以使用

"一切手段"，为西方国家军事打击利比亚打开了方便之门。在西方国家看来，"禁飞"即"倒卡"。利比亚陷入动荡后，英美法等国以"卡扎菲武力镇压平民"为由，在国际上大造声势，声称"卡扎菲政权失去合法性，"主张采用一切手段颠覆卡扎菲政权，但出于担心国际社会的反对和舆论压力，没有进行单边行动，而是积极推动联合国的授权。联合国 1970 和 1973 号决议通过后，法国迫不及待地开始了轰炸了利比亚的行动。因此，以保护平民为目的的建立"禁飞区"的行动，最终被西方国家演绎为武力颠覆卡扎菲政权的战争。

3. "阿盟"和"非盟"推波助澜

1973 号决议是美英法等西方大国竭力促成的结果。在此过程中，阿盟和非盟等地区组织也发挥了推波助澜的作用，它们都赞成通过设立"禁飞区"，打击利比亚的卡扎菲政权。按照联合国宪章，在常任理事国不否决的情况下，安理会提案必须获得至少 9 个成员国的支持。美国等西方国家早就意识到，基于利比亚作为阿盟和非盟的双重成员国身份，征得阿拉伯国家和非洲国家的支持，对于在利比亚采取行动的成败至关重要。因此，美英法等西方大国领导人，从一开始就非常重视做阿盟和非盟的工作，以便使利比亚战争具有"阿盟色彩"和"非盟色彩"。1973 号决议的通过除了得到西方国家的支持外，还得到三个非盟成员国（南非、尼日利亚和加蓬）和一个阿盟成员（黎巴嫩）的支持。表决结果表明，阿盟和非盟在支持利比亚禁飞区问题上起了重要作用。中国和俄罗斯之所以没有阻止"决议"的通过，很大程度上是出于对阿盟和非盟立场的特殊考虑和重视，因而投了弃权票。

美英法等西方国家启动对利比亚军事打击后，时任阿盟秘书长穆萨颇有上当之感，并于 3 月 20 日批评西方多国联军对利比亚的军事打击。据埃及官方通讯社中东社报道，穆萨在开罗阿盟总部表示，阿盟希望在利比亚设立禁飞区，以保护平民免于袭击，但事实却恰恰相反，有无数平民惨遭轰炸。有阿拉伯媒体认为，阿盟在设立禁飞区问题上掉进了西方国家的圈套，盲目地上了“贼船”。西方国家把“禁飞”决议变成联合国战争授权，也是非盟始料未及的。在西方的野蛮轰炸开始后，非盟也有上当受骗之感，并对西方国家提出严厉谴责。在经过内部磋商后，非盟决定不参加 2011 年 3 月 29 日在伦敦召开的利比亚问题国际会议，以示抗议。

4. 法国和北约甘当利比亚战争的急先锋

有评论指出，美国和欧洲之所以能够在军事打击利比亚问题达成一致，主要因为“利比亚是中东北非国家中唯一既拒绝美国‘大中东计划’，又反对法国‘地中海联盟’计划的国家。……因此，美欧在利比亚问题上找到了一个共同的突破口。当然，双方又都有各自的如意算盘。”① 在法英美空袭利比亚的 10 多天后，美国总统奥巴马于 2011 年 3 月 28 日在华盛顿国防大学发表声明，宣布美国将在 3 月 30 日将军事指挥权交给北约。据此，北约于 3 月 31 日从美国手中接管利比亚军事行动指挥权。美国从利比亚战争中退居“二线”，主要有以下原因：一是美国已经深陷伊拉克和阿富汗两场战争，战争费用浩大。截止 2011 年 3 月 29 日，仅在利比亚战争爆发后的十天内，美国在利比亚的军事花费就高达 5.5 亿美元。二是奥巴马政府对利比亚动武在国内面临着种种压力，此举未经美国国会批准，遭到一些国会议员的“违宪”指控。三是确保美国战略重心转移，制约中国等新兴国家的兴起；四是将欧洲盟国拉上利比亚战车，控制北约，制约盟国；五是奥巴马寻求 2012 年总统大选连任的需要，促经济复苏，保民众就业，成为奥巴马内外政策的中心。

利比亚陷入动荡后，法国总统萨科奇于 2011 年 3 月 10 日在巴黎公开接见利比亚全国委员会的两名代表，宣布承认该组织，并决定双方互派大使。法国之所以充当利比亚战争的“急先锋”，受到多

① 刘中民：“关于中东变局的若干基本问题”，《阿拉伯世界研究》2012 年第 2 期，第 8 页。

种因素的驱使：一是塑造法国在国际社会的大国地位。萨科奇曾经提出“大国相对论”的理论，竭力展示法国在世界体系中的重要作用。法国试图通过发动利比亚战争，充当欧洲和地中海地区的领袖。二是法国2012年总统大选的需要。萨科奇性格反复无常，在国内民意的支持率较低。卡扎非也是法国不喜欢的“另类”，60%的法国人反对法国同利比亚修好。因此，萨科奇试图通过利比亚战争改善自己在民众中的形象，为大选争取选票。三是铲除阻碍法国“地中海联盟”计划的利比亚。四是维护法国在利比亚的经济利益。利比亚幅员辽阔、资源丰富，与法国隔海相望。对法国来说，这是个潜力巨大的市场和资源供应地。伊拉克战争后，法国与利比亚改善关系，双方在能源合作，特别是核电项目上达成若干协议。利比亚陷入动荡后，利比亚石油中断，国际油价飙升，对于正经受国际金融风暴冲击的法国而言，积极介入利比亚战争有利于法国在“后卡扎菲时代”争取更大的发言权。

北约在军费上捉襟见肘、各成员国经历经济危机和债务危机的情况下发动利比亚战争，与北约的战略调整密切相关。2010年11月，北约里斯本首脑会议提出了“积极参与现代防御”的新战略。据此，北约将致力于“自由、民主、人权和法制的原则”，将积极使用政治和军事手段解决危机，在必要时北约将参与预防冲突、管理危机、稳定冲突后局势和支持重建。北约积极主导利比亚战争也正是实施这一战略的尝试。

（二）利比亚战争对国际关系的影响

第一，利比亚战争为西方国家滥用《联合国宪章》开辟了又一危险先例。西方把国内冲突作为国际冲突来对待，这是霸权主义和强权政治干涉别国内政的新方式。事实上，利比亚战争违反了《联合国宪章》第一章第二条关于联合国不得干涉“本质上属于国内管辖之事件”的原则。按照《宪章》第七章第一条即《宪章》第39

条规定，安理会在采取行动之前必须首先“断定任何和平之威胁、和平之破坏、或侵略行为是否存在”。也就是说，只有在断定存在上述三种情况之一，安理会才可以启动《宪章》第七章的程序。利比亚战争违反了联合国维和行动的基本原则，即同意、中立和非武力原则，但美英法和北约对利比亚各大城市狂轰滥炸，掩护利比亚反对派，并提供资金、武器和军事专家，利用利比亚人打利比亚人。事实表明，联合国再度悲剧性地充当了西方大国推行霸权主义、以强凌弱、干涉别国内政的工具。

第二，利比亚模式作为国际干预的新模式，对国际秩序产生了深刻影响。国际干预新模式的主要特点是以“保护的责任”和“人道主义干预”为口实，以一个主权国家失去政治合法性为借口，以联合国授权为工具，联合其他盟友对相关“不受欢迎的国家”进行“群殴”。利比亚式的国际干预新模式还表现出诸多新特点，即在外力的武力干预下，反政府组织武力推翻执政当局，进行政权更迭的模式。西方国家对此较为认同，并试图照搬利比亚模式解决叙利亚问题，但由于经俄罗斯和中国的强烈反对和缺乏强有力的反对派，使其难以在短期内付诸实施。

第三，利比亚战争推翻卡扎菲政权导致利比亚国内群龙无首，内乱不已。利比亚战争后，其国内各派势力已出现群雄逐鹿的局面；利比亚石油也已成为西方国家瓜分的战利品；而“基地”组织也正在利比亚进行渗透，北非地区的恐怖活动大大增加。由于海盗以及非洲难民的涌入，环地中海地区的安全和稳定也受到严重影响。

三、后卡扎菲时代利比亚的政治重建进程与挑战

随着卡扎菲政权的土崩瓦解，利比亚“全国过渡委员会”（简

称“过渡委”)[①] 获得了国际社会的广泛承认。2011 年 9 月 12 日，中国承认“全国过渡委员会”为利比亚人民的合法政府。9 月 16 日，第 66 届联合国大会同意“全国过渡委员会”为利比亚在联合国的合法代表。至此，“过渡委”得到了 70 多个国家和国际组织的承认。10 月 23 日，“过渡委”主席贾利勒在班加西表示，利比亚全国解放。利比亚由此正式进入了后卡扎菲时代的政治重建时期。

事实上，早在 2011 年 8 月 3 日，“过渡委”就公布了具有临时宪法作用的《宪政宣言》(Constitutional Proclamation)，不仅阐释了主权在民、法律面前人人平等、保障个人权利、建立多元民主制度、突出伊斯兰教的地位等政治重建原则，而且还规定了“过渡委”的组成和职责，以及政治重建的路线图。具体而言，利比亚全国解放之后，“过渡委”将从反对派大本营班加西移至首都的黎波里，并在一个月之内组建“过渡政府”；三个月之内起草用于“大国民会议”(General National Conference，即制宪议会）选举的“特殊选举法”(Special Election Law)，以及组建“高级选举委员会”(Supreme National Elections Commission)；八个月之内选举出由 200 人组成的“大国民会议”[②]。届时，“过渡委”将解散，“大国民会议”不仅将任命总理，组建“临时政府”以取代“过渡政府”，而且还将组建一个由 60 人组成的委员会进行制宪。宪法草案公布之后举行全民公决，获得 2/3 的赞成票方可通过。2013 年初，利比亚将举行立法机构的选举，以取代“大国民会议”。此后，利比亚还将依据新宪法建立永

---

① “过渡委”于 2011 年 2 月 27 日在利比亚第二大城市班加西成立，它最初主要由利比亚东部地区，特别是班加西的“反对派”组成。卡扎菲政权倒台后，“过渡委”规模逐步扩大、代表性增强，基本囊括了利比亚的所有地区。截至 2012 年 4 月 27 日，“过渡委”共有 72 名成员。

② 利比亚的西部、东部、中部和南部分别占 100、60、40 个席位。Christopher M. Blanchard, “Libya: Transition and U. S. Policy,” *CRS Report for Congress*, RL33142, 2012, p. 12。

久政府，从而最终完成政治重建。[①]

利比亚的政治重建正是按照这一时间表进行的。2011 年 10 月 31 日，已迁至的黎波里的“过渡委”选举阿卜杜勒·拉希姆·凯卜（Abdel Rahim al – Keib）[②] 为利比亚临时总理，并授权组建过渡政府。[③] 过渡政府任用了许多新人（包括两名女部长），同时也打破了此前由班加西地区部族主导利比亚过渡政府的格局，体现了地区力量的平衡。[④] 此外，在推翻卡扎菲政权中表现出色的军官都授予高官。例如，抓捕卡扎菲次子赛义夫的津坦地区（Zintan）的军事指挥官乌萨马·朱瓦利（Osama Juili）被任命为国防部长。11 月 25 日，“过渡政府”宣誓就职。2012 年 2 月，利比亚成立“高级选举委员会”。3 月 28 日，利比亚通过了选举法，规定“大国民会议”200 个议席中的 80 个议席由获胜政党推举产生，其余议席由独立候选人通过选举产生。除了按照独立候选人和党派候选人的区别进行分配，国民议会议席还要按照地域来分配：西部的黎波里塔尼亚地区拥有 100 席，东部昔兰尼加地区拥有 60 席，南部费赞地区拥有 40 席。4 月 25 日，“过渡委”颁布法令禁止以宗教、部落和族群为基础的政党参选。[⑤]

2012 年 5 月 1 日，利比亚“高级选举委员会”表示，“大国民会议”选举于 6 月 19 日进行，选民登记从 5 月 1 日开始。7 月 7 日，

---

① Youssef Mohammad Sawani，“Post – Qadhafi Libya：Interactive Dynamics and the Political Future”，*Contemporary Arab Affairs*，Vol. 5，No. 1，2012，pp. 12 – 13.

② 凯卜出生于利比亚西部沿海城市萨布拉塔（Sabratha），20 世纪 70 年代以来，因反对卡扎菲政权而长期流亡美国。

③ United Nations Documents S/2011/727，November 22，2011，p. 2.

④ 各部部长名单参见：“Libya：Interim Government”，*Africa Research Bulletin*：*Political*，*Social and Cultural Series*，Vol. 48，Issue 11，2011，p. 19047。

⑤ 2012 年 5 月 2 日，“过渡委”迫于国内伊斯兰势力的压力修改了这一法令，允许宗教政党参选。“Libya Allows Religion – Based Parties”，*UMCI News*（United Arab Emirates），May 5，2012。

利比亚“大国民会议”选举正式进行。根据7月11日公布的选举结果，“过渡委”前执行委员会主席马哈茂德·贾布里勒领导的自由派联盟“全国力量联盟”成为议会第一大党，占39个席位，穆斯林兄弟会的“公正与建设党”占17席。[①]

利比亚革命爆发后，各地陆续组建了“地方委员会”（The Local Councils），行使地方政府的职能。这些机构具有很强的独立性，并不完全隶属于“过渡委”。此外，一些“地方委员会”还设有军事机构，控制了地方的“军事委员会”。[②] 米苏拉塔、班加西、的黎波里的“地方委员会”已相继举行选举。

然而，利比亚的政治重建并非一帆风顺。利比亚西部和南部的地方武装冲突时有发生，已造成了大量的平民伤亡。2012年3月6日，东部地区（昔兰尼加地区）宣布自治，要求恢复“联邦制”。利比亚东部地区拥有自己的警察、法庭、议会和首都，在外交、军队和石油收入分配上不服从中央政府，[③] 这使利比亚依然存在分裂的危险。东部地区的领导人还曾声称抵制6月举行的选举。[④] 利比亚“过渡委”和“过渡政府”承受着各方的压力，双方还因此互相指责。[⑤] 4月26日，“过渡委”的72名成员中有65名支持解散凯卜领

---

① “利比亚过渡委向国民议会移交权力”，http：//www. dfdaily. com/html/51/2012/8/10/841132. shtml。

② “军事委员会”为地方的军事组织，由“城市委员会建立”，在的黎波里等大城市享有独立的地位。Youssef Mohammad Sawani，“Post – Qadhafi Libya：Interactive Dynamics and the Political Future”，*Contemporary Arab Affairs*，Vol. 5，No. 1，2012，p. 16。

③ Rami al – Shaheibi，“Semiautonomous Region Declared in Libya's East”，*The Washington Post*，March 7，2012.

④ “Leader Calls for Election Boycott in Eastern Libya”，*Independent Record*（*USA*），May 4，2012.

⑤ Maggie Michael，Rami al – Shaheibi，“Libya's Ruling Council to Meet on New Cabinet”，*Associated Press News Service*，April 27，2012.

导的“过渡政府”。[1] 事实上，“过渡委”内部也存在着严重的分裂，突出表现为对临时总理的新人选争执不下。在大选日趋临近的背景下，凯卜才于 4 月 29 日重新履职。此外，利比亚国内的伊斯兰主义者，特别是穆斯林兄弟会也对利比亚新政权虎视眈眈，对“过渡委”世俗化的法令非常不满，甚至一度要求占据新政府半数席位。[2] 因此，利比亚的政治重建还存在着很多的不确定性。

在埃及、突尼斯，相对中立的军方作为政治重建的重要力量仍然掌控着国家权力，而利比亚政治重建是在政治动荡和原政治体系崩溃的基础上，进行政治和社会秩序的重建。[3] 因此，利比亚政治重建无疑面临着更多挑战。

第一，利比亚国内政治派别鱼龙混杂，政治主张分歧较大。

利比亚的反对派内部本来就勾心斗角、矛盾重重，它们仅在推翻卡扎菲政权这一目标上具有一致性，而卡扎菲政权的倒台不仅打破了利比亚脆弱的政治平衡，而且也使反对派角逐国家权力的内部矛盾迅速暴露。

利比亚影响力较大的政治派别主要有部落和地方势力、伊斯兰主义者、亲西方的自由主义者等。利比亚国内有 140 多个部落，其中有 30 多个部落影响较大。尽管利比亚的城市化比例高达 77%，[4] 但部落政治仍然是影响利比亚政治发展最为重要的因素。

卡扎菲政权倒台后，利比亚各部落矛盾迅速激化。卡扎菲政权

---

① “Libya: NTC Fires Elkeeb Interim Government”, *The Tripoli Post*, April 27, 2012.

② “Libya: Massive Challenges”, *Africa Research Bulletin: Political, Social and Cultural Series*, Vol. 48, Issue 9, 2011, p. 18987.

③ Wolfram Lacher, “Families, Tribes and Cities in the Libyan Revolution”, *Middle East Policy*, Vol. XVIII, No. 4, 2011, p. 141.

④ Population Reference Bureau (PRB), *World Population Data Sheet*, 2009, p. 10. http://www.prb.org/pdf09/09wpds_eng.pdf.

的支柱主要包括西部的瓦法拉（Warfalla）和马加哈（Magarha）部落，以及苏尔特地区的卡扎法（Qadhadfa）部落。[①] 其中有部分部落已融入利比亚新政权，并发挥着重要作用，而卡扎法部落和支持卡扎菲的图阿雷格人（Tuareg）[②] 有被边缘化的危险，后者更是成为打压的对象，因此希望挽回自身的影响力。利比亚东部部落和西部山区的柏柏尔人在卡扎菲时期地位低下，要求新政府提高其政治地位，部分人甚至希望回到伊德里斯王朝时期的自治状态。因此，利比亚各部落的政治关系存在着结构性的矛盾，部落冲突也成为利比亚政治重建最为严峻的挑战。

在推翻卡扎菲政权的过程中，利比亚的伊斯兰主义组织发挥了重要作用。据利比亚的一位知情者透露，在反卡扎菲政权的武装力量中，有30%来自于伊斯兰组织，而倒戈的军队人员仅占20%。[③]

始建于1949年的利比亚穆斯林兄弟会是最重要的一股力量。2011年11月，穆斯林兄弟会选举流亡美国30多年的卡布迪（Bashir Abdelsalaam al Kabti）为其领袖。穆斯林兄弟会主张在遵守宪政的基础上建立一个伊斯兰国家，强烈批评《宪政宣言》中的世俗主义精神，要求强化伊斯兰教的影响并改组“过渡委”。穆斯林兄弟会组建了自己的政党——公正与建设党，并参加了2012年7月举行的国民议会选举，但仅获得17席。

军事伊斯兰组织“利比亚伊斯兰改变运动”（Libyan Islamic

---

① 瓦法拉部落和马加哈部落是利比亚最大的两个部落，人口达200多万，卡扎菲家族来自于卡扎法部落。Hanspeter Mattes，“Formal and Informal Authority in Libya since 1959”，in Dirk Vandewalle eds.，*Libya since* 1969：*Qadhafi's Revolution Revisited*，New York：Palgrave Macmillan，2008，p. 72。

② 图阿雷格人为柏柏尔人的一支，居于南部费赞地区，与其他柏柏尔人不同，图阿雷格人不说阿拉伯语。

③ “Libya：Rebels Enter Tripoli”，*Africa Research Bulletin*：*Political*，*Social and Cultural Series*，Vol. 48，Issue 8，2011，p. 18933.

Movement for Change）[①] 也有一定的影响。其领导人贝尔哈吉（Abdelhakim Belhaj）曾是一名圣战者。“利比亚伊斯兰改变运动”的人数达到了2.5万人，是攻占的黎波里的主要力量，也是利比亚实力最强的武装组织。[②] 贝尔哈吉多次表示支持“过渡政府”和建立文官政府，在适当的时候会交出军队，组建伊斯兰政党参选。此外，利比亚的多个城市也出现了保守的伊斯兰主义者（“萨拉菲主义者”）。尽管他们还没有表达出明确的政治立场，但在社会生活领域要求回到古典的伊斯兰原则之中。“萨拉菲主义”在利比亚的下层青年中受到欢迎。

利比亚存在着很强的世俗力量，其中最为重要的是“过渡委”和“过渡政府”。尽管“过渡委”中有20多名穆斯林兄弟会成员，利比亚新政权也多次表示伊斯兰法是立法的主要来源，利比亚是一个温和的伊斯兰国家。[③] 但是，“过渡委”和“过渡政府”基本上由世俗主义者所主导。[④] 有分析指出，“过渡委”《宪政宣言》中所提出的人民主权、保障非穆斯林权益、伊斯兰法是利比亚法律的主要来源在一定程度上与伊斯兰传统相矛盾。[⑤] “过渡委”还曾一度禁止利比亚的伊斯兰政党参加2012年7月的国民议会选举。自由主义者是利比亚的另一派世俗力量。他们大多是利比亚国内的知识分子，

---

① 该组织由“利比亚伊斯兰战斗团”（Libyan Islamic Fighting Group）分裂而来。后者建于90年代，在历史上曾是利比亚最有影响的伊斯兰组织，美国将其列为恐怖组织，但如今的影响力并不大。

② “Belhaj Ready to Back Libya Transitional Government to Carry Duties,” *The Tripoli Post*, November 28, 2011.

③ “Libya's New Path Heads Closer to Islamic law”, *The Seattle Times*, October 24, 2011.

④ “Sharp Splits Emerging among Libya's New Leaders”, *The Jordan Times*, September 13, 2011.

⑤ Christopher M. Blanchard, “Libya: Transition and U. S. Policy,” *CRS Report for Congress*, RL33142, 2012, pp. 10 – 16.

支持“过渡委”的政治重建方案，反对穆斯林兄弟会的伊斯兰化政策。尽管他们也组建了一些政党，但却没有提出明确的政治纲领，而且在民众中影响甚微。

需要注意的是，利比亚国内地区和部落之间的冲突、宗教和世俗的冲突并不是泾渭分明，两者存在着一定的重叠。利比亚的东部地区在历史上长期受赛努西教团（倡导神秘主义的苏菲教团）的影响，与埃及、沙特等阿拉伯国家联系紧密。因此，东部地区更趋保守，伊斯兰主义的影响也更大。东部地区的伊斯兰主义者也时常批评利比亚西部地区民众贪图享乐，并与卡扎菲政权的关系密切。① 穆斯林兄弟会最初在班加西建立，② 其在东部的影响远大于在西部的影响。③ 另一方面，“过渡委”和“过渡政府”本身也无法避免地区和部落因素的影响，也存在着因地区与部落利益矛盾而产生的内部分化。总之，在利比亚政治重建进程中，各派在领导权、政治发展道路等问题上矛盾重重，并使利比亚存在着分裂的危险。

第二，利比亚政治合法性的构建面临诸多挑战。

根据政治学的政治发展理论，政治合法性是政治稳定的重要条件。李普塞特认为，政治合法性是政治制度“产生并保持现存政治机构最符合社会需要的这种信念和能力”。④ 在利比亚的政治重建中，“过渡委”起着核心作用，其合法性来自于反对“独裁政权”，即“革命的合法性”。然而，卡扎菲政权倒台之后，这种革命的社会共

---

① “Libya: Declaration of Liberation”, *Africa Research Bulletin: Political, Social and Cultural Series*, Vol. 48, Issue 10, 2011, p. 19018.

② Wolfram Lacher, “Families, Tribes and Cities in the Libyan Revolution”, *Middle East Policy*, Vol. XVIII, No. 4, 2011, p. 143.

③ “Moderate Libyan Sufis Insist They are not Qaeda,” *Agence France - Presse*, April 19, 2011.

④ ［美］李普塞特：《政治人：政治的社会基础》，刘钢敏、聂蓉译，北京：商务印书馆1993年版，第53页。

识迅速减弱，各派在利比亚的政治重建中开始争权夺利，“过渡委”的革命光环逐渐褪色。与此同时，“过渡委”开始依照《宪政宣言》逐步推进利比亚的政治重建，并且加强其代表性。这也标志着“过渡委”的合法性由之初的“革命的合法性”开始向“程序的合法性”或法理的合法性过渡。[①]

但是，“过渡委”在政治重建中仍面临着严峻的挑战。最为严重的问题突出表现为利比亚的政治重建缺乏军方的有力支持。据估计，利比亚如今有武装人员 12.5 万，分属于 100 多个较大的武装组织，[②]这些武装与地方、部落力量，以及伊斯兰主义者有着密切的联系。“过渡委”试图通过收缴武器、分发军饷、赔偿战争遇难者和伤者，以便控制这些武装人员，但却收效甚微。2012 年 5 月 7 日，来自米苏拉塔的武装人员更是以此为借口袭击“过渡政府”。[③] 当前，利比亚临时政权根本无力维护利比亚的国内安全。此外，“过渡委”还存在着贪污、政令不行、代表性不足、内部分裂等严重的问题；“过渡委”还与“过渡政府”相互推卸责任，导致双方矛盾不断。因此，利比亚新政权并没有缓解利比亚国内日益恶化的安全状况，也未能满足民众的基本需求。利比亚新政权的合法性也开始遭到民众的质疑，甚至有人开始怀念“卡扎菲治下的和平”。在利比亚的“制宪议会”选举的选民登记中，在 350 万选民中只有 100 多万进行了选民登记，而东部地区领导人要求抵制选举。因此，在利比亚国民议会选举后，其新政权的合法性也仍然缺乏广泛的民意基础。

---

① 马克斯·韦伯认为政治合法性存在三种类型：魅力型、传统型和法理型。[德] 马克斯·韦伯：《经济与社会》（上卷），林荣远译，北京：商务印书馆 1997 年版，第 241—242 页。

② Karen Dabrowska，“Libya：Stability or Civil War?,” April 5，2012，http：//www.tripolipost.com/articledetail.asp? c = 1&i = 8310.

③ “Reports Libyan Interim Government HQ Attacked Over Unpaid Stipends,” May 8，2012，http：//www.tripolipost.com/articledetail.asp? c = 1&i = 8322.

利比亚新政权面临的合法性挑战深植于利比亚国内的地区（部落）矛盾，以及传统与现代政治文化的冲突之中。换言之，利比亚新政权在以“法理”为基础建构其合法性时，不可避免地面临传统部落政治和伊斯兰政治文化的挑战。利比亚“法理型”政治合法性的建构更像是“新瓶装旧酒”。因此，即便在形式上实现了政治重建，地区和部落矛盾、宗教与世俗的冲突仍将对利比亚当局的合法性构成挑战。

第三，政治制度的选择是影响利比亚政治重建成功与否的关键因素。

自 1951 年利比亚独立以来，其政治制度经历了急剧的变迁。在伊德里斯王朝时期，利比亚实行的是建立在部落协商基础上的君主立宪制，以及由的黎波里塔利亚、昔兰尼加和费赞三个地区组成的联邦制①，昔兰尼加地区部落和赛努西教团是其统治的基础。1969 年卡扎菲通过“军官革命”上台后，利比亚建立了实行“直接民主”制度的“民众国”（Jamahiriya），各级“人民大会”和“人民委员会”取代议会和政府成为利比亚主要的政治制度。卡扎菲曾向地方派驻官员，改变部落与地方行政区划重合的状况，以便削弱部落的政治参与。② 例如，由于萨阿迪部落（Sa’adi）与伊德里斯王朝有着密切联系，长期在利比亚政治中处于被压抑的状态③。卡扎菲还通过宣扬泛阿拉伯主义，打压国内的伊斯兰主义，试图借此整合利比亚民族国家，强化中央政府权力。但这并未能从根本上扭转局面，昔兰尼加地区的部落力量和伊斯兰主义仍然是威胁卡扎菲政权

① 1963 年之后，利比亚废除联邦制，至今仍是单一制国家。参见韩志斌：“利比亚早期现代化的两条道路之争”，载《世界历史》2008 年第 2 期。

② Omar I. El Fathaly, Monte Palmer, “Institutional Development in Qadhafi’s Libya,” in Dirk Vandewalle eds., *Qadhafi’s Libya*, 1969 – 1994, Macmillan Press, 1995, p. 160.

③ Alia Brahimi, “Libya’s Revolution,” *The Journal of North African Studies*, Vol. 16, No. 4, 2011, p. 612.

的重要力量。此外，面对部落分裂的挑战，卡扎菲政权也开始推行部落政治，即依靠某些部落力量制衡其他部落。20 世纪 80 年代之后，卡扎菲不得不倚重其家族所在的部落力量维护其统治，[①] 利比亚政治又回到美国学者菲尔克斯·格罗斯所谓的部落等级体制之中。[②]

因此，尽管利比亚建国已有半个多世纪，但却未能解决联邦制还是单一制、伊斯兰民主还是世俗民主、总统制还是议会制，以及部落国家还是民族国家等一系列基本政治问题。在利比亚的政治重建中，这些问题已开始凸显。例如，利比亚东部地区宣布自治，要求恢复联邦制；伊斯兰主义者抨击利比亚新政权的世俗化倾向，要求参与政治决策；部落间的矛盾上升，支持卡扎菲的部落因被边缘化而对过渡政权严重不满。因此，利比亚政治制度的选择在很大程度上决定了各政治派别权力的分配，以及政治发展的前景。事实上，利比亚的社会结构和政治传统并不会随着卡扎菲政权的倒台而出现突变，利比亚的政治重建也不可能一步到位。因此，在保证政治进步的前提下，如何通过选择适合本国国情的包容性政治制度（而非所谓的“最好的”制度），吸纳包括曾支持卡扎菲的政治力量在内的各派政治力量参与政治重建，从而实现政治稳定，并在此基础上逐步推进政治改革，无疑是利比亚政治重建面临的紧迫问题。

第四，利比亚的政治重建离不开国际社会的支持。

利比亚是 1951 年根据联合国大会的投票“制造出来”的国家，因此外部势力对当代利比亚政治发展的影响巨大。艾德里安·佩尔特（Adrian Pelt）认为，如果没有大国博弈和联合国的支持，利比亚

---

① Hanspeter Mattes, “Formal and Informal Authority in Libya since 1959,” in Dirk Vandewalle, eds., *Libya since* 1969: *Qadhafi's Revolution Revisited*, New York: Palgrave Macmillan, 2008, pp. 70 - 72.

② ［美］菲利克斯·格罗斯：《公民与国家——民族、部族和族属身份》，王建娥、魏强译，北京：新华出版社 2003 年版，第 151 页。

在20世纪50年代实现独立是不可能的事情。[①] 因此，研究利比亚的著名学者约翰·怀特认为，在所有第二次世界大战后取得独立的国家中，利比亚独立的途径是最独特的。[②] 卡扎菲政权的倒台在很大程度上源于西方国家所谓的“人道主义干涉”。如今，尽管利比亚已开始进行政治重建，但其中央政府权力有限，地方势力和民间武装尾大不掉。因此，在利比亚的政治重建中，国际社会的支持显得尤为重要。

对于西方国家来说，获取利比亚的能源才是其介入利比亚冲突的根本目的。2012年2月，利比亚的日产原油150万桶，已恢复到战前水平。据一些西方媒体报道，利比亚的大多数油井都在北约军队的控制之下。[③] 因此，在西方国家在利比亚的利益基本得到实现的背景下，它们对利比亚的政治重建的支持严重不足。利比亚过渡政府前总理贾布里勒（Mahmoud Jibril）失望地说，“西方国家抛弃了利比亚，后者正处于权力真空和安全失序的状态下”。[④]

在推翻卡扎菲政权的过程中，海湾国家向利比亚反对派提供了大量的武器装备和资金，卡塔尔甚至还派遣了数百人组成的地面部队。因此，海湾国家对利比亚新政权有重要的影响力。[⑤] 此外，海湾国家的萨拉菲组织和埃及的穆斯林兄弟会对利比亚的伊斯兰主义者也保持着较大的影响力。例如，利比亚和埃及两国的穆斯林兄弟会关系密切，贝尔哈吉的伊斯兰武装获得了卡塔尔的大力支持，沙特

---

① Adrian Pelt, *Libyan Independence and the United Nations: A Case of Planned Decolonization*, New Haven, CT: Yale University Press, 1970, p. 36.

② John Wright, *Libya*, Praeger Publishers, 1969, p. 191.

③ “Arab Daily Notes US Administration not Denying Sending Forces to Libya,” *BBC Monitoring International Reports*, January 17, 2012.

④ Robert Marquand, “Libya to Europe: Remember U. S,” *The Christian Science Monitor*, March 29, 2012.

⑤ Hannah Allam, “After a Year of Arab Upheaval, Islamists are Biggest Winners,” *Charleston Gazette*, January 22, 2012.

对利比亚的萨拉菲主义者有着很大的影响。因此，西方国家与海湾国家围绕利比亚的政治重建存在着很大的矛盾。西方国家曾一度公开抨击卡塔尔为追求本国利益，支持利比亚的个别军事组织，削弱了利比亚新政权。①

联合国在利比亚的政治重建中也发挥着一定的作用。2011 年 9 月，联合国在利比亚设立“联合国利比亚支助团”（United Nations Support Mission in Libya），帮助利比亚恢复公共秩序、制定宪法和举行选举，以及推动政治对话和民族和解，并且还解除了对利比亚海外资产的冻结。② 但是，与阿富汗和伊拉克重建不同的是，联合国在利比亚的政治重建中只起着建议和咨询的作用，其实质作用非常有限。联合国与利比亚过渡政权在派驻维和部队培训利比亚警察，审判卡扎菲次子赛义夫等问题上还存在着一定的矛盾③。总的来看，尽管利比亚新政权主导着利比亚的政治重建，但却没有能力维护国家的稳定和安全。④ 因此，在国际社会没有给予利比亚有力支持，利比亚内部各派争权夺利的情况下，利比亚的政治重建仍充满了诸多的不确定性。

四、利比亚政治重建的前景

随着“制宪议会”选举的结束，利比亚迈出了政治重建最为关键的一步。但可以预见，在诸多复杂矛盾的制约和影响下，利比亚

① Peter Beaumont, “The Guardian: Qatar Stoking Libyan Tension, Say Diplomats,” *The Guardian*, October 5, 2011.

② United Nations Documents S/2011/580, September 16, 2011, p. 3.

③ 联合国主张引渡到国际法庭审判，利比亚坚持在本国审判。

④ “Martin: Libya is a Unique Case and the UN Support is Based on Interests of the People”, *The Tripoli Post*, April 14, 2012.

的政治重建依然充满了变数。

（一）利比亚分裂的可能性不大

尽管部族政治，以及与其相结合的地方主义在利比亚根深蒂固，但这也并不意味着利比亚必然会出现“苏丹化”（南北分裂）的现象。与伊拉克、阿富汗、黎巴嫩等族群和教派分裂严重的中东国家相比，利比亚的族群和教派具有很强的同质性，[①] 其主要政治派别在历史上并没有经历过大规模的内战，不同的族群和教派间也没有无法排解的“深仇大恨”。利比亚的民族国家建构存在着一个以伊斯兰教信仰和阿拉伯民族为基础的民族主体。在利比亚，民众对于部落和家族的认同要强于国家认同，这主要是源于部落和家族为民众提供公共服务和安全保障，在一定程度上为民众提供了本来应由国家提供的公共产品，进而使其具有一定的权威。但是，部落既可以成为争夺资源和权力的载体，同样也可以成为国家和解的基本单位。在历史和现实中，利比亚部落本身就一直有通过对话机制解决冲突的传统。正如一位利比亚学者所言，在利比亚，对部落的忠诚和认同是部落间达成一致，以及国家统治获得合法性的重要手段。[②]

2012 年公布的利比亚选举法规定，“制宪议会”的决议需 2/3 的议员批准，这将导致利比亚的任何地区都无法完全控制“制宪议会”。在利比亚，有独立和自治倾向的昔兰尼加地区人口只占到全国总人口的 20%，[③] 即使在昔兰尼加地区也有相当一部分人不赞同联

---

① 97% 的利比亚人操阿拉伯语（绝大部分为阿拉伯人），信奉逊尼派。

② Youssef Mohammad Sawani，“Post – Qadhafi Libya：Interactive Dynamics and the Political Future，” *Contemporary Arab Affairs*，Vol. 5，No. 1，2012，p. 4.

③ Chris Stephen，“Libyan Leader Vows to Use Force to Stop Breakaway by Oil – Rich Region：Cyrenaica Council Declares Autonomy from Tripoli Divisions Re – Emerge after Fall of Gaddafi，” *The Guardian*，March 8，2012.

邦制[1]。民意调查的结果显示，利比亚东部地区仅有 7% 的人支持联邦制度。[2] 因此，利比亚实行联邦制的可能性极小。在这种情况下，利比亚的地区和部落间势必存在着激烈的博弈，昔兰尼加地区可能获得更多的自主权，各地区和部落间的关系也将向着更加平等的方向发展。这将改变在卡扎菲统治时期昔兰尼加地区地位低下的状况，有助于利比亚的稳定。

（二）伊斯兰主义将在利比亚的政治重建中发挥着举足轻重的作用

阿拉伯国家的持续动荡推动了伊斯兰主义的复兴。如今，伊斯兰主义组织特别是伊斯兰复兴党、穆斯林兄弟会已在突尼斯、埃及赢得议会选举的胜利，也会对利比亚的伊斯兰组织产生重要的示范作用。在卡扎菲统治时期，利比亚禁止成立任何政党，导致利比亚的公民社会尤其是自由主义力量发展滞后。在利比亚政治重建中，自由主义力量分散，很多人是海归派，缺乏广泛的社会基础，而且也没有提出明确的竞选纲领。[3]

相对于薄弱的自由主义力量，伊斯兰主义已成为当今利比亚最具影响力的一股力量。他们不仅具有强大的军事组织，并且已渗透到利比亚的新政权当中。例如，利比亚“过渡委”中有 23 名成员来自穆斯林兄弟会。[4] 更为重要的是，伊斯兰主义者更贴近社会底层，因此具有很强的民意基础。根据对利比亚东部地区的民调，85% 的

① “Libya: Anti - Federalism Rallies,” *Africa Research Bulletin: Political, Social and Cultural Series*, Vol. 49, Issue 3, 2012, pp. 19192 - 19193.

② International Republican Institute, *Survey of Public Opinion in Eastern Libya*, October 12, 2011.

③ “Landmark Libyan Poll?” *Al - Ahram Gate* (*Egypt*), May 11, 2012.

④ “Libyan Politicians Comment on ‘Verbal Exchanges’ Between PM, NTC,” *BBC Monitoring International Reports*, May 7, 2012.

民众认为宗教应当在利比亚的政治重建中占有一席之地，73%的民众认同宗教领袖。[①] 尽管萨拉菲主义者仍强调民主与伊斯兰传统不相容，但绝大多数温和的伊斯兰主义者已对其政治主张进行调整。他们认为，在与沙里亚法不矛盾的前提下，可以实行多党民主制度；反对“塔利班”和“基地组织”极端的伊斯兰化政策；反对联邦制和外国的干涉，主张维护国家的主权和统一。[②] 伊斯兰组织在利比亚的各派政治力量中最具组织性。2012年3月，以穆斯林兄弟会为主体，具有广泛代表性的“公正与建设党”成立。[③] 该党已明确表示支持妇女参加选举。同时，穆斯林兄弟会还通过媒体、清真寺、慈善组织、乌莱玛（宗教学者）等扩展自身的影响力。由此可见，穆斯林兄弟会将在利比亚的政治发展中扮演举足轻重的角色。

第三，利比亚地区政策的重心将转向阿拉伯国家，并将与西方建立更为平衡的关系。

利比亚具有阿拉伯、伊斯兰、非洲、马格里布等多重国家身份。利比亚国家身份的界定不仅影响其外交政策，而且也影响到国内的政治认同。因此，对于利比亚新政权来说，其对外政策的调整尤为重要。

在卡扎非执政时期，利比亚的对外政策经历了由泛阿拉伯主义向泛非主义的转变。然而，在利比亚战争中，海湾国家给予利比亚反对派以有力的支持，而非盟则试图通过外交斡旋解决利比亚冲突。

---

① International Republican Institute, *Survey of Public Opinion in Eastern Libya*, October 12, 2011.

② Youssef Mohammad Sawani, “Post - Qadhafi Libya: Interactive Dynamics and the Political Future,” *Contemporary Arab Affairs*, Vol. 5, No. 1, 2012, pp. 5 - 6.

③ 该党成立是的代表来自18个城市，总人数达1400多人，其中40%为属于穆斯林兄弟会。“Libya's Muslim Brothers form Party, Elect Ex - Political Prisoner as Leader,” *BBC Monitoring International Reports*, March 4, 2012。

利比亚反对派认为，非盟站在卡扎菲一方，因此对非盟存有芥蒂。[①]因此，随着伊斯兰势力的上台，利比亚的地区政策势必转向阿拉伯国家，特别是海湾国家。根据民调，在利比亚东部地区，84%的民众对阿盟有好感，而对非盟有好感的只有16%。[②]另一方面，利比亚新政权在强化阿拉伯认同的同时，也出现了种族主义的苗头。卡扎菲执政时期，利比亚招募了1万人以上的黑人雇佣军，以及150万的黑人劳工。[③]卡扎菲倒台后，在利比亚的黑人成为替罪羊，数千人被逮捕入狱。这不仅使非洲国家失去了大量的侨汇收入和经济援助，而且也引发了非洲国家的反感。

利比亚对西方国家的政策也将发生转变。"9·11"事件后，卡扎菲在几乎满足了西方国家所有要求的条件下，实现了利比亚与西方关系的正常化，但这种"屈辱"的方式也严重削弱了其革命民族主义的合法性。在推翻卡扎菲政权的过程中，"过渡委"在安全、经济、外交等多方面依靠西方国家，其领导人也多有西方背景，亲西方也因此成为"过渡委"外交政策的典型特点。但由于穆斯林兄弟会具有广泛的社会基础，利比亚社会中的反西方情绪也势必在其外交政策中有所表达。早在2008年，利比亚穆斯林兄弟会就批评卡扎菲倒向西方的外交政策，要求与西方建立更加平衡的关系。[④]但由于

① "African Union Reveals Intention to Back Libya's Push for Democracy," *The Irish Times*, November 19, 2011.

② International Republican Institute, *Survey of Public Opinion in Eastern Libya*, October 12, 2011.

③ Charles Onyango – Obbo, "The Killing of Blacks in Libya and the Rise of the African Mercenary," *Daily Nation*, November 16, 2011.

④ "Libyan Muslim Brotherhood Official on Foreign, Domestic Policies," *BBC Monitoring International Reports*, November 15, 2008.

利比亚石油出口存在对西方国家的严重依赖，[1] 因此利比亚与西方关系不大可能出现逆转。

在1969年出版的《变革社会的政治秩序》一书中，亨廷顿强调发展中国家最重要的目标是维护政治稳定，为了这一目标即使部分牺牲民主制度也在所不惜。[2] 但利比亚为了民主制度，借助外力摧毁了卡扎菲的威权主义政权，进而使其政治秩序陷入动荡。罗纳德·布鲁斯·圣约翰曾预见性地指出，后卡扎菲时代利比亚各种力量将上演群雄逐鹿的大戏。[3] 尽管罗纳德的说法有点悲观，但利比亚的政治重建确实面临着重重困难。利比亚政治重建的成功与否主要取决于能否在维护国内安全的前提下建构一种具有广泛参与性的政治制度，并在此基础上实现部落和地区的权力分配。据统计，利比亚未来十年需要2000—4800亿美元的重建资金。[4] 而利比亚在国外资产高达1400多亿美元，每年还有将近600亿美元的石油收入。因此，利比亚完全有条件实现政治重建。但部族政治、公民社会的发育、伊斯兰民主制度的建构无疑是影响政治重建的长期变量，利比亚要实现民主化还有相当长的路要走。

---

① 利比亚对意大利、德国、法国、西班牙的石油出口占其出口总量的65%。参见 Andrew Rettman, "EU Registers First Energy Shock from Libya Unrest," *EU Observer*, February 23, 2011。

② ［美］亨廷顿：《变化社会中的政治秩序》，王冠华译，上海人民出版社2008年版，第332—386页。

③ ［美］罗纳德·布鲁斯·圣约翰：《利比亚史》，韩志斌译，东方出版中心2011年版，第220页。

④ Laura Wood, "Research and Markets: Libya Infrastructure Report 2012," *The Business Wire*, March 12, 2012.

中东变局与阿拉伯世界的分化与重组

北京大学阿拉伯语系　吴冰冰

【内容提要】

在中东变局后，对内如何探索综合发展模式、推进民主政治建设、妥善处理教派矛盾，对外如何处理与西方尤其是与美国的关系，决定着阿拉伯世界在中东变局后分化与重组的趋势和方向。根据中东变局后阿拉伯国家与美国的关系，它们可以划分为沙特等亲美国家阵营、叙利亚等反美国家阵营和埃及等中间国家阵营；埃及在政局变化后对于综合发展模式的探索，对于整个阿拉伯世界具有重大的意义和影响；在阿拉伯世界正在形成五个力量集团，即尝试伊斯兰民主的共和制国家力量集团、谋求维持现状的君主制国家力量集团、穆斯林兄弟会力量集团、瓦哈比-萨拉菲派力量集团、什叶派力量集团，并围绕阿拉伯国家发展道路和中东地区格局形成了错综复杂的关系。

经历中东变局的阿拉伯世界，面临着探索综合发展模式、推进民主政治建设、妥善处理教派矛盾三大挑战，而阿拉伯世界各国对于这三项挑战的应对之道，又都与这些国家与美国的关系联系在一起。上述四个方面的综合作用，决定着阿拉伯世界在中东变局中分化与重组的趋势和方向。

总体而言，根据阿拉伯国家与美国的关系，它们可以划分为沙特等亲美国家阵营、叙利亚等反美国家阵营和埃及等中间国家阵营。埃及在政局变化后对于综合发展模式的探索，对于整个阿拉伯世界具有重大的意义和影响。当前，在阿拉伯世界正在形成五个力量集团，即尝试伊斯兰民主的共和制国家力量集团、谋求维持现状的君主制国家力量集团、穆斯林兄弟会力量集团、瓦哈比－萨拉菲派力量集团、什叶派力量集团，并围绕阿拉伯国家发展道路和中东地区格局形成了错综复杂的关系。中东变局凸显出四个阿拉伯国家的核心作用：埃及是尝试伊斯兰民主的共和制国家力量集团与穆兄会力量集团的核心国家；沙特是谋求维持现状的君主制国家力量集团和瓦哈比－萨拉菲派力量集团的核心国家；伊拉克有可能成为阿拉伯什叶派力量集团的核心国家；叙利亚危机经历了较长时期的胶着状态，但叙利亚危机无论如何收场，都将影响中东地区格局的重组。

一、三个阵营与综合发展模式探索

1991 年苏联解体后，随着俄罗斯在中东的影响力迅速萎缩，美国在中东谋求单极霸权的意图日益明显。中东伊斯兰国家由于对美国霸权意图的态度不同，形成亲美阵营和反美阵营。2003 年伊拉克战争之后，随着萨达姆政权被推翻、利比亚与美国改善关系，反美阵营出现变化，什叶派政治力量成为反美阵营的主体，崛起的伊朗成为反美阵营的核心国家。对美国而言，亲美阵营包括埃及、沙特、约旦、摩洛哥、卡塔尔、阿联酋、科威特、巴林和阿曼等 9 个阿拉伯盟友，黎巴嫩、也门、阿尔及利亚、利比亚等国与美国也保持了友好关系；反美阵营则由伊朗、叙利亚、伊拉克什叶派武装、真主党和哈马斯等组成。

2010 年底始于突尼斯的中东变局，导致多个阿拉伯国家政权更迭或政府改组。中东变局可以分成三个层面来加以观察：

（1）从突尼斯到埃及，主要是民众发展与民主诉求的体现。2010年12月17日在突尼斯爆发游行示威，2011年1月14日突尼斯总统本·阿里流亡；2011年1月25日埃及爆发大规模群众游行，2月11日穆巴拉克下台。持续的大规模群众示威游行，最终导致政府垮台。

（2）从巴林到也门，主要是西方国家和海湾合作委员会国家为了自身的利益对民众的诉求进行压制或诱导。2011年2月14日，巴林爆发大规模群众游行示威；2月17日政府进行镇压，导致多人伤亡；2月19日开始，群众继续在珍珠广场示威游行。3月14日，海湾合作委员会决定出兵巴林，沙特出动1000名军人、阿联酋出动500名警察，对巴林民众进行镇压。从2011年5月起，巴林仍不断发生群众示威。2011年1月27日，也门首都萨那发生群众示威游行。总统萨利赫拒绝签署海合会斡旋下的权力交接协议。6月3日，萨那发生爆炸，萨利赫等多人受伤，萨利赫本人前往沙特治疗，权力移交给副总统。11月23日，萨利赫签署权力移交协议；2012年2月21日，也门大选产生新的总统，萨利赫正式下台。

（3）从利比亚到叙利亚，是西方国家和某些海合会国家联手以武力方式强行推动政权更迭。2011年2月15日，利比亚爆发大规模游行。在西方国家的推动下，联合国安理会在3月17日通过1973号决议，授权成员国在利比亚设立禁飞区。3月19日，西方国家对利比亚发动空袭；9月16日，利比亚过渡委员会被联合国承认为利比亚合法代表；10月20日，卡扎菲被击毙。2011年3月15日，叙利亚国内出现动荡。7月反政府的叙利亚自由军宣布成立，8月23日叙利亚全国委员会在土耳其伊斯坦布尔宣布成立。在西方国家、土耳其和部分海合会国家的支持下，反对派武装不断发动对政府的武装行动。

从以上三个层面来观察中东变局，可以发现中东地区正在出现三个阵营并立的战略格局。在阿拉伯世界，沙特、叙利亚和埃及分别是亲美阵营、反美阵营和中间阵营的代表。

作为美国盟友的沙特、巴林等海合会国家，在美国的支持和帮助下，在中东变局中成功维持了自身的政权。中东变局使得这些国家的亲美立场更为坚定。在中东变局之初，沙特等海合会国家希望维护穆巴拉克政权，从而阻止中东变局的蔓延，但是最终没有达到目的。在愈演愈烈的中东变局中，一方面，沙特等海合会国家要实现自身政权稳固和周边环境稳定，在西方国家的支持和配合下，镇压了巴林的群众抗议运动，并在也门实现了权力的平稳过渡；另一方面，为了防止中东变局向自身传导，沙特等国采取了以攻为守的策略，推动利比亚政权的更迭，并将政权更迭的战场转向叙利亚，转守为攻，试图以此来孤立伊朗，削弱其在中东的影响。从巴林到也门、从利比亚到叙利亚，可以说海合会国家与美国等西方国家的利益基本一致，双方互相协调和配合，共同应对中东变局。

作为反美国家的叙利亚，为了对抗西方和某些海湾阿拉伯国家更迭其政权的企图，采取了坚决对抗的立场，已经成为反美阵营与亲美阵营角力的关键。从 2011 年 3 月 15 日政局出现变化以来，巴沙尔政权采取了坚决对抗的立场。美国和欧洲国家推动召开了数次“叙利亚之友”会议，讨论对叙利亚反对派的支持。2012 年 2 月 24 日第一届会议在突尼斯举行，4 月 1 日第二届会议在土耳其伊斯坦布尔举行，7 月 6 日第三届会议在法国巴黎举行。2011 年 11 月 12 日在开罗举行的阿盟特别外长会议上，阿盟决定自 11 月 16 日中止叙利亚的成员资格；2012 年 7 月 23 日在多哈举行的阿盟部长级会议上，阿盟决定断绝与叙利亚的一切关系。尽管遭到来自西方国家和地区某些国家的强大压力，但是叙利亚政府仍坚持拒不妥协的立场。

穆巴拉克政权垮台后，埃及外交政策已发生明显的变化。2011 年 2 月，埃及允许伊朗军舰通过苏伊士运河。2012 年 7 月 4 日，伊朗总统艾哈迈迪·内贾德给埃及新当选的总统穆尔西打电话，祝贺穆斯林兄弟会取得政治上的成功，并邀请穆尔西出席在伊朗举行的不结盟国家首脑会议。2012年7月16日，埃及方面表示将不顾西方国家的制裁与禁运，继续从伊朗进口石油。种种迹象表明，埃及已经展示出与伊朗改善关系的意愿。从埃及方面讲，与伊朗改善关系，在亲美和反美阵营之间采取中间立场，有利于实现埃及国家利益的最大化。经历了政局激烈变革的埃及，可能会采取不亲美、不反美的中间路线，从而改变中东地区亲美和反美两个阵营对立的格局。

在中东变局之中，在立场坚定的亲美阵营和反美阵营之间正在逐渐形成一个中间阵营，这是中东战略格局的重要调整，主要的阿拉伯国家可以据此大致划分为四种类型：（1）作为美国盟友的亲美国家，包括沙特等6个海湾合作委员会国家以及约旦和摩洛哥；（2）发生政权更迭的中间国家，包括也门、利比亚、突尼斯和埃及；（3）未发生政权更迭的中间国家，包括阿尔及利亚、黎巴嫩、苏丹、伊拉克；（4）反美国家，主要是叙利亚。中东还有伊朗和土耳其两个非阿拉伯伊斯兰大国，其中伊朗属于反美阵营，土耳其则属于亲美阵营，但土耳其外交政策也有向中间阵营发展的趋势。总体而言，中东伊斯兰国家可划分为四个类型，分属于亲美阵营、反美阵营和中间阵营三个阵营。

在探索综合发展模式方面，目前在中东存在着沙特模式、土耳其模式和伊朗模式。亲美阵营中存在着两种发展模式，即沙特模式和土耳其模式。

沙特模式的特点是实行君主制，君主在国家的政治和宗教生活中居于主导地位；对外奉行亲美、亲西方的外交政策；在经济上实行开放政策，但与西方国家保持特别密切的联系。

土耳其模式的特点是通过宪法建立民主选举的政治体制，主流伊斯兰政治力量接受议会政治的规则，通过选举上台执政；保留军队作为世俗化和亲西方政治力量的特殊作用，对主流伊斯兰政治力量发挥制衡作用；在外交上与西方国家保持密切的友好关系，同时重视与地区阿拉伯国家的关系，并与以色列明显拉开了距离；在经济上通过对外开放和自由市场经济实现了较快的经济增长。

在反美阵营中，具有代表性的是伊朗伊斯兰共和国的模式，其基本特点是在政治上实行伊斯兰民主，同时强调伊斯兰价值与民主政治的双重合法性；在军队与宗教力量的关系问题上，由宗教力量主导、宗教力量与武装部队结盟；在外交上奉行独立自主的外交政策，在中东坚决反对美国的单极霸权意图。

可以看出，在中间阵营国家之中还没有出现相对比较成熟的模式。在中间阵营国家中，埃及的探索和实践具有重要的意义。从美国的角度讲，中间阵营国家采取何种发展模式，对于这些国家与美国的关系具有重要的影响。美国不希望中间阵营国家追随反美的伊朗模式，而亲美的沙特模式又无法在中间阵营国家中复制。美国因此鼓励这些国家学习、模仿或借鉴亲美的土耳其模式，这既有现实基础又符合美国利益。宣扬土耳其模式，鼓励埃及等国学习和借鉴土耳其模式，实质上反映了美国将以埃及为代表的中间阵营国家重新整合到亲美阵营的战略意图。巩固和扩大亲美阵营、孤立和削弱反美阵营，始终是美国在中东地区的基本方针。

二、西方自由民主与中东伊斯兰民主

在推进民主政治建设方面，美国试图在中东伊斯兰国家推行自己的自由民主制度，而中东伊斯兰国家则试图通过自身的实践探索和发展伊斯兰民主制度。

冷战结束后，在中东地区推行西方式的自由民主成为美国中东政策的重要组成部分。2001 年“9 · 11”事件之后，小布什政府认为，在中东地区推行西方自由民主是维护美国在中东利益的重要保证。2002 年，美国国务院启动“美国 – 中东伙伴计划”（US – Middle East Partnership Initiative/MEPI）。根据美国国务院的文件，该计划的目的在于支持谋求中东北非变革的团体和个人，主要与公民社会组织、社群领袖、青年和妇女运动人士以及私营企业界建立伙伴关系，推进中东地区的民主变革进程。该计划旨在推动自下而上的民主变革、支持草根民主运动。

从2002年到2012年，“美国—中东伙伴计划”已经向1000多个项目提供了约6亿美元的资助。该计划涵盖埃及、突尼斯、利比亚、也门、阿尔及利亚、黎巴嫩、沙特、卡塔尔、巴林、阿联酋、科威特、阿曼、约旦、摩洛哥、以色列、巴勒斯坦约旦河西岸和加沙地带等国家和地区，在华盛顿、突尼斯、阿布扎比设有办公室。[①]

2003年11月，美国总统布什发表讲话，表示要在大中东地区推进民主计划。2004年2月，阿拉伯报纸《生活报》刊发了美国大中东民主计划的草案。在2004年6月的八国集团峰会上，美国提出“大中东北非民主计划”（Broader Middle East and North Africa Initiative/BMENA）的正式草案，要求发达国家为阿拉伯国家监督选举提供技术支持、培训独立新闻记者、增加对非政府组织的援助、设立中东发展银行、为有意参政的妇女提供培训等。[②]

“大中东北非民主计划”的实质是拉拢八国集团国家和欧洲国家与美国一道推动对阿拉伯国家的民主改造，因为美国仅凭自身难以有效推动“美国—中东伙伴计划”。阿拉伯国家普遍对“大中东北非民主计划”抱怀疑和抵触态度，奥巴马政府上台后，由于美国在中东实行战略收缩，该计划的影响大大萎缩，美国国务院关于该计划的网站也只是更新到2009年1月20日。但美国对于在中东国家

① US Department of State，“About MEPI，” http：//mepi. state. gov/about – us. html.

② Congressional Research Service，“The Broader Middle East and North Africa Initiative：An Overview，” February 15，2005，p. 3，http：//www. fas. org/sgp/crs/mideast/RS22053. pdf.

推行西方自由民主的努力并没有停止，“美国—中东伙伴计划”一直在运作之中。

2010 年底中东变局爆发后，美国又开始积极通过“美国—中东伙伴计划”影响阿拉伯国家的发展进程。该计划将埃及和突尼斯作为重点，向突尼斯项目拨款 2000 万美元用于建立独立媒体、强化公民社会组织、支持政党建设、完善选举制度、鼓励私营部门；向埃及项目拨款 650 万美元用于扩大公民社会组织的影响力并完善其组织技巧、扶植公民社会与青年和妇女组织；此外还拨款 1500 万美元用于中东其他国家。美国的目的在于在埃及和突尼斯确立样板、建设公民社会组织、确立相关制度、培养新的领导层。①

但是，美国支持非政府组织的行为并没有被变革后的埃及政权所接受。2011 年 7 月，埃及以涉嫌为埃及国内示威者非法提供资金援助为由开始对一些非政府组织进行调查；12 月底，埃及突击搜查了 17 家非政府组织办公室；2012 年 1 月 26 日，埃及方面宣布禁止 6 名为非政府组织工作的美国人离境；2 月 5 日，埃及司法部宣布对 43 名非政府组织工作人员进行起诉，其中包括 19 名美国人；3 月初，埃及允许其中的部分人员离境，引发一些埃及人到美国使馆进行抗议；4 月 23 日，埃及宣布拒绝给 8 个美国非政府组织发放执照。显然，变革之后的埃及对美国利用非政府组织进行政治渗透的做法十分不满，对美国方面的有关活动采取了警惕和压制的态度。

根据伊朗伊斯兰共和国的实践，在中东伊斯兰国家更具有生命力的是伊斯兰民主，而非完全模仿西方的自由民主。伊朗伊斯兰共和国建立在双重合法性的基础之上，即伊斯兰价值和民主制度，民主制度要体现和维护伊斯兰的价值，这与西方的自由民主有本质的

① US Department of State, “How MEPI Supporting Activists Involved in the Arab Spring and Democratic Transition in the Regions,” http: //mepi. state. gov/about – faq. html# AS.

区别。伊斯兰民主一方面解决了如何将伊斯兰价值和伊斯兰政治力量纳入国家政治体制之中的问题，另一方面解决了伊斯兰政治力量与武装力量等其他政治力量之间的关系问题。埃及民主政治的探索主要面临两个方面的挑战：首先是西方式自由民主道路与扎根于本土的伊斯兰民主道路之间的道路选择，其次是何种形式的伊斯兰民主能够最大程度的适应埃及国情，更有利于在整合埃及民意的基础上凝聚共识。作为在阿拉伯世界具有重大影响力的大国，埃及的政治转型进程及制度选择无疑将对其他发生政权更迭的阿拉伯国家产生重要影响。

三、教派矛盾与三大伊斯兰政治力量集团

对于中东国家而言，如何妥善处理教派矛盾，尤其是逊尼派和什叶派矛盾以及逊尼派内部穆斯林兄弟会与瓦哈比－萨拉菲派矛盾，直接关系阿拉伯国家的政治转型和地区格局的稳定。

2003 年伊拉克战争之后，伊斯兰教逊尼派和什叶派的教派矛盾日益上升。2004 年，约旦国王阿卜杜拉提出“什叶派新月”的概念，认为从伊朗经伊拉克南部、叙利亚到黎巴嫩南部，出现了一个由什叶派掌权的国家和政治组织构成的新月地带；与之相应，沙特、埃及和约旦则被认为是“逊尼派三角”，与“什叶派新月”相对抗。在海合会国家看来，伊朗一方面利用“什叶派新月”对其形成包围圈，另一方面在海合会国家周边甚至内部煽动什叶派力量，包括巴林的什叶派民众和也门的胡塞族武装等。因此，对海合会国家而言，推动叙利亚政权更迭是打破什叶派包围圈的重要步骤。

伊斯兰教逊尼派与什叶派的矛盾在历史和现实中都是客观存在的，但如果结合中东战略格局演变的历史来看，教派矛盾在本质上是对中东地区战略格局的反映，即教派矛盾是表象，中东地区战略

格局的演变是实质。

在伊朗巴列维国王时代，伊朗与沙特关系密切，两国共同构成美国维护海湾地区安全的双支柱。1979 年伊朗伊斯兰革命之后，伊朗与沙特的关系持续紧张，双方一度断绝外交关系。1990 年伊拉克入侵科威特，伊朗对此加以反对，在此基础上沙特与伊朗恢复了外交关系，两国关系得到迅速发展。2003 年伊拉克战争之后，伊拉克的威胁淡化，伊朗崛起成为中东反美阵营的核心，沙特与伊朗的关系再度趋于紧张。沙特作为逊尼派为主体的国家，伊朗作为什叶派为主体的国家，两国之间的教派差异和矛盾始终存在，因此，用教派矛盾无法解释两国关系从 20 世纪 70 年代的友好到 80 年代的对抗、从 90 年代的缓和到 21 世纪初的紧张。

2003 年以来，中东战略格局的基本架构是美国霸权体制下亲美阵营和反美阵营对立，而反美阵营多为什叶派力量，伊朗则是反美阵营的核心。因此，美国一直把地区战略的矛头指向伊朗，作为亲美阵营核心国家之一的沙特，也相应地把伊朗和反美阵营作为对手和敌人看待。在这个意义上讲，逊尼派和什叶派的教派矛盾是表象，中东当前的战略格局才是实质，由于亲美阵营与反美阵营之间尖锐对立的存在，中东地区的伊斯兰教教派矛盾得到了强化，教派矛盾的思维方式和话语体系在此基础上得以形成并广泛传播。

在 2010 年底以来的中东变局中，巴林和叙利亚的局势都有强化教派矛盾的趋势，但与此同时，逊尼派大国埃及政权更迭，其对伊朗的态度正在发生变化，而这种改变在很大程度上是国家利益超越教派矛盾的体现。伊朗伊斯兰革命之后，埃及与伊朗断绝了外交关系；穆巴拉克下台后，埃及国内已经基本形成共识，即改善与伊朗的关系符合埃及的国家利益。2011 年 2 月，埃及允许伊朗军舰通过苏伊士运河，这是 1979 年伊朗伊斯兰革命之后的第一次。如果埃及与伊朗的关系得到持续改善，从教派矛盾分析中东问题的说服力就会大打折扣。逊尼派和什叶派的分歧和矛盾客观存在，但是教派矛盾自身并不必然导致冲突，只有和政治、安全、外交等因素结合在一起，教派矛盾才有可能引发激烈对抗。

在中东变局中发生政权更迭或政府重组的国家，大多由穆斯林兄弟会或与之类似的伊斯兰政治组织上台执政。在埃及议会选举中，穆斯林兄弟会下属的自由与正义党一举成为第一大党；在 2012 年 6 月 16 日至 17 日的埃及总统选举第二轮投票中，自由与正义党的候选人穆尔西胜出；6 月 30 日，穆尔西宣誓就职，并于 7 月 24 日任命内阁总理。

2011 年 10 月 23 日，突尼斯举行制宪议会选举，“伊斯兰复兴运动”赢得超过 40% 的选票，成为议会第一大党。12 月 12 日，制宪议会选举马祖吉为共和国总统；12 月 24 日，伊斯兰复兴运动总书记杰巴利作为总理领导新政府宣誓就职。1981 年，“伊斯兰方向运动”（Harakah al－Ittijah al－Islami）在突尼斯成立，该党主要遵循埃及穆斯林兄弟会的道路；1989 年，该党改名为“复兴运动”（Harakah al－Nahdah）。2011 年 11 月 13 日，在制宪议会选举中成为突尼斯第一大党后，该党与巴勒斯坦哈马斯举行了联合会议。

2011 年 11 月 25 日，摩洛哥举行议会选举，穆斯林兄弟会下属的公正与发展党赢得 107 席，成为议会第一大党，该党总书记本·基兰被任命为首相，并于 2012 年 1 月 3 日领导新政府宣誓就职。

在其他中东国家中，穆斯林兄弟会的分支及其相关力量的发展同样引人注目。在叙利亚，反对派中占主导地位的也是穆斯林兄弟会。2012 年 7 月 18 日，约 150 名叙利亚穆兄会高层成员在土耳其伊斯坦布尔举行会议，讨论推翻叙利亚政府的问题，这是 30 多年以来叙利亚穆兄会首次召开大型的高级别会议。在约旦，穆斯林兄弟会创立的“伊斯兰行动阵线”是议会中最大的反对党；在土耳其，从 2002 年以来，穆斯林兄弟会所属的正义与发展党连续赢得大选。

因此，随着中东变局的发展，埃及、突尼斯、摩洛哥、土耳其等国执政力量和约旦“伊斯兰行动阵线”、叙利亚穆斯林兄弟会和巴勒斯坦哈马斯等具有穆斯林兄弟会性质和背景的政治力量有可能形成“穆兄会力量集团”，它们拥有相同或相似的主张，共同推动伊斯兰政治力量在阿拉伯世界和中东的发展。

另一方面，埃及议会大选也折射出萨拉菲派的强势崛起，萨拉菲派光明党在埃及议会下院选举中成为第二大党。叙利亚的动荡局势中也显现出萨拉菲派的影子。2012 年 1 月 24 日，一个名为“叙利亚人民胜利阵线”（Jabhah al－Nusrah li Ahl al－Sham）的萨拉菲派武装组织宣告成立，并宣布对多起爆炸事件负责，包括 1 月 6 日在大马士革的自杀式袭击、2 月 10 日在阿勒颇的两起汽车炸弹袭击、3 月 17 日空军情报部爆炸、4 月 24 日伊朗驻叙利亚使馆文化处爆炸等。[①] 2011 年 12 月，在叙利亚出现了自杀式爆炸和汽车炸弹袭击。从 2011 年 12 月到 2012 年 7 月，在叙利亚已经发生了 35 起汽车炸弹袭击和 10 起自杀式爆炸袭击，其中“叙利亚人民胜利阵线”声称负责的自杀式爆炸有 4 起。除了这个组织之外，在叙利亚活动的萨拉菲派武装还有“阿卜杜拉·阿泽姆旅”（Abdullah Azzam Brigade）和“巴拉·本·马立克烈士旅”（Al－Baraa Ibn Malik Martyrdom Brigade）。[②]

在中东变局的背景下，沙特、卡塔尔等以瓦哈比派为国教的国家，埃及等国的萨拉菲派政党，以及在叙利亚、伊拉克等国活动的萨拉菲派武装组织，逐渐形成瓦哈比－萨拉菲派力量集团。以埃及为首的“穆斯林兄弟会力量集团”和以沙特为首的“瓦哈比－萨拉菲派力量集团”并存于阿拉伯世界之内，二者之间存在着既合作又竞争的关系。在埃及，穆兄会和光明党在竞选中处于竞争状态，但

---

① Matthew RJ Brodsky, “‘Jihad Central’ in Syria,” May 24, 2012, *The Times of Israel*, http://www.jewishpolicycenter.org/3063/jihad－central－in－syria.

② Rod Nordland, “Al Qaeda Taking Deadly New Role in Syria's Conflict,” July 24, 2012, *New York Times*, http://www.nytimes.com/2012/07/25/world/middleeast/al－qaeda－insinuating－its－way－into－syrias－conflict.html? pagewanted = all.

是在应对以军方为代表的世俗政治力量方面又有共同利益；在叙利亚，穆兄会和萨拉菲派武装都要推翻叙利亚政府，但是二者的政治理念和斗争方式有所区别，其矛盾和分歧有可能激化，并影响中东伊斯兰国家的政治发展走向和地区格局的演变。

从海合会国家和美国的角度讲，希望以埃及和土耳其为首形成中东的“穆斯林兄弟会环地中海弧形地带”，成为海合会国家的坚定盟友，即出现穆斯林兄弟会力量集团和瓦哈比－萨拉菲派力量集团合作的局面。但从现实政治的角度讲，二者同属逊尼派，一旦穆兄会在埃及发展出比较成功的民主政治和经济社会综合发展模式，那将会对沙特等国的政治体制形成强烈冲击。20 世纪 50 年代阿拉伯民族主义的兴起就曾引发埃及与沙特之间的对立甚至对抗。

四、五个力量集团与四个关键国家

2010 年底以来的中东变局，将埃及推到探索综合发展模式、建设伊斯兰民主政治和妥善处理教派矛盾三大挑战的风口浪尖，凸显出埃及在阿拉伯世界的大国地位；与此同时，沙特利用自身亲美阵营核心国家的地位，试图主导中东变局的发展方向，以此来维护其在阿拉伯世界的大国地位。

埃及是阿拉伯国家穆斯林兄弟会力量集团的核心，也是探索伊斯兰民主的阿拉伯共和制国家力量集团的核心。穆兄会于 1928 年在埃及成立，阿拉伯其他国家的穆兄会组织最初都是作为埃及穆兄会的分支创立的。经过 80 多年的发展，埃及穆兄会已经演化成温和的伊斯兰政治力量，拥有完整的组织结构、成熟的社会服务网络、庞大的经济资源和丰富的政治活动经验，在很大程度上成为其他国家穆兄会的样板。

随着穆兄会模式的政党在埃及、突尼斯、摩洛哥执政，在约旦和叙利亚成为最有影响力的反对派，哈马斯在加沙保持执政地位，穆兄会力量可大致视为一个集团，其中埃及穆兄会自由与正义党的执政理念和执政经验能够为其他阿拉伯国家的穆兄会力量提供借鉴。在中东变局中出现政权更迭的阿拉伯共和制国家，包括埃及、突尼斯、利比亚、也门，都在探索如何在理论上和实践上推动伊斯兰民主的建设。埃及和突尼斯都是以和平方式实现了政权更迭，其政局变化表明这些国家的社会力量更为成熟、探索伊斯兰民主的条件更成熟。相对于其他几个国家，埃及的规模、地位和传统，决定了埃及的伊斯兰民主尝试具有更为重大的意义和更为重要的影响。

在综合模式的探索方面，埃及的未来对于整个阿拉伯世界乃至中东都具有重大意义。在外交上，埃及既不会像穆巴拉克时期那样完全服从于美国的意志，但也不会走上反美的道路，埃及将成为既不亲美、也不反美的中间阵营的领袖。在伊朗问题上，埃及会逐步改善与伊朗的关系，利用亲美阵营和反美阵营的矛盾实现埃及国家利益的最大化。在教派矛盾问题上，埃及在整体上会改善与伊朗等什叶派政治力量的关系；但在埃及国内，穆兄会与萨拉菲派之间的分歧和竞争继续存在，埃及将成为穆兄会力量集团与瓦哈比－萨拉菲派力量集团的角力场。除此之外，总部位于开罗的阿拉伯国家联盟也是埃及能够加以利用的地区组织。在中东变局以来，以沙特为代表的海湾国家利用埃及等国局势动荡的机会，操纵和控制阿盟，做出了一系列反映海合会国家意图的决定。随着埃及国内局势以及地区和国际形势的发展，埃及不会甘心于海合会国家操纵阿盟的局面永久持续下去。

沙特是维持现状的阿拉伯君主制国家力量集团的核心，也是瓦哈比－萨拉菲派力量集团的核心。在中东变局的背景下，现有的8个阿拉伯君主制国家谋求自保，沙特无疑是这些国家的核心。2011年2月23日，沙特政府宣布拨款360亿美元以改善民生，其中包括增加社会保障基金、安居基金和公务员工资增加15%；3月18日，沙特再次宣布拨款670亿美元，用于发放补贴、增加就业和建设住房。在改善民生的同时，海合会国家对国内的民众抗议运动进行了严厉镇压，沙特和阿联酋还出兵巴林镇压该国的民众示威。

中东变局发生后，海合会在加强内部整合的同时，还试图通过海合会机制扩大来加强君主制国家联盟。2011年5月10日，海合会首脑会议表示，欢迎约旦和摩洛哥加入海合会。2011年9月11日，海合会秘书长表示，将为申请加入的约旦和摩洛哥提供资金援助。2011年12月，沙特国王提出建立“海湾国家联合体”，但在2012年5月14日的海合会首脑会议上，只有巴林对此态度积极，其他海合会国家持谨慎态度。

在外交政策上，沙特等海湾国家操纵和控制阿盟，出于将祸水外引的目的，支持对利比亚和叙利亚局势的干预，推动政权更迭。尤其是在叙利亚问题上，海湾国家试图利用教派矛盾，达到颠覆叙利亚政权并孤立和削弱伊朗的目的。沙特从20世纪70年代就开始在世界穆斯林中间推广其瓦哈比派的思想，在许多国家和地区支持建立瓦哈比-萨拉菲派的宗教学校。沙特最初的目的是利用瓦哈比派思想对抗以埃及为首的阿拉伯民族主义；在20世纪80年代则利用瓦哈比-萨拉菲派势力在阿富汗对抗苏联，并抗衡伊朗的影响力；在中东变局的背景下，沙特利用瓦哈比-萨拉菲派势力，一方面对抗伊朗所领导的反美阵营力量，另一方面则试图通过萨拉菲派影响和操控埃及等阿拉伯国家的政局，与穆兄会势力相抗衡。

在综合模式探索方面，沙特所代表的政教合一与家族统治相结合的传统模式具有特殊性，不能复制到发生变革的阿拉伯国家，也无法引领未来阿拉伯世界的发展方向。

在外交方面，沙特等阿拉伯君主制国家是美国的坚定盟友，但沙特所支持的瓦哈比-萨拉菲派势力则具有强烈的反美倾向，沙特必须要在两种力量之间取得平衡。

在伊朗问题上，在中东变局的背景下，沙特与伊朗存在尖锐对立。沙特试图利用中东变局的契机全面削弱中东反美阵营，从而达到孤立和削弱伊朗的目的。

在教派矛盾方面，沙特不断强化教派矛盾的思维方式和话语体系，刻意把逊尼派和什叶派的矛盾描述为中东的主要矛盾，从而掩盖内在的亲美阵营和反美阵营之间的矛盾；与此同时，沙特也利用瓦哈比－萨拉菲派的势力影响和限制穆兄会的力量。

总体上看，埃及与沙特代表着不同的政治力量和发展方向，在探索伊斯兰民主的阿拉伯共和制国家和谋求维持现状的阿拉伯君主制国家之间、在穆兄会力量集团和瓦哈比－萨拉菲派力量集团之间，都存在着差异、矛盾和竞争关系；另一方面，埃及等国的发展需要海湾国家的资金，而海湾国家也需要埃及等国的配合来实现自己的安全和稳定。总体而言，在目前阶段，埃及和沙特两个阿拉伯大国之间的关系是既竞争又合作，在合作方面已经无法再达到穆巴拉克时期的密切程度，但在竞争方面也不会过于激烈而走向冲突。

除了埃及和沙特两个大国之外，伊拉克和叙利亚政局的发展对阿拉伯世界的未来走向具有重要意义，也是目前阿拉伯世界中的两个关键国家。

伊拉克国内政治的教派色彩日益浓厚，随着时间的推移，伊拉克有可能成为阿拉伯什叶派的大本营，并与伊朗保持密切关系。2003年3月20日美国发动伊拉克战争，推翻了萨达姆政权。2004年，随着什叶派宗教人士穆格台达·萨德尔强势崛起，其领导的什叶派武装马赫迪军与联军爆发了持续长达两个多月的激烈冲突。2004年6月，穆格台达·萨德尔宣布停战。2008年，马赫迪军与伊拉克军队爆发激烈冲突，2008年5月停火，随后马赫迪军解散。2008年11月穆格台达·萨德尔又成立了什叶派武装组织“应许日旅”（Liwa al－Yaum al－Mau’ud），该组织得到伊朗的支持。此外，“真理之士集团”（Asa’ib Ahl al－Haqq）也是得到伊朗支持的什叶派武装组织。该组织由盖斯·哈扎里（Qais al－Khazali）领导，

2004 年开始逐渐从马赫迪军中分离出来，2006 年正式成立。据称该组织与伊朗革命卫队圣城旅关系密切。

2011 年 12 月 18 日，美军从伊拉克全部撤离，由马利基领导的政府承认了“真理之士集团”等什叶派武装组织的合法性。2011 年 12 月 19 日，在美军撤离之后仅一天，伊拉克最高法院宣布逊尼派副总统塔立克·哈希米涉嫌支持恐怖活动和暗杀小组，并对其签发拘捕令。2012 年 1 月，塔立克·哈希米逃到伊拉克库尔德斯坦自治区避难；4 月 1 日，应卡塔尔的邀请，塔立克·哈希米对卡塔尔进行了正式访问，伊拉克对此十分不满并加以谴责。

总体而言，什叶派在伊拉克政治中的主导力日益增加，与伊朗的关系也日益密切。卡塔尔、沙特等海湾国家对此深感忧虑。如果海合会国家长期不能接纳伊拉克并与其建立密切联系，伊拉克的什叶派色彩会更为突出，并有可能成为阿拉伯什叶派力量集团中的核心国家。

叙利亚局势正处在胶着状态，从国际方面讲，俄罗斯和中国在 2011 年 10 月 4 日、2012 年 2 月 4 日和 7 月 19 日连续三次行使否决权，阻止了安理会通过有可能授权对叙利亚进行武装干预的决议草案；从叙利亚反对派的角度讲，西方国家以及土耳其、沙特和卡塔尔等国已经成为其坚定的支持者。如果叙利亚政府能够控制局势并使政权得以存续，那么叙利亚将会是一个坚定的反美、亲伊朗的国家，并有可能对土耳其、沙特和卡塔尔等国采取报复行动；如果反对派掌权，围绕叙利亚政治重建和地区格局重组，各种力量将展开新一轮的复杂博弈。因此，叙利亚的局势演变是影响中东地区战略格局演变的关键因素。

中东变局对以色列的冲击及其应对

上海外国语大学东方语学院　**杨　阳**

【内容提要】

中东变局使以色列陷入了十分尴尬被动的境地，其外交和安全战略均面临着前所未有的考验。从总体来看，中东变局导致以色列处于无所适从的境地，只能对“阿拉伯之春”进行被动观望。具体来看，埃及穆斯林兄弟会支持的候选人穆尔西在总统选举中获胜，无疑使以色列对埃以和平条约的前景备感忧虑；动荡的叙利亚局势使以色列饱受煎熬；继续谋求独立建国和入联的巴勒斯坦使以色列面临诸多新的考验；土耳其与以色列关系急剧恶化，进一步加剧了以色列的孤立。目前摆在以色列面前最艰难的抉择则是伊朗核问题正在走向最后的摊牌时刻，若以色列采取单方面军事行动，将使以色列面临更为严峻的考验。

2010 年底以来，一场前所未有的政治动荡席卷中东地区，并已持续一年有余。被西方媒体冠以“阿拉伯之春”的中东变局，深刻触动了以色列的战略神经，变化中的中东新格局无疑将对以色列的外部安全环境产生难以估量的影响。

在中东变局中，以色列的两个重要邻国埃及和叙利亚处于“震中”地带，其政局变化的外溢效应直接冲击着以色列的安全环境；

以色列在中东地区惟一的“伊斯兰盟友”——土耳其与以色列的关系出现逆转且不断恶化；伊朗核计划的推进使以色列倍感焦虑，并促使以色列不断被迫发出对伊动武威胁；巴勒斯坦申请“入联”受挫，以色列继续扩大“犹太人定居点”建设，导致巴以冲突更趋复杂，中东和平进程陷入停滞状态。与此同时，以色列的国内政局也并不平静，在经历了一场民众对房价高企、物价飞涨等民生问题的“帐篷”抗议运动之后，国内极端宗教势力的上升引发了众多民众的不满，而有关宗教人士服兵役问题的争论险些导致提前大选，最终，内塔尼亚胡与反对党前进党达成组建联合政府的协议，组成了以色列历史上阵容最为庞大的联合政府，才使以色列政府能够专心应对当前更趋复杂的内外挑战。

一、中东变局和以色列安全环境的变化

自 1948 年建国起，由于以色列在领土、民族和宗教等方面与中东地区阿拉伯国家之间的矛盾，阿以冲突长期以来处于中东问题的核心，以色列也长期处于敌对阿拉伯国家的包围之中。经过 5 次中东战争和建国后 60 多年的发展，以色列依仗军事优势和美国的支持，在与阿拉伯国家的战争中屡次扭转战局，夺取了大片阿拉伯领土，在中东得以生存并发展成为地区强国，大大缓解了其建国初期险恶的生存环境。

但是，由于以色列在巴勒斯坦建国问题上所持的僵硬立场，巴以和平进程屡次陷入僵局，导致以色列的外部安全环境始终难以得到根本性的改善，长期的孤立状态致使以色列将维护国家生存和安全作为其内外政策的核心关切。为此，以色列不惜采取预防性攻击、先发制人、定点清除等极端手段维护自身安全。犹太民族饱受欺凌的历史和纳粹大屠杀的惨痛经历使其形成了严重的不安全感，安全

至上原则始终是以色列内外政策的首要考虑，并渗透到以色列社会生活的方方面面。追求绝对安全的以色列对中东地区安全环境的任何变化自然十分敏感，并本能地产生了对安全环境的忧虑。

中东变局发生后，以色列媒体和领导人纷纷将“阿拉伯大变局”与1979年伊朗伊斯兰革命、2005年黎巴嫩“雪松革命”① 相提并论。巴列维时期的伊朗与以色列是美国在中东地区的两大支柱，双方保持着密切的联系，伊斯兰革命后的伊朗却高举反以大旗，致力于核发展的伊朗已被以色列视为对其安全的最大威胁。2005年的“雪松革命”推翻了亲叙利亚的黎巴嫩政府，并迫使叙利亚军队完全撤出了黎巴嫩。但此后不久，伊朗和叙利亚支持的真主党却在黎巴嫩坐大，不断威胁以色列北部安全，并于2006年与以色列爆发了一场持续一个月的战争。这两次中东国家政局发生重大变化都导致了对以色列不利的局面出现。因此，历史经验使以色列认为有理由担心，目前这场政治动荡之后反以的激进力量会趁乱主导一些阿拉伯国家政权，造成对以更为不利的局面。2011年4月17日，以总理内塔尼亚胡在接受法新社采访时不无忧虑地警告说，“阿拉伯之春”有可能转变成“伊朗之冬”。②

以色列领导人对以安全环境恶化的担忧并非始于中东变局。2003年伊拉克战争后，持反以立场的萨达姆政权倒台，以安全环境一度有所改善。但伊拉克政权的更迭使伊朗受益，伊朗在中东地区的影响力上升，作为地区强国崛起的势头更猛。伊朗总统内贾德公开支持巴勒斯坦哈马斯和黎巴嫩真主党对抗以色列，并数次发表将

---

① 2005年2月14日，黎巴嫩前总理哈里里遇刺身亡，黎巴嫩约6万名示威者聚集在首都贝鲁特市中心举行抗议活动，要求黎巴嫩政府辞职和叙利亚军队撤出黎巴嫩，游行示威直接导致黎巴嫩总理卡拉米辞职和叙利亚从黎巴嫩撤军。由于示威者全部高举带有雪松标志的黎巴嫩国旗，因而被美国国务院称之为“雪松革命”。

② “Netanyahu：‘Arab Spring’ could turn into ‘Iranian Winter’”，http：//www.jpost. com/DiplomacyAndPolitics/Article. aspx？ID = 217212&R = R1.

以色列从“地图上抹去”的言论，伊朗核研发的进展更是被以色列认定为对其生存和安全的直接威胁。[①]

在正义与发展党领导人埃尔多安担任土耳其总理后，长期与以色列保持友好关系的土耳其出现了战略东移和回归中东的趋势，并导致以土关系出现裂痕。土耳其改善了与伊朗的关系，并联合巴西与伊朗签署了“铀置换”协议，令以色列备感不快。土耳其总理与以色列总统在达沃斯世界经济论坛公开发生争执并愤而离场，导致以土关系的恶化进一步公开化。2010年5月31日，在以军拦截土耳其籍的加沙人道主义救援船过程中，双方爆发激烈冲突，导致救援船上19人死亡的惨剧，更是令以土之间的盟友关系濒于破裂。[②] 由于以色列始终拒绝就“袭船事件”向土耳其道歉，导致2011年9月土耳其宣布驱逐以色列驻土大使，降低两国关系级别，并正式中止与以色列的贸易、军事和国防工业等领域的合作关系，导致以土关系跌入低谷。

中东国家的民众示威浪潮爆发后，以色列倍感焦虑，并高度关注这场瞬息万变的政治动荡。以色列的报纸、网络等新闻媒体连篇累牍地报道中东变局的最新进展，并以“政治风暴”、“政治海啸”等词汇来形容这一事件，以色列各大智库的研究人员也频频亮相媒体或发表文章分析讨论这一重大政治变化；以色列总统、总理、外长等政要也对媒体发表了一系列讲话，他们在讲话中虽然宣称支持阿拉伯国家发生的民主变革，强调西方的民主自由等核心价值，并表示期望看到民主在阿拉伯国家取得胜利，但同时又对中东变局的不确定性忧心忡忡。他们认为，在缺乏民主自由传统的阿拉伯世界，

---

① 赵葆珉：“中东权力格局转换对阿以和平进程的影响”，载《阿拉伯世界研究》2010年第1期，第70页。

② 陈双庆：“以色列对外政策趋向及其后果”，载《现代国际关系》2010年第6期，第59页。

民主变革的成果存在被伊斯兰激进势力劫持的可能性。①

由于中东政治风暴来势凶猛，规模浩大，又具有突发性的特征，无论是以色列的学界还是政界，甚至情报部门事先都未能预料到这场变革的发生，尤其是对于长期在安全事务中与以色列保持合作，并具有亲美倾向的穆巴拉克政权的倒台更是令以色列始料未及。在埃及发生动乱初期，以色列的多数分析都认为穆巴拉克能够挺过危机，至少能坚持到任期届满。但是，随后发生的穆巴拉克突然辞职颇令以色列措手不及。

众所周知，埃以和平协议作为确保以色列安全的重要后盾，使得以色列与阿拉伯国家爆发大规模战争的可能性大为降低。如今，穆巴拉克政权的垮台无疑将对以色列的安全产生难以预料的威胁。尽管接管权力的埃及军方以及穆尔西在当选总统后都宣布将继续承认埃及过去签署的所有协议，但以色列担心，在未来发展局势尚不明朗的过渡时期，各派势力在角逐中会利用民众中的反以情绪争取支持，而随着激进的埃及穆斯林兄弟会及其支持的政党和候选人在议会和总统选举中不断有上佳表现，未来以埃关系的走向令以色列极为忧虑。

约旦作为与以色列实现和平的另一个阿拉伯国家，与以色列仅约旦河一河之隔，它在这次抗议浪潮中也未能幸免。民众示威抗议物价上涨和严重的失业问题，导致首相里法伊于2011年2月1日辞职，阿卜杜拉国王任命巴希特为新首相。② 新政府的组成并未使约旦的示威活动终止，在3月25日和4月15日的示威活动中，暴力事件

---

① “The Middle East in Transition 2011: Statements by Israeli leaders,” http://www.mfa.gov.il/MFA/Government/Speeches + by + Israeli + leaders/2011/Middle_ East_ transition_ Israeli_ statements_ 2011.htm.

② “约旦首相宣布辞职 国王任命前首相组建新政府”，http://news.xinhuanet.com/world/2011-02/01/c_ 121047780.htm。

造成 1 人死亡，数百人受伤。[①] 抗议者在示威中谴责政府与以色列保持外交关系，约旦新政府中的部分成员被以色列认为具有反以倾向。由于反对派对约旦政府改革进程的缓慢不满，巴希特于 10 月 17 日辞职。接任首相的哈苏奈当政仅半年便被迫下台。2012 年 5 月 2 日，以塔拉瓦奈为首相的新一届政府就职，其首要任务是继续深化改革，为年底前的议会选举铺平道路。[②]

相对而言，约旦的示威风潮并未直接威胁到国王的统治。在以色列看来，近期约旦发生重大变故的可能性并不大。然而，如果出现巴以关系恶化或埃及对埃以和平协议提出挑战等情况，将对约旦产生示范效应，约以和平协议也将面临威胁。中东变局发生后，与埃及穆斯林兄弟会关系密切的约旦“伊斯兰行动阵线”已多次呼吁取消与以色列的妥协协议，断绝与以色列的关系。以色列认为，冷战后以巴和平进程的新进展和以色列对约旦经济的贡献将有助于约旦国王抵挡住废约的压力，双方在水资源、能源和基础设施等领域的合作项目也将有助于巩固约以合约。2012 年 2 月，以色列政府批准建设亚欧铁路桥项目，拟修建一条连接起地中海和红海港口的铁路。以色列政府期望这一项目能促进与约旦的合作，并计划通过将约旦的亚喀巴港纳入其中，实现削弱约旦反以力量的目标。[③]

长期以来，与以色列接壤的叙利亚在归还戈兰高地的问题上与以色列的谈判停滞不前，双方一直未能签署和平协议，叙以在法律上尚处于战争状态。2011 年 3 月以来，叙国内要求政府进行改革的示威活动持续升温，并导致严重的流血冲突，对执政多年的巴沙尔·阿萨德政权构成严重威胁。尽管阿萨德已承诺进行经济改革，

---

① “约旦示威抗议活动致 90 余人受伤”，http：//news. sina. com. cn/w/2011 – 04 – 16/063122303053. shtml。

② “约旦新政府宣誓就职”，http：//world. people. com. cn/GB/17794505. html。

③ Oded Eran，“The Future of Israel’s Agreements with its Neighbors，” *Strategic Assessment*，Vol. 15，No. 1，April 2012，p. 49.

并于4月21日签署法案废除实行了48年之久的紧急状态法，但抗议浪潮持续不断，并已滑向内战的边缘。2012年4月，在联合国特使安南的调停之下，政府军与反对派达成了停火协议，但仍未能阻止暴力事件的不断发生。2012年5月“胡拉惨案”发生以来，叙利亚再度陷入严重的暴力冲突直至血腥的内战，巴沙尔政权还能支撑多久尚难预料。以色列担心叙利亚为缓解其国内矛盾而将矛头指向以色列，巴沙尔曾公开指责以色列是叙利亚示威活动的幕后黑手。一旦巴沙尔政权垮台，多年来基本保持平静状态的戈兰高地能否继续维持平静是以色列极为担心的问题。

以色列的北方邻国黎巴嫩受叙利亚的影响，也未与以签署和约。受伊朗和叙利亚支持的黎巴嫩真主党一直是以色列安全的心腹之患。自2006年第二次黎巴嫩战争后，维持脆弱和平状态的以黎边境地区不时擦枪走火。2011年8月，以黎边境曾发生短暂交火事件，11月黎以双方互向对方境内发射火箭弹；2012年5月黎巴嫩又抗议以色列越界修建隔离墙。2012年2月，以色列驻泰国、印度和格鲁吉亚使馆接连遭到炸弹袭击，以色列把矛头指向了伊朗及其支持的黎巴嫩真主党。此外，黎巴嫩对于黎以两国海上油气争端的态度也趋于强硬，并称将用武力保卫黎巴嫩海上油气资源。[①]

利比亚战争与以色列自身安全并无直接关系。因此，以色列在表示支持西方国家以人权为理由对卡扎菲政权进行打击的同时，也不希望美国军事力量过度介入利比亚，进而使伊朗有机可乘。另一方面，以色列又认为美国对利比亚的军事干预为今后伊朗发生类似变故时美国进行干预提供了先例，可对伊朗现政权起到一定的震慑作用。

当前，中东变局仍在持续之中，中东新秩序也远未成形，并使

① “黎巴嫩缘何在与以色列的海上油气争端上态度强硬”，http://world.people.com.cn/GB/157278/17697703.html。

以色列的安全环境出现了更为不利于以色列的变化。目前，以色列最为关注的还是与其自身安全息息相关的邻国埃及、叙利亚的形势变化和伊朗的核发展。同时，以土关系的恶化和巴勒斯坦问题的久拖不决也是影响其安全环境的重要因素。

二、埃及变局与以色列

在穆巴拉克时期，埃及将与以色列的和平协议视为一种战略选择，是实现埃以全面和平的基石。长期以来，埃及政府坚定地维护埃以和平协议，即使是在发生严重的危机时，如2000年巴勒斯坦人反对以色列的大起义和2008年以色列入侵加沙的“铸铅行动”时期，穆巴拉克也拒绝因以色列的行动而重新审查埃以和平协议的要求。

以色列也将埃以和平协议以及埃以关系视作其国家安全的基础。埃及是传统的中东地区大国，并拥有阿拉伯世界最强的军事实力；埃及与以色列之间有240多公里的边界，同时又是阿拉伯温和阵营的主要领导者和美国的重要盟友。因此，以色列将埃及看作其与阿拉伯世界战与和的关键。

埃以和平协议签署30多年来，尽管双方的和平只是一种“冷和平”，两国在《核不扩散条约》以及中东和平进程等问题上时有龃龉，但多年来双方在反对伊斯兰激进主义和恐怖主义，特别是针对哈马斯、真主党和“基地”组织的活动，双方还是建立起了密切的协作关系。2007年6月哈马斯控制加沙后，穆巴拉克担心加沙的圣战组织人员与武器渗透到埃及，因而加强了与以色列的安全协调。在此背景下，埃及加强了其与加沙边界的兵力，并反对定期开放拉法口岸。埃及还指责哈马斯应对未能与巴勒斯坦民族权力机构达成民族和解负责。在2008年以色列发动“铸铅行动”后，埃及在谴责以色列滥用武力的同时，也指责哈马斯的错误政策为以色列提供了进攻加沙的口实。

2009 年 4 月，埃及宣布破获了一个真主党成员组成的恐怖网，指控其试图组织恐怖活动，破坏埃及的国家安全并推翻埃及政权，埃及还暗示伊朗卷入了这一事件。埃及指责伊朗是破坏中东稳定的因素，致力于推翻阿拉伯国家政权并煽动穆斯林什叶派和逊尼派之间的内战，这无疑有利于强烈反对伊朗的以色列。

2009 年 3 月，内塔尼亚胡出任以色列总理后，穆巴拉克与其保持了密切的对话与协调。埃及加强了对加沙边境的控制，在加沙边境修建钢板制成的屏障，并深埋入地，阻止激进组织通过地道走私人员和武器。①

埃及发生要求穆巴拉克下台的示威浪潮后，埃以和平协议能否继续维持成为以色列最为关心的问题。在中东应该实现民主还是维持稳定的选项中，以色列显然更倾向于稳定。因为 2006 年巴勒斯坦民主选举使哈马斯获胜导致的巴以关系恶化仍让以色列记忆犹新。尽管以色列领导人强调“民主的基础越是牢固，和平的基础也将越为牢固”，但更让他们担忧的是，在阿拉伯国家政治转型的过程中，激进伊斯兰势力将利用局势混乱劫持国内政治进程。如果在埃及发生这样的情况，将导致保障以色列安全的基石迅速坍塌。

一方面，以色列认为，由于埃以和平协议使埃及受益颇丰，剧变后的埃及过渡政权将继续维持埃以和平协议。自埃以和平协议签署以来，埃及收复了西奈领土，结束了战争，减少了国防开支，从美国获得了大量经济与军事援助，通过与以色列签署的石油和天然气协议每年获得 20 亿美元的收入，通过加入以色列和约旦的“高质

① Yoram Meital, “Approaching the End of the Mubarak Era: Egypt’s Achievements and Challenges”, in Shlomo Brom, Anat Kurz, *Strategic Survey for Israel* 2010, Tel Aviv: Institute for National Security Studies, 2010, pp. 179 – 182.

工业区”（QIZ，Qualifying Industrial Zones），解决了 12 万埃及人的就业，并实现每年向美国出口价值 7 亿多美元的商品。[①] 在穆巴拉克政权倒台后，由于掌权的埃及军方高层大多与美国有着密切的关系，因此主张继续遵守埃以和平协议。但另一方面，以色列又担心在埃及议会和总统选举中，候选人会利用埃及民众中的反以情绪争取支持，并选择以色列作为舆论攻击的目标。随着穆斯林兄弟会下属的自由与正义党在议会选举和总统大选中相继取得胜利，以色列对《埃以和平条约》的前景颇为忧虑。

以色列认为，由于埃及新政权首先要应对一系列国内民生问题，同时也要考虑美国的压力，短期内宣布单方面废除和平条约的可能性不大，但以色列必须做好埃及要求重新审查并修改条约的准备。埃以和平条约在承认埃及对西奈主权的同时，对埃及在西奈的驻军进行了限制，埃及方面很可能会对此提出修约要求。有分析认为，对以色列来说，只要埃及的要求在其可承受的范围内，明智的做法是同意修约。[②]

2011 年 2 月以来，埃及输往以色列的天然气管道屡遭武装分子的破坏袭击，发生了十余次爆炸事件。由于从埃及进口的天然气占到以色列发电厂所需天然气总量的 40%，保证天然气管道的畅通对以色列来说至关重要。目前，埃及民众认为穆巴拉克时期两国签署的天然气出口协议规定的价格过低，因此要求提高向以色列出口天然气的价格。2012 年 4 月，两家埃及国营能源公司突然终止向以色列出口天然气，表示希望和以色列签署新的天然气出口协议，要重新议定双方义务和出口价格。因此，天然气出口问题也从一个侧面

---

① David Makovsky，“Reviewing Egypt’s Gains from Its Peace Treaty with Israel，” http：//www. washingtoninstitute. org/templateC05. php？ CID =3322.

② Oded Eran，“The Future of Israel’s Agreements with its Neighbors，” *Strategic Assessment*，Vol 15，No. 1，April 2012，p. 48.

折射出当前埃以关系的敏感性。[①]

在过渡期内，由于埃及出现政治真空，西奈的安全形势已有所恶化，埃及对与加沙和以色列边境的控制力也有所下降，以色列与埃及接壤的南部边境的安全状况日趋脆弱。2011 年 8 月 18 日，以色列南部埃拉特附近发生连环恐怖袭击，导致 8 人死亡，而以色列在追击武装分子的过程中，越界射杀了 6 名埃及警察，引起埃方的强烈不满。9 月 9 日，数千埃及抗议者冲击了以色列驻埃及使馆，埃及出动突击队员才救出了受困的以色列使馆人员。在以色列国防部长巴拉克对埃及表示正式道歉后，事态才逐渐平息下来。

此外，埃及决定永久开放加沙边境的拉法口岸也令以色列不安。以色列认为，这将给予控制加沙的哈马斯行动自由，并可获得更多的武器装备和人员补充。埃及还积极推动哈马斯与巴民族权力机构达成和解，也令以色列大为不满。因此，以色列将不得不改变原先的军事部署，增加对南部边境的防卫投入和军力部署。

穆巴拉克下台后，埃及与伊朗关系也出现了令以色列不安的微妙变化。2011 年 2 月 23 日，两艘伊朗军舰自 1979 年伊朗革命后首次通过苏伊士运河前往叙利亚，使以色列大为不满。尽管埃及尚未恢复与伊朗的外交关系，但两国关系出现了明显的改善迹象。对此，以色列极为关注，如果埃伊实现复交将使以色列的中东外交更为困难。

以色列还担心国内局势动荡将导致埃及在一段时期内难以担当起其传统的地区大国角色，从而进一步加强伊朗的地位。随着穆斯林兄弟会在埃及政坛的崛起，中东温和势力和激进势力之间的力量平衡也将因此被打破。此外，埃及的变化还将促使以色列重新考虑其国防排序，增加其防卫开支，这势必会对以色列经济发展产生负

① 张倩红、刘丽娟："埃及变局后的以色列与埃及关系"，载《西亚非洲》2012 年第 2 期，第 28—29 页。

面影响。

在埃及变局中，以色列对美国的态度也极为关注。在以色列看来，美国在埃及变局中缺乏合理的战略判断，同时也缺乏有效的政策应对。奥巴马政府对待其盟友穆巴拉克政权的政策反复摇摆，直至最终抛弃穆巴拉克的做法令以色列十分不满。

当然，一年多来的埃以关系也并非都是负面消息。埃及在一定程度上仍然继续扮演着巴以冲突调停者的角色。2011 年 10 月，在埃及政府的协调下，以色列与哈马斯达成了换俘协议，以 1027 名巴勒斯坦囚犯换取被关押 5 年之久的以色列士兵沙利特。2012 年 3 月，也是在埃方的调解下，以色列与加沙激进武装实现停火，结束了 2009 年“铸铅行动”以来以巴之间最激烈的一轮武装冲突。2011 年 11 月，埃及自己也与以色列达成了换囚协议，释放了一名拥有美国和以色列双重国籍的间谍，换回 25 名被以色列关押的埃及囚犯，缓和了埃以之间的紧张气氛。

在剧变后的埃及，尽管穆斯林兄弟会及其政党释放出一些温和的信号，但历来被安全焦虑症所困扰的以色列对伊斯兰势力在埃及得势后的前景仍然十分不安，甚至担心今后如果以色列与巴勒斯坦武装之间再发生类似“铸铅行动”的武装冲突时，埃及军队是否还会袖手旁观。

三、叙利亚危机与以色列

2011 年 1 月，在接受《华尔街日报》采访时，叙利亚总统巴沙尔·阿萨德还不无得意地将埃及穆巴拉克政权遇到的危机与叙利亚国内的稳定局面进行比较。但进入 3 月后，情况迅速发生变化，叙利亚的骚乱和示威活动从德拉和拉塔基亚等城市逐渐蔓延到全国。3 月 30 日，阿萨德在讲话中称叙利亚动荡的根源是外部势力企图阴谋颠覆叙利亚政权，并将以色列视为叙利亚动乱的操纵者之一。

以色列对阿萨德政权的心态十分矛盾，这种心态来自于二十年来以叙关系发展经常沿着两条相反轨道前行的事实。1991 年的马德里和会提出了政治解决中东问题的方案，以色列由于担心国内难以接受同时在两条战线上做出重大让步，采取了分阶段实现和平的策略，并试图与叙利亚率先达成和平协议。叙利亚也对和平协议表现出了兴趣，期望以此收回戈兰高地领土并与美国改善关系。以 1979 年的埃以协定为模式，叙以之间类似的一项解决方案也逐渐成形，即以色列完全撤出戈兰高地以换取叙利亚的安全保证和和平协议。双方谈判进展一度较为顺利，但一直未能达成协议。在各种复杂因素的影响下，双方的谈判最终于 2000 年 3 月陷入破裂。当时的叙总统哈菲兹·阿萨德已病入膏肓，正集中精力进行权力移交，并在与美国总统克林顿的会晤中拒绝了其代表以色列方面提出的最后条件。

老阿萨德死后，巴沙尔·阿萨德在处理对外政策问题上显然没有其父亲老练。在与以色列的和谈问题上，巴沙尔试图追随其父亲的双轨路线，一方面表示如果以色列完全撤出戈兰高地，叙利亚愿意与以签署和平条约；另一方面巴沙尔又表示如果外交选择失败，叙利亚将不惜一战。由于叙利亚支持真主党和哈马斯的反以行动，导致叙以关系不断恶化。

以色列对巴沙尔的态度则经历了几次变化。近年来，以色列国内支持首先应与叙利亚达成协议的最大力量来自军方高层，他们相信与叙利亚的和平协议将减弱伊朗的地区影响，并有助于削弱黎巴嫩真主党的反以活动。沙龙当政时重点关注巴勒斯坦问题，拒绝与叙利亚谈判。奥尔默特继任后，开始通过土耳其的斡旋与叙利亚进行会谈。2007 年 9 月，以色列毫不留情地摧毁了据称是朝鲜向叙利亚提供的核反应堆。[①] 此后，在土耳其斡旋下进行的叙以谈判在2008 年 12 月以色列入侵加沙时中断，土耳其严厉谴责了以色列的行动。内塔尼亚胡上台后将主要精力放在伊朗核问题和巴勒斯坦问题上，对土耳其充当叙以和谈调解人不感兴趣。

以色列对叙利亚危机的矛盾立场必须置于上述背景下进行分析。以色列认为，叙利亚国内的乱局将弱化叙利亚与伊朗之间的合作关系，但又对叙利亚局势发展的不确定性充满忧虑，尤其是十分担心叙利亚局势动荡乃至内战对以色列安全造成冲击，同时也对穆斯林兄弟会的发展高度关注。

由于以色列影响叙利亚内部形势发展的能力有限，以色列只能采取观望态度。与对埃及局势的判断相反，在叙利亚危机爆发初期，以色列曾一度认为巴沙尔政权难以支撑太久，但事实是巴沙尔仍得到军队的支持，而叙利亚反对派也未能形成统一的力量，进而使叙利亚局势陷入了僵局。以色列政界和学界都认为，尽管叙利亚的变化对以色列的安全至关重要，但以色列却只能充当旁观者的角色，如果以色列支持某一特定势力，反而会产生副作用，成为众矢之的。

保持以叙边界的稳定是以色列目前最关心的事项。2011 年 5 月 15 日巴勒斯坦"灾难日"期间，近千名侨居叙利亚的巴勒斯坦难民举行抗议活动，并翻过叙以边境铁丝网，涌入以色列控制的戈兰高地，以军警开枪打死打伤多人。以色列认为此事件的重要根源在于叙政府的指使或至少是默许。一名冲破边界从叙利亚进入以色列的巴难民甚至奇迹般地通过公共交通工具抵达其祖辈居住过的雅法，

① Itamar Rabinovich, "Jerusalem's View on the Syrian Uprising," http: //www. foreignaffairs. com/articles/67721/itamar - rabinovich/israels - dilemma - in - damascus? page = show.

之后向以色列警方自首，这让以色列对以叙边境的防卫状况大为紧张。[①] 以色列担心一旦叙利亚形势失控，大量难民涌入戈兰高地，将会给以色列带来更大的安全麻烦。

叙利亚危机的久拖不决令以色列倍感煎熬。有以色列学者甚至庆幸当年拉宾未能与叙利亚达成“以土地换和平”归还戈兰高地的协议，否则，如果现在戈兰高地在叙利亚人手中，以叙边界将难有更多的回旋余地，以色列将面临更大的安全压力。[②]

以色列认为，当前叙利亚局势的发展趋势有四种可能：第一种可能，在没有国际干预支持反政府武装的情况下，巴沙尔政权重整旗鼓镇压反对派并恢复原状；第二种可能，停火持续，双方暂时维持一种均衡状态，但都在为下一轮较量做准备；第三种可能，停火无法延续，局势滑向全面内战；第四种可能，在强有力的国际干预或军事干涉的情况下，优势逐步转向反政府武装，巴沙尔政权发生内部崩溃或从军事上被击败。

上述几种可能的发展路径对以色列来说均存在着一定的风险：若巴沙尔继续执政，对以色列来说或许算不上真正的威胁，因为以叙之间已在过去近 40 年中发展了一种暂时妥协的关系，但维持原状同时也有利于以色列的地区对手伊朗，这意味着以色列将错失通过叙利亚政权更迭打压伊朗的机会；叙利亚陷入全面内战是让以色列更为担心的一种前景，一方面，巴沙尔政权的衰弱会削弱叙利亚与伊朗和黎巴嫩真主党的同盟，从而有利于以色列；另一方面，叙利亚国内混乱会导致叙以边境动荡，并吸引“基地”组织和伊斯兰极端组织成员进入叙利亚。尽管以色列已摧毁了叙利亚的核装置，但

---

① “‘It was always my dream to reach Jaffa’, Syrian infiltrator says,” *Haaretz*, 2011. 5. 16. http://www. haaretz. com/news/diplomacy – defense/it – was – always – my – dream – to – reach – jaffa – syrian – infiltrator – says – 1. 362166.

② Benedetta Berti, “The Turmoil in Syria: What Lies Ahead,” *Strategic Assessment*, Vol. 15, No. 1, April 2012, pp. 55 – 60.

叙利亚的化学武器库一旦失控将令以色列坐卧不安。巴沙尔政权一旦垮台对以色列来说也是喜忧参半，以色列既担心持反以立场的伊斯兰势力掌权，同时又对后巴沙尔时代充满期待，期待新政权能够断绝或至少疏远与伊朗和黎巴嫩真主党之间的盟友关系，进而有利于以色列与叙利亚新政权谈判签署和平协议。但是，为实现叙利亚与伊朗盟友关系解体这一目标，以色列无疑将在政治上和领土上付出必要的代价。总之，无论叙利亚局势向何种方向演变，以色列均面临着严峻的挑战和艰难的选择。

四、伊朗核问题与以色列

相对于对埃及局势的担忧和对叙利亚政局的矛盾心理，以色列倒是更希望阿拉伯世界的反政府浪潮能够席卷到伊朗。以色列总理内塔尼亚胡多次强调，中东变局的源头并非始于突尼斯，而是始于2009 年的德黑兰，当时支持改革派的伊朗民众也曾走上街头抗议，但却遭到镇压。他还不无遗憾地表示，作为起源地，伊朗目前似乎还对这场震动整个中东的政治风暴保持着免疫能力。在以色列看来，伊朗政府打压反对派，并继续研制核武器，输出恐怖主义，并企图利用这次风暴使其他国家也转变为与其类似的伊斯兰共和国，对以色列来说，这将是一场最糟糕的噩梦。

以色列认为，对自身威胁最大的伊朗是中东变局的最大受益者之一，长期与伊朗交恶的穆巴拉克倒台无疑会提升伊朗的地位，巴林、沙特等国的不稳定背后也有伊朗的影子。伊朗可利用目前国际社会把注意力集中于利比亚、叙利亚等动乱国家之机大力推进核计划，而北约对放弃大规模杀伤性武器的利比亚进行军事干预，将极大增强伊朗发展核武器的决心，并加快其核研发进程。

根据以色列和美国情报部门的估计，从纯技术角度来说，在最理想的状态下，如果没有任何意外发生，伊朗最早在2011年就能制造出一枚核弹装置；在次优状态下，这一时间将被推至2012年下半年。但有迹象表明，伊朗并未全速推动这一进程，而是先致力于核基础设施建设。伊朗可能会在核门槛上停留一段时间，一直等到其认为时机成熟才做出“拥核”选择。以色列副总理亚阿龙和前摩萨德首脑达甘认为2015年将是伊朗能够制造出核武器的目标时间，后来，达甘又认为在最坏情况下，这一时间将大大提前。①

对追求绝对安全的以色列来说，伊朗“拥核”显然是无法接受的。如果选择军事手段阻止伊朗的“拥核”进程，留给以色列的时间也已不多，而中东变局所造成的不稳定局面和新格局使以色列感到更为紧迫，并增大了其军事选择的难度。

在各方将关注焦点集中于中东变局尤其是利比亚战局时，伊朗核问题一度从人们的视线中淡出，然而，从2011年10月起，伊朗核问题又陡然升温，美国或以色列是否会对伊朗动武再度成为国际社会关注的焦点。2011年10月，美国指控伊朗与暗杀沙特驻美大使的阴谋有关，导致美伊关系持续紧张；同年11月，国际原子能机构发表的报告对伊朗核计划可能具有军事用途表示严重关切，导致伊核问题不断升温。

2011年底，以色列不断发出对伊朗的动武威胁。以色列总理内塔尼亚胡和国防部长巴拉克被都被外界认为有对伊动武的倾向。有分析指出，内塔尼亚胡具有“丘吉尔情结”。他多次将伊朗及其总统内贾德与纳粹德国及希特勒相提并论，他的办公室里挂有二战中反对绥靖政策，主张对纳粹德国采取坚决立场的英国首相丘吉尔的肖像。据称，内塔尼亚胡决心避免使自己因错失阻止伊朗“拥核”的

① Ephraim Asculai, “For Iran, It's a Matter of Decision Taking,” *INSS Insight*, No. 241. 2011. 2. 2.

机会而被载入史册。①

巴拉克曾表示，在做出对伊动武决定前，必须要对三个问题做出回答，即“以色列的行动能力”、“国际支持”和“必要性”。具体而言，这三个问题分别是：第一，以色列是否有能力对伊朗核设施造成严重损坏并大大延迟伊朗的核进程？以色列军队和人民是否能承受不可避免的反击？第二，以色列发动对伊朗核设施的进攻，能否得到其他国家尤其是美国的公开支持或是默许？第三，是否一切遏制伊朗核进程的手段都已用尽，使得以色列必须诉诸这一最后的军事手段？如果是，现在是否已进入发动进攻的最后时刻？自伊朗核威胁从上世纪 90 年代中期开始困扰以色列以来，部分以色列最高决策人物首次认为对上述三个问题均可以做出肯定的回答。②

当然，以色列国内围绕是否对对伊动武也有不同的声音。例如，前摩萨德首脑达甘就对此持反对立场。达甘曾领导了一场针对伊朗核计划的秘密战争，利用一切手段延缓伊朗的核进程。国际舆论多认为，伊朗核设施所遭遇的一系列事故和灾难都与以色列有关；以色列还通过代理人在国际黑市上向伊朗出售用于核装置的假冒或劣质零部件，利用电脑病毒破坏伊朗核设施电脑，一系列伊朗核科学家的神秘死亡也与摩萨德相关。

以色列与美国在对伊朗核设施进行军事打击问题上也存在严重分歧，美国认为仍有时间以外交手段解决伊核问题。在美国经济复苏乏力和企图从伊拉克、阿富汗抽身的背景下，奥巴马政府已很难在中东发动另一场战争，同时也担心军事打击伊朗造成的严重后果

① “Iran Attack Decision Nears, Israeli Elite Locks Down,” http://www.reuters.com/article/2012/05/17/us - israel - iran - idUSBRE84G0UC20120517.

② Ronen Bergman, “Will Israel Attack Iran?” *The New York Times*, 25 January, 2012.

会影响其竞选连任。而以色列则认为外交谈判是伊朗的拖延战术，制裁措施无法奏效，延缓伊朗核进程的秘密行动也难以产生实质性效果；美国强调不允许伊朗获得核武器，而以色列则坚持不能让伊朗获得“制造核武器的能力”。巴拉克明确提出了“免疫区”概念，认为军事打击必须在伊朗进入“免疫区”之前，即跨过这一时间节点后，军事手段将无法有效地终止伊朗的拥核进程。[①] 以色列认为，伊朗已经接近“免疫区”，留给以色列的时间已所剩无几。据以色列《晚报》报道，在内塔尼亚胡2012年3月访美期间，奥巴马曾许诺，如果以色列能将军事打击伊朗的时间推迟至美国大选之后，将向以色列提供穿透性更强的炸弹和空中加油机等装备。[②]

以色列学者对军事打击伊朗核设施的后果进行了评估，他们认为由于存在众多变量，军事打击的后果存在着极大的不确定性，其中最主要的变量就是伊朗核设施的受损程度，这将决定伊朗核进程的延迟时间和伊朗对军事打击的反应烈度。以色列预计，一次成功的军事打击将使伊朗的核进程延迟3—5年。即便以色列的攻击取得成功，仍将面临很多风险。除伊朗可能进行导弹袭击等报复外，以色列还将面对国际批评浪潮，并可能受到制裁；一旦国际油价上涨，以色列将备受国际社会的指责；伊斯兰世界对以色列的愤怒也将使以色列与埃及、约旦、土耳其等国的关系进一步恶化。而最重要的是，以色列的行动只能延迟伊朗的核进程，并不能终止其核发展进程，而伊朗则可能以遭受军事打击为由为其核发展寻求合法性。

---

① Shai Feldman, Shlomo Brom, and Shimon Stein, “What to Do about Nuclearizing Iran? The Israeli Debate,” *Middle East Brief*, No. 59, February 2012, Crown Center for Middle East Studies, Brandeis University.

② “Report: Netanyahu OKed Delay of Iran Attack till after the Election for Bunker-busters,” *Israel Insider*, April 8, 2012.

2012 年 5 月，内塔尼亚胡将反对党前进党拉入内阁，组建了以色列历史上最强大的联合政府，既避免了提前选举，同时也有利于在军事打击伊朗问题上谋取更多的支持。从表面上看，尽管联合政府成立的主要目的在于解决一系列国内问题，但分析认为，伊朗因素是前进党领导人莫法兹加入联合政府的首要考虑。以色列《晚报》称，内塔尼亚胡和莫法兹已就如何应对伊朗核威胁达成了一致。

五、土耳其与以色列关系的恶化

在以色列忙于应对中东变局的冲击及伊朗核威胁的同时，土耳其的翻脸对以色列来说可谓雪上加霜。自 2002 年具有伊斯兰背景的正义与发展党在土耳其上台执政后，一度密切的土以关系陷入停滞，2010 年 5 月的“袭船事件”更使两国关系趋于破裂。此后，以色列一度试图修补与土耳其关系的裂痕，两国官员曾就修复关系进行会晤，内塔尼亚胡也曾致信祝贺埃尔多安竞选连任成功，并主动示好希望改善双边关系。2011 年 9 月，联合国发表关于“袭船事件”的报告，称以色列的袭击“过分和不合情理”，但以色列仍拒绝向土耳其道歉，土耳其随即宣布驱逐以色列大使，将两国关系下调至二秘级，并中止所有与以色列的军事协定。此后，又发生了土耳其警方讯问以色列游客和以色列拒绝将维修的无人机交还土耳其等事件，两国关系降至冰点。

土耳其国内政治的变化和对外战略调整是导致土以关系恶化的重要因素，但也与中东变局有着不可分割的联系。土耳其认为，中东变局后的民主化趋势将使伊斯兰教与民主有机结合的“土耳其模式”大有市场，有助于提升其在中东的地位。而以色列成为其发挥地区影响力的掣肘因素，牺牲与以色列的关系将有助于其争当地区领袖。[1]

对以土关系的恶化，以色列尽管倍感失落，但与中东变局和伊朗核问题相比，似乎还未构成直接的威胁。在以色列看来，尽管土以联盟对以色列来说极为重要，但双方关系的恶化也将使土耳其付出巨大的代价。以土关系破裂在心理上和外交上对以色列造成了沉重打击，但对其战略利益的实质性影响相对较小，而土耳其在经济上的现实损失则更大，因为以色列旅游者是土耳其旅游业收入的一个重要来源。由于土以关系恶化，土耳其难以再从以色列购买武器并升级其武器系统，也是土耳其必须付出的代价。此外，以色列还将以发展与塞浦路斯和希腊的密切关系来回应土耳其。在开发地中海油气资源的过程中，以色列将与塞浦路斯拥有更多的共同利益。[2]以色列认为，在正义与发展党执政时期，以土关系将难有实质性的改善。但土耳其难以摆脱美国的影响，也难以承受完全失去以色列的代价，因而，双方关系在冷淡中依然会有回暖的空间。例如，2011 年 10 月土耳其发生地震后，以色列开展了有限的“地震外交”，使双方关系出现了改善的迹象。

六、中东变局对巴以和平进程的影响及以色列的应对

长期以来，以色列自视为中东地区唯一保持稳定的民主国家，与该地区其他多数以强人政治为特征的威权主义体制格格不入，以

---

① 李秉忠：“土耳其与以色列关系恶化的原因及其启示”，载《现代国际关系》2011 年第 12 期，第 30 页。

② Barry Rubin, “Turkish - Israeli Relations In The Shadow Of The Arab Spring,” http: //www. gloria - center. org/2012/04/turkish - israeli - relations - in - the - shadow - of - the - arab - spring/.

色列的西方民主政体也是以色列与美国维持特殊关系的重要基础和深层因素之一。①

中东变局发生后，以色列领导人在讲话中表示，正是由于以色列的民主体制，使其成为中东政治风暴中唯一能真正保持稳定的国家，并表示支持阿拉伯国家示威民众要求变革和民主的呼声。以色列也清楚，尽管这场风暴将对以色列的国家安全环境产生重大影响，但它只能充当一个旁观者的角色，如果以色列介入这些国家的内部事务，反而会招致阿拉伯民众的反感，并引火烧身；以色列也无力解决阿拉伯国家的内部问题，最好的方法是保持距离。但是，以色列国内也有舆论认为，以色列在阿拉伯世界的稳定与民主之间选择稳定，以牺牲阿拉伯民众利益来确保以色列的安全，有损以色列的道义形象。

颇具讽刺意味的是，在 2011 年夏天，以色列国内也发生了一场针对房价高企、物价飞涨等民生问题的"帐篷"抗议运动，并迅速席卷了以色列各大市镇。民众批评多年来政府夸大了以色列的安全威胁，将过多的资源投入安全事务，却忽视了民生的改善。此外，以色列国内世俗与极端宗教势力之间矛盾也日趋尖锐。公众对犹太教极端宗教势力歧视女性、对女性实施隔离等措施极为不满，并走上街头进行抗议。当然，与埃及、叙利亚等国示威者不同的是，以色列民众的诉求在于推动改革，并不是推翻现政府。

唯一让以色列庆幸的是，阿拉伯大变局尚没有对巴勒斯坦内部，特别是巴民族自治机构控制的约旦河西岸局势产生严重冲击。2011 年 1 月下旬，卡塔尔半岛电视台公布了巴以和谈中的 1700 余份秘密文件，显示巴方在谈判中曾向以色列做出许多重大让步。但是，半

① 李伟建等：《以色列与美国关系研究》，北京：时事出版社 2006 年版，第 183 页。

岛电视台在中东风暴敏感时刻投下的这颗炸弹，却并未在巴勒斯坦引起爆炸性的后果。

中东变局发生以来，尽管巴以关系没有发生转折性的变化，但以色列国内的安全形势仍出现了一些恶化的迹象：2011 年 3 月 23 日，耶路撒冷发生 7 年来首次爆炸事件，造成 1 人死亡；以南部地区也屡屡遭受来自加沙的火箭弹攻击。对此，以色列一方面加紧部署其研制的“铁穹”反火箭弹系统，并成功拦截火箭弹；另一方面对加沙地带实施空袭，造成多人死伤。

以色列对中东变局后安全环境的忧虑，以及美国的压力使以色列开始考虑继续推进巴以和平进程。以色列也意识到，与其等待中东变局尘埃落定后人们将关注点转回巴以问题，不如积极争取解决巴勒斯坦建国问题，进而挤压伊斯兰激进势力利用反以口号争取民众支持的空间。2011 年 5 月 19 日，奥巴马在中东政策讲话中首次公开支持巴勒斯坦在 1967 年战争前的边界内建国。对此，以色列国防部长巴拉克表示，以色列必须推动和平，否则将被一场“外交海啸”所吞没。①

一方面，以色列对解决巴以问题表现出了一些积极姿态。内塔尼亚胡表示，以色列愿意做出“痛苦、深远的”妥协来实现和平，包括“放弃部分犹太先祖的土地”。2012 年 4 月，内塔尼亚胡对阿巴斯陈述恢复和谈的信件做出了积极的回应，表示有意通过恢复谈判，改善中东变局后以色列的不利处境。2011 年 10 月，以色列与巴方达成换俘协定，以 1027 名巴勒斯坦囚犯换回了被扣押 5 年之久的以军士兵沙利特，一定程度上缓解了巴以间的紧张气氛。

另一方面，以色列仍然坚持在东耶路撒冷和约旦河西岸扩建定

---

① Barak: Israel must advance peace or face a “diplomatic tsunami”. http://www.haaretz.com/news/diplomacy-defense/barak-israel-must-advance-peace-or-face-a-diplomatic-tsunami-1.348973.

居点的政策，多次宣布扩建定居点的新计划，并将一些未经政府批准建立的定居点合法化。与此同时，以色列还继续坚持以暴易暴、定点清除等政策，拒绝放松对加沙的封锁措施，数次拦截前往加沙的国际救援船只，坚决反对巴内部和解，使巴以之间难以建立起恢复谈判所需要的互信。

在巴以和谈陷入僵局的情况下，巴勒斯坦方面加大了争取国际承认的力度，巴西、阿根廷、乌拉圭等拉美国家相继承认了巴勒斯坦国。2011 年 9 月 23 日，阿巴斯正式向联合国提交了入联的申请，在美国和以色列的阻挠下，巴勒斯坦的入联申请受挫，在安理会未能获得所需的 9 个会员国的支持。但在同年的 12 月 13 日，巴勒斯坦获准成为联合国教科文组织的正式会员国，令以色列和美国大为恼火。

总之，巴以之间仍然面临着众多棘手问题，如果以色列仍然坚持其强硬立场，久拖不决的巴勒斯坦问题仍将使其难以摆脱在中东地区的安全困境。

综上所述，突如其来的中东变局使以色列陷入了四面楚歌的境地，其外交和安全战略面临着前所未有的考验。近两年来，中东变局对以色列的冲击仍处在继续变化之中。埃及穆斯林兄弟会支持的候选人穆尔西在总统选举中获胜，无疑使以色列对埃以和平条约的前景备感忧虑；目前前景仍不明朗的叙利亚局势仍使以色列饱受煎熬；继续谋求独立建国和入联的巴勒斯坦使以色列面临诸多新的考验；土耳其的翻脸则令以色列有失去中东唯一盟友的危险。目前摆在以色列面前最艰难的抉择则是伊朗核问题正在走向最后的摊牌时刻，若以色列采取单方面军事行动，将使以色列面临更为严峻的考验。

要改变以色列在中东的不利处境，以色列唯一能做的就是在解决巴勒斯坦问题上迈出实质性的步伐。然而，由于多年来长期孤立所造成的安全感缺失和寸步不让的僵硬立场，以色列已多次错失机遇。如何摆脱原有的战略思维定势，通过彻底解决巴以问题实现中东和平，并彻底改变以色列的安全困境，无疑需要超凡的智慧和勇气。

中东变局与伊朗地区地位变化及伊朗核问题的发展走势

上海外国语大学中东研究所　汪　波

【内容提要】

在中东变局中，伊朗国内局势虽曾出现波动，但总体上保持了稳定。对于阿拉伯国家，伊朗一方面支持突尼斯、埃及等国的反政府游行示威，另一方面则支持盟友叙利亚稳定国内局势。在应对中东变局的过程中，伊朗的总体目标是国家稳定，并利用中东变局加强自身实力和影响力，提升自己在中东地区的大国地位。在中东变局发生的同时，伊朗加紧了核计划的发展，并引发了新一轮伊朗核危机。西方和以色列虽然会继续制裁和孤立伊朗，但短期内不会对伊朗贸然动武；而伊朗则在高调宣示伊朗核成就的同时，继续保持较为灵活的政策，伊朗核问题仍将在一定时期内处于僵持状态。

在中东变局中，伊朗国内形势保持了总体稳定。对于阿拉伯国家的政治动荡，伊朗采取了不同的政策。对于突尼斯、埃及等国的反政府游行示威，伊朗给予了支持，而对作为伊朗盟友的叙利亚，伊朗则对巴沙尔·阿萨德政权予以支持。但伊朗面临的最大挑战是核危机加剧引发的西方更为严厉的制裁，以及以色列和美国不断加大的军事威胁。

一、中东变局期间的伊朗国内局势

2011年2月11日，面对中东地区愈演愈烈的政治动荡，在庆祝伊朗伊斯兰革命胜利32周年的大型集会上，伊朗总统内贾德在演讲中宣称，当前阿拉伯世界的“起义”受到了伊朗对抗西方国家的启发，它预示着一个摆脱“邪恶”西方干涉的新中东的出现。内贾德声称，正是生活在9世纪的什叶派圣徒——第十二世伊玛目马赫迪（the 12th Imam Mahdi），指引了埃及和突尼斯的起义。①

不过，在举行这次大型庆祝活动之前，伊朗国内的反对派领导人曾要求在2月14日举行集会支持埃及和突尼斯人民的革命，但却遭到了伊朗政府的拒绝。伊朗政府认为反对派企图利用这次机会来抗议伊朗国内问题，并逮捕了7名反对派积极分子。尽管如此，伊朗反对派网站还是公布了2月14日将要举行集会的消息，并在2月13日再次号召支持者参加示威游行。

2011年2月14日，数千名反对伊朗现任领导层的示威者高喊“独裁者去死”的口号，向位于德黑兰市中心的自由广场（Azadi Square）行进。德黑兰当局封锁了街道、关闭了地铁，并派大批头戴黑色面具、手持警棍的防暴警察密切关注示威人群。随后，示威者和防暴警察之间爆发了冲突。示威者点燃垃圾桶表示抗议，而警察则向示威者投掷催泪弹。在这场冲突中，有2名伊朗大学生丧生，并有数人受伤和被捕。伊朗反对派网站称，除了德黑兰，在伊布拉罕、设拉子和马什哈德等地也有数百名民众聚集，但都同样遭到了

① Thomas Erdbrink, “Ahmadinejad Says Egypt, Tunisia Were Inspired by Iran's Anti - western Protests,” http://www.washingtonpost.com/wp - dyn/content/article/2011/02/11/AR2011021102634.html.

警察的暴力驱赶。[①]

面对反对派的挑战，伊朗总统内贾德于 2 月 15 日在伊朗国家电视台进行了回击，宣称“敌人正试图玷污伊朗的国家荣耀”。同时，伊朗政府宣布禁止在德黑兰和伊朗其他主要城市举行抗议活动，并指责抗议者试图破坏“伊斯兰革命”32 周年的纪念活动。内贾德还表示，很明显，伊朗作为试图“改变国际关系的国家，必然会给自己树敌”。不过，虽然“的确存在很多敌对国家的行为，但那些人将一事无成。”同一天，伊朗议会中的保守派还指控两名反对派领导煽动动乱，并试图将他们判处死刑。这项指控不仅针对那些不满现政府的不同政见者，而且还涉及伊朗前总统哈塔米。

伊朗国内的示威游行爆发后，美国国务卿希拉里·克林顿和总统奥巴马先后表达了对这一事件的关切。2 月 14 日，克林顿明确表示支持那些游行示威的伊朗人民的意愿。她宣称，美国反对暴力，支持伊朗人民展现的勇气及其对伊朗政权的控诉。希拉里还支持伊朗民众效仿埃及，并敦促伊朗政府改变政治体制。2 月 15 日，美国总统奥巴马对伊朗政府进行了尖锐批评。他指责伊朗政府一方面支持发生在埃及的游行示威，但另一方面却对发生在伊朗的游行示威进行镇压，向那些“试图和平表达意愿”的人们开枪。奥巴马表示，虽然美国不能直接干预伊朗内部事务，但希望伊朗人民有勇气表达自身的意愿，致力于“维护公民自由”，建立“更加负责任政府”。[②]

进入 21 世纪以来，伊朗和突尼斯、埃及、利比亚等其他中东国家一样，都遭遇了包括人口结构年轻化、国内失业率居高不下以及高通货膨胀率等经济与社会问题的挑战（见表 1）。因此，突尼斯、

---

① Kirit Radia and John R. Parkinson, “Clinton Praises Iran Protests, Raises Alarm Over Budget Cuts,” http://abcnews.go.com/US/secretary-state-hillary-clinton-republican-budget-cuts-endanger/story?id=12913691.

② BBC NWES, “Iran Protests ‘Going Nowhere’, Says Mahmoud Ahmadinejad,” February 15 2011, http://www.bbc.co.uk/news/world-middle-east-12475824.

埃及等国的群众游行示威，也直接影响和鼓舞着伊朗的部分民众。2011年2月15日在伊朗发生的游行示威，其实也反映了伊朗国内保守派和改革派之间的斗争。

表1：伊朗与部分中东阿拉伯国家人口结构及社会情况（2010年）

国家	人口（百万）	年龄中位数	GDP增长率（%）	通货膨胀率（%）	失业率（%）	贫困人口比例（%）
伊朗	74.0	26.8	3.2	12.4%	14.6	18.7（2007）
阿尔及利亚	35.5	27.6	3.3	3.9	9.7	23
巴林	1.2	30.9	4.1	2	15（2005）	—
埃及	81.1	24.3	5.1	11.1	9	20（2005）
约旦	6.0	22.1	2.3	5	12.5	14.2（2002）
利比亚	6.4	24.5	4.2	2.5	30（2004）	—
摩洛哥	32.0	26.9	3.7	1	9.1	15（2007）
沙特阿拉伯	26.1	25.3	4.1	5.4	10.8	—
叙利亚	22.5	21.9	3.2	4.4	8.3	11.9（2006）
突尼斯	10.5	30	3.1	4.4	13	3.8（2005）
也门	24.1	18.1	8	11.2	35	45.2（2003）

资料来源：CIA：The World Factbook and Word Bank。

1997年5月，温和开明的改革派领导人哈塔米当选伊朗第五任总统后，伊朗政坛就形成了改革派和保守派两个阵营。改革派倾向于实行更为自由的政治、经济和社会政策。哈塔米在竞选纲领中提出的建立公民社会、实行法治、发展经济和实现社会公正等口号，曾赢得了伊朗国内知识分子、青年学生、妇女和普通市民的广泛支持。在哈塔米任内，伊朗政府放宽了对出版物的限制，社会和文化政策也较为宽松，伊朗甚至还出现了1979年以后的第一位女副总统。在外交上，哈塔米改善了伊朗与欧洲以及沙特、埃及、阿尔及利亚等阿拉伯国家的关系，积极倡导“文明间对话”。然而，哈塔米领导的改革派阵营虽然赢得了民意，但却遭到了控制着宪法监督委员会、专家会议及司法部门等国家重要权力机关的伊朗保守派的反对，致使其任内的政治和文化改革进程举步维艰。2005 年保守派人士内贾德当选伊朗总统后，伊朗国内的保守派与改革派之争，以改革派的失利而告一段落。此后，改革派常常以反对派的身份进行示威游行活动。

表 2：1979 年伊斯兰革命后的历届伊朗总统

补充情况		总统	任期
第一任	阿伯尔·哈桑·巴尼萨德尔	1980. 1—1981. 6. 22	遭弹劾下台
第二任	穆罕默德·阿里·拉贾伊	1981. 8. 3—8. 31	在任内被炸身亡
第三任	萨义德·阿里·哈梅内伊	1981. 10—1985. 8 第一任期	1989 年当选为伊
		1985. 8—1989. 7 第二任期	朗最高精神领袖
第四任	阿克巴尔·哈什米·拉夫桑贾尼	1989. 7—1993. 6 第一任期	2005 年再度竞
		1993. 6—1997. 8 第二任期	选总统，败选
第五任	赛义德·穆罕默德·哈塔米	1997. 8—2001. 8 第一任期	伊朗改革派的
		2001. 8—2005. 8 第二任期	领导人之一
第六任	马哈茂德·艾哈迈迪－内贾德	2005. 8—2009. 6 第一任期	
		2009. 8 至今	

伊朗现任总统内贾德于 1956 年出生于伊朗加姆沙（Garmsar）市郊的一个平民家庭。1975 年，内贾德进入德黑兰工业科技大学土木工程系学习，1997 年获交通运输工程学博士学位。早在大学阶段，内贾德就参加过一些宗教和政治集会。1979 年伊朗伊斯兰革命胜利后，内贾德创立了德黑兰工业科技大学伊斯兰学生会。两伊战争期间，内贾德作为伊朗伊斯兰武装力量动员队的志愿军，参加了前线工程部的工作。此后，内贾德曾担任过霍库地方长官和库尔德省总督顾问等职位。1993 年，内贾德任文化和高等教育部文化事务顾问；1993—1997 年间任阿尔达比勒省省长；2003—2005 年间任德黑兰市长。2005 年 6 月 24 日，内贾德参加伊朗第 9 届总统选举并成

功当选，2009 年 6 月 12 日又在总统选举中获得连任。不过，2009 年 6 月总统选举的结果，遭到了败选的前总理穆萨维的质疑和抗议。

内贾德属于势力强大的伊朗保守派阵营，该阵营反对变化，特别是反对政治自由化，强调伊朗必须在没有西方“腐败影响”的情况下向前发展。保守派还强调，必须遵从最高精神领袖哈梅内伊的教导。内贾德在第一次总统竞选期间一再重申，当选总统后的首要任务就是“切实维护国家法律和宗教习俗的尊严”。

由于伊朗改革派长期遭受保守派政权的打压，2011 年 2 月伊朗反对派领导的游行示威很快就遭到政府镇压。伊朗政府在控制了反对派领导人之后，伊朗国内的局势也很快恢复平静。面对愈演愈烈的中东政治局势，伊朗的总体目标是国家稳定，并利用中东变局加强自身实力和影响力，提升自己在中东地区的大国地位。

二、伊朗在中东变局中为提升自身地位而采取的措施

在中东变局的过程中，为了提升自己的地区地位，伊朗积极声援突尼斯、埃及、利比亚、巴林等国的反政府示威游行，并积极寻求与突尼斯、埃及、利比亚等国家的新政权建立紧密的外交联系，以进一步增强在中东地区的影响力。对于其盟友叙利亚国内的动荡局势，伊朗则全力支持巴沙尔·阿萨德政权，反对西方国家和阿盟干预叙利亚国内事务。

（一）支持突尼斯、埃及、利比亚、巴林和也门的反对派

2011 年 1 月 15 日，也就是突尼斯总统本·阿里逃亡沙特的第 2 天，伊朗外交部发言人帕拉斯特就宣布，伊朗支持突尼斯穆斯林群众以非暴力方式实现其要求。帕拉斯特把突尼斯描述成一个已经进

入政治生活敏感阶段的重要的穆斯林国家，并表示伊朗政府希望突尼斯人民通过和平对话的形式解决问题。本·阿里下台后，突尼斯民众的游行示威虽仍在继续，但过渡政府很快就接管了国家权力。2月11日，在庆祝伊朗伊斯兰革命胜利32周年的集会上，伊朗示威者拉着横幅、高喊口号支持突尼斯、埃及和其他穆斯林国家的人民革命。与此同时，在突尼斯国内对新的联合政府合法性尚存有质疑的情况下，伊朗就开始发展与突尼斯新政权的关系。2011年10月4日，伊朗外交部长萨利希会见了突尼斯新任驻德黑兰大使，并就突尼斯政权更迭后两国关系的走向进行了探讨。

2011年10月30日，在新闻发布会上，伊朗外交部长向赢得突尼斯制宪议会选举的“伊斯兰复兴运动”（al－Nahda Party）领导人加努西表示祝贺，并表示伊朗和突尼斯两国政府将尽快开始会谈。2011年11月13日，伊朗外交部长宣布伊朗将在所有领域中扩展同突尼斯的关系。2012年4月21日，伊朗新任驻突尼斯大使向突尼斯总统马祖吉递交了国书。2012年4月24日，伊朗外长访问突尼斯，并在与突尼斯外长阿布德萨勒姆会面后表示，伊朗准备在所有领域中支持突尼斯政府和人民，并在共同利益的基础上扩大利益。

对于埃及，从2011年1月25日埃及开罗爆发大规模反政府示威游行开始，伊朗从政府官员、宗教界人士到社会组织就纷纷表示声援和支持。2011年1月29日，伊朗外交部长还呼吁埃及政府避免对示威者使用暴力手段。伊朗半官方的法斯通讯社（Fars News Agency）援引伊朗外交部官员的话说，“埃及人民的起义是基于中东地区的宗教教义和警觉，这次起义是为了让埃及回到它在地区和国际政治中原有的位置”。[①] 就在同一天，伊朗外交部发言人帕拉斯

① “Iran Urges Egyptian Government to Avoid Violence against Protesters,” 2011.01.29，Fars News Agency，Tehran，http：//english.farsnews.com/newstext.php？nn=8911090755.

特也发表讲话声称，埃及人民的示威旨在实现国家的民族和宗教要求，并呼吁埃及政府应倾听穆斯林群众的声音，避免使用任何形式的暴力镇压，同时强调伊朗将密切关注埃及各地事态的发展。①

2011 年 2 月 1 日，伊朗议会公布了一份由 214 位议员签名的声明。声明强调指出，伊朗和埃及存在诸多的历史共同点，伊朗议会对埃及革命予以支持。伊朗议员还谴责西方国家和以色列企图破坏革命，并试图剥离革命中包含的伊斯兰价值观。② 2 月 3 日，伊朗驻埃及大使赞扬埃及人民是寻求正义、自由和真正独立的勇士，埃及人民的起义标志着埃及黑暗的独裁统治时代的结束。③ 同一天，伊朗红新月会（the Red Crescent Society）主席法齐表示，基于红新月和红十字会的 7 项基本原则，红新月会正密切关注埃及发生的事件。伊朗红新月会积极支持埃及红新月会，一旦埃及方面提出要求，伊朗方面将立刻实施救助行动，为受伤的抗议者提供医疗救助。④

在支持埃及民众示威游行的同时，伊朗政府还猛烈抨击美国和以色列干预埃及的示威游行。2011 年 2 月 3 日，伊朗外交部发表声明称，“伊朗希望世界上所有热爱自由的人民和政府尊重埃及国民的合法要求，并谴责以色列和美国干预埃及的国内事务”。声明还表示，伊朗支持中东和北非的重要政治发展，因为它们是新一波伊斯

---

① “Spokesman: Iran Closely Monitoring Developments in Egypt,” Fars News Agency, Tehran, 2011. 01. 29, http: //english. farsnews. com/newstext. php? nn = 8911091254.

② “Iran's Parliament Voices Support for Egyptian Nation's Uprising,” Fars News Agency, Tehran, 2011. 02. 01, http: //english. farsnews. com/newstext. php? nn = 8911121377.

③ “Senior Cleric: Revolution in Egypt Marks End of Dictatorship Era” Fars News Agency, Tehran, 2011. 02. 03, http: //english. farsnews. com/newstext. php? nn = 8911140572.

④ “Iran Ready to Provide Injured Egyptians with Medical Aid,” Fars News Agency, Tehran, 2011. 02. 04, http: //english. farsnews. com/newstext. php? nn = 8911150692.

兰觉醒的浪潮。[1]

2011 年 2 月 11 日，伊朗总统内贾德在庆祝伊朗伊斯兰革命胜利 32 周年的讲话中强调，“埃及人民有权获得自由，有权决定自己的政府，有权自由表达对国家和全球问题的看法”。他还声称，“不久的将来就会出现一个没有美国和以色列的新中东”。[2] 2 月 12 日，即埃及总统穆巴拉克辞职后的第二天，伊朗外交部部长萨利希就宣布“祝贺埃及人民推翻了穆巴拉克将近 30 年的残暴统治”。他说，“伊朗人民祝贺埃及取得的重大胜利并分享埃及人民的快乐”。他还呼吁“埃及军队在这个敏感的时期发挥历史性作用，帮助和支持埃及人民实现他们的要求”。[3]

在穆巴拉克下台后，伊朗政府积极寻求与埃及新政权建立联系。2011 年 6 月 1 日，伊朗总统内贾德在德黑兰举行的与埃及革命青年、知识分子和宗教学者组成的代表团的会谈中，表示伊朗已准备好向埃及提供包括民用核技术在内的科学和技术经验。内贾德说：“我们很自豪我们将向埃及提供我们全部的经验，而且我们相信这是我们的责任，我们的埃及兄弟姐妹们决不会辜负我们的付出。”在与埃及学者、大学讲师、精英和媒体人员的会谈上，内贾德表示伊朗准备在核、生物技术、工业、科学和农业领域与埃及合作，并且还准备在埃及投资。[4] 2012 年 2 月 22 日，伊朗驻埃及代表明确表示，将尽快恢复与埃及的外交关系。

---

① “Iran Lashes Out at US, Israel’s Meddling in Egyptian Affairs,” Fars News Agency, Tehran, 2011. 02. 04, http: //english. farsnews. com/newstext. php? nn = 8911150714.

② “Iranian President Calls on Egyptian People to Maintain Unity,” Fars News Agency, Tehran, 2011. 02. 11, http: //english. farsnews. com/newstext. php? nn = 8911221094.

③ “Iran Felicitates Egyptian Nation on Victory,” Fars News Agency, Tehran, 2011. 02. 12, http: //english. farsnews. com/newstext. php? nn = 8911231019.

④ “Ahmadinejad: Iran Ready to Share Nuclear, Technological Experience with Egypt,” Fars News Agency, Tehran, 2011. 06. 01, http: //english. farsnews. com/newstext. php? nn = 9003117593.

在利比亚局势由游行示威演变为内战后，伊朗一方面在各种政治场合积极表示支持利比亚人民的“起义”并谴责卡扎菲镇压国内民众，另一方面则强烈反对西方国家对利比亚的武力干涉。2011 年 2 月 22 日，伊朗议会发言人表示，伊朗支持穆斯林国家尤其是利比亚人民反对暴政的起义；2 月 27 日，伊朗外交部长表示，为了支持利比亚起义的民众，伊朗准备向利比亚提供人道主义援助；3 月 16 日，伊朗驻利比亚大使纳塞利与利比亚外交部长库萨会谈时提出，利比亚政府应该现实地看待国内局势的进展，避免用暴力手段镇压人民。

利比亚危机发生后，伊朗红新月会积极向利比亚提供人道主义援助。利比亚国内局势恶化后，伊朗红新月会立刻与埃及政府商谈，通过埃及和利比亚的边境向利比亚提供人道主义援助。2011 年 8 月 15 日，伊朗红新月会又将一批包括药品和医疗必需品在内的救援物资直接运送到利比亚的班加西。在此之前，伊朗红新月会还通过利比亚与突尼斯的边界地区，向利比亚提供了包括食物以及生活必需品在内的两批援助物资。

利比亚反对派占领的黎波里后，伊朗政府迅速采取了一系列行动，支持利比亚全国过渡委员会。2011 年 8 月 24 日，伊朗议会发言人阿里·拉里贾尼正式祝贺利比亚人民推翻卡扎菲的专制统治。8 月 30 日，伊朗外交部发表的声明宣布，伊朗外长萨利希与利比亚全国过渡委员会主席贾利勒通了电话，表示伊朗愿与利比亚全面扩展双边合作关系。萨利希还邀请贾利勒在适当时间访问伊朗，并表示伊朗驻利比亚大使将尽快回到利比亚复职。2011 年 9 月 16 日，伊朗驻的黎波里大使重新赴任，恢复伊朗在利比亚的外交活动；11 月 11 日，伊朗作为石油输出国组织轮值主席，呼吁产油国削减产量以帮助利比亚重新回到国际原油市场；11 月 20 日，伊朗副总统拉希米致信利比亚过渡政府主席基伯，表示伊朗准备向利比亚提供援助，并参与利比亚基础设施和经济重建工作;[①] 12 月 6 日，伊朗总统内贾德邀请利比亚国家过渡委员会主席访问伊朗。

在巴林，当占人口多数的什叶派穆斯林与逊尼派王室发生冲突时，伊朗对什叶派的抗争予以了全力支持。2011 年 2 月 15 日，在突尼斯和埃及局势的影响下，巴林什叶派穆斯林举行大规模游行示威，要求各教派公平享有权利，并要求政府下台，建立真正的君主立宪制。2 月 18 日，伊朗外交部长表示，巴林当前的局势虽然是巴林内政，但伊朗高度关注巴林的紧张局势，呼吁巴林政府保持克制，倾听民众的要求和呼吁。在巴林示威群众和安全部队发生流血冲突后，伊朗外交部在 2 月 19 日的声明中严厉谴责巴林政府对民众的暴力行动。随着巴林国内局势的急剧恶化，沙特和阿联酋的武装部队应巴林政府的要求于 3 月 14 日进入巴林。对于沙特军队进入巴林的行动，伊朗外交部长于 3 月 15 日召见了沙特和瑞士（由于美国和伊朗断交，瑞士驻伊朗使馆负责为美国和伊朗传递外交信息。）驻德黑兰大使，抗议沙特军队进入巴林以及美国对这一行动的支持。3 月 15 日，伊朗议会发言人和外交部发言人先后发表声明，警告海湾国家部队进入巴林进行武装干涉将付出沉重代价。在沙特等其他海湾国家的支持下，巴林政府很快稳定了国内局势。但伊朗对巴林国内反政府游行示威的支持，则导致了巴林与伊朗关系的急剧恶化。

对于也门从 2011 年 1 月 15 日开始的反政府游行示威，伊朗政府于 2 月 23 日发表声明表示高度关注，并敦促也门通过对话来解决国内冲突。在也门政府和反对派的冲突与对峙中，伊朗一再对也门政府的武力镇压表示抗议。而也门政府和美国情报机构则指责伊朗向也门反对派武装和其他政治派别提供武器，以扩大自己在中东地区的影响力。美国政府官员声称，伊朗革命卫队作战部队圣城旅

① “VP: Iran Ready to Participate in Libyan Reconstruction,” 2011. 11. 20, Fars News Agency, Tehran, http: //english. farsnews. com/newstext. php? nn = 9007274141.

（Quds Force）使用小船向也门反政府武装运送 AK－47、火箭推进榴弹（又称 RPG）等武器，并帮助叛军更新手中的老旧武器。[①]

（二）支持叙利亚阿萨德政权

基于伊朗和叙利亚阿萨德政权的盟友关系，以及担心西方在颠覆巴沙尔政权后将矛头对准伊朗，从 2011 年 3 月 18 日叙利亚南部德拉市爆发大规模游行示威开始，伊朗就一直坚定地站在阿萨德政权一边，反对外部势力对叙利亚的干涉。伊朗政府在各种公开场合都旗帜鲜明地表示支持阿萨德政权，并指责外部势力挑起了叙利亚国内的动乱。

2011 年 5 月 6 日，伊朗外交部称叙利亚的骚乱是“美国和以色列的阴谋”。伊朗认为，由于叙利亚 60 年来反对以色列压迫黎巴嫩和巴勒斯坦人民，因而使得叙利亚成为西方“阴谋”的目标；美国和以色列希望通过激化叙利亚的紧张局势，来分化叙利亚政府和人民。8 月 10 日，伊朗议会国家安全和外交政策委员会主席布鲁杰尔迪呼吁中东国家帮助叙利亚解决国内问题，并对抗美国或北约对叙利亚任何可能的军事干预；8 月 25 日，伊朗总统内贾德和卡塔尔国王哈马德会谈时，也呼吁所有穆斯林帮助叙利亚对抗西方的侵略，并声称伊朗在任何情况下都会保持和与叙利亚的联盟，并帮助叙利亚对抗西方采取的任何可能的军事进攻；[②] 11 月 16 日，伊朗人权委员会主席拉里贾尼重申了伊朗对叙利亚政府的支持，称阿拉伯人民能够在没有外部势力干预的情况下解决自己的问题；11 月 26 日，伊

① Eric Schmitt，“Robert Worth，With Arms for Yemen Rebels，Iran Seeks Wider Mideast Role，” *New York Times*，March 15，2012.

② “Report：Iran Pledges to Support Syria in Case of West’s Military Intervention，” Fars News Agency，Tehran，2011. 08. 28，http：//english. farsnews. com/newstext. php? nn＝9006060106.

朗总统内贾德接受采访时再次表示，相信叙利亚政府和人民能够坐在一起，在相互理解的氛围中解决他们自己的问题，外界根本没有资格卷入其中。①

2012 年 2 月 2 日，伊朗外交部长萨利希高度赞扬叙利亚总统巴沙尔提出的改革计划，并警告外部势力不要对叙利亚做出“轻率”的举动。3 月 31 日，在叙利亚政府表示同意接受联合国和阿盟“叙利亚危机联合特使”安南提出的六点“和平计划”后，伊朗议会主管国家安全和外交政策的议员布鲁杰尔迪发表了支持叙利亚政府决定的讲话。他表示，伊朗希望巴沙尔维持国内稳定，并通过实现改革和防止外国干预以恢复和平；当前外界对叙利亚的指责是美国及其盟国所为，实际上就是美国对于失去其中东最重要盟友——埃及所做出的反应。他也批评了土耳其的叙利亚政策，称土耳其忽略了与邻国团结的重要原则，要求土耳其尊重大部分支持改革并反对外国干预的叙利亚人民的意愿。他还指责沙特和卡塔尔的叙利亚政策，认为这两个国家因为越来越偏离真正的民主，因而他们所说的“民主”更像是个玩笑。布鲁杰尔迪最后强调：“任何外国干涉都会在叙利亚引发更多的问题，任何叙利亚人民和政府接受的建议都会受到伊朗的欢迎。”②

此外，根据西方的报道，伊朗还向叙利亚政府提供了大量军事援助。从 2011 年叙利亚国内出现军事冲突开始，美国就指责伊朗向叙利亚提供军事援助镇压反对派。4 月 26 日，针对美国总统奥巴马指责叙利亚政府要求伊朗帮助镇压国内示威游行的言论，伊朗外交部发言人梅曼·帕拉斯特进行了否认，并声称这一指控毫无根据，

---

① “Ahmadinejad Lambasts Foreign Interference in Syria,” Fars News Agency, Tehran, 2011. 11. 27, http: //english. farsnews. com/newstext. php? nn = 9007275033.

② “Iran Supports Reforms in Syria,” Islamic Republic News Agency, Tehran, 2011. 3. 31, http: //www. irna. ir/News/all%20News/Iran – supports – reforms – in – Syria, – Official/80057073.

"只是华盛顿对伊朗的精神战和媒体宣传"。[①] 尽管如此，路透社也援引美国和欧洲安全官员的话，声称在叙利亚发生动乱的一年多时间里，伊朗政府向阿萨德政权提供了多种军事援助，以帮助镇压叙利亚国内的反对派。这些军事援助除了常规步枪、弹药外，还包括叙利亚安全部队使用的电子监视系统和技术，以破坏抗议者通过社交媒体进行联络。还有报道称，2012 年 3 月初在叙利亚政府军和反政府武装交火最激烈的霍姆斯，曾出现过标有"Pahpad"（波斯语含义为"遥控飞机"）的伊朗无人机。除武器装备外，伊朗安全官员还访问大马士革，教授叙利亚安全机构如何打击异议人士，并有一些伊朗军官担任叙利亚军队的顾问。[②]

2012 年 2 月 4 日，联合国安理会否决了摩洛哥代表阿盟提交的支持阿拉伯联盟要求叙利亚总统阿萨德移交权力的决议草案。此后，叙利亚局势也一度出现转机。3 月初，叙利亚政府军控制了此前被反政府武装占领的霍姆斯省阿姆鲁门地区，再加上叙利亚国内民众对外来武力干涉的反对，叙利亚危机开始进入通过政府与反对派和谈来实现停火的阶段。此后，叙利亚问题中不仅有阿盟、北约、俄罗斯和中国等大国的参与，而且伊朗作为阿萨德政权的重要盟友也积极加入外交斡旋。4 月 8 日，主管阿拉伯和非洲事务的伊朗副外长表示，伊朗支持叙利亚政府和反对派进行谈判。他强调，伊朗支持叙利亚人民和政府，并声称伊朗不会试图激化矛盾或引发地区不稳定，而是会尽最大努力来帮助恢复地区的和平与稳定。[③]

---

① "Iran Dismisses US Allegations about Interference in Syria as 'Baseless'," 2011. 04. 26, http: //english. farsnews. com/newstext. php? nn = 9002060754.

② Mark Hosenball, "Iran Helping Assad to Put down Protests,", Washington, March 23 (Reuters), http: //www. reuters. com/article/2012/03/23/iran - syria - crackdown - idUSL1E8EK8AV20120323.

③ "Iran's envoy: Iran Supports Dialogues between Syrian Government, Opposition," Islamic Republic News Agency, Tehran, 2012. 04. 08.

2012年8月初，在叙利亚局势严重恶化、西方持续加大对叙利亚的制裁之际，伊朗国家最高安全委员会秘书赛义德·贾利利访问叙利亚。在会见巴沙尔时，贾利利强调伊朗不会让自身与叙利亚政府的“紧密伙伴关系”为持续冲突或者外部敌对势力所撼动。“伊朗认为叙利亚是抵抗轴心至关重要的一部分，伊朗不会允许（这一轴心）遭受任何形式的破坏。”[①] 按西方媒体的解读，贾利利所说“抵抗轴心”指伊朗、叙利亚、黎巴嫩真主党和巴勒斯坦伊斯兰抵抗运动（哈马斯）。8月7日，伊朗在德黑兰主持召开了叙利亚问题国际会议，并重申伊朗反对外部势力介入叙利亚内政的立场。

总之，在中东变局中，伊朗一方面积极声援和支持突尼斯、埃及和利比亚等国的反对派，并及时和这些国家的新政权建立更密切联系；另一方面，伊朗对叙利亚阿萨德政权予以坚决支持，通过巴沙尔政权的维持减轻西方对伊朗的压力，同时积极巩固“什叶派联盟”。不过，伊朗对巴林、也门等国家反对派的支持，也导致了伊朗与海湾国家关系的进一步恶化。

三、伊朗核问题的走势及其前景展望

在2011年中东地区出现政治剧变的同时，伊朗也在国内加紧推进核计划的发展。对此，国际原子能机构于2011年11月8日发布了名为《在伊朗伊斯兰共和国执行与〈不扩散核武器条约〉有关的保障协定和安全理事会决议的相关规定》的总干事报告，使得伊朗核问题进入新一轮危机。

国际原子能机构的报告指出，根据核查，发现伊朗仍未停止在

① “伊朗开叙问题会议力挺阿萨德”，http://www.dfdaily.com/html/51/2012/8/9/840245.shtml。

纳坦兹的燃料浓缩厂和库姆市附近的福尔道燃料浓缩厂的铀浓缩活动，但这些活动仍在国际原子能机构的保障之下。不过在这份报告的 G 部分，即“可能的军事层面”这个部分，国际原子能机构声称根据其掌握的来自“各种广泛独立渠道”的情报显示，伊朗 2003 年底之前一直在进行与核爆炸装置有关的一些活动，而且 2003 年之后这些活动还在继续。这些活动包括：第一，与伊朗军方有关联的个人和实体正在尝试生产与核相关的设备和材料，并取得了一些成功；第二，伊朗正在努力发展那些并未向国际原子能机构申报的核材料生产路径；第三，伊朗已从一个核供应秘密网络获得了发展核武器的材料和文件；第四，伊朗正在进行核武器自主设计的工作，包括进行部件试验。在这份报告的附件中，还附录了那些涉及伊朗发展核爆炸装置的情报的大致来源和具体内容。尽管国际原子能机构在报告的结尾依然表示要和伊朗展开“实质性的合作，来澄清伊朗核计划运用于军事层面的可能性”[①]，但这份报告还是引发了新一轮的伊朗核危机。

（一）新一轮伊朗核危机

第一阶段：美、英等西方国家对伊朗实行新一轮单边制裁，引发伊朗与英国等欧盟国家外交关系的急剧恶化。

2011 年 11 月 23 日，美国总统签署总统令，下令对伊朗石化行业实施制裁，并扩大对伊朗油气行业的制裁。紧接着，英国也动用金融手段对伊朗进行制裁。2011 年 11 月 21 日，英国财政大臣乔治·奥斯本（George Osborne）宣布，自当日起，英国所有金

① “Implementation of the NPT Safeguards Agreement and Relevant Provisions of Security Council Resolutions in the Islamic Republic of Iran,” IAEA Board of Governors GOV/2011/65， 2011. 11. 8， http：//www. iaea. org/Publications/Documents/Board/2011/gov2011 - 65. pdf.

融机构必须停止与伊朗所有银行及其分支机构的交易或商业往来。英方表示，伊朗的银行正在为参与核武器项目的个人和团体提供金融服务，英国这一做法是为了阻止伊朗拥有核武器。对于英国的这一决定，伊朗方面做出了强烈回应。11 月 27 日，伊朗议会以 179 票赞成、4 票反对和 11 票弃权的表决结果，通过了一项关于降低伊朗与英国外交关系的议案，并在第二天得到了伊朗宪法监护委员会的批准。

2011 年 11 月 29 日，德黑兰近千名大学生和民众在英国驻伊朗大使馆门前举行示威活动，抗议英国政府采取的新的单边制裁措施。一些学生还闯入英国文化协会驻伊朗办事处，降下英国国旗并破坏了办事处的文件。这一事件发生后，英国政府发出强烈抗议。英国首相卡梅伦称伊朗没有保护英国大使馆及其财产是伊朗政府的耻辱，并要求伊朗政府保护英国大使馆工作人员的人身安全。①

在英国驻伊朗使馆遭冲击的当天，美国白宫发言人卡尼发表声明，强烈谴责伊朗示威者冲击英国驻伊朗大使馆，敦促伊朗遵守国际义务，起诉肇事者并确保类似事件不再发生。同一天，联合国安理会也发表声明，强烈谴责伊朗示威者冲击英国驻伊朗使馆事件，要求伊朗政府采取措施保护外交领事人员和外交驻地安全，并履行充分尊重外交领事人员的国际职责。

此后，大多数欧洲国家都对伊朗采取了外交孤立和新的制裁行动。2011 年 11 月 30 日，挪威政府宣布出于安全考虑，暂时关闭该国驻伊朗大使馆；同一天，德国、法国和荷兰外交部也分别发表声明或公报，宣布召回各自驻伊朗大使，以表示对伊朗示威者冲击英国大使馆的抗议。12 月 1 日，欧盟外长会议做出了进一步扩大对伊

① "UK Condemns Embassy Incursion in Iran," CNN 2011. 11. 29, http://articles. cnn. com/2011 - 11 - 29/middleeast/world_ meast_ iran - demonstrations_ 1_ embassy - property - embassy - building - iranian - government? _ s = PM: MIDDLEEAS.

朗制裁的决定，宣布将把“直接参与伊朗核计划”的 143 家伊朗企业和 37 名个人加入到制裁清单中，对其实施冻结资产和旅行禁令。欧盟外长会议的声明表示，对伊朗实施进一步制裁的原因是伊朗在核问题上毫无进展，欧盟对伊朗发展军事核计划深表担忧。但决议仍强调要通过外交努力来解决伊朗核问题，而且也未就对伊朗实施石油禁运达成共识。12 月 1 日，美国参议院以 100 票赞成、0 票反对的结果，决定对伊朗实施更为严厉的经济制裁，以切断伊朗中央银行与全球金融体系的联系。①

在西方国家对伊朗施加外交压力和制裁行动的同时，美国和以色列都宣布近期不会对伊朗进行军事打击。2011 年 11 月 31 日，美军参谋长联席会议主席邓普西表示，美方认为制裁和外交压力是迫使伊朗放弃核计划的正确方式。不过，他也公开表示不放弃其他任何选项，即不排除军事打击的可能性。12 月 1 日，以色列国防部长巴拉克也表示，以色列眼下还不打算攻击伊朗，但不排除使用军事手段的可能。② 12 月 2 日，美国国防部长帕内塔在讨论美以关系的“萨班论坛”（Saban Forum）上发表演讲时声称，伊朗一旦拥有核武器，将对中东地区的安全和繁荣构成最为严峻的威胁。为了阻止伊朗获得核武器，美国政府不排除包括军事打击在内的任何选择。但他强调，军事打击“最多”只能将伊朗核计划推后一到两年，并会引发诸多意想不到的后果，包括伊朗可能获得更多的声援，美国在中东的军事基地遭打击报复等，而且还可能殃及美国国内脆弱的经

---

① “Iran Faces Tougher Sanctions by European Union and U. S,” the New York Times, 2012. 01. 23, http://www. nytimes. com/2012/01/24/world/middleeast/iran – urged – to – negotiate – as – west – readies – new – sanctions. html.

② Ehud Barak, “Israeli Defense Minister, Will Not Rule Out Iran Strike,” Huffington Post, Jerusalem, 2011. 12. 01, http://www. huffingtonpost. com/2011/12/01/ehud – barak – israel – defense_ 0_ n_ 1122884. html.

济复苏，所以不到“万不得已”不会对伊朗动武。①

面对严重的外交孤立，伊朗采取了较为克制的外交举措。在冲击英国大使馆事件发生当晚，伊朗外交部发表声明对示威者冲击英国使馆表示“遗憾”，并承认冲击外国使馆是一种“不可接受”的行为，伊朗将通过法律途径来处理这一问题。德黑兰警方也在当天逮捕了12名冲击英国文化协会驻伊办事处的示威者。12月4日，伊朗外交部长萨利希对英国驻伊朗大使馆遭到冲击表示“非常遗憾”，并承诺将防止今后再次发生类似袭击事件。面对外界关于伊朗封锁霍尔木兹海峡的猜测，伊朗外交部发言人帕拉斯特于12月13日表示伊朗不会封锁霍尔木兹海峡，因为伊朗主张维护波斯湾地区的和平与稳定。但他同时又指责美国和以色列对伊朗施加威胁和营造“战争气氛”，并表示如果紧张局势演变成为战争，霍尔木兹海峡将可能遭到威胁。

第二阶段：从2012年2月初开始，伊朗就开始高调宣称其核进展。

2012年2月15日，伊朗原子能组织主席阿巴斯宣布，伊朗已生产出用于提纯浓缩铀的新一代国产离心机，并开始在纳坦兹铀浓缩设施中启用这种新型离心机。伊朗自主研制的这种第四代离心机转速更快，效率也更高。阿巴斯还强调，启用新型离心机将加快伊朗的铀浓缩活动，这也是对西方“敌意”的强烈回应。就在同一天，伊朗总统内贾德出席了新一代离心机的揭幕仪式。他在仪式上表示，如果无法获得所需核燃料，伊朗将自行生产核燃料。当天下午，内贾德还宣布伊朗将在4个不同地方建造4个核反应堆，用于测试核燃料和生产放射性药物。

① “Remarks by Secretary of Defense Leon E. Panetta at the Saban Center,” U. S. Department of Defense, 2011. 12. 02, http://www.defense.gov/transcripts/transcript.aspx? transcriptid =4937.

在高调宣布核进展的同时，伊朗也表现出愿意就核问题进行谈判的意向。2012 年 2 月 15 日，伊朗电视台宣称，伊朗已经致信欧盟外交和安全政策高级代表阿什顿，表达了重启核谈判的意愿。2 月 28 日，伊朗外交部长萨利希在日内瓦举行的裁军谈判会议上表示，尽管国际社会对于伊朗和平利用核能有着合作与对抗两种截然不同的态度，但伊朗依然倾向于合作。萨利希指出，核能并不等同于核武器，应保障包括伊朗在内的各国和平使用核能的权利。

在伊朗核危机愈演愈烈的情况下，国际原子能机构加强了外交斡旋。2012 年 2 月 19 日，国际原子能机构副总干事纳克茨率领一个 5 人代表团前往伊朗，就核问题与伊朗展开对话。2 月 21 日，伊朗与国际原子能机构代表团的第二轮会谈在德黑兰结束后，双方决定继续举行会谈。纳克茨表示，两天的访问使国际原子能机构与伊朗政府打破了僵局，继续举行会谈是解决伊朗核问题的必要途径。[①]

面对伊朗方面高调宣示核开发取得的进展，以色列国防部长巴拉克于 2012 年 2 月 16 日表示，如果制裁伊朗不能取得效果，以色列将采取先发制人的方式攻击伊朗核设施；以色列绝对不能接受伊朗拥有核武器，并将采取一切手段阻止伊朗实现这一目标。

第三阶段：伊朗在核问题上开始采取灵活态度。

据伊朗学生通讯社 2012 年 3 月 6 日的报道，伊朗驻维也纳代表处发表的声明称，伊朗将允许国际原子能机构专家访问位于德黑兰东南部 30 公里处的帕尔钦军事基地。这是伊朗方面做出的一次重大妥协，标志着这一轮伊朗核危机开始进入新的阶段。3 月 6 日，欧盟外交和安全政策高级代表阿什顿发表声明说，她已复函伊朗首席核谈判代表贾利利，欢迎伊朗方面关于恢复与六国谈判的表态，美国、

① Fredrik Dahl, "Iran Uranium 'Discrepancy' Still Unresolved," Reuters Vienna, 2012. 11. 25, http://www.reuters.com/article/2012/02/25/us - nuclear - iran - uranium - idUSTRE81O08V20120225.

俄罗斯、英国、法国、中国和德国都愿意与伊朗就核问题恢复谈判。她还代表六国表示，现阶段的谈判重点应为建立互信。阿什顿还希望伊朗与六国进行持续性的建设性对话，并争取取得实质性进展。4月 14 日，有关伊朗核问题的新一轮六方会谈在土耳其伊斯坦布尔结束，与会各方都表示会谈有所收获，并决定下一轮会谈于 5 月 23 日在巴格达举行。这一轮会谈虽然遭到以色列总理的批评，但伊朗能够和六国重新坐到谈判桌上，就已经是一个成功的信号，也标志着这一轮伊朗核危机暂时得到了缓解。

（二）伊朗核问题的前景

首先，在当前的国际形势下，伊朗很难放弃其核计划，因为伊朗认为国际社会核不扩散机制缺乏公正。

1970 年生效的《不扩散核武器条约》规定，除 1967 年前已经制造并爆炸了核武器和其他核装置的美国、苏联、英国、法国和中国外，其他任何国家和地区都禁止接受、制造或以其他方式获得核武器或核装置。根据该公约，美国、苏联、英国、法国和中国合法拥有核武器。对于这种现象，伊朗一直十分不满。2011 年 12 月 23 日，伊朗总统内贾德在对群众发表讲话时宣称，西方国家一方面保持着庞大的核军火库，但另一方面又强烈反对伊朗的民用核计划。在伊朗看来，只要现有核国家保留自己的核武库，它们就很难说服其他非核国家放弃寻求核军事力量。因此，伊朗认为当今最大的问题不是核扩散，而是核裁军。与此同时，当今世界除了 5 个核国家外，印度、巴基斯坦和以色列也是事实上的核国家。印度和巴基斯坦于 1998 年 5 月进行核试验，拥有了核武器，但却拒不签署《不扩散核武器条约》，联合国也无法确认它们是否拥有核武器。以色列则采取模糊政策，既不签署《不扩散核武器条约》，也不明确宣称是否拥有核武器。由于以色列已经拥有核武器并且得到了西方国家的默许，因此中东地区事实上已不可能成为“无核区”。由于伊朗和以色列关系紧张，伊朗对以色列的核力量极为警惕。西方国家对伊朗的封锁、制裁乃至支持反对派颠覆伊朗伊斯兰政权的做法，再加上美国等西方国家对伊朗“邪恶轴心国”和“支持恐怖主义”的身份定位，进一步促使伊朗把发展核力量作为保障自身安全和谋求地区大国地位的手段。

其次，对于伊朗核问题，美国和以色列虽然会继续制裁和孤立伊朗，但不会对伊朗贸然动武。

2012 年是美国大选年，在美国经济依然低迷的情况下，力图获得连任的美国总统奥巴马，很难断然做出军事打击伊朗的决定。所以，在这轮核危机中，美国虽然加大了对伊朗的经济制裁和政治孤立，但在关键时刻又往往会主动缓解过于紧张的局势。在欧洲国家因为伊朗学生冲击英国大使馆而纷纷召回驻伊朗大使时，美国副总统拜登于 2011 年 12 月表示，并没有证据显示英国驻伊朗大使馆遭受冲击是伊朗政府精心策划的结果，这不过是伊朗“被世界遗弃”的又一例证。①

在没有美国支持的情况下，以色列对伊朗采取大规模军事行动的可能性也极低，更可能的情况是以色列特工会采取袭击伊朗核科学家等方式来拖延伊朗的核计划。2007 年 1 月以来，从伊朗铀浓缩项目团队中的关键人物、著名核物理学家阿尔德希尔·哈桑普尔死于毒气中毒之后，伊朗境内共发生了 5 起针对核科学家的袭击行动。2009 年 6 月，伊朗原子能组织成员和德黑兰一所大学的核专家阿米里在沙特阿拉伯朝觐时被美国特工绑架。此后，在伊朗方面坚持不懈的努力下，阿米里于 2010 年 7 月 15 日重返德黑兰。2010 年 1 月 12 日，伊朗德黑兰大学核物理学教授穆罕默迪在其住所附近遭遥控

---

① Alister Bull，“Biden：No Sign Authorities behind Embassy Attack，” Reuters Apbil - Iraq，2011. 12. 01，http：//www. reuters. com/article/2011/12/01/us - usa - iran - biden - idUSTRE7B01VQ20111201.

炸弹袭击身亡。11月29日，伊朗贝赫什提大学物理学教授沙阿里亚里在上班途中被炸身亡，该校另一名物理学家费雷敦·阿巴西·达瓦尼也在另一起爆炸中受伤。2011年7月23日，伊朗核物理学家大流士·礼萨伊在德黑兰家门口遭一名摩托车手暗杀身亡。

伊朗政府认为，上述暗杀事件都是美国和以色列的情报机构策划并实施的“恐怖袭击”，其目的在于拖延伊朗的核研究进程。2011年1月14日，伊朗声称有证据显示美国策划了针对伊朗核科学家的袭击。伊朗外交部长在一份由驻德黑兰的瑞士大使转交给华盛顿的信中称：“我们有可靠的文件和证据证明，美国中央情报局策划、主导和支持了这次恐怖主义行动。”① 伊朗还指责以色列和英国的情报机构也卷入了这些暗杀事件。

最后，在国际社会中，俄罗斯和中国会继续坚持通过政治对话来解决伊朗核问题。

基于自身利益考虑，俄罗斯一直主张通过对话解决伊朗核问题。从20世纪90年代开始，俄罗斯就和伊朗公开进行核能合作，并帮助伊朗核计划取得了显著进展。到目前为止，俄罗斯与伊朗之间还有几项没有执行完成的协议。1995年1月8日，俄罗斯和伊朗签署的合作协议规定，俄罗斯向伊朗提供一座VVER－1000核反应堆，以续建原来由联邦德国提供设备的布什尔核反应堆，合同价值8.5亿美元。该计划原定于2000年完工，但在美国的压力下一再延期。另外，在2002年7月俄罗斯和伊朗签署的10年协议中，计划再帮助伊朗建设5座核反应堆，也由于美国的介入未能得到全部履行。

2002年伊朗核危机爆发后，俄罗斯因为与伊朗的核合作而承受了美国的巨大压力。不过，俄罗斯始终没有放弃与伊朗的核合作。

---

① Parisa Hafezi, “Iran Sends Rare Letter to U.S. Over Killed Scientist,” Reuters, Tehran Jan 14, 2012, http://www.reuters.com/article/2012/01/14/us－iran－idUSTRE80D0NI20120114.

在新一轮的核危机中，俄罗斯不但反对经济制裁伊朗，更反对军事打击伊朗。2011 年 12 月，当伊朗因为冲击英国大使馆而遭到欧洲国家外交孤立时，俄罗斯外交部发言人卢卡舍维奇曾表示，伊朗政府应当对英国驻德黑兰使馆受冲击一事展开调查，但俄罗斯政府坚决反对就伊朗问题煽动紧张和对立，因为这种做法会导致最严重的后果。2011 年 12 月 9 日，俄罗斯外交部副部长利亚布科夫还警告以色列不要对伊朗发动可能的侵略。今后，俄罗斯将继续积极介入伊朗核问题，以维护其在伊朗的政治、军事和经济利益，并对美国和以色列对伊朗的强硬态度形成牵制。

在中国方面，坚持通过政治对话解决伊朗核问题关系到中国的能源安全和中国政府一贯的外交原则。中国是一个对外原油依存度很高的国家，2010 年的对外依存度为 53.8%，2011 年达到了 55.3%左右。伊朗是中国的第三大石油进口国，仅 2011 年中国就从伊朗进口原油 2776 万吨，同比增长 30.2%。除了与伊朗的石油贸易，中国还会受到因伊朗核问题而引发的国际油价高位上涨的影响。2011 年 10 月以后，伊朗的紧张局势及欧盟对伊朗的石油禁运促使国际油价上扬，导致中国的原油进口价格一直保持在高位。伊朗核危机如果导致伊朗封锁霍尔木兹海峡，或是以色列、美国等国家对伊朗动武，都会使高度依赖伊朗与沙特等中东国家石油资源的中国受到重大影响。[①] 所以，通过政治对话解决伊朗核问题符合中国的国家利益。

此外，通过和平手段解决争端是中国一贯的外交主张。2012 年 1 月 4 日，中国外交部发言人洪磊在例行记者会上，曾再次重申对中国在伊朗核问题上的立场："制裁不是缓和紧张局势、解决伊朗核问题的根本办法，对话谈判是唯一正确途径。中方反对一国将一国的

① "2011 年我国原油进口量高达 2.5 亿吨"，http://www.customs.gov.cn/publish/portal0/tab7841/info353577.htm。

国内法凌驾于国际法之上，对其他国家实施单边制裁。同许多其他国家一样，中国同伊朗保持着正常、公开、透明的经贸和能源往来，这些往来不违反联合国安理会决议，不应该受到影响。”①

2012 年 5 月 10 日，中国外交部长杨洁篪在北京与到访的俄罗斯外交部长拉夫罗夫举行会谈时，就伊朗核问题交换了意见。双方一致认为，六国与伊朗在伊斯坦布尔的对话取得了积极成果。鉴于伊核问题的复杂性，各方下一步要维护对话谈判的积极势头，推动巴格达对话取得进展，防止局势失控。有关各方应体现灵活和诚意，保持耐心，坚持分步和对等原则，相向而行，为后续对话谈判营造良好气氛。中俄双方将继续保持密切协调，引导伊核问题保持在外交谈判的轨道上。②

---

① “中国外交部发言人洪磊举行例行记者招待会”，http：//www. fmprc. gov. cn/chn/gxh/tyb/fyrbt/t892739. htm。

② “中俄重申通过外交谈判解决伊朗核问题”，http：//www. fmprc. gov. cn/chn/gxh/tyb/zyxw/t930736. htm。

专题报告二：
中东变局与大国的战略应对

中东变局与美国的战略应对

上海外国语大学中东研究所　**孙德刚**

【内容提要】

美国应对中东变局的战略措施彰显了“奥巴马主义”，其具体内容包括：在军事上谨慎用兵，避免直接地占领或卷入一场针对伊斯兰国家的新战争，而是通过武装反对派，推行“阿拉伯人打阿拉伯人”的策略，减少人道主义干预的成本；政治上运用所谓的“巧实力”，通过欧洲大国和阿拉伯盟友提出议程设置，并使其充当“急先锋”，而美国在背后“掌舵”，以最廉价的方式维系美国在中东的领导地位；在外交上重视议题设置，积极通过国际组织和地区组织谋求合法性，并充分利用联合国人权委员会等国际组织和非政府组织；在经济上运用援助和制裁两手政策来实现政治目标；在文化上利用媒体、非政府组织和网络，开展民间外交和网络外交。

中东变局发生以来，奥巴马政府在经历了初期的政策混乱后，其政策日渐成型。为应对中东变局，奥巴马政府在调整中东战略的同时，积极运用军事、政治、外交、经济和文化手段加以应对，力图将中东变局引向有利于美国的发展方向，以维护美国在中东的领导地位。

一、美国应对中东变局的总体战略

2010 年 12 月，肇始于突尼斯的中东变局发生之际，适逢奥巴马政府面临全球金融危机和国内经济疲软的双重挑战。中东变局对美国的影响十分复杂，在美国国内，有观点认为美国中东外交迎来了巨大的历史机遇，也有观点认为美国中东外交将面临更多挑战。[①] 2012 年 1 月 5 日公布的美国最新国防战略报告《维持美国的全球领导地位：21 世纪国防的优先任务》指出："在中东，'阿拉伯觉醒'既带来了战略机遇，又带来了战略挑战。政权更迭、需要进行改革的中东国家局势紧张，给未来带来了不确定性。但是，中东国家的政府从长远来看将更加关注民众的合法诉求，有望成为美国更加稳定和可靠的伙伴。"[②] 这是美国政府对中东变局做出的总体判断。

中东变局发生后，奥巴马的中东政策主要有四个基本出发点：维护美国领导地位、促进中东民主化、加强反恐和防扩散、维护美国在中东的经济利益。具体而言，美国在中东旨在维护四种战略利益：（1）维持美国对中东事务中的领导权，通过处理逊尼派与什叶派之间、亲美与反美国家之间、阿拉伯与非阿拉伯国家之间以及美、欧、俄、中四大力量之间的关系，保持美国的战略优势；（2）维护美国的地缘政治利益、推动中东民主化，确保以色列、土耳其、沙特、巴林、卡塔尔、伊拉克等盟友的国家安全；（3）反对中东大规模杀伤性武器扩散，继续打击恐怖主义和伊斯兰极端势力；（4）确

① Kenneth M. Pollack, *The Arab Awakening: America and the Transformation of the Middle East*, Washington D. C.: Saban Center at the Brookings Institution Books, 2011.

② U. S. Department of Defense, *Sustaining U. S. Global Leadership: Priorities for 21st Century Defense*, January 2012, p. 2.

保中东能源供应安全，保护美国在中东的经济、贸易和能源利益。

中东变局爆发初期，奥巴马希望中东阿拉伯国家能够“有序转型”，实现向民主政体的平稳过渡。但由于中东变局逐步演变为教派之争和地缘政治博弈，而美国又缺乏施加影响的足够能力与手段，因而不得不依靠盟友，鼓励北约充当“排头兵”，避免类似伊拉克战争和阿富汗战争的深度介入。[①] 随着美国应对中东变局的政策逐步成形，“奥巴马主义”日渐浮出水面。

在中东变局之初，美国采取观望政策，希拉里国务卿、奥巴马总统等人的表态相互矛盾，政府内部也未形成共识；随着中东变局的进一步发展，美国政府逐步形成了一整套被称为“奥巴马主义”的应对政策。[②] 其基本做法是：综合运用军事、政治、外交、经济和文化等手段，重点推动中东反美国家的政权更迭和民主转型，维护美国对中东事务的主导权。

奥巴马政府与小布什政府的中东政策既有共同点，也有差异。从共同点来看，无论是奥巴马还是布什都强调维持美国在中东的领导地位；从差异来看，两位总统在实现美国中东战略的手段选择上存在不同。小布什政府信奉进攻性现实主义，将中东伊斯兰反美势力视为“伊斯兰法西斯主义”，意识形态倾向性明显，主张通过先发制人手段和单边军事行动摧毁美国在中东的敌人。小布什主张通过运用美国强大的军事实力主导中东事务，以“大中东”地区反恐为主要任务，通过在中东和中亚地区建立军事基地实现美国在“大中东”地区的战略利益，同时对中俄等竞争对手保持警惕。相比之下，奥巴马政府奉行防御性现实主义，对外政策更加务实，意识形态倾

---

① Michael Kerr, “Door Into Summer for the Arab Spring,” *GPI Opinion*, October 28, 2011.

② Elliot Abram and Michele Dunne, “Arab Spring: Is America Getting It Right?” *Project on Middle East Democracy* (Carnegie), May 24, 2011.

向性不明显，在中东主张谨慎用兵，认为国际军事行动应当在多边主义框架内经联合国等国际组织授权后实施。奥巴马政府更强调军事"硬实力"与外交"软实力"的平衡，主张与其他大国保持战略合作关系，将亚太地区而不是中东地区作为美国中长期的战略重点(见表1)。

表 1：奥巴马主义与布什主义的对比分析

	布什主义	奥巴马主义
谋求中东地区领导权	是	是
外交理念	进攻性现实主义	防御性现实主义
政策倾向性	意识形态	务实主义
军事政策	先发制人、政权更迭	谨慎用兵
依靠力量	单边主义	多边主义
权力的运用	军事硬实力	军事硬实力与外交软实力并重
与新兴大国的关系	竞争关系	合作与竞争关系
中东地区冲突	美国充当急先锋	欧盟与中东盟国充当排头兵
全球重点地区	大中东	亚太地区
安全战略首要任务	反恐	应对新兴大国的挑战

二、美国应对中东变局的主要战略手段

从奥巴马政府的全球战略来看，通过伊拉克和阿富汗撤军在中东实行战略收缩，并使之服务于以抑制中国崛起为目标的"战略东移"，构成了美对外战略调整的重要目标。中东变局恰恰发生于美国进行全球战略调整之际，尽管它并未在本质上减缓美国战略东移的步伐，但如何平衡二者的关系显然成为制约美国中东战略的重要因素之一，而受金融危机影响导致的国力衰落也成为美国中东战略调整的限制性因素。在综合权衡中东地区形势变化和全

球战略调整目标等因素后，奥巴马于2011年5月19日在美国国务院发表了重要讲话，形成了美国新中东政策的基本框架。美国中东战略调整的目标是既要避免类似伊拉克战争的深度卷入，又要保持对中东事务的主导权。对此，有美国舆论强调指出，在中东，“美国没有必要充当应对一切地区危机的领头羊”，美国“应该减少依赖军事解决方案，多依赖外交和经济手段，包括发展援助以及贸易和文化往来”①。

(一) 军事手段

在小布什政府时期，先发制人、单边主义和政权更迭构成了美国在中东战略的重要手段。② 考虑到美国国内的反战情绪，奥巴马政府改变了以往“封锁——空袭——占领——改造”的传统作战模式，利用“高、新、尖”军事技术，尤其是利用巡航导弹、无人机等对反美势力的军事目标发动袭击；通过武装反对派力量、让盟国冲锋在前等方式，保持战争中的“零接触”和“零伤亡”，利比亚战争和叙利亚危机爆发后美国的军事战略就是典型案例。③ 2012年5月，美国《华盛顿邮报》透露，美国政府协助海湾国家向叙利亚反政府武装提供军事援助；2012年6月初，《纽约时报》报道说，美国中央情报局在土耳其的官员帮助叙利亚反对派获得了自动步枪、火箭发射器、炸药和其他反坦克武器。④

① Benjamin Tua, “Winners and Losers in a New Middle East”, http://www.fpif.org/articles/winners_and_losers_in_a_new_middle_east.

② 孙德刚：《危机管理中的国家安全战略》，上海：上海人民出版社2010年版，导言。

③ Tariq Fatemi, “US Response to the Arab Spring,” *International Herald Tribune*, April 17, 2012.

④ “CIA Involved in Supply of Arms to Syrian Opposition,” *New York Times*, June 21, 2012.

一年多来，美国还利用中情局对利比亚和叙利亚政府军特别是高级将领进行“策反”。美联社援引土耳其国家通讯社2012年6月25日的报道称，仅6月底就有33名叙利亚政府士兵叛逃至土耳其，其中包括1名将军和2名上校。策反行动大大削弱了反美国家的军事力量和抵抗信心，使反政府武装成为美国在中东推行政权更迭的“代理人”。这些柔性军事行动既维持了美国对中东事物的主导权，又降低了军事干预的成本，甚至可以做到“零死亡”，受到奥巴马政府的推崇。

除在军事上推行“零接触”、“零伤亡”战争外，奥巴马政府还依靠多边主义增强合法性，并减少军事干预行动的经济成本。首先，奥巴马政府竭力驱使北约发挥作用，如2011年3月北约秘书长拉斯姆森宣布全面接管联合国安理会决议授权的所有针对利比亚的军事行动，执行安理会“禁飞区”计划。其次，奥巴马政府不断依靠欧洲大国的力量。法、英、意等欧洲大国在中东变局后较为活跃，成为美国中东政策的排头兵。最后，美国积极利用土耳其、非盟、阿盟和海合会等地区力量，利用转型国家的内部矛盾、阿拉伯世界君主制与共和制国家矛盾、伊斯兰逊尼派与什叶派矛盾以及阿拉伯与非阿拉伯国家之间的矛盾，选择土耳其、沙特、卡塔尔、摩洛哥等充当美国应对中东变局的“急先锋”。这样既减少了美国干预中东事务的经济成本，又增强了干预的合法性。奥巴马的利比亚政策虽在表面上看有损美国的领导地位，但在本质上符合美国的战略利益。美著名学者罗伯特·卡普兰（Robert D. Kaplan）评价指出：奥巴马“将对利比亚的军事行动推迟到阿拉伯联盟、联合国安理会、法国和英国完全加入后，而且即使在开始行动时也对军事行动和目标加以限制，这种做法是正确的。他不希望美国独自承担利比亚问题，因为利比亚的混乱有可能持续数年”。“奥巴马总统并非软弱，相反他十分狡猾”[1]。

从利比亚内战爆发开始，美国就积极寻求阿盟、海合会、土耳其和已发生政权更迭国家的支持，推动召开“利比亚之友”和“叙利亚之友”国际大会，通过北约和土耳其支持叙利亚反对派。[2] 在美国的积极推动下，2012 年 4 月 21 日，联合国安理会通过决议，决定设立联合国叙利亚监督团监督停火，初期部署 300 名非武装军事观察员，中东亲美国家纷纷向叙利亚派出观察员。

因此，奥巴马应对中东变局的军事政策具有灵活性，总体推行的是实用主义色彩浓厚的多重标准，即支持反美国家的政权更迭，如在叙利亚和利比亚；呼吁亲美国家的示威者保持冷静，同时要求当权者执行改革政策，如在巴林、埃及、突尼斯、也门等，并根据危机发展情况决定美国的政策，必要时抛弃美国的忠实盟友，如本·阿里、穆巴拉克、萨利赫等。[3]

（二）政治手段

首先，奥巴马政府试图在推广民主与维护现实利益之间找到平衡点。

美国的中东政策始终具有理想主义和现实主义双重特性。例如，在对中东亲美国家的政策上，美国既要利用这些政府维护它在中东的经济、能源、投资、贸易和反恐等战略利益，同时又要实现推广西方民主和价值观等意识形态利益。因此，美国在中东亲美国家的

---

① Robert D. Kaplan, “The Middle East Crisis Has Just Begun”, http: //online.wsj. com/article/SB10001424052748704050204576218842399053176. html.

② Kenneth M. Pollack, *The Arab Awakening*: *America and the Transformation of the Middle East*, Washington D. C.: Saban Center at the Brookings Institution Books, 2011, p. 38.

③ “The Arab Revolt and U. S. Interests: A U. S. Strategy Has to Begin by Distinguishing between Friends and Enemies,” *Wall Street Journal*, April 4, 2011.

双重利益经常处于矛盾之中，在特定地区和特定历史阶段强调的重点均有所不同。

冷战结束后，美国在中东总体上奉行务实外交，即通过容忍中东亲美政府的存在来换取美国的现实利益，美国对埃及、突尼斯、也门、利比亚、沙特、巴林等国家的政策都是如此。同时，由于“民主和平论”思想根深蒂固，美国始终认为独裁是中东反美主义、反犹主义、反现代主义的根源，也是中东滋生恐怖主义的根源。这就使美国对中东亲美国家的政策陷入了自我矛盾中，其外交政策的摇摆性也就不可避免，特别是当威权国家政府不利于美国利益、且濒于被推翻之际，抛弃它们就成为政策的首选。

尽管奥巴马奉行务实的中东政策，但推动中东民主化也是美国的重要战略目标。美国认为，中东国家普遍面临高失业率、教派纷争、民主与法制不健全等一系列治理难题，因此必须加强民主治理。[①] 长期以来，美国一直积极资助中东各国学习西方的民主化建设，如提高警察、法官、法庭管理人员的业务水平，通过电影、演讲和数码录像会议等形式进行政治改革和反腐宣传。在也门，美国公开宣传其首要外交目标是“促进该地区的民主治理”。在美国的鼓励下，其他西方国家也积极参与中东民主治理，如意大利支持约旦和突尼斯电子政务建设；德国帮助也门和毛里塔尼亚建立现代公共财政管理体系；日本支持约旦、埃及和巴勒斯坦的公民社会建设；英国利用 BBC 在叙利亚、黎巴嫩、埃及和摩洛哥执行为期三年的媒体培训计划。为促进中东的“民主治理”，巩固中东变局的“民主成果”，美国计划组建“大中东金融公司”，以国际金融公司的模式创建、培育地区商业一体化的大中型商业企业，并仿照“欧洲复兴

① Kenneth M. Pollack, *The Arab Awakening*: *America and the Transformation of the Middle East*, Washington D. C.: Saban Center at the Brookings Institution Books, 2011, p. 21.

开发银行”模式建立“大中东开发银行”，以支持中东国家民主化、民主治理和经济改革。

其次，为推行在中东的“民主治理”，奥巴马政府继续强化对中东的意识形态渗透。

近年来，美国对国际开发署和国务院民主、人权和劳工局中东项目处的资助额大幅增加，美国民主基金会的中东项目经费也翻了一番。为推进中东民主与社会改造，国务院、国际开发署和美国情报机构还进行了适当改组，美国驻中东使馆也受命加大对中东社会改革的关注，并指定专门官员负责中东民主化项目。此外，美国继续以“大中东民主计划”为依托，在约旦等国实施“发现教育”计划，扩展技术和教育思想传播，并鼓励华盛顿大学、康奈尔大学、密苏里大学等名校在中东设立分校，更直接地传播西方民主价值观。

奥巴马政府还以高科技、大众传媒、网络、教育、非政府组织等为依托，以“对话”、“交流”、“援助”、“宗教慈善”等方式，向中东国家输出西方民主价值观，其意识形态渗透具有渠道的多样性和手段的隐蔽性等特点。如 2012 年 5 月，位于纽约的非政府组织——人权观察小组（Human Rights Watch）指责叙利亚政府屠杀了 95 名平民，毁坏了 200 多座民房。该组织还通过各种手段积极配合美国政府的中东战略。

最后，为适应伊斯兰势力在中东变局中地位不断上升的新趋势，奥巴马政府还主动采取了多管齐下的政治措施。

一方面，美国积极与埃及穆斯林兄弟会等相对温和的伊斯兰组织进行对话与沟通，甚至宣称今后不排除与穆斯林兄弟会建立合作关系；另一方面，美国又对伊朗、真主党、哈马斯、萨拉菲派等反美、反西方的伊斯兰激进势力采取孤立和打击政策。此外，美国还以建立公民社会为幌子，通过非政府组织扩大对中东伊斯兰国家的渗透，在伊斯兰势力中培养亲美派。2012 年 4 月，美国政府接受埃及穆斯林兄弟会代表团访美，经过美国的积极说服，穆斯林兄弟会领导人伊沙姆·哈达德强调指出，穆斯林兄弟会不会把埃以之间签署的《戴维营协议》付诸全民公决，表明美国开始对处于上升势头的穆斯林兄弟会实行更加积极的接触政策。[①] 2012年6月，穆斯林兄弟会成员穆尔西赢得埃及大选后，美国更加重视同中东伊斯兰势力的关系。

（三）外交手段

中东变局发生以来，美国官员频繁地以直接向民众喊话的方式敦促中东国家推动政治改革，既有利于美国外交政策的宣示，又减少了行动成本。2011年8月，奥巴马直接对叙利亚人民喊话："叙利亚的未来必须由人民来决定，但是阿萨德总统却成为绊脚石。他所谓对话和改革的呼吁完全是逢场作戏，因为他一直在监禁、折磨和屠杀自己的人民。我们一直要求阿萨德总统要么推动民主转型，要么离开自己的职位，但是他无动于衷。为了叙利亚人民，阿萨德总统必须下台。"[②] 2012年3月23日，在美国的积极活动下，联合国人权理事会以41票赞成、3票反对、2票弃权，通过了"叙利亚人权状况"决议草案，决议谴责了叙利亚政府对人权的践踏。2012年6月22日，美国白宫发言人卡尼再次敦促叙利亚巴沙尔政府接受所有对其提出的要求，包括把政权移交给反对派。[③] 除在叙利亚外，美国在埃及、也门、利比亚等也向当权者进行施压。

在布什政府时期，美国通过"先发制人"的武力手段，强行推翻了阿富汗塔利班政权和伊拉克萨达姆政权，采取的是"硬制衡"政策；奥巴马执政后，更倾向于利用外交和政治手段达到目标，采

---

① "Muslim Brotherhood Attempts To Charm U. S. Skeptics," *NPR*, 6 April, 2012.

② Abid Mustafa, "Who Will Rescue the Syrian People from Assad's Bloody Regime?" *Khilafah Magazine*, October 2011, p. 6.

③ "美坚持推动叙政权更迭"，载《参考消息》2012年6月23日，第2版。

取的是“软制衡”政策，并提出了“廉价领导权”（Cheap Leadership）的概念，即在减少对中东资源投入的情况下，通过优化组合和多边主义继续维持美国在中东的领导地位。[①] 例如，在处理叙利亚危机时，美国利用同海合会的特殊关系，寻求与欧洲、土耳其达成共识，在联合国框架内采取行动，并争取阿盟的谅解与支持，对叙利亚局势进行干预。2012 年以来，在美国关闭驻叙利亚大使馆、撤出所有外交官后，沙特、巴林和科威特等海湾国家也配合美国，相继召回驻叙大使，都体现了美国的“软制衡”策略。

奥巴马政府还在外交上积极扶植新的亲美政权。中东变局发生前，在美国的积极撮合下，埃及、突尼斯、约旦、沙特、科威特、阿联酋、卡塔尔等以逊尼派为主的亲美国家形成了所谓“温和轴心”，以对付伊朗、伊拉克什叶派、叙利亚、黎巴嫩真主党等形成的所谓什叶派为“抵抗轴心”。[②] 中东变局发生后，随着伊斯兰势力的上升（如埃及穆斯林兄弟会、突尼斯伊斯兰复兴党掌握政权等）和亲美国家的倒台，美国在中东的控制能力相对下降。[③] 为继续维持美国在中东的主导地位，美国在外交上积极依靠海合会成员国，并以经济援助为诱饵，试图将发生政权更迭和重组的埃及、利比亚、突尼斯、摩洛哥、约旦、伊拉克等重新纳入到美国的战略轨道，巩固中东“民主转型”的成果，孤立伊朗、叙利亚、巴勒斯坦哈马斯和黎巴嫩真主党等反美势力。

在外交上，奥巴马政府还积极在当权者和反对派之间进行斡旋，特别是在埃及、也门、巴林等国政府与反对派之间进行斡旋，化解危机。例如，为应对危机、管理风险，奥巴马任命前驻埃及大使富

① 张业亮、王石山：“奥巴马政府中东政策走向”，载《现代国际关系》2011 年第 5 期，第 25 页。

② Timo Behr and Mika Aaltola, “The Arab Uprising: Causes, Prospects and Implications,” *FIIA Briefing Paper*, 76, March 2011, p. 9.

③ Ibid., p. 1.

兰克·威斯纳（Frank G. Wisner）为特使，开展了一系列穿梭外交；在也门和巴林爆发内部冲突后，美国也开展了外交斡旋。

（四）经济手段

1991年海湾战争结束后，美国对世界上几十个国家采取了经济、政治和军事制裁，尤其是对伊拉克萨达姆政府实施了长达13年的经济制裁，但是制裁往往给无辜平民造成严重的人道主义灾难，而美国最希望打击的当权者却并未遭到致命性打击，并仍能长期掌权。中东变局发生后，美国为强化制裁效果，对利比亚、叙利亚等反美国家采取了所谓“聪明”制裁，将反美国家某些关键职位的当权者、家人、亲信及其名下的公司作为制裁的主要对象，包括禁止发放入境签证、冻结资产、禁止与之发生贸易往来、禁止与他们的外交接触等，“聪明”制裁既避免了人道主义灾难，又具有针对性。

除制裁外，美国还实施了对中东转型国家的援助政策。尽管2011年以来美国外债达14万亿美元①，美国仍承诺向中东转型国家提供援助。美国前国家安全事务助理斯蒂芬·哈德利（Stephen J. Hadley）称，美国应当利用一切手段增强对发生革命的阿拉伯国家援助。他认为，如果坐等中东形势尘埃落定，美国将丧失很多影响新阿拉伯国家的机会。② 2011年5月，美国宣布对埃及实施10亿美元的减债计划，同时利用多边舞台实施经济援助。2011年西方八国集团领导人峰会后，美国宣布联合其他国家在多边框架下向阿拉伯“革命”国家提供200亿美元的发展援助，被称为新时期中东的

① Adnan Khan, “Is America the New ‘Sick Man?’” *Khilafah Magazine*, July 2011, pp. 19–20.

② Mary B. Sheridan, “Obama Faces Hurdles in Aiding Arab Spring Countries,” *Washington Post*, September 22, 2011.

“马歇尔计划”。[①] 2011 年 9 月，奥巴马在联合国发表讲话指出，阿拉伯国家的民主转型将带来更多的贸易与投资机会，因为“自由必将带来机遇”。同月，美国国会批准向突尼斯、埃及和约旦提供 1.4 亿美元的经济发展基金，奥巴马总统还任命退役外交官威廉·泰勒（William Taylor）协调对中东变局国家的援助。与此同时，美国联邦海湾私人投资公司同意向埃及提供 2.5 亿美元的贷款，联邦政府也募集了 1 亿美元用于支持埃及的经济建设项目；希拉里随后签署启动对突尼斯政府和商业部门管理层的训练计划，并鼓励美国大学、基金会、私企和非政府组织与发生剧变的阿拉伯国家建立新的关系。截至 2011 年 9 月，美、欧、海湾阿拉伯国家以及国际社会共承诺向阿拉伯国家提供 380 亿美元的改革资金，其中大部分来自于国际开发银行，美国对发生剧变的阿拉伯国家提供的援助也主要通过世界银行等多边框架间接实施。[②]

总的来看，美国对阿拉伯国家的援助往往口惠而实不至，如 2012 年美国仅承诺兑现首批援助计划，减免阿拉伯国家 5 亿美元的债务和提供 5000 万美元的援助。[③] 此外，美国的援助还与中东民主化进程相挂钩，附加了政治条件。

（五）文化手段

目前，美国已控制了全球电视节目 75% 的生产和制作，不少中东国家电视台成了美国电视的“转播站”；美国电影占全球电影总放映时间的一半以上，直接影响中东国家受众。美欧传媒巨头通过与

① Nathalie Tocci, etc., *Turkey and the Arab Spring: Implications for Turkish Foreign Policy from a Transatlantic Perspective*, Mediterranean Paper Series 2011, Washington D. C.: The German Marshall Fund of the United States, 2011, p. 13.

② Mary B. Sheridan, “Obama Faces Hurdles in Aiding Arab Spring Countries,” *Washington Post*, September 22, 2011.

③ Ibid.

中东国家主流媒体建立战略联盟，向“半岛电视台”等阿拉伯国家传媒派出专业人士和高层管理人员，帮助阿拉伯国家电视台制作节目，影响当地媒体的议题设置，进而对中东变局产生了重要的助推作用。除直接参与当地媒体外，美国还专门设立针对媒体记者的培训项目，或组织中东国家记者赴美考察。中东变局发生后，西方媒体、民调机构还不定期发布数据，在舆论上对当地政府施加压力。2012 年 3 月，美国为进一步控制中东的话语权，宣布制裁叙利亚广电总局，认为其美化了巴沙尔政府对民众的镇压行动。

在中东变局中，美国各类的非政府组织也扮演了重要角色。它们有的直接接受美国政府拨款，如美国民主基金会、美国全国民主学会、国际共和学会等；有的通过参与政府项目获得补贴。它们与美国政府的基本目标是一致的，即政治改造中东伊斯兰国家。

美国国务院民主、人权与劳工局发布的《2010 推进自由与民主报告》明确指出，美国政府支持本国非政府组织和中东社团壮大公民社团机构，促进公民的觉醒和政治参与能力。例如，在也门，美国资助的社会改革项目有 26 个，内容涉及政府机构培训、疾病防治、公民社会与非政府组织的能力建设等。2011 年 12 月 29 日，希拉里公开宣称，支持美国全国民主学会和国际共和学会等非政府组织在埃及促进民主的活动，并警告埃及过渡政府不要干扰其推动民主的工作。[①] 2011 年，美国在促进中东民主方面的投入是上一年的 3 倍，达 6500 万美元。

在中东变局中，公共外交因具有成本低、隐蔽性强等特点，备受奥巴马政府的青睐。青年阶层构成了美国对中东国家开展公共外交的重点，一是因为埃及、利比亚、突尼斯、也门等国家青年和青年组织对“老迈政治”最为不满；二是因为中东国家青年失业率居

① 埃及过渡政府指责美国民主促进基金项目等未在埃及政府部门注册登记，是非法的。

高不下，青年对社会不满情绪严重；三是因为这些青年经常使用手机、微博、“脸谱”、“推特”等交际手段，易于组织动员。在埃及，15%的青年使用“脸谱”社交网站，“4·6青年联盟”和“埃及反对政权继承运动”（Egyptian Campaign Against Succession）等组织均在剧变中发挥了重要作用，成为美国政府的重要利用力量。①

奥巴马政府还积极利用网络等新媒体开展网络外交。近年来，美国国务院专门设立了“网络自由项目”，利用技术手段推动中东地区的“自由、民主和人权”。

据美国国务院透露，2008年以来，美国投入5000万美元为中国和中东5000名“民运分子”提供培训和技术支持，包括突破互联网防火墙和网络屏蔽。② 网络外交已经成为美国中东外交的重要组成部分。如埃及爆发反政府示威后，“脸谱”网站立即推出了支持民众抗议的专门网页；③ 埃及关闭网络后，美国白宫发言人吉布兹在“推特”上敦促埃及政府恢复网络开放；“脸谱”和“推特”也表示不能接受埃及政府关闭网络的做法；美国许多非政府组织也公开谴责埃及关闭网络的做法。

尽管“脸谱”等社交网站在利比亚、也门、埃及和叙利亚游行示威的组织中扮演了重要角色，但是当巴勒斯坦人利用“脸谱”网站号召2011年5月15日（第63届巴勒斯坦人大离散纪念日）发动第三次“巴勒斯坦人大起义”时（35万人关注），该网页很快被

---

① Nathalie Tocci, etc., *Turkey and the Arab Spring: Implications for Turkish Foreign Policy from a Transatlantic Perspective*, Mediterranean Paper Series 2011, Washington D. C.: The German Marshall Fund of the United States, 2011, p. 30.

② Abdul Wahid, “Libya in the shadow of Gaddafi and Western Military Intervention,” *Khilafah Magazine*, May 2011, p. 24.

③ Nathalie Tocci, etc., *Turkey and the Arab Spring: Implications for Turkish Foreign Policy from a Transatlantic Perspective*, Mediterranean Paper Series 2011, Washington D. C.: The German Marshall Fund of the United States, 2011, p. 40.

“脸谱”网管关闭，充分体现了美国网络外交的实用性和双重标准。①

为加强网络外交，美国还不断加大对互联网的资金和资源投入。2011 年奥巴马政府出资 2000 万美元支持“因特网自由”，2012 年又宣布为推进“互联网自由”追加 2500 万美元的投资；美国国务院还在“推特”网站上建立了阿拉伯语和波斯语网页。②

三、美国中东战略调整的特点与效果评估

通过上述分析可以看出，奥巴马政府的中东政策更加务实、谨慎，更加强调多边主义与外交手段，通过综合运用硬实力与软实力来实现美国的政治目标。在应对中东变局时，美国中东战略体现出以下三个特点：

第一，对不同国家的政策选择和介入方式不同。尽管奥巴马政府在应对中东变局时打着“民主、自由、人权”的口号，宣称支持阿拉伯民众的正当要求，反对“独裁者”的腐朽统治，要求当权者推动政治体制改革，但具体到每一个变革国家，美国的政策选择和介入方式均存在明显差异。事实上，美国根据国家利益相关度、与美国关系友好度以及动荡程度这三个要素采取多重标准，对反美国家推行政权更迭（如叙利亚和利比亚），对未发生严重骚乱的亲美国家网开一面（如巴林和沙特），对发生严重骚乱的亲美国家则要求领导人和平交权（如埃及、突尼斯和也门）。

---

① “Facebook Page Supporting Palestinian Intifada Pulled Down,” *CNN*, March 29, 2011.

② 李伟建：“对当前中东局势演变的若干思考”，载《西亚非洲》2011 年第 6 期，第 16 页。

第二，战略手段灵活。奥巴马应对中东变局的手段十分灵活，主要表现在：（1）奉行多边主义，鼓励北约、欧盟、阿盟、海合会、联合国人权委员会等地区组织和国际组织提出符合美国意志的解决方案和议题，减少美国干预中东事务的经济、政治和军事成本；（2）多管齐下，即官方外交与民间外交相结合，发挥非政府组织、网络、媒体等社会力量的作用，以影响中东阿拉伯国家的大众传媒和公共舆论，推动社会变革；（3）积极抓住埃及、沙特、土耳其、卡塔尔、摩洛哥等关键国家，与各国军方保持密切合作关系。

总的来看，无论是主张依靠硬实力和军事手段的“布什主义”，还是主张依靠巧实力和外交手段的“奥巴马主义”，其在中东谋求主导地位这一战略目标上，都是一致的。[①] 但从效果来看，奥巴马总统在应对中东变局时更强调节约成本，优先采取政治和外交手段，提倡多边主义，谨慎用兵，减少了军事干预的成本，但收效并不明显。

首先，美国在中东的主导能力下降。在发生剧变的埃及、突尼斯、利比亚和也门等国，伊斯兰势力上升，其通过议会选举和参与政权提升了地区影响力。穆斯林兄弟会和萨拉菲派等伊斯兰势力与美国政治摩擦增加，美国与中东伊斯兰国家的价值观认同事实上遭到了削弱。

其次，美国在中东尚未实现既定的战略目标。中东变局并未像美国所预期的那样带来新一波中东民主化浪潮，相反，中东变局已经变质，中东已变成教派冲突、地区领导权博弈和大国竞争的舞台，美国在中东面临的外交挑战和不确定性因素增加，这并不是奥巴马政府所希望看到的。

再次，美国在中东变局问题上奉行双重乃至多重标准，在推动反美国家政权更迭的同时，却又支持亲美国家如巴林维护现政权，

---

① 孙德刚：“美国在伊拉克军事部署的调整：从刚性基地到柔性存在”，载《现代国际关系》2012 年第 2 期，第 66 页。

损害了美国的国际形象，体现美国推广民主的虚伪性。

最后，美国应对中东变局的战略政策未能从根本上改变美国的不利处境，中东热点问题盘根错节，解决难度进一步增大。美国在中东的战略盟友如以色列、巴林、沙特等国的安全形势恶化，伊拉克形势仍不稳定，巴以问题、叙利亚乱局和伊朗核问题等尚无有效解决办法，叙利亚和也门等恐怖组织活动猖獗，美国被迫卷入中东冲突的可能性增加，并对美国战略重心东移产生了一定的牵制作用。

面对当前美国在中东面临的外交难题，未来美国政府可能在中东采取以下应对措施：（1）根据 2012 年 1 月美国新军事战略计划，美国将减少在欧洲、非洲和拉美的军事基地，同时继续对中东反美国家如伊朗保持高度警惕，增加小型、机动性军事存在，重点打击什叶派伊斯兰反美势力，巩固美国在中东的领导地位；[①]（2）继续利用阿拉伯国家的教派矛盾，怂恿欧洲盟国和海湾逊尼派国家支持叙利亚反对派，从内部瓦解巴沙尔政府；（3）随着亲美国家的分崩离析和伊斯兰势力的上升，美国将更加关注转型国家的公民社会建设和民主化进程，在多边框架下以援助为诱饵加强对中东转型国家的政治改造；（4）更加重视软权力的作用，通过现代传媒手段输出价值观，通过非政府组织参与中东国家的公民社会建设，改善美国形象，推动公共外交；（5）重视在联合国安理会同中俄和其他发展中大国的战略协调与沟通，凝聚国际共识，避免世界大国再次公开分裂。

① Elisabeth Bumiller and Thom Shanker, "Obama Puts His Stamp on Strategy for a Leaner Military," *New York Times*, January 6, 2012.

中东变局与欧洲大国及欧盟的战略应对

上海外国语大学中东研究所　**孙德刚　钮　松**

【内容提要】

欧盟对中东变局进行战略应对的特点是：综合运用多种手段应对中东变局，突出表现为在军事上实施双重标准，重点打击利比亚和叙利亚等反西方国家，推动政权更迭；在政治上利用多边舞台凝聚意识形态一致性，重申欧洲肩负在中东推广“自由、民主、人权”等西方价值观的特殊责任；在经济上采取制裁与援助两手政策，附加推广民主的政治条件；在文化上通过大众传媒渲染“人道主义干涉有理”等强者逻辑。

中东地区是欧洲的前殖民地，欧洲在该地区有重要的地缘战略和政治经济利益，该地区的动荡在经济、安全、能源等方面均对欧洲产生了强劲冲击，尤其使欧洲在难民、反恐等非传统安全领域面临更加严峻的挑战。因此，欧盟及其主要成员国对中东变局的高度重视和政策反应甚至超过美国，尤其是法英两国的积极干预引起了国际社会的广泛关注。

一、中东变局对欧洲的冲击

由于中东地区在安全、经济和能源等问题上对于欧洲的特殊重要性，长期以来欧盟一直致力于加强与西亚北非国家的经济合作和政治对话。冷战结束后，欧盟于 1995 年启动了加强与中东北非国家政治、经济与安全合作的“巴塞罗那进程”，2003 年和 2004 年分别出台的《欧洲安全战略》和欧盟“邻居政策”，均强调通过综合性政策，帮助中东北非地区的经济和社会发展，以解除欧盟的安全威胁。[①] 目前，中东北非地区是欧盟对外经济援助最多的地区。自 1995 年以来，欧盟每年向以色列周边的四个阿拉伯国家即埃及、约旦、叙利亚、巴勒斯坦提供间接援助 6.3 亿欧元。[②] 在欧盟 2007—2013 年“邻居政策”框架下的 120 亿欧元的对外援助中，近 2/3 资金将流向其南部邻居。[③]

近年来，欧洲大国及欧盟的对外战略主要依靠三大手段：一是加强与美国在国际事务中的磋商与协调；二是将中东欧国家纳入到欧盟的发展轨道，配合北约消化东扩的成果；三是以地中海联盟为目标，与西亚北非国家建立战略伙伴关系。尽管欧盟内部一直在“南下优先”（以法国为代表）还是“东扩优先”（以德国为代表）问题上争论不休，但欧盟扩大事务和欧洲邻国政策专员菲勒（Štefan Füle）强调指出：“不存在欧盟将注意力从东部转向南部的问题，东

---

① 张健：“欧盟对北非、中东政策的走势”，《现代国际关系》2011 年第 4 期，第 37 页。

② European Commission, “The EU & The Middle East Peace Process: The Union's Position and Role,” http://europa/eu/int/comm/externalrelations/mepp/index.htm.

③ Andrew Willis, “Africa shock to cause ‘sea change’ in EU foreign policy,” *Euobserver*, February 24, 2011.

部和南部同等重要。”①

中东变局发生后，欧洲学者和官员的总体认知是：这次剧变没有明显的反美、反西方色彩，阿拉伯变革是一场追求民主、自由、独立、人权的内生性革命，是二战结束以来南欧、拉美、东亚和东欧民主化浪潮的延续。②

欧洲在中东拥有重要的能源、经贸、军火和推广民主等利益，欧盟长期将中东北非地区视为欧洲的“势力范围”和“后院”。在欧洲看来，中东变局对欧洲的冲击主要表现在以下四个方面。

首先是能源利益。欧盟 27 国的石油储量仅占世界已探明储量的 0.5%，因此在能源问题上高度依赖中东地区，它对中东的石油依存度已经从 1995 年的 74.4% 上升至 2005 年的 82.2%。在欧盟进口的原油中，9% 来自沙特、9% 来自利比亚、6% 来自伊朗、3% 来自阿尔及利亚、3% 来自于伊拉克。③ 因此，欧洲大国干预中东变局，很大程度上出于保护能源利益的考虑。

其次是经贸利益。以突尼斯为例，2010 年欧盟是突尼斯第一大贸易伙伴，占其进口商品的 75% 和出口商品的 64%，欧盟国家还是突尼斯投资和旅游的重要来源国。④ 2010 年欧盟出口北非阿拉伯国家的农产品价值 40 亿欧元，从北非阿拉伯国家进口的农产品价值 30

① Štefan Füle, “EU Won't Allow Arab Revolutions to Be ‘Stolen’,” *Euractive*, April 13, 2011.

② Arshin Adib-Moghaddam, “What the Revolutions Mean for Us,” *PressEurop*, May 30, 2011.

③ Valeria Bello and Belachew Gebgrewold, eds., *A Global Security Triangle: European, African and Asian Interaction*, London and New York: Routledge, 2010, pp. 173-174.

④ Isabel Schäfer, “The Revolutions in the Arab World and the European Union: Challenges and Expectations,” *Heinrich Böll Stiftung European Union*, 2011, p. 2.

亿欧元。[①] 在 2011 年 2 月召开的慕尼黑安全会议上，欧洲各方在关注中东变局对欧洲安全影响的同时，对如何保护欧盟在中东的经贸和投资利益均表示高度关注。[②]

再次是军火利益。中东是欧盟重要的军火市场，埃及、利比亚、阿尔及利亚、摩洛哥、突尼斯、也门和海湾国家是欧盟军火的主要买家。根据“军火”换“石油”原则，仅 2009 年欧盟就向利比亚出口了 3.43 亿欧元的军火。[③]

最后是推广民主的利益。中东变局发生后，欧盟国家认为，“反现代化”、“回归伊斯兰”并不是这次“革命”的动机，群众喊出的口号主要是“变革”、“自由”、“民主”、“反腐败”、“反独裁”、“反失业”等，因此“阿拉伯之春”是“阿拉伯民众的觉醒”，它宣告了“阿拉伯国家民主例外论”的破产。[④] 时任法国总统的萨科奇与利比亚反政府武装的联络人亨利·莱维（Bernard Henri – Lévy）指出：“在这起事件中，国际社会认识到欧盟肩负采取干预行动的神圣职责。”[⑤]

---

① Susi Dennison and Anthony Dworkin, “Europe and the Arab Revolutions: A New Vision for Democracy and Human Rights,” *Policy Brief of European Council on Foreign Relations*, 2011, p. 10.

② Abdul Wahid, “Libya in the shadow of Gaddafi and Western Military Intervention,” *Khilafah Magazine*, May 2011, p. 6.

③ “Arab Spring – JEF Condemns the Irrelevant Answer of the European Union,” *JEF – Europe*, March 1, 2011.

④ Isabel Schäfer, “The Revolutions in the Arab World and the European Union: Challenges and Expectations,” *Heinrich Böll Stiftung European Union*, 2011, p. 1.

⑤ Abdul Wahid, “Libya in the shadow of Gaddafi and Western Military Intervention,” *Khilafah Magazine*, May 2011, p. 6.

二、欧洲大国和欧盟应对中东变局的战略措施

在中东变局初期，欧洲大国及欧盟反应相对迟缓，主要有三方面的原因：（1）欧盟成员国对此次剧变毫无思想准备，也难以预测此次政治风波将会以何种形式收尾；（2）欧盟担心阿拉伯剧烈的民主化运动会导致伊斯兰极端势力上升，甚至出现1979年伊朗伊斯兰革命的结果而不是1989年东欧剧变的结局，建立欧盟最不愿意看到的类似于伊朗什叶派神权体制的“逊尼派神权体制”；（3）中东局势动荡恐将破坏欧盟在中东的能源和经济利益，导致移民增加与核扩散的危险增大；[①]（4）欧盟长期以来注重在中东推进渐进式民主化进程，反对各国内部势力和外部大国依靠暴力强行实现政权更迭，强调政府与民众的沟通，对于某些中东国家政府的暴力镇压缺乏估量和有效应对。

伴随中东变局的深入发展，尤其是在利比亚局势陷入动荡后，欧盟以及英、法、德、意等主要成员国开始积极介入，并在政治、经济、军事等领域采取了一系列的战略举措。

（一）军事手段

欧洲委员会2011年公布的研究报告指出，阿拉伯国家情况各异，有些国家已开始民主化改革，如摩洛哥；有些国家发生了流血冲突，如利比亚和叙利亚；还有些国家在等待时机，如也门；这就

---

① Isabel Schäfer, “Revolutions among the Southern Neighbors – Time for a New EU Policy towards the Arab World,” *Heinrich Böll Stiftung*, March 2011.

要求欧盟必须根据具体情况采取有差别的应对措施。[①] 2012 年以来，法国政府多次强调：如果联合国安理会授权，法国不排除武力介入叙利亚局势的可能，成为欧洲大国中主张对叙利亚巴沙尔政府动武最积极的国家。尽管欧盟积极推动中东民主化，但在实践中却奉行务实主义外交政策，根据具体情况选择“政权更迭”或“网开一面”。例如，尽管欧盟积极促进利比亚和叙利亚的政权更迭，但却不支持巴林的骚乱。2011 年在以沙特为首的海合会派兵镇压巴林示威者时，英国曾经向沙特派出 20 个训练小组，帮助沙特训练军队，包括使用武器、掌握军事技术和偷袭技能等。[②] 尽管欧盟认为巴林政府对手无寸铁的民众采取暴力镇压行为不妥，但同时又强调巴林王室正积极推动政府从家族专权向君主立宪的方向转变，具有改革意识。[③]

在军事干预方面，欧洲大国和欧盟十分重视组建国际统一战线。首先，欧盟在国际舞台上积极利用联合国、中东区域组织和地区关键国家，增强军事干预的合法性。中东变局发生后，海合会较为活跃，特别是沙特和卡塔尔等国积极利用海合会与阿盟机制参与利比亚、埃及、也门、巴林和叙利亚危机的解决，其战略目标与政策取向同欧盟趋于一致。[④] 为增强干预阿拉伯国家事务的合法性，欧盟强调在多边主义框架下，联合海合会、非盟与阿盟等采取协调行动。

其次，欧盟还积极利用各国反对派，通过培育、拉拢和武装反

---

① Political Affairs Committee, and Jean - Charles GARDETTO, “Co - operation between the Council of Europe and the Emerging Democracies in the Arab World,” *Parliamentary Assembly*, June 28, 2011, p. 8.

② “UK Training Saudi Forces Used to Crush Arab Spring,” *Khilafah Magazine*, July 2011, p. 2.

③ Tony Blair, “We Can't Just Be Spectators in this Revolution,” *The Times*, March 19, 2011.

④ Christian Koch, “The Arab Spring Is a Real Opportunity for Europe,” *Europe's World*, Summer 2011, p. 3.

对派，瓦解反西方政权。在利比亚，美、英、法、德、意等力挺利比亚全国过渡委员会，并提供了政治、军事和财政支持，英法还向“过渡委员会”派出了军事顾问，最终改变了利比亚反对派与卡扎菲政权的力量对比；在叙利亚，欧盟与“叙利亚全国委员会”、“叙利亚自由军”等反对派合作，鼓动巴沙尔政府军官兵“变节”，以推翻巴沙尔统治为目标，使美、欧、土耳其以及叙反对派结成广泛的统一战线。①

（二）政治手段

中东变局爆发前，欧盟的中东政策一直存在“稳定优先”还是“民主先行”的争议。② 以英法为代表的欧洲大国积极奉行务实主义外交政策，通过与阿拉伯威权国家建立特殊关系来维护在中东的特殊利益。2011 年 2 月底，欧盟理事会轮值主席范龙佩坦言：“在保卫我们的价值观如人权和保卫我们的利益如维持中东稳定之间选择其一，是非常困难的。由于欧盟成员国需要维护各自经济利益，所以倾向于容忍独裁领导人的统治，忽视了人权和民主。”③ 2011 年 6 月，欧洲议会发表的一份声明强调，欧洲在过去存在政策失误，即过于强调中东国家的短期稳定而忽视了长期发展，未能大力推动欧洲委员会所倡导的价值观，对此欧洲应当承担责任。④

---

① Susi Dennison and Anthony Dworkin, “Europe and the Arab Revolutions: A New Vision for Democracy and Human Rights,” *Policy Brief of European Council on Foreign Relations*, 2011, p. 8.

② Patricia Bauer, “Egypt after the Revolution of 2011 – Still a Matter of Democracy versus Stability?” *Dialogue Euro Méditerranéen de Management Public*, 2011, p. 1.

③ Michael Allen, “Beyond Fear: How the EU Can Support Arab Reform,” *Democracy Digest*, March 2, 2011.

④ Political Affairs Committee, and Jean – Charles GARDETTO, “Co – operation Between the Council of Europe and the Emerging Democracies in the Arab World,” *Parliamentary Assembly*, June 28, 2011, p. 2.

在欧洲，首先对中东变局作出反应的领导人是法国前外长阿利奥－马里（Michelle Alliot－Marie）。她在议会发表讲话时表达了对突尼斯局势失控的担忧，声称法国不排除将派出特种兵、帮助本·阿里政府恢复突尼斯的秩序。[①] 2011年3月19日，英国前首相布莱尔在《泰晤士报》撰文指出，欧盟应从“稳定优先”转向“民主先行”政策。他指出：“西方干预中东革命国家的局势，主要是因为中东的稳定与安全同扩展民主和人权息息相关，这些不是西方价值观，而是普世价值观。”[②]

美欧的中东政策尽管存在差异，但在推动中东民主化方面却有相同的认知和目标。中东变局发生后，欧盟积极附和美国的“人权高于主权”和“人道主义干涉”理论。本着支持民主的原则，欧盟外交与安全政策高级代表阿什顿代表欧盟27个成员国，于2011年5月在利比亚反对派大本营班加西宣布欧盟办事处正式成立，并对利比亚政府及卡扎菲家族实施制裁，同时把利比亚26家能源公司列入制裁名单，以彰显欧盟支持利比亚民主转型的力度。[③]

欧盟借中东变局在阿拉伯国家推广民主的战略最为明显，其政策力度甚至超过美国。2011年8月，在关于叙利亚问题的巴黎峰会上，时任法国总统萨科奇、英国首相卡梅伦和德国总理默克尔发表了支持叙利亚民主转型的联合声明，欧盟外交政策高级代表阿什顿则明确指出：“巴沙尔·阿萨德在叙利亚人民心中已经完全失去了合

---

① “Europe’s Response to the Arab Revolutions’ – Focus on Tunisia,” *Philip Engels University Times*, January 16, 2012.

② Tony Blair, “We Can’t Just Be Spectators in this Revolution,” *The Times*, March 19, 2011.

③ 闫瑾：《德国利比亚危机政策分析》，载《欧洲研究》，2011年第3期，第10页。

法性。"[1] 此外，欧盟还积极抓住安理会、联大、联合国人权委员会、八国集团领导人峰会、"叙利亚之友"国际会议等多边机制，积极参与中东事务。2012 年 2 月 24 日和 2012 年 4 月 1 日，在突尼斯和土耳其召开了两次"叙利亚之友"会议，英、法等欧洲大国和欧盟都是积极的推动者。

在应对中东变局时，欧盟十分重视拓展在中东的战略利益，进而为建立"地中海联盟"扫清障碍。在环地中海地区，利比亚卡扎菲政府是"地中海联盟"计划重要反对者。例如，卡扎菲主张地中海必须成为"沿岸国家的地中海"，而不是西方大国的"内湖"，并因此成为法国的"眼中钉"。中东变局发生后，欧盟积极推动"地中海联盟"计划的实施，力图将中东纳入到欧盟的战略轨道。在叙利亚问题上，欧盟积极支持反对派推翻巴沙尔政权的活动，也意在削弱东地中海地区的反西方力量。2011 年以来，欧盟提出了 35 亿欧元的经济振兴计划，试图影响地中海南岸的突尼斯、利比亚和埃及，但前提是这些国家必须促进公民社会建设，促进妇女权益保护和非政府组织的发展等，促进环地中海地区的民主和人权，实现地中海联盟计划。但截至 2012 年 3 月，欧洲的援助计划只在突尼斯付诸实施。[2]

欧盟应对中东变局的政治战略主要依靠两个机制：一是"欧洲—地中海伙伴关系计划"；二是欧洲的"邻国政策"，这两个制度化安排旨在将中东国家纳入欧盟的发展轨道。欧盟外交政策高级代表阿什顿、欧盟委员会主席巴罗佐（José Barroso）、欧盟扩大事务和欧盟邻国政策专员菲勒（Štefan Füle）和欧盟理事会轮值主席范龙佩

---

① Abid Mustafa, "Who Will Rescue the Syrian People from Assad's Bloody Regime?" *Khilafah Magazine*, October 2011, p. 6.

② Jamie Balfour－Paul, "Power to the People? Reactions to EU response to the Arab Spring," March 9, 2012. http://www.ecdpm－talkingpoints.org/eu－response－to－arab－spring/.

（Herman Van Rompuy）曾先后就中东变局问题发表讲话。[①] 菲勒强调，欧盟需要借助已有的合作框架，并将重点放在民主改革、良治和人权等方面；阿什顿、巴罗佐则提出了在中东国家推行“深度民主”（Deep Democracy）的理念，主张通过经济发展和促进人员交流等方式使中东国家维持“可持续稳定”。“深度民主”的核心在于促进中东国家公民社会建设。[②] 2011 年 4 月，菲勒在接受媒体采访时指出：“我们将中东变局国家称为新兴民主国家，他们不仅致力于自由公正选举，而且致力于深化民主。欧盟将重新审视其睦邻政策，以期将地中海南部建成和平、稳定与繁荣的地区，欧盟将确保中东民主化进程不被其他势力所‘窃取’，避免使新兴民主国家误入歧途。”[③] 欧盟成员国还利用多边峰会发表联合声明阐述立场。例如，2011 年 2 月底，欧盟外长发表联合声明，表示将全力支持埃及和突尼斯的民主改革，帮助中东北非国家分享南欧和东欧从威权政治到民主政治转型的经验，与中东新兴民主国家建立全面伙伴关系等。[④]

（三）外交手段

就应对中东变局的外交战略而言，欧洲大国和欧盟十分重视加强西方大国之间以及欧洲内部的政策协调。

首先是加强美欧合作。由于美国拥有对中东事务的主导权，欧盟十分重视通过加强欧美合作联合应对中东变局。2011 年欧盟的一

---

① Alec Simantov，“Europe & the Arab Spring：EU Policy for the Mediterranean Arab States，” http：//www. pitapolicy. com/europe – the – arab – spring – eu – policy – for – the – mediterranean – arab – states – part – 3 – of – 3/.

② Patricia Bauer，“Egypt after the Revolution of 2011 – Still a Matter of Democracy versus Stability?” *Dialogue Euro Méditerranéen de Management Public*，2011，p. 8.

③ Štefan Füle，“EU Won’t Allow Arab Revolutions to Be ‘Stolen’，” *Euractive*，April 13，2011.

④ “EU To Support Arab Revolutions，” *New York Times*，February 21，2011.

份对外政策报告指出，欧盟对中东国家形势的影响有限，因此必须支持美国的中东政策。[①] 与2003年伊拉克战争爆发前美欧分道扬镳不同，此次中东变局发生后，美欧之间既有分工，又有合作——地中海南部和东部被视为欧盟的“责任区”，在利比亚、突尼斯和叙利亚，欧盟投入更多的外交精力；红海和海湾地区被视为美国的“责任区”，在埃及、也门和巴林等出现政局动荡后，美国投入更多的外交精力。美欧在中东变局后保持了较好的协调关系，合作大于分歧。

其次，欧盟积极与其他西方大国和中东伙伴合作。如2011年5月27日，在西方八国集团会议上，成员国一致强调西方有“保护责任”。在此次会议上，欧盟与其他西方大国就中东问题展开了密切磋商与合作。[②] 2012年5月25日，叙利亚胡拉镇发生针对平民的屠杀，至少造成108人死亡，近300人受伤，包括49名儿童和7名妇女，成为4月停火以来死伤最严重的暴力事件。法国、英国、德国、意大利、西班牙、荷兰、保加利亚、瑞士等欧洲国家同美国、加拿大、澳大利亚和日本等一道，要求叙外交官在规定期限内离境，显示了西方国家的政策一致性。[③] 中东变局发生以来，欧盟与土耳其和海湾阿拉伯国家的合作频繁，如2012年6月叙利亚击落土耳其一架战机后，欧盟成员国一致强烈批评叙利亚巴沙尔政府的挑衅行为，北约成员国在法国举行紧急磋商；英国外交大臣黑格谴责叙利亚的行动“极端无礼”，并指出：“这种极端无礼的行动凸显了叙利

---

① Susi Dennison and Anthony Dworkin, “Europe and the Arab Revolutions: A New Vision for Democracy and Human Rights,” *Policy Brief of European Council on Foreign Relations*, 2011, p. 6.

② 朱立群：“利比亚危机考验欧盟塑造国际秩序的能力”，载《欧洲研究》2011年第3期，第20页。

③ Ian Black and Chris McGreal, “Syrian Diplomats Expelled from Countries around the World,” *the Guardian*, May 29, 2012.

亚政府令人无法接受的行径，我们对此予以强烈谴责。叙利亚必须对此承担责任，英国准备要求联合国安理会对其采取强硬措施。”①

最后，欧盟积极寻求内部的政策协调一致。中东变局适逢欧洲国家如希腊、西班牙、冰岛、爱尔兰等陷入全球金融危机的泥潭，解决国内经济问题成为许多欧盟成员国的首要任务。为改变不利局面，欧盟成员国不得不加强政策协调，争取“用同一个声音说话”。尽管在安理会第 1973 号决议表决时，德国投了弃权票，但总的来看，欧洲大国保持了政策一致性，如法国率先承认利比亚过渡委员会后，丹麦、希腊、英国、西班牙、意大利、马耳他和德国等也先后在班加西设立办事处；② 在联合向叙利亚政府施压方面，欧盟成员国也保持了高度的政策一致性。

2011 年 6 月，欧洲议会的报告指出：“中东独裁政权的瓦解不一定带来民主制度，有可能导致其他独裁者掌握权柄、建立军政府或神权制度，中东变局产生的权力真空可能会引发混乱。”③ 剧变发生后，埃及、突尼斯、利比亚等奉行更加独立的外交政策，不再对西方亦步亦趋，欧盟对中东局势的影响力下降。④ 面对上述挑战，欧盟主张与阿拉伯新政府建立更积极的合作关系。2011 年，欧盟对外关系委员会一份对外政策报告指出：欧盟需要和转型阿拉伯国家所有政治团体建立关系，包括过去欧盟拒绝接触的伊斯兰政党和组织，

---

① “叙击落土战机引发各方关注”，载《参考消息》2012 年 6 月 25 日，第 2 版。

② 吴弦：“利比亚危机与欧盟行动刍议”，载《欧洲研究》2011 年第 3 期，第 17 页。

③ Political Affairs Committee, and Jean – Charles GARDETTO, “Co – operation Between the Council of Europe and the Emerging Democracies in the Arab World,” *Parliamentary Assembly*, June 28, 2011, p. 7.

④ Arshin Adib – Moghaddam, “What the Revolutions Mean for Us,” *PressEurop*, May 30, 2011.

如在埃及取得政治主导地位的穆斯林兄弟会。[①]

（四）经济手段

中东变局发生后，欧盟积极利用经济制裁推动中东反西方国家的政权更迭。如2012年1月，欧盟外长会议通过决议，要求再次扩大对叙利亚的制裁范围，共有22名所谓“侵犯人权”的叙利亚个人和8家“给予叙利亚当局财政支持”的企业被列入制裁清单。截至2012年2月初，叙利亚已有38家企业和108个人被列入欧盟制裁清单。[②]

欧盟还利用经济援助杠杆影响转型的阿拉伯国家，并附加了许多有关推动政治改革的前提条件。中东变局发生后，欧洲大国以援助为诱饵积极参与转型国家的重建与民主化改造。阿什顿在访问突尼斯时承诺将向转型的阿拉伯国家提供更多资金；2011年3月，在“欧盟邻国政策行动计划”的基础上，阿什顿提议实施“民主与共同繁荣伙伴关系计划”（Partnership for Democracy and Shared Prosperity），推动中东国家民主化进程。[③]

欧盟主要成员国如英法还提出旨在帮助中东国家重建的“马歇尔计划”，呼吁成员国向转型国家提供120亿欧元的援助资金，为阿拉伯国家商品进入欧洲市场提供更多便利，促进阿拉伯国家公民社

---

① Susi Dennison and Anthony Dworkin, “Europe and the Arab Revolutions: A New Vision for Democracy and Human Rights,” *Policy Brief of European Council on Foreign Relations*, 2011, p. 6.

② “欧盟再次扩大对叙利亚制裁8家企业资产将被冻结”，http://military.china.com/news2/569/20120124/17000275.html。

③ Isabel Schäfer, “The Revolutions in the Arab World and the European Union: Challenges and Expectations,” *Heinrich Böll Stiftung European Union*, 2011, p. 2; p. 8.

会建设和民主化进程。[①] 如 2011 年 2 月，欧盟宣布向突尼斯提供 1700 万欧元的紧急援助，并于 2013 年前提供总额达 2.58 亿欧元的援助。欧盟还与欧洲投资银行协商，在 2012 年启动价值 10 亿欧元的投资项目，这笔援助资金将用于支持中东中小企业，推进基础设施建设。[②]

（五）文化手段

中东变局发生后，英、法、德、意等欧洲大国积极利用 BBC、《泰晤士报》、《费加罗报》和德国之声等大众媒体，积极宣传欧洲大国的政策主张，渲染所谓欧洲共同的政治与民主价值观，向欧洲民众阐述欧盟干预阿拉伯国家事务、推动中东民主化所肩负的“独特责任”，以争取欧洲民意的支持。2012 年 6 月 6 日叙利亚哈马省卡比尔农场发生惨案后，BBC、《泰晤士报》、《费加罗报》和德国之声等欧洲媒体进行了大肆报道，指责叙利亚巴沙尔政府屠杀了至少 78 名平民。

除依靠政府主导的官方外交外，欧盟还积极利用非政府组织，实现自己的政治目标。例如，活跃在英、法、德、意等国的利比亚和叙利亚不同政见者与反政府组织，均得到了欧盟人权组织等非政府组织的经费和政治支持；欧洲大批非政府组织以保护平民、设立“人道主义走廊”等为幌子，加强对中东阿拉伯国家的渗透，成为联系欧盟各国政府与阿拉伯反政府组织的桥梁和纽带。

---

① Nathalie Tocci, etc., *Turkey and the Arab Spring: Implications for Turkish Foreign Policy from a Transatlantic Perspective*, Mediterranean Paper Series 2011, Washington D. C.: The German Marshall Fund of the United States, 2011, p. 29.

② Dai Aina, “Tunisia Faces Economic Hardship in the Midst of the Arab Spring,” *World Watch*, October 24, 2011.

三、欧洲大国和欧盟中东战略的特点与效果评估

欧洲大国和欧盟应对中东变局的战略主要具有以下特点：

第一，意识形态倾向性明显。法、英等国介入利比亚和叙利亚危机，是通过把当地的反政府武装暴力活动披上追求“民主改革”的外衣，赋予其正当性、合法性来实现的，其意识形态导向十分明显。对利比亚，它们利用了卡扎菲在阿拉伯世界内的孤立处境，拉拢阿盟在联合国安理会借设立“保护平民的禁飞区”之名，通过北约牵头的武力打击摧毁了卡扎菲政权，不仅欺骗了中俄和整个国际社会，而且开创了一个具有恶劣影响的新干涉主义案例——放弃了发展大规模杀伤性武器的国家反而会挨打，同时也削弱了《不扩散核武器条约》的权威性和影响力。

第二，欧洲内部的共识与分歧并存。中东变局初期，由于欧盟内部未能在利益认知和任务承担等方面形成共识和凝聚力，导致安理会就 1973 号决议进行表决时，英法与德国未能形成一致，被外界讥讽为“分裂的欧洲”。[①] 此外，法国和意大利在危机爆发初期仅关心自己的难民涌入问题，与中欧、东欧和北欧等国未能形成统一意见；南欧、北欧和中东欧在中东变局问题上的利益取向不一致，导致真正关心中东变局的主要是英、法、意等西南欧国家，体现出欧盟对外政策的内部分歧。然而，在 2012 年 2 月 4 日就摩洛哥提交的关于“叙利亚的决议”时，英、法、德、葡萄牙、波黑等与美国一

① Nathalie Tocci, etc., *Turkey and the Arab Spring: Implications for Turkish Foreign Policy from a Transatlantic Perspective*, Mediterranean Paper Series 2011, Washington D. C.: The German Marshall Fund of the United States, 2011, p. 29.

道投了赞成票，又体现出欧盟在理念和价值观层面的一致性。这主要基于欧盟国家在关涉中东变局的决策上，逐步在“民主”、“人权”等共同价值观上达成了共识，多元利益诉求让位于民主利益诉求。

第三，国际危机预防与管理能力有待提高。中东阿拉伯国家是欧洲的近邻，但欧盟最初对突如其来的中东变局却毫无准备，后经多次协调，最终才形成了总体一致的政策，但这种统一性的外交政策基础并不牢固，具有明显的脆弱性，凸显了欧盟的危机预防与管理能力不足。长期以来，欧盟机制对于中东危机的预防存在巨大缺陷，尤其是伊拉克战争问题上所导致的“新欧洲”和“老欧洲”的分歧使得欧盟遭遇成立以来的最大危机，而此次中东变局仍在一定程度上暴露了欧盟的内部分歧。因此，欧盟在 2011 年 6 月的一份报告中指出，今后欧盟将加强对脆弱国家和地区的危机预防，通过地区一体化、促进脆弱国家的良治和经济发展等手段，预防危机的爆发，提升欧盟的地区影响力。①

第四，欧盟的功能有可能发生转变。在相当长时间里，人们认为欧盟只是一种“民事力量”（Civil Power），因为它缺乏像北约军事联盟那样的军事实力，常使用“软力量”如贸易、援助、制度设计等手段参与地区事务，欧盟成员国也比美国更倾向于用和平与外交手段解决地区争端，与美国咄咄逼人的军事手段形成鲜明对比。中东变局发生后，人们看到，新时期的欧盟甚至比美国更强硬，在利比亚和叙利亚主张动武的决心更强，今后欧盟很可能会综合运用军事和非军事手段来达到自己的政治目的。② 但同时也要看到，欧盟

---

① Clare Castillejo, “Improving European Policy towards Fragile States,” *Fride*, No. 95, September 2011, p. 4.

② 张浚：“从利比亚危机再看‘欧盟是怎样的力量’”，载《欧洲研究》2011 年第 3 期，第 22 页。

主要通过与北约的合作来实现军事目的，其军事手段的限度仍未能实现较大尺度的突破，欧盟“民事力量”的角色也并未根本改变。

就效果而言，一方面，欧盟应对中东变局的战略取得了一定成效，如欧盟增强了对中东事务的议题设置能力，成为影响中东变局的重要地区力量；欧盟也在重大问题上（如制裁、承认反对派、出席多边峰会等）形成了共识。另一方面，欧盟的战略也存在不少失误。首先，欧盟应对中东变局的“意识形态”倾向性明显，往往根据“反独裁、促民主”这一简单标准确定应对政策，从长远来看，这有可能使欧盟在利比亚、埃及、突尼斯、也门和叙利亚等国的经济利益受损。其次，欧盟尚未与埃及穆斯林兄弟会、摩洛哥正义与发展党、利比亚伊斯兰势力等建立合作关系，使欧盟试图以“地中海联盟”为机制，将西亚北非阿拉伯国家纳入欧盟发展轨道的目标难以实现。最后，由于许多欧盟成员国经济发展乏力，对转型阿拉伯国家的援助往往口惠而实不至，使之难以在未来发挥主导作用。

在可预见的将来，欧洲大国及欧盟应对中东变局的政策走向是：第一，联合海湾阿拉伯国家、土耳其和美国，促进叙利亚全国委员会的整合，推动叙利亚巴沙尔政府的政权更迭；第二，配合美国和以色列重构中东政治版图，加大对伊朗和真主党的制裁和施压力度，促进黎巴嫩的“去伊朗化”，打击中东什叶派反西方势力；第三，增强与中国、俄罗斯、印度、巴西等新兴大国的合作，借助联合国、阿盟、非盟等国际和地区组织的力量，增强在中东人道主义干预的合法性。

中东变局与俄罗斯的战略应对

上海外国语大学中东研究所　**孙德刚**
上海外国语大学国际关系与外交事务研究院　**皮凡倩**

【内容提要】

俄罗斯应对中东变局的战略具有以下特点：以军事和经济手段为辅，以政治和外交手段为主，包括在政治上防止西方在独联体国家推行新一波“颜色革命”和干扰 2012 年俄罗斯国内大选；积极应对中东伊斯兰势力上升对俄高加索等伊斯兰地区的冲击；加强对国内互联网监控，不给外部势力以可乘之机；外交上重申不干涉内政原则，根据俄利益相关度决定介入中东变局的深度；对西方采取既合作又斗争的策略，坚决捍卫俄在中东的核心利益。

从总体上来说，中东变局对俄罗斯的影响有利有弊。中东变局虽然对俄罗斯南翼的地缘安全造成了一定的冲击，同时也对俄国内稳定产生一定的消极影响。但美欧深陷中东以及国际能源市场的波动都有利于提高俄罗斯的国际地位，尤其使欧洲对俄罗斯油气资源的依赖性进一步增强。俄罗斯对中东变局的应对具有较强的灵活性和务实性，对西方采取了既合作又斗争的策略，以维护俄罗斯在中东的国家利益。

一、俄罗斯应对中东变局的主要战略考虑

冷战结束以来，俄对外战略合作主要依靠“三环”，第一环是集体安全条约组织，第二环是上合组织和欧盟，第三环是中东—南亚等欧亚大陆南部国家。苏联解体后，俄罗斯在中东的影响力日趋下降。近年来，俄与埃及、利比亚、叙利亚、伊朗、巴勒斯坦哈马斯和黎巴嫩真主党均维持了良好的政治关系，它们都成为俄罗斯在中东的重要伙伴。

俄认为，中东变局预示着欧盟中东战略的失败。自 1995 年欧盟提出“巴塞罗那进程”以来，欧盟一直试图促进中东的经济、社会和政治改革，影响中东的政治生态，但十几年过去了，阿拉伯国家政治、经济与社会状况并未改善，进而导致阿拉伯革命的爆发。因此，在中东采取自上而下式的民主移植不可能成功，而自下而上式的社会变革也具有不确定性。与欧盟的政策相比，俄罗斯的中东政策更加务实和谨慎[①]。

中东变局发生后，俄罗斯认为，无论是西方推动中东民主化、建立亲西方政权，还是伊斯兰极端势力上升、波及俄高加索和中亚伊斯兰地区，都不符合其国家利益。[②] 在应对中东变局的过程中，俄罗斯的战略考虑主要包括：

第一，维护俄在中东的地缘战略利益。苏联解体后，美国成为中东事务的主导者，欧盟在中东的影响力紧随其后，俄基本丧失了

---

① Gurova Natalya, “The Arab Revolt Means Failure of EU Policy in the Region,” *The Voice of Russia*, May 26, 2011.

② Mark N. Katz, and Va. Fairfax, “Russia and the Arab Spring,” *Russian Analytical Digest*, No. 98, July 6, 2011, p. 6.

在中东的地缘政治利益。俄认为，中东变局的爆发，恐将终结美国在中东的独霸地位，尤其是在阿富汗战争与伊拉克战争之后，美欧内外交困，深陷金融危机，俄有望利用美欧实力衰弱之机，重返中东政治舞台，参与巴以和平进程与伊朗核问题的解决，阻止中东沦为西方的势力范围。

第二，利用中东变局扩大俄经贸和能源利益。近年来，俄在中东的现实利益追求主要包括：提高俄在高科技领域的竞争力，开展正常的经贸往来，积极在石油和天然气领域与中东能源出口国建立战略协作关系，与中东能源出口大国协调政策，掌握国际石油和天然气定价权等。冷战结束尤其是进入 21 世纪以来，俄中东政策日趋超越意识形态的限制，而呈现出灵活务实的特点，主要以国家利益特别是经贸利益为导向。① 2012 年俄罗斯政府工作报告强调，俄罗斯不会因为中东变局而丧失在该地区的经济利益；俄将积极保护自己在该地区的重要经贸利益。② 目前俄与沙特、阿联酋、卡塔尔、阿曼、约旦、叙利亚、黎巴嫩、阿尔及利亚、摩洛哥、埃及、利比亚、伊拉克等都签订了重要油气合作项目，成为俄在中东实实在在的利益。③ 2012 年 1 月俄罗斯第一副总理祖布科夫（Viktor Zubkov）在巴林国际航空展上表示：“在未来 15 到 20 年，海湾国家可能需要 60 架苏霍伊超级喷气式 -100 支线飞机，为俄罗斯带来重要的商机。”④

中东变局对俄经济既有积极影响，又有消极影响。从积极影响

---

① Nourhan El - Sheikh, “The Russian Position on the Arab Revolutions,” *Al Jazeera Centre for Studies*, May 23, 2011, p. 1.

② “Россия не понесла масштабных экономических потерь от осложнения ситуации на Ближнем Востоке - Путин”, ИТАР - ТАСС, 11 апреля 2012.

③ 孙永祥：“评析俄罗斯与阿拉伯国家油气开发合作”，载《西亚非洲》2011 年第 8 期，第 3—5 页。

④ “РФ может продать около 60 Sukhoi Superjet 100 странам Ближнего Востока”, www. ria. ru, 19 январь 2012.

来看，欧盟是世界第三大能源消费地，中东乱局一度导致阿拉伯国家对欧盟石油出口锐减和国际油价上扬，有利于俄增加对欧盟能源出口，提高外汇收入，以确保4%的经济增长率。[①] 俄财政部长康德林透露，随着国际石油和天然气价格上涨，俄将成为能源大国，到2014年俄有望还清所有债务。[②] 2011年第一季度，国际原油价格上涨了24%，达每桶110美元，给俄带来了可观的经济利益，俄重新建立了主权财富基金。[③] 近年来，中东地区已成为俄罗斯能源公司开展国际合作的重点地区。以利比亚为例，鞑靼石油公司在利比亚的石油项目是俄在北非最大的投资项目；俄罗斯天然气工业股份公司计划与利比亚ENI公司合作，开采利比亚“大象”油田；俄罗斯最大的天然气生产公司诺瓦泰克公司与卢克石油公司也已获得埃及的石油与天然气项目经营权；俄罗斯铁路公司在利比亚的铁路建设项目金额超过22亿美元。[④]

第三，维护俄罗斯在中东的军火利益。扩大与中东各国的军事交流范围、增加对中东的军火出口是俄近年来一贯政策。[⑤] 中东变局既给俄军工企业带来了机遇，又带来了挑战。从机遇方面来说，叙利亚、伊朗等国家与西方国家的矛盾激化，使俄有望扩大在中东的

---

① Fiona Hill, “How Russia and China See the Egyptian Revolution,” *Foreign Policy*, February 15, 2011, p. 6.

② Roland Dannreuther, “Russia and the Arab Revolutions,” *Russian Analytical Digest*, No. 98, July 6, 2011, p. 3.

③ Robert O. Freedman, “The Arab Spring's Challenge to Moscow,” *Journal of International Security Affairs*, Fall/Winter, No. 21, 2011, p. 3.

④ Marcin Kaczmarski, “The Consequences for Russia of the Revolutions in North Africa,” *East Week*, Issue 8, March 2011, p. 3.

⑤ 2005年，俄罗斯总统普京指出，俄罗斯对中东国家的军火出口仅5亿美元，而同年美国对中东军火出口却达68亿美元。参见Paul J. Bolt, Su Changhe and Sharyl Cross, *The United States, Russia, and China: Confronting Global Terrorism and Security Challenges in the 21st Century*, Westport: Praeger Security International, 2008, p. 167。

军火市场。中东变局爆发前，俄罗斯与利比亚和阿尔及利亚签有军售合同，合同金额分别为 20 亿美元和 40 亿美元。俄制武器占利比亚进口军火设备总额的 90%，2008 年普京访问利比亚时，双方还签订了若干重要的经贸协定；2011 年俄罗斯与利比亚卡扎菲政府还曾就 18 亿美元的军火合同进行谈判；2012 年 1 月底俄向叙利亚出售了 36 架教练机，合同价 5.5 亿美元。[①] 利比亚卡扎菲政府也曾计划购买价值 100 亿美元的“米格 - 31”战机、巡航导弹和 S - 300 防空导弹系统；也门总统萨利赫也曾和俄签订 10 亿美元的武器采购协定。[②] 中东变局后，由于安理会通过制裁决议，俄不得不终止同中东近 40 亿美元的军售合同。[③]

二、俄罗斯应对中东变局的战略措施

(一) 军事手段

首先，叙利亚拥有俄在中东唯一的军事基地，对俄具有重要的军事和战略意义，叙利亚因此成为俄罗斯与西方博弈的战略重点。冷战结束以来，叙是俄在中东唯一的盟友，成为俄向中东投射军事力量的“桥头堡”。[④] 目前俄罗斯在叙利亚大约有 10 万公民，其中在塔尔图斯军事基地驻有 100 人左右。叙利亚形势动荡以来，俄一直坚决反对西方图谋在叙利亚实施政权更迭，不许任何国家染指俄在该国的战略利益。2011 年底以来，俄三艘军舰和“库兹涅佐夫海

① “叙利亚政府从俄罗斯购买 36 架战机”，载《京华时报》2012 年 1 月 25 日。

② 盛世良：“论中东形势对俄罗斯的影响”，载《阿拉伯世界研究》2011 年第 5 期，第 17 页。

③ Howard Amos, “Russia Damages Image in Arab Spring,” *Moscow Times*, August 26, 2011.

④ “The Arab Awakening Reaches Syria,” *The Economist*, March 21, 2011.

军上将号”航母先后到访塔尔图斯军港，彰显了俄对叙利亚巴沙尔政府的支持。①

2012 年 1 月 23 日，欧盟外长会议宣布对叙利亚公司和个人实施新一轮制裁后，俄副外长波格丹诺夫指出，俄反对欧美对叙进行单方面制裁，美欧对叙利亚进行单边制裁无助于叙利亚人民建设民主、独立的国家，也无助于民族和解，由叙利亚人民进行内部对话才是解决叙危机的正确途径。② 2012 年以来，尽管阿盟多次呼吁俄罗斯停止向巴沙尔政府提供军火，但俄罗斯始终没有积极回应。2012 年 6 月 11 日，一艘满载军火和“米－25”军用直升机的俄罗斯货船“Alaed”号计划前往叙利亚，美国政府要求英国方面协助拦截，结果该货船在英国被拦截，随后被迫改变航线返回俄罗斯。6 月 20 日，俄罗斯外长拉夫罗夫承认，俄罗斯货船的确计划向叙利亚运送防空系统武器和“米－25”武装直升机，但并非为叙政府镇压平民所用，而是履行 2008 年俄罗斯与叙利亚签署的军购协议。③

其次，对并非俄罗斯核心利益的北非地区，俄采取了相对超脱的政策。苏联时期，北非的埃及、利比亚和阿尔及利亚被认为是苏联重要的战略支点。冷战结束后，俄罗斯虽然在北非地区存在重要利益，但远非俄罗斯的核心利益。因此，在北非阿拉伯国家发生剧变后，俄虽然投入了较多外交资源，但同时又避免与西方迎头相撞，并在实际上采取了相对超脱的政策，未阻止西方对利比亚的军事行动。

最后，俄对海湾地区的影响力有限，因而对海湾阿拉伯国家关

---

① “Авианосец《Адмирал Кузнецов》ушел на базу,” *Газета известия*, 27 ноября 2011.

② “Западный проект резолюции по Сирии для России “непроходной” – замглавы МИД Геннадий ГАТИЛОВ,” *ИТАР- ТАСС*, 31январь 2012.

③ “Russia Admits Ship Halted by British Government Was Carrying Helicopters to Syria,” *The Telegraph*, June 21, 2012.

注和资源投入相对较少。如也门和巴林发生骚乱后，俄认为这是海湾国家的内部事务，并强调俄恪守“不干涉内政”原则。2011 年 6 月，巴林文化大臣访问莫斯科，并与俄方签订了文化与艺术合作协定，俄领导人只字未提巴林当局对示威者的镇压行为。对也门，俄也未对萨利赫政府施加太多影响。2011 年 4 月，俄罗斯外长拉夫罗夫呼吁也门政府与反对派通过对话解决政治危机，奉行了超脱的“不介入”政策。[①] 2012 年 1 月，俄罗斯第一副总理祖布科夫访问巴林，与巴林王室成员探讨了莫斯科与巴林首都麦纳麦直航的可能；双方还讨论了其他经济与文化合作项目，却丝毫未谈及巴林骚乱问题，表明俄罗斯同美欧一样，不愿意看到巴林陷入乱局。[②]

（二）政治手段

在政治层面，俄罗斯应对中东变局的战略目标主要是防止俄周边地区再度发生“颜色革命”。冷战结束以来，俄周边独联体国家成为其重要的战略依托地带，但乌克兰和中亚国家爆发的“颜色革命”严重影响了俄在独联体国家的传统影响力。中东变局发生后，俄领导人高度重视周边稳定，因为这些国家稳定与否直接关系到俄边疆安全。[③] 因此，俄领导人积极防范中东变局在俄周边地区可能产生的“多米诺骨牌效应”，预防中东欧、里海、以及中亚等周边国家可能发生的变局。[④]

---

① Mark N. Katz, and Va. Fairfax, “Russia and the Arab Spring,” *Russian Analytical Digest*, No. 98, July 6, 2011, p. 5.

② “Russia, Bahrain Planning Direct Air Link, Investment Protection Deal,” *Interfax*, January 19, 2012.

③ Fiona Hill, “How Russia and China See the Egyptian Revolution,” *Foreign Policy*, February 15, 2011, p. 2.

④ Aigerim Zikebaeva, ed., *What Does the Arab Spring Mean for Russia*, *Central Asia*, *and the Caucasus*? Washington D. C.: CSIS, September 2011, p. 6.

2011年4月13日，俄杜马专门就中东变局对中亚国家的影响举行公开辩论，俄副外长卡拉辛（Grigory Karasin）敦促中亚各国加快改革步伐，以自下而上的方式建立公民社会，实现不同宗教信仰者之间的和平与和解，提高民众的生活水平，发展教育，与青年和青年组织建立良好的对话关系。[①] 6月14日，梅德韦杰夫访问乌兹别克斯坦首都塔什干，强调俄乌两国将联合应对“阿拉伯革命”的挑战。在随后在哈萨克斯坦召开的上合组织领导人第十次峰会上，六国元首一致认为，必须增强安全合作，建立快速危机管理机制。[②] 在2012年6月7日上海合作组织领导人北京峰会上，中俄等成员国再次强调上合组织成员国反对外部势力推行政权更迭，不允许中亚地区发生西亚和北非地区那样的动乱。

防止中东极端主义势力向俄周边地区以及高加索渗透，防范西方对俄国内反对派势力进行政治渗透是俄应对中东变局的又一战略考虑。近年来，尽管俄经济复苏势头良好，东正教势力与世俗政治势力通过建立战略联盟，稳定了俄国内局势，但也出现了较为严重的社会问题，引起普通民众的不满。例如，2010年俄通货膨胀率高达10%，生活成本明显升高。[③] 2011年10月21日，美国参议员约翰·麦凯恩讲话指出：俄罗斯和中东国家一样，经济停滞不前，人民倍感失望，生活在恐惧之中；俄罗斯领导人通过玩弄手腕寻求长期执政，无异于独裁者。卡扎菲的死亡一定使叙利亚、俄罗斯领导人感到不安。“这是春天，不仅仅是阿拉伯之春。”[④]

---

① Stephen Blank, “Russia and Central Asia Fight the Arab Revolutions,” *CACI Analyst* (Central Asia - Caucasus Institute), July 6, 2011.

② Ibid.

③ Robert O. Freedman, “The Arab Spring's Challenge to Moscow,” *Journal of International Security Affairs*, Fall/Winter, No. 21, 2011, p. 2.

④ “Mr. McCain Warns Russia for a New Wave of ‘Arab Revolution,” *Snoop News*, October 21, 2011.

因此，俄罗斯政府对美欧在中亚和里海地区可能采取的颠覆和渗透政策保持了高度警惕。2011 年 12 月，俄各大城市多次爆发反普京游行示威，其中仅在莫斯科就有至少 3 万人上街，要求普京下台，建立一个“没有普京的俄罗斯政府”，同时要求重新选举，取代此前被视为舞弊的下议院杜马选举。普京和梅德韦杰夫对示威游行提出批评，认为美国国务卿希拉里此前关于俄国内形势的发言起到了煽风点火、推波助澜的作用。俄罗斯大选后，普京政府更是高度重视境外势力的破坏活动。

中东变局后，俄罗斯还积极应对中东伊斯兰激进势力的上升。与美欧等西方大国不同，俄罗斯认为中东变局的实质并不是一场民主化运动，而是一场破坏地区稳定的政治动乱，并将造成地区局势动荡、激进势力的上升。中东变局发生后，俄认为任何亲西方政权或伊斯兰激进政权都不符合俄利益。俄时任总统梅德韦杰夫曾警告说：利比亚激进势力恐将掌握权柄，届时不仅将鼓动阿拉伯国家的宗教狂热分子，而且将引发中亚、高加索伊斯兰极端势力和车臣反政府武装的强劲反弹。①

（三）外交手段

与美、欧、海合会国家积极推动共和制阿拉伯国家的“民主革命”不同，俄认为阿拉伯国家的和平与稳定更符合俄利益，也符合当事国人民的利益。因此，俄政府呼吁阿拉伯国家在法律框架内通过对话与谈判和平解决分歧，抵制外部势力的干预。利比亚国内局势恶化后，俄杜马呼吁安理会采取措施实现停火，阻止暴力事件升级对平民的影响；俄杜马还敦促法、英、美、意、加拿大和其他国家与俄一道阻止利比亚国内愈演愈烈的流血冲突，维护平民的生命

① Aigerim Zikebaeva, ed., *What Does the Arab Spring Mean for Russia, Central Asia, and the Caucasus*? Washington D. C.: CSIS, September 2011, p. 9.

与财产安全。[①]

中东变局发生后，俄在突尼斯、埃及、也门和巴林等问题上，未与美欧发生直接冲突。在埃及和突尼斯，俄政府的反应与西方大国较为相近。在利比亚问题上，梅德韦杰夫总统于2011年3月10日颁布《执行联合国安理会2011年2月26日第1970号决议的措施总统令》，宣布扩大对利制裁，禁止卡扎菲家族及其亲信共15人进入俄罗斯，禁止一切法人和自然人从俄向利比亚运送武器弹药等军用物资，禁止与利发展金融业务。[②] 针对关于在利比亚建立禁飞区的安理会1973号决议，俄罗斯投了弃权票。2012年2月，也门总统萨利赫将政权交给副总统哈迪后，俄罗斯也与西方和国际社会一道表示欢迎。[③] 而在叙利亚问题上，俄罗斯则冒着同西方决裂的政治风险，力挺巴沙尔政府。俄认为，一旦叙利亚政府倒台，将导致教派冲突，届时叙就会成为第二个黎巴嫩或第二个利比亚。[④]

在发生剧变的阿拉伯国家，俄罗斯还多面下注，维持外交政策的灵活性和主动性。中东变局发生后，俄罗斯要求各方保持克制，避免使用武力，试图与冲突各方均保持良好关系，并愿意与所有新政府建立良好的政治关系。以利比亚为例，俄罗斯在安理会支持通过设立禁飞区的决议，宣布制裁卡扎菲政府，但梅德韦杰夫总统在国际反恐委员会会议上同时警告说：受革命的冲击，阿拉伯国家可能四分五裂，激进势力恐将掌握权力；普京也指出，西

---

① Nourhan El - Sheikh, "The Russian Position on the Arab Revolutions," *Al Jazeera Centre for Studies*, May 23, 2011, p. 4.

② 盛世良："论中东形势对俄罗斯的影响"，载《阿拉伯世界研究》2011年第5期，第15页。

③ "Presidential Elections in Yemen Indicate People's Support of National Unity Policies - Russian Foreign Ministry," *Interfax*, February 22, 2012.

④ Roland Dannreuther, "Russia and the Arab Revolutions," *Russian Analytical Digest*, No. 98, July 6, 2011, p. 3.

方势力是中东变局的罪魁祸首，其推行的所谓民主化导致了中东变局，并招致伊斯兰原教旨主义潜滋暗长。然而，在 2011 年 2 月 24 日俄罗斯与欧盟领导人发表的联合声明中，俄又与欧盟一道谴责卡扎菲滥用武力，并于第二天通过对利比亚制裁决议，政策转变之快令人瞠目。

针对西方和海湾阿拉伯国家提出的政权更迭主张，俄罗斯认为政治变革是阿拉伯国家的内部事务，国际社会不应干涉。与美欧等国强调中东变局的内生性不同，俄罗斯认为外部势力的干预是引发剧变的重要因素，其中包括伊斯兰极端势力如北非马格里布“基地”组织的破坏，以及西方大国的煽风点火。俄常驻北约代表德米特里·罗戈津指出，西方不怀好意，对中东形势缺乏了解，某些西方国家故意将中东国家的政局动荡描述为“内战”，并以此为借口介入其中；俄罗斯副总理伊戈尔·谢钦还指责“谷歌”公司煽动埃及革命。①

围绕中东变局的原因，俄罗斯国内舆论也在总体上坚信“西方阴谋论”，认为这是西方导演的一场旨在铲除中东反美国家的“颜色革命”，以更好地控制中东石油。② 即便是被西方视为温和派的梅德韦杰夫也指出：“让我们面对事实，那就是他们（西方国家）为我们准备了这一方案（推动中东民主），他们现在还要加倍努力地推行它。”③ 俄罗斯认为，每个民族国家都有自决权，各国人民有能力、有权利决定自己的前途和命运。俄罗斯试图以“不干涉内政原则”

---

① Marcin Kaczmarshi, “Russia’s Middle East Policy after the Arab Revolutions,” July 26, 2011. http://www.osw.waw.pl/en/publikacje/osw - commentary/2011 - 07 - 26/russias - middle - east - policy - after - arab - revolutions.

② “Western Countries Advocating Intervention as Pretext for Oil Grab - Russian Envoy,” *Russia Today*, March 14, 2011.

③ Robert O. Freedman, “The Arab Spring’s Challenge to Moscow,” *Journal of International Security Affairs*, Fall/Winter, No. 21, 2011, p. 2.

为旗帜，凸显与美欧中东战略的不同，力争通过反对西方大国推行人道主义干涉与新殖民主义，占领国际道义制高点。2012 年 6 月 21 日，俄罗斯外长拉夫罗夫在接受采访时重申，俄不会允许利比亚悲剧在叙利亚上演，俄保证不会出现这种情况。[①] 俄坚持“不干涉内政原则”主要是因为俄国内有车臣问题，周边独联体国家也易发生“颜色革命”，防止西方大国干涉内政符合俄自身的战略利益。

此外，中东变局也为俄罗斯展示大国形象、提升全球政治影响力提供了契机。中东变局发生前，俄罗斯就在巴以之间、美国和伊朗之间、以色列与伊斯兰激进势力之间积极充当斡旋者，发挥俄独特的政治影响力。由于俄不像美欧那样偏袒以色列，又与巴勒斯坦哈马斯、黎巴嫩真主党和埃及穆斯林兄弟会关系较好，有助于俄塑造公平、公正的中间人形象。[②] 2011 年 6 月初，梅德韦杰夫任命俄联邦议会上院外事委员会主席马格罗夫（Mikhail Margelov）为俄总统特别代表前往利比亚。俄总统还派出特使前往利比亚，与卡扎菲政府和反对派领导人频繁接触，积极充当斡旋者[③]；叙利亚局势恶化后，俄罗斯在巴沙尔政府与国内外反对派之间展开了多轮外交斡旋。俄外长拉夫罗夫等官员高调访问叙利亚，引起了国际社会的广泛关注。2012 年 3 月 10 日，俄罗斯外长拉夫罗夫与阿盟秘书长在开罗举行会谈，就和平解决叙利亚危机展开讨论；[④] 3 月底，俄罗斯在巴沙尔政府和反对派之间进行积极斡旋，支持安南作为联合国和阿盟解

---

① “俄称不允许叙重蹈利比亚覆辙”，载《参考消息》2012 年 6 月 23 日，第 2 版。

② Marcin Kaczmarski，“The Consequences for Russia of the Revolutions in North Africa，” *East Week*，Issue 8，March 2011，p. 3.

③ Aigerim Zikebaeva，ed.，*What Does the Arab Spring Mean for Russia*，*Central Asia*，*and the Caucasus*? Washington D. C.：CSIS，September 2011，p. 9.

④ Henry Meyer，“Lavrov Says Qatar Call for Syria Intervention Violates Deal，” *Bloomberg Businessweek*，March 13，2012.

决叙利亚危机的特使，并最终说服巴沙尔政府接受安南提出的“六点和平建议”。

中东变局发生后，俄还试图以中东热点问题为平台，运筹俄罗斯与美、欧、中、印等大国的关系，巩固政治大国地位；以中东危机的解决为筹码，通过热点外交和危机管理等手段，对美欧采取软制衡。2012年6月，在巴西召开的二十国集团峰会上，俄美总统会晤时也聚焦叙利亚危机。[①] 俄罗斯认为，西方世界与中东伊斯兰势力长期处于对立状态，俄既与美欧等大国保持着建设性合作关系，又有影响中东伊斯兰国家的地缘优势，因此俄可成为联系西方与伊斯兰世界的纽带，发挥俄东西方桥梁的作用。

（四）文化手段

奥巴马执政以来，积极推动互联网外交，试图以“互联网自由”为手段，打压包括俄罗斯在内的新兴大国。近年来，俄十分重视互联网的宣传作用，如在2007年与爱沙尼亚关系恶化和2008年与格鲁吉亚爆发冲突时，俄都曾组织网络专业人士在互联网上营造有利于俄的舆论环境，为俄外交服务。同时俄政府采取直接参股方式加强对国际新兴媒体的监控，俄罗斯著名的投资公司DST通过不断增持现已拥有Facebook 10%的股份，成为其最大股东之一。[②] 中东变局后，俄联邦安全局和内政部均建议修改《刑法》，要求政府加强对博客和社交网站的管理。[③] 此外，俄还加强了对新闻、出版等部门的管理，防止不同政见者和西方反俄势力利用网络和媒体破坏俄国内

---

① “俄美总统会晤聚焦叙利亚危机”，载《参考消息》2012年6月20日，第2版。

② Владислав Иноземцев，Парадоксы с деньгами”，Газета известия10 марта 2011.

③ Stephen Blank，“Russia and Central Asia Fight the Arab Revolutions，” *CACI Analyst* （Central Asia－Caucasus Institute），July 6，2011.

舆论环境。[①]

三、俄罗斯中东战略的特点与效果评估

与美欧相比，俄罗斯对中东变局在总体上持悲观态度，认为中东变局并不会带来真正民主与繁荣的中东，而只会使中东国家陷入动荡乃至无休止的内战。俄所采取的战略与政策具有以下特点：

第一，总统与总理在中东政策上“唱双簧”。中东变局发生后，时任俄罗斯总理的普京强烈反对西方国家的人道主义干预。如普京谴责安理会第1973号决议，认为它是“有缺陷的和错误的”。[②] 他指出，中东变局的本质是西方国家的插手和煽风点火，试图“把民主强加给阿拉伯国家”，到头来势必会导致伊斯兰激进势力的上升。[③] 梅德韦杰夫总统则强调与西方的协调与合作。针对普京发表的“十字军东征论”，梅德韦杰夫在两个小时后就发表讲话指出：“用这样的词语是不可原谅的，因为‘十字军东征’会导致文明的冲突，这种措辞是无法让人接受的。”[④] 当俄驻利比亚大使反对俄在安理会投票支持制裁利比亚时，梅德韦杰夫则迫使其选择辞职。[⑤] 从本质上而言，普京与梅德韦杰夫的不同表态并非表明二者在中东问题上存在

① Stephen Bank, “Russia's Anxieties about the Arab Revolution,” *Foreign Policy Research Institute*, July 2011, p. 1.

② Roland Dannreuther, “Russia and the Arab Revolutions,” *Russian Analytical Digest*, No. 98, July 6, 2011, p. 2.

③ Robert O. Freedman, “The Arab Spring's Challenge to Moscow,” *Journal of International Security Affairs*, Fall/Winter, No. 21, 2011, p. 5.

④ Roland Dannreuther, “Russia and the Arab Revolutions,” *Russian Analytical Digest*, No. 98, July 6, 2011, p. 2.

⑤ Mark N. Katz, and Va. Fairfax, “Russia and the Arab Spring,” *Russian Analytical Digest*, No. 98, July 6, 2011, p. 5.

尖锐的不可调和的矛盾，而是俄罗斯中东政策灵活性的表现。

第二，中东政策的延续性较弱。迄今为止，俄缺乏一套系统应对中东变局的外交战略，而是奉行“摸着石头过河”的方针，不断进行调适。例如，北非危机爆发后，俄罗斯起初反对制裁利比亚，随后同意国际制裁；起初反对建立“禁飞区”，随后梅德韦杰夫又宣布支持国际社会建立“禁飞区”；起初默许北约空袭利比亚，随后普京及俄杜马又强烈谴责北约在利比亚滥用武力。①

第三，现实利益第一。俄总体上对中东变局采取务实的超脱态度，不以意识形态和民主价值观划线，试图在各种政治派别中多面下注，保持平衡；对于处于转型过程中的中东国家，俄都力求与之建立建设性关系，维护俄在中东的现实利益。2012 年 3 月底，在叙利亚局势进一步恶化，卡塔尔要求国际社会进行干预之际，俄罗斯领导人表示坚决反对外部强加的政权更迭，并声称俄罗斯将继续向巴沙尔政府提供武器。②

第四，总体超脱，静观其变。俄罗斯对中东变局的反应较为谨慎，如直到突尼斯总统本·阿里被推翻，突尼斯形势进一步明朗后，俄才开始阐述自己的立场。③ 等待尘埃落定后再阐明立场，奉行“摸着石头过河”政策，不断进行策略调适，是俄应对中东变局的鲜明特点。

第五，根据民意制定政策。俄罗斯中东政策体现出俄主流舆论的反西方倾向。中东变局发生后，保持超脱和反对西方军事干预成为俄主流舆论，使梅德韦杰夫与普京对西方的政策尽管有所不同，

① Robert O. Freedman, “The Arab Spring’s Challenge to Moscow,” *Journal of International Security Affairs*, Fall/Winter, No. 21, 2011, p. 4.

② Henry Meyer, “Lavrov Says Qatar Call for Syria Intervention Violates Deal,” *Bloomberg Businessweek*, March 13, 2012.

③ Nourhan El - Sheikh, “The Russian Position on the Arab Revolutions,” *Al Jazeera Centre for Studies*, May 23, 2011, p. 3.

但总体上较为强硬，从而在 2012 年大选中争取到了众多选民的支持。

俄罗斯应对中东变局的战略既有成功之处，也有明显的不足。其成功之处在于：第一，始终维持外交灵活性；第二，根据国家利益的相关度决定介入的深度，目标明确；第三，俄在利比亚、叙利亚等国的斡旋外交增强了其在中东的政治影响力；第四，俄非常注意在国际舞台上与中国、印度、巴西、南非等其他新兴大国的立场协调，以避免俄罗斯陷入孤立。

俄应对中东变局的不足主要表现为：第一，外交政策变化无常、缺乏原则性；第二，俄应对中东变局主要局限于外交手段，缺乏经济援助和公共外交等其他“柔性”手段作支撑；第三，与美欧国家相比，俄罗斯通过非政府组织等社会力量渗透中东国家的能力较弱，对转型中东国家的社会影响力局限于官方层面。

随着普京和梅德韦杰夫在国内的领导权进一步巩固，未来俄将更加重视中东在俄罗斯国际战略中的地位，以扩大能源合作和军火销售为两大抓手，拓展同中东转型国家的合作范围。首先，俄政府将继续奉行务实的中东政策，拓展俄在中东的经济利益；其次，在政治上俄将积极协调与中国等新兴大国的关系，缓解西方对其构成的外交压力，同时保持外交韧性与耐心，避免与西方迎头相撞；再次，积极开展斡旋外交，在逊尼派与什叶派之间、西方与伊斯兰激进势力之间、伊朗与美国之间、巴勒斯坦与以色列之间充当“和事佬”，提升俄在中东的政治大国地位；最后，强化俄在中亚和高加索等后院地区的主导地位，预防俄周边伊斯兰地区发生类似于中东变局的社会骚乱，防止伊斯兰激进势力和激进思想向俄周边地区渗透，切断中东极端势力与上述地区的人员和资金往来。

专题报告三：
中东变局与中国的中东外交

西亚北非地区的动荡与中国中东政策的评估及对策建议

外交部西亚北非司 姚匡乙

【内容提要】

中东动荡导致该地区多国政权更迭，并迅速扩展到叙利亚，叙危机已成为这场动荡旋涡的中心；伊斯兰势力的崛起成为转型国家面临的严峻课题；动荡使中东地区格局面临新的调整，地区大国间矛盾和力量消长，将影响有关国家政局和热点问题走向；美国调整中东政策，深刻影响了地区局势走向。中国坚持“不干涉内政”原则，尊重有关国家人民自主选择的原则立场，得到国际社会理解和肯定。中东形势演变给中国中东外交带来了重要机遇和严峻挑战，中国应审时度势，积极应对，谋求中国与中东国家关系的新发展。

一、对西亚北非地区形势的几点评估

(一) 西亚北非动荡将出现长期化趋势

西亚北非动荡历时一年多，导致突尼斯、埃及、利比亚、也门的政权更迭，并迅速扩展到叙利亚。叙危机已成为这场动荡旋涡的中心。叙地处中东心脏，战略地位敏感，是该地区各种矛盾的交汇点。由于外来势力特别是美欧插手，叙内外矛盾相互叠加，已演变成伊斯兰教什叶派和逊尼派的冲突，地区大国沙特、土耳其与伊朗的较量，以及美国与俄罗斯的地缘政治博弈。

经过一年多的较量，巴沙尔政权虽陷入内外交困，但仍能控制国内局势，尚能得到多数民众支持，国际上尚有俄罗斯、伊朗等国相助；而反对派最初各自为政、力量分散，后虽在外部支持下不断壮大，但仍然难以在短期内一举颠覆巴沙尔政权。中俄在安理会否决了美欧以及部分阿拉伯国家提出的隐含军事干预和政权更迭内容的议案，使美在叙复制“利比亚模式”的企图难有道义支撑。联合国特使安南进行了一系列外交斡旋，但在 2012 年 5 月胡拉惨案发生后已濒临失败。推翻巴沙尔政权是美国的既定政策，也符合沙特、土耳其等国利益，美继续扶植反对派，加紧对叙经济制裁，进一步孤立巴沙尔政权，迫其就范。叙危机进一步恶化，其溢出效应将冲击整个中东地区的和平与稳定。另一方面，已实现政权更迭的国家进入了后动荡时期，但其政治、社会危机并未消退。面对繁重而艰巨的经济和政治重建任务，又将进入一个新的矛盾高发期。其原因主要包括：

第一，从性质上看，尽管西亚北非动荡是内生性的政治社会运动，但带有“无领袖、无组织、无纲领”的特征，各种势力混杂，各种思潮并存，在反对旧政权的旗帜下，暂时进行联合。传统伊斯兰势力、亲西方势力及民族主义势力必将展开博弈，填补旧政权留下的政治真空。例如，埃及出现了 50 多个政党，突尼斯合法政党多达 114 个，各政党相互争斗，导致局势难以稳定。

第二，多数国家政权变更，并非通过和平方式，而是以暴力冲突、内战和外部干预的方式实现。战争打乱了国民经济的正常运行，人民生命财产安全遭到破坏。2011 年，作为埃及经济支柱的旅游业收入降至 90 亿美元，仅为上年的 2/3，而物价上涨超过 10%，阿拉伯国家遭受的损失总计超过 1000 亿美元之多。利比亚在卡扎菲执政期间，约有4000多人失踪，而在2011年2—10月的内战中，就有高达2.5万人失踪。推翻卡扎菲后，利执政当局迫害前政权人士，使利陷入相互报复的恶性循环之中。联合国安理会已敦促利当局，采取一切必要措施，防止冤冤相报的血腥复仇。[①]

第三，推翻强人统治，在广义看，是民主化进程中的一大进步，但不少阿拉伯国家尚未完成现代国家所必需的政治、经济和社会建构，教派和部落组织是社会的基本形态。正如美国学者塞缪尔·亨廷顿所言，在中东，国家一向软弱无力，比家庭、宗教团体和统治阶级还要弱。[②] 因此，强人统治往往是维系这些国家内部部落和教派的重要纽带。强人统治被推翻，而重建需要稳定，稳定则需要权威，这些国家要确立多数民众所接受的权威难以在短期内实现，因而其部落和教派矛盾可能再次被激化。在埃及，除派系斗争外，信仰基督教的科普特人与穆斯林间的矛盾激化，民众游行示威司空见惯。在利比亚，近150个部落各有诉求，地方势力拥兵自重，中央政府毫无权威，利东部要求自治，南部塞卜哈发生骚乱，西部地区发生部落武装冲突，凸显了严峻的政治和社会问题，国家面临分裂危险。也门未因萨利赫总统"全身而退"而使国内政治危机化解，各派围绕权力分配激烈博弈，前景充满变数。总之，阿拉伯国家后动荡时期的政治、经济重建困难重重，将进入持续动荡的新时期，在动荡中谋变革，在变革中求稳定，是其主要特征。

（二）伊斯兰势力的崛起成为中东转型国家面临的严峻课题

在这次动荡中，一直被压制的穆斯林兄弟会等伊斯兰组织借势

---

① 顾正龙："阿拉伯四国走向"，载张德广主编：《国际问题研究报告（2011—2012）》，北京：世界知识出版社2012年版。

② ［美］塞缪尔·亨廷顿：《文明的冲突与世界秩序的重建》，周琪等译，北京：新华出版社2010年版。

而起，经历了从观望、跟进到积极参与的过程。从已完成议会选举的国家看，伊斯兰势力的崛起已成为不争的事实。埃及议会选举结果显示，穆斯林兄弟会组建的“自由和正义党”成为议会第一大党；在2012年6月举行的埃及第二轮总统选举中自由正义党主席穆尔西成功当选埃及总统。2011年10月，突尼斯“伊斯兰复兴党”在制宪会议选举中获41%的选票，成为第一大党并出面组阁。2011年12月，摩洛哥伊斯兰政党“正义发展党”在新议会395个议席中获107席，也成为议会第一大党。利比亚过渡委主席表示，伊斯兰教法将是制定法律的基础。在推翻卡扎菲的战争中，伊斯兰武装力量发挥了主要作用，在今后的政治舞台上将产生举足轻重的影响。① 但伊斯兰势力的崛起，并不能代表阿拉伯世界再次被伊斯兰化，也不是20世纪七八十年代伊斯兰复兴运动的重现，主要原因如下：

第一，伊斯兰思潮仍处于演变中。在经历20世纪七八十年代伊斯复兴运动失败、“9·11”事件和西方国家对伊斯兰教的抹黑后，不少伊斯兰学者和组织展开反思，主张对伊斯兰教义重新诠释，以适应社会发展需要。伊斯兰“中间主义”的出现，是这种反思最重要的成果。所谓伊斯兰中间主义，是20世纪80年代末期，由伊斯兰教学者优素福·盖尔达维倡导的一种新思潮，其核心思想是：反对极端主义和霸权主义，主张公正和谐、以对话的方式、循序渐进地推进社会变革和民主化进程；反对诉诸暴力和通过外部力量施压；倡导教法创新，不断吐故纳新，与时俱进，以适应社会的不断发展。伊斯兰中间主义思潮，对抵御西方的“伊斯兰威胁”论和伊斯兰世界内部的极端主义和恐怖主义，重塑伊斯兰形象，具有积极意义。② 2005年6月，在也门举行的第32届伊斯兰会议组织外长会议通过

① 安惠侯：“阿拉伯国家社会和政治动荡”，载张德广主编：《国际问题研究报告(2011—2012)》，北京：世界知识出版社2012年版。

② 王铁铮：“新思潮：伊斯兰‘中间主义’”，载《南方》2010年10月。

《萨那宣言》，肯定了伊斯兰中间主义对伊斯兰国家应对各种内外挑战、实现自我革新和发展的重要性。目前，伊斯兰中间主义思潮在阿拉伯国家中得到广泛传播，在某种程度上为伊斯兰教自我革新提供了思想来源和理论基础。

第二，为适应中东国家的政治转型，伊斯兰势力正在进行自我改造，出现了温和化、政党化和民族化倾向。所谓温和化，是指其主张日趋温和与理性，排斥以暴力手段夺取政权的激进道路，转而注重走参与选举的和平渐进道路；其在对待西方态度上，也趋于理性，改变过去一味排斥的立场。所谓政党化，是指为打破某些中东国家对伊斯兰组织直接参政在法律上的限制，这些组织将通过组建政党的方式参与政治。所谓民族化，是指承认民族国家的合法性，将关注重点转移到民主和民生问题上来。① 伊斯兰中间主义的传播，伊斯兰势力温和化、政党化的发展，在一定程度上说明伊斯兰势力的主流正在摒弃极端和僵化的原教旨主义，这有可能为阿拉伯国家探寻符合自身国情的发展道路提供新思路。

第三，世俗体制已在埃及、突尼斯等阿拉伯国家存在半个多世纪，基础深厚，获得多数民众的支持。世俗民族主义政党拥有较强实力，这对伊斯兰政党的发展构成有力牵制。伊斯兰政党无论单独执政，抑或与世俗政党联合执政，都不可能摒弃世俗体制，走伊朗式政教合一的道路。值得注意是，这场动荡也为伊斯兰极端势力的发展壮大提供了空间。“马格里布基地组织”、“阿拉伯半岛基地组织”和利比亚“伊斯兰战斗团”等激进组织，利用动荡带来的混乱壮大力量。这些激进势力得不到广大民众的支持，也为西方国家所不容，不可能成为参政力量，但其破坏能量不可小视。

二战结束以来，阿拉伯国家获得独立后，陆续推进国家现代化

① 刘中民：“中东变局伊斯兰主义面临治理能力挑战”，载《东方早报》2011年11月24日。

战略。然而，几十年的实践证明，全盘西化的选择，抑或是激进的伊斯兰复兴运动，都不能使阿拉伯国家走上民主、富强的现代化道路。相反，阿拉伯国家面临的内外矛盾更加突出，阿拉伯世界在全球格局中的弱势地位更加明显，这种状况必然导致人心思变。这次动荡就是在经济全球化和西方民主化浪潮双重夹击下，阿拉伯国家政治、社会矛盾的集中爆发，也是广大民众继续探寻强国富民道路的新尝试。不少有识之士意识到，阿拉伯国家任何变革都将伴随宗教和世俗两股势力的斗争，只有在碰撞中求得妥协，寻求世俗与宗教的平衡，寻求维护伊斯兰文化传统和实现社会生活现代化的平衡，阿拉伯国家才能走上符合国情的发展道路，进而打破所谓“威权主义的松动，释放出神权政治的‘魔鬼’，民主化改革指向非民主前景”的“民主悖论”。[①] 但这将是一个曲折而漫长的过程。

（三）西亚北非动荡导致地区格局重组

在中东变局中，旨在促进阿拉伯各国团结与合作的阿拉伯国家联盟，对中东政治动荡的应对反应迟缓，态度摇摆，难以形成统一意见，特别是围绕利比亚和叙利亚危机，成员国意见严重分歧，致使本应在2011年3月召开的阿盟峰会推迟一年才得以召开。2012年3月，阿盟巴格达峰会重点讨论了叙利亚危机等问题，虽呼吁政治解决叙危机，支持安南的斡旋努力，但沙特、卡塔尔等国对叙政府仍持强硬立场。22个成员国仅有10个国家元首与会，海合会成员国仅派大使级官员参加，使此次峰会成为阿盟成立以来与会者级别最低的一次峰会。历来在阿盟中占据主导地位的埃及，囿于国内政治、经济和社会问题，无力他顾，在阿盟和地区事务中的作用下降，短期内难以恢复。除海合会成员国外，其他阿拉伯国家也自顾不暇。阿拉伯世界作为一个整体，其内聚力正在下降，分歧难以弥合，在

① 丛日云：《当代世界的民主化浪潮》，天津：天津人民出版社1999年版。

国际体系中的地位进一步下降。

但值得注意的是，沙特、卡塔尔等海合会国家却异常活跃。它们凭借强大财力发放就业和民生补贴，稳定国内局势；利用海合会安全互助体系，出兵镇压巴林什叶派反政府骚乱，暂时渡过此轮危机，同时它们还介入他国危机，扩大影响，如海合会多次调解也门危机，催促萨利赫和平交权；卡塔尔利用半岛电视台制造舆论，支持动荡国家反对派，包括向利比亚反对派提供军事和经济援助，扶植叙利亚反对派，要求巴沙尔下台等。海合会曾于2011年5月在利雅得召开首脑会议，宣布吸收摩洛哥和约旦为新成员，力图使海合会囊括阿拉伯世界所有的君主制国家，表明这些国家希望“抱团取暖”，增强抵御风险的能力，同时也表明该组织已打破地域界限，将其势力范围扩充至地中海东岸和北非，成为阿拉伯世界的中坚力量，阿拉伯世界的重心明显转移。

与此同时，本地区三个非阿拉伯国家土耳其、伊朗和以色列则不断调整政策，以图争取主动，扩大影响。其中以土耳其最为突出。土耳其正义发展党自2002年上台后，调整对外政策，从“重欧轻亚”转变到“欧亚并重”，利用其连结欧亚大陆的特殊战略地位，在欧亚两端发挥作用，扩大影响力。土耳其利用西亚北非形势的剧变，加强中东外交力度，力图填补地缘政治真空，充当该地区领导者。土总理埃尔多安多次表示，土将在全球事务中扮演更加积极的角色，并为中东地区的权利、公正、自由和民主而努力。

中东地区动荡伊始，土耳其即高调介入。埃及民众起事次日，美国总统奥巴马即与埃尔多安总理通话，要求土提供全面合作，协助尽快稳定局势。土正义发展党利用与穆斯林兄弟会的特殊关系，警告埃及穆兄会不要向国家军事和政权机构挑衅，不要诉诸武力。土正义发展党以中东各国穆兄会监护者自居，推广“土耳其模式”，在一定程度上影响了埃及、突尼斯、叙利亚等国形势的发展。在利比亚问题上，土不仅参与了北约对利军事行动，率先承认班加西过渡委，埃尔多安总理还专程访问班加西，表示对反卡扎菲力量的支持。叙利亚局势动荡加剧后，土紧跟美国等西方国家，宣布巴沙尔政权“非法”，打压叙现政权；叙反对派“全国委员会”等境外反对派组织均安身在土耳其，土成为叙反对派的主要基地。①

伊朗在此次动荡中处境比较复杂：一方面，地区动荡转移了西方的注意力，有利于伊发展核计划、增强在本地区的影响；另一方面，随着美国中东政策的调整，伊核问题凸显，伊面临美国等西方国家的严厉制裁和战争威胁，经济日趋困难，民生日益艰困，加上叙利亚巴沙尔什叶派政权能否保住已成问题，这些因素都将压缩伊朗的战略回旋空间。

中东地区形势动荡，尤其是伊斯兰势力的崛起，使以色列安全环境进一步恶化。总体来看，以色列采取“战略沉默”，以静制动，利用海湾国家对伊朗恐惧心理，渲染伊核问题，把国际舆论引至伊朗身上，从而改变其被动处境。土耳其、沙特等国影响力上升，使本地区格局朝着多元驱动的方向发展。中东变局打破了传统的激进与温和国家的界线，使地区国家关系更趋复杂。同时，在西方的煽动下，伊核问题正取代巴以争端，成为地区主要热点问题。

（四）美国调整中东政策并深刻影响中东局势的走向

美国利用地区动荡，推出以“价值观外交”为核心、以“新干涉主义”为手段的奥巴马中东政策，旨在维护美国对中东事务的主导权，并为其战略重心东移扫清障碍。应该承认，西亚北非动荡为美所始料未及，中东国家政治局势的不确定性，使美处境尴尬，很难果断出手，也打乱了此前奥巴马政府在中东的战略部署。奥巴马经过近半年的观察和评估后，于 2011 年 5 月 19 日发表演讲，表示

① 姚匡乙：“土耳其在中东地区的作用和影响”，载张德广主编：《国际问题研究报告（2011—2012）》，北京：世界知识出版社 2012 年版。

美将采取多重措施加速推进中东民主改造，并称阿拉伯世界迎来了历史机遇，美国外交由此翻开新篇章。[①] 透析奥巴马这篇外交文告，联系到一年多来美在中东的外交实践，可看到美国在中东所进行的如下调整：

第一，推行价值观外交。奥巴马承诺将美国的价值观和民主原则推广到中东地区，将埃及和突尼斯作为民主过渡样板，为此决定免除埃及 10 亿美元债务，并以借贷形式帮助埃及从全球资本市场筹集 10 亿美元，用于基础设施建设和创造就业机会。美促成八国峰会"多国银行"承诺提供 200 亿美元援助，支持埃、突两国社会经济改革进程，以期在整个中东地区产生示范效应。

第二，稳定海湾诸国，强化它们的军事实力，构建针对伊朗的海湾多边安全联盟。沙特等海湾国家是美在中东地区的重要盟友和遏制伊朗的前沿阵地，美第五舰队司令部就设在巴林。这些国家同时也是世界原油的主要供应地，关乎世界经济的命脉，因而在西亚北非动荡伊始，美国就把稳定海湾各国作为中东新战略的重要环节。美不仅默许沙特等国出兵平息巴林什叶派民众骚乱，而且帮助沙特等国稳定局势，以缓解地区动荡带来的冲击。2011 年 12 月，美宣布与沙特达成军售协议，向沙特出售价值 300 亿美元的 F－15 战斗机，并允诺未来 10 年内向沙特出售 600 亿美元武器。白宫副新闻秘书乔舒亚·欧内斯特表示，协议强化了美沙关系，展现了美国对沙特增强国防能力这一地区安全要素的承诺。该协议与对抗伊朗的潜在威胁有关。

第三，借口"人道主义干预"，推行"新干涉主义"，推动反美政权的更迭。美借口"大规模人道主义灾难"，对利比亚进行狂轰滥炸，推翻了卡扎菲政权，制造了在"人道主义干涉"旗帜下实施新干涉主义的"利比亚模式"。利比亚战争与科索沃战争相比，既有共

---

① "奥巴马中东北非政策讲话"，http：//www.douban.com/note/151839505/。

同点也有差异，共同点都源自所谓“保护的责任”，不同点则是美策动利比亚战争的做法更巧妙，明显打上了奥巴马印记，即主要以多边行动替代单边行动，牵头并力推法、英等国合作；强调阿拉伯和非洲国家参与的重要性，游说联合国安理会通过 1973 号决议，为对利行动披上合法外衣；改由法、英等国充当先锋，发挥领导作用，美退居后台，担当后援；实施“以利制利”，支持利比亚反对派。美这种以“巧实力”为主发动低成本有限战争的做法，反映了在当前国际体系加速转型、力量对比日趋不利于西方的背景下，美已无力直接出兵发动一场新的战争。

第四，加大遏制伊朗力度，压制伊朗放弃核计划，进而改变伊政权，是美国中东战略的核心。伊拉克什叶派上台后，在中东形成了起于伊朗，经伊拉克、叙利亚至黎巴嫩的什叶派弧形地带。伊叙结盟不仅威胁美战略盟友以色列的安全，也使逊尼派掌政的沙特等海湾盟国深感不安。美遏制叙利亚，力压巴沙尔政权下台，目的是打碎这一什叶派弧形地带，进一步孤立伊朗。美除采取外交孤立、军事威慑以及网络信息传播等手段外，重点针对伊朗石油出口和金融系统实施最严厉制裁，美伊博弈进入新时期，伊朗面临的形势更为严峻。

第五，巴以问题是美国绕不开的难点。奥巴马重申美将推进巴以和平，甚至提出以 1967 年边界线为基础划分巴以边界。美重视以巴问题，目的是改善美与伊斯兰世界的紧张关系，重塑形象，维护美在中东的战略利益。但美“雷声大、雨点小”，并未采取重大实质性步骤，巴以问题僵局难破，尤其在地区局势持续动荡的形势下，这一问题将被进一步边缘化。

美国高调宣示重返亚太，是从全局出发、面向未来的重大战略调整。从这一层面观察，美中东政策的调整，既是应因地区形势动荡而采取的措施，更是为全面实施战略东移进行的必要准备和安排。可以说，美国中东政策的调整，是其战略重心从中东转向亚太的重要组成部分。在这次动荡中，美国公开干涉别国内政，推行西方民主自由的价值观，引发了多数阿拉伯国家民众的反感。阿拉伯国家的统治者不同程度对美有两面性，既离不开美国，又憎恨美国的霸权行径。经过此轮动荡，伊斯兰势力在不少国家崛起，即使是温和派，它们的意识形态和执政理念亦与美国中东政策格格不入。因此，阿拉伯国家政府未来不可能像以往那样配合美国。总的来看，美国不会离开中东，仍将掌握中东的主导权，但影响力正明显下降。

二、中国应对西亚北非变局的主要政策

面对西亚北非变局，中国冷静观察、沉着应对，坚持“不干涉内政”和多做“促谈劝和”工作的原则。中国的政策选择主要出于以下几个方面考虑：

一是维护地区稳定符合国际和地区国家的利益，也符合中国的利益。地区国家民众要求变革和维护自身利益的诉求应当得到尊重，但中国不赞成以暴力相威胁，甚至引进外部军事力量，强行改变国家政权。这绝不是尊重和维护民众诉求的正当方式。相反，它有可能使整个国家滑向内战，使国家经济建设成果毁于一旦，人民生命财产遭受更大的损失，也殃及地区和平与稳定。

二是坚持“不干涉内政”原则，是中国外交思想和理念的最重要原则，也是当代国际关系中的基本准则。在半个多世纪中，中国恪守这一原则，发展与中东国家关系，赢得了该地区国家和人民的尊敬和赞扬。在当前地区形势发生重大变化时，中国更应坚持这一原则，旗帜鲜明地反对外来干涉，尊重各国的独立、主权和领土完整，尊重各国人民的自主选择，这样才能保持主动，做好各派力量工作，进一步发展与各国的务实合作。

三是积极“有所作为”，树立负责任大国形象。具体内容主要

有三：

（1）积极推动中东地区形势走向缓和与稳定。在突尼斯、埃及、利比亚、也门的政治过渡进程中，中方一直发挥着“劝和促谈”的作用，推动有关各方通过对话和协商化解矛盾，支持有关地区组织的调解努力。当突尼斯、埃及、利比亚新政权产生后，中国及时与之建立联系，并根据它们的需要，提供力所能及的援助，在当地产生了良好反应。

（2）努力维护国际关系的基本准则，发挥负责任大国的作用。在安理会讨论通过在利比亚设立禁飞区决议案时，中方根据尊重国家主权和“不干涉内政”原则，坚持不投赞成票，同时考虑到阿盟和非盟的要求，并着眼于保护无辜平民生命安全，投了弃权票。但美国等西方国家利用这一决议对利实施大规模空中打击，使利比亚形势更趋复杂严峻，对此中国坚决反对。2012年初，叙利亚危机进一步加剧，美国等西方国家借口避免人道主义灾难，加紧扶植叙反对派，向其输出武器装备，企图推翻巴沙尔政权。2012年2月4日，安理会就涉叙问题决议草案进行表决，由于该草案隐含强行更迭叙现政府的内容，并为日后进行军事干预埋下伏笔，中俄投了否决票，议案未能通过。此后，中方提出政治解决叙利亚问题的六点主张，并派遣中国政府特使、中国外长代表等三下中东，做叙政府和各派工作，向有关阿拉伯国家阐明立场，沟通情况，强调中国行使否决权，并不意味着中国在叙危机中偏袒任何一方。中国一直呼吁叙各方全面配合阿盟调解努力，反对武力解决及强推政权更迭等违背《联合国宪章》宗旨和原则的做法。正是得益于中俄的正义立场，安理会于2012年3月21日一致通过主席声明，支持安南的外交斡旋。

（3）关注人道主义问题。中国先后向埃及、突尼斯、叙利亚人民提供了首批共计500万美元和3000万元人民币的人道主义援助；2012年5月23日，中国向也门重建提供1亿元人民币用于经济重建。

四是践行“以人为本、外交为民”的理念，维护中国公民和企业利益。这次动荡发生后，中国迅速动用海空力量，先后从埃及和利比亚撤回2000和35860名中国公民。这是新中国成立以来最大规模的撤侨行动，体现了中国社会制度的优势，也受到国际社会称赞。①

五是中国与中东国家双边关系持续发展。中东地区形势动荡并未使中国与中东国家双边关系受到影响，相反呈现持续发展势头。近两年来，中国与中东国家双方高层互访频繁，温家宝总理、习近平副主席先后访问沙特、卡塔尔、阿联酋和土耳其。与此同时，苏丹总统、毛里塔里亚总统、伊拉克总理、土耳其总理、南苏丹总统、埃及新任总统穆尔西以及十多位中东国家外长和特使相继访华。2011年，中国与中东国家贸易额超过2689亿美元，创历史新高，同比增长36.5%②，双方在人文、教育、新闻领域的合作精彩纷呈，充分展示双方在发展彼此关系上强烈意愿和巨大潜力。

总的来看，中国应对中东动荡的政策是正确的，措施是恰当的。中国改变以往被动应对较多、主动介入较少的局面；中国以坚持原则的立场和灵活务实的态度，积极参与中东事务，得到国际社会的理解和肯定，显示了中国的中东政策正在发生令人瞩目的变化，也表明中国作为负责任的大国，在参与全球治理中正日益发挥建设性的重要作用。

---

① “外交部亚非司司长陈晓东就西亚北非局势和我同中东国家关系与网友在线交流”，2012年1月10日，http://www.chinadaily.com.cn/hqgj/wjdjt1/index.html。

② 董菁：“外交部：中国与中东地区国家互利合作空间巨大”，http://world.people.com.cn/GB/57507/17590429.html。

三、中国中东外交面临的机遇、挑战以及应对措施

中东变局对中国的挑战主要表现在以下方面：

一是中东动荡将趋于长期化、常态化，并有可能进一步扩散，中国西部将面临一个不稳定的地带。中东对中国具有重要的地缘战略意义，关乎我安全、能源以及市场等重大利益。2011年，中国从中东进口原油1.49亿吨，占总进口量的58.8%，同年中国与中东贸易总量已达2689亿美元。中国对中东原油依存度逐年提高，中东形势动荡不仅使油价飙升，推动物价上涨，更严重的是，一旦原油供应受阻，将严重影响中国经济安全和可持续发展。

二是美借口"人道主义干涉"，制造所谓"利比亚模式"，开创极为恶劣的先例，严重冲击当代国际关系的"不干涉内政"原则。美国为维护其全球霸权，不排除在其他地区，甚至在中国周边复制"利比亚模式"的可能。中国坚持"不干涉内政"原则，推行国际关系民主化将遇到新的挑战。

三是在中东变局引发的各种势力消长过程中，伊斯兰极端势力的动向值得关注。由于中东各国高压统治出现松动，"基地"组织等极端势力有可能出现新的相对活跃期，这可能直接或间接促使我境内外极端势力和分裂势力的活动加剧。同时，中东变局助推了土耳其的进一步崛起，土耳其现政权泛突厥思潮严重，对其境内的"东突"组织采取宽容政策，这也加大了我打击三股势力的难度。

四是中东国家统治者两面性明显发展，尤其在涉及安全防务事务上对美国依赖性上升，在处理叙利亚、伊朗等问题上与中国政策主张存在分歧，中国处理地区热点问题难度增大。

但总的来看，中东变局没有改变该地区国家与中国保持友好关

系的格局，原因在于：中国与中东国家深厚的传统友谊，中国经济实力的增大和国际影响日增，使该地区国家各派不可能偏离对华友好的基本方针。中东变局不会根本改变这些国家对外政策的基本取向，中东国家在政治、军事和安全等方面还会有求于美国，但对美不满情绪也在发展。在当前大的国际形势下，“向东看”仍是中东国家的政策取向。这次动荡虽不会改变美国的战略东移，但也打乱了其在中东的战略收缩步伐，这在全局上有利于中国。

中东地区各种矛盾相互交错，构成了十分复杂的局面，面对这一形势，为做好地区工作，中国有必要处理好以下关系：

一是要妥善处理稳定中东局势和牵制美战略东移之间的关系。维护中东和平与稳定，强调通过政治对话解决分歧，尽快把中东局势稳定下来，这不仅有利于中东国家和人民的利益，也有利于确保中国在中东的利益。因此，中国中东战略的基本取向，应是努力维护中东和平与稳定；但从另一方面来看，中东地区一定程度的动荡，将分散美精力，对美国战略东移构成一定牵制，因此，中国也无必要为美国解套。

二是要兼顾中国坚持“不干涉内政”原则和维护中国在中东重大利益的关系。如同前述，中国在中东有着重大利益，对危及中国重大利益的事件，不能任其发展，要积极参与，在坚持“不干涉内政”大原则基础上，应通过“说理引导、劝和促谈”以及其他有效手段，使事态得以控制。当前各国利益相互交织，一方面，要坚持“不干涉内政”原则，和西方划清界限；另一方面对该原则的内涵和外延，在外交理论和实践上都值得进一步研究。中国在苏丹达尔富尔问题上处理得比较成功，其经验值得总结。

三是要妥善处理保持与有关国家现政权的友好关系和尊重这些国家人民革新求变的诉求之间的关系。应该承认，这次动荡尽管掺杂部落和教派斗争的因素，大国的干涉又使局势更为复杂，但就本质而言，这是一场广大民众“求变革、谋发展”的社会运动，理应得到尊重和支持。在和现政权保持友好关系的同时，应不失时机与反对派开展接触与对话，才能使中国始终处于主动地位。

四是要妥善处理中东地区大国间的矛盾和争斗。沙特、土耳其和伊朗围绕扩大自己在中东地区影响力的争斗明显，中国既要本着“以我为主”的态度，做好上述国家工作，发展与它们的双边关系，也应适当注意平衡，顾及它们彼此的利益关切。

五是要妥善处理中国与美国在中东政策上斗争与合作的关系。既要坚持原则，反对美霸权主义行径，但也要注意避免与美迎头相撞，在一定领域内可寻求与美国利益的交汇点，扩大合作，维护中美关系大局。

要处理好以上关系，笔者具体建议如下：

第一，强化中东地区在中国全球战略地位中的定位。中东作为发展中国家中重要而又特殊的板块，在政治上是中国的重要的战略依托；经济上是中国海外油气供应、商品出口和企业实施“走出去”战略的重要市场；安全上，是中国打击“三股势力”、维护国家安全的重要屏障；国际关系中，是中国运筹大国关系，扩大国际影响力的重要舞台。因此，应从这一定位制定中国的中东外交规划。

第二，把发展双边关系置于中国对中东工作的重心。要根据形势的发展，区别情况，采取不同措施，夯实双边关系。对已实现政权更迭的国家，重点支持它们的政治经济重建；在普遍发展中东国家双边关系的同时，重点做好埃及、阿尔及利亚、以色列、伊朗、土耳其、沙持等大国的工作。要充实中国与埃及、阿尔及利亚、土耳其、阿联酋等国战略合作关系的内涵，建立和完善相应的工作机制，使其真正发挥作用。要大力发展我国与海湾诸国的关系，继续推动与海合会建立自贸区的工作。

经贸关系是推动双边关系发展的重要杠杆。实现政权更迭的国家面临艰巨的经济重建任务，伊拉克、南苏丹，以及其他国家也急需进行大规模的基础建设。这是加速实施中国企业“走出去”战略的重要历史机遇。为此，应认真考虑设立由国家主导、企业运作的“中东国家发展基金”，帮助中国企业参与中东国家交通、电讯、能源、矿产资源的建设和开发，实现互利共赢。在实施企业“走出去”战略时，既要规避风险，又要积极进取，可采用与当地有实力的企业或其他第三方合作开拓市场，进一步完善和改进“市场换资源”、“基础设施换资源”等经贸政策。要把评估有关国家社会政治风险放在重要位置。为此，有必要由中央有关部门和专家建立针对中东地区的投资环境风险评估机制，提出可操作性的意见和建议，供企业参考。

要加强中国与沙特等国在油气领域的战略合作，确保中国获得长期稳定的油气供应。从长远看，鉴于中东形势不确定性增多，中国对中东原油依存度过高，存在不小风险，同时考虑到目前全球能源格局的新变化，应通盘研究中国的长期能源战略，把重点转移到节能和发展新能源、进一步推进油气来源多样化和大力增加油气战略储备上来，以逐步减少对中东油气的依赖。

第三，积极稳妥参与中东热点的调解，彰显中国负责任大国形象，确保重大利益。除巴以争端外，近期应着重应对叙利亚危机、伊朗核问题和苏丹与南苏丹武装冲突三大热点问题。对叙利亚危机，应保持中国政策的连续性，支持联合国的调解努力，早日启动各派政治对话，实现叙危机的软着陆。对伊朗核问题，要做好伊方工作，促使伊采取灵活务实态度，对美危及中国利益举措应予以必要斗争，尽可能保持伊核问题谈判势头，力争使局势不失控，并尽量减少对中国利益的损害。加大“促谈劝和”力度，推动苏丹与南苏丹通过谈判，公正合理的解决悬而未决的问题，避免两国战火重现，确保中国在两国的油气和其他利益。

第四，中东变局将改变有关国家的权力结构，催生新的政治生态，中国要努力做好各派工作，与新生政权建立友好互信关系。伊斯兰势力强势崛起，在不少国家中已成不争事实，要与已取得合法地位的穆兄会等伊斯兰组织取得联系，多做它们的工作。

第五，中东国家面临社会转型问题，如何处理改革、发展与稳定的关系，使社会走上稳定发展的道路，是它们必须解决的课题。可加强同这些国家在此方面的交流，鼓励它们探索符合自己国情的道路。这些工作，除政府部门外，还可通过政党、立法部门甚至民间智库进行，以增强中国在中东的影响力和软实力。

第六，加强与中东国家在人文领域内的交流，以及青年、妇女等民间组织的互访，夯实发展双边关系的民意基础，要认真了解中东国家民众和新上台领导层对中国的认知程度。应根据不同情况，搭建适当平台，有针对性地开展形式多样的交流活动，尤其要在各级领导干部中培养“知华派”和“亲华派”，使双边友好关系持续发展。此项工作可在“中阿合作论坛”框架下的人文领域交流计划中予以实施。

关于中东变局与中国中东外交的若干思考

上海外国语大学中东研究所　**刘中民**

【内容提要】

中国对中东变局的外交应对经历了一个从紧急应对到全面统筹的过程，并取得了巨大的成功。中国要正确认识中东变局的复杂性，要从统筹国际国内两个大局的高度认识中东变局的影响，要从“外部环境考验”的高度认识中东变局的冲击；要客观认识中东变局对中国国际环境变化的影响；要进一步总结应对中东变局宝贵经验，并对存在的不足与偏差加以改进。中国要科学谋划中长期的中东外交战略及实现手段，尤其要进一步增强对中东战略地位的认识，并在坚持传统外交原则的同时适度扩大对中东事务的参与。

自2010年年底以来，中国对中东变局的外交应对经历了一个从紧急应对到全面统筹的过程。在此过程中，中国既成功消解了中东形势动荡对中国社会稳定的冲击，圆满完成利比亚撤侨的历史使命；也平稳完成了应对利比亚危机、协调大国关系、巩固和调整与阿拉伯国家关系等外交任务。在此过程中，尽管国内舆论围绕中国应对中东变局的战略、策略、手段、方式等问题有部分批评意见，但必须肯定的是，对中东变局的成功应对是进入21世纪以来中国外交在危机管理方面取得的巨大胜利，同时也积累了宝贵的经验。

当前，中东变局仍处在进一步发展之中，并存在诸多的不确定因素，同时需要中国予以积极的外交应对。但是，当前中国对中东变局的认识以及战略调整显然应超越局部应对的具体范畴，从未来中长期国际战略环境变化、中东地区环境变化、中国中东战略调整等视角，认识中东变局对中国的影响以及中国应做出的战略安排，在更宏大的战略视野下考量中国中东外交的目标和手段。

一、从统筹国际国内两个大局的高度认识中东变局的影响

正确认识中东变局对中国的影响，是制定新时期中国中东外交战略与政策的基础所在。在此过程中，一定要超越只关注局部利益和眼前利益的狭隘思维，同时也要克服盲目悲观或乐观的僵化简单化思维，要立足中长期国际、国内环境变化，从统筹国际国内两个大局的高度认识中东变局对中国的复杂影响。

（一）从“外部环境考验”的高度认识中东变局的冲击

胡锦涛同志在纪念中国共产党建党八十周年大会上的讲话指出，中国共产党必须清醒认识“执政考验、改革开放考验、市场经济考验、外部环境考验”的长期性、复杂性、严峻性。而中东变局正是近期中国面临的重要“外部环境考验”，其发生的突然性、性质的复杂性、波及范围的广泛性、影响的深远性，均在理论与实践层面提出了一系列迫切需要回答的重大问题。从“外部环境考验”的角度来看，它对中国国内最重要的影响在于它不仅一度对社会稳定产生了一定的冲击，同时也引发了对中国模式的新一轮认识与争论，而西方舆论更是推波助澜，期待“阿拉伯之春”能蔓延到中国，进而

冲击中国社会稳定并减缓中国崛起的步伐。

中东变局发生后，在国内存在着一种典型的消极思想，其特点是简单将引发中东变局的经济与社会问题与中国转型时期面临的社会矛盾相类比，进而上升为对中国模式与发展道路的无端批评与指责，甚至丧失对中国发展道路的信心。因此，中国自身尤其是思想界和知识界目前亟需深入研究中东变局的复杂性，同时对中国发展道路进行系统的总结，以消除思想混乱。在加强理论研究和舆论宣传的过程中，中国应更加坚信自身发展道路的正确性及其成功经验，同时也要从中东变局中更加清醒地认识自身面临的压力和挑战。

事实上，中东变局恰恰从反面印证了中共执政理念的正确性与先进性，它也应使中国更加自信地坚持自身的发展道路。第一，中国始终将发展作为执政兴国的第一要务。经过30年的改革开放，中国已经成功探索出一个政府主导型的市场经济发展模式，找到了一条适合自身国情的自主性发展道路，并取得了举世瞩目的成就；而中东动荡的本质根源在于发展的危机，尤其是发展模式的危机。第二，中国不断与时俱进地加强自身的执政党合法性建设，巩固和扩大了自身的执政基础；而中东国家的僵化政治体制和因循守旧，则使其逐步丧失了政治合法性。第三，中国妥善地处理了开放与稳定的关系，较好地保持了开放与秩序之间的平衡。中国在坚持改革开放基本国策的同时，不断通过柔性政策调整维护社会稳定。因此，“中国面临的内部政治压力要比中东的政权小得多”，因为中国比较好地处理了“开放与秩序之间潜在的紧张关系”。[①] 第四，中国妥善地处理了独立自主外交与参与国际体系的关系，实现了中国与国际体系的良性互动，同时赢得了发展的国际战略机遇期；而中东国家或者长期充当美国盟友，丧失外交自主性，或者长期与西方对抗并

① ［美］伊恩·布雷默：“用J曲线分析中东局势”，http：//www.chinaelections.org/NewsInfo.asp? NewsID =200198。

挑战现行国际体系，或者在二者之间进行激进的摇摆，其结果是长期追随西方的国家在国内丧失了民意，而对抗国际体系的国家丧失了利用全球化的发展机遇。

当然，深入认识中东国家陷入动荡的历史教训，对中国也有十分重要的意义。第一，中国在探索自主性、创新性的发展道路上仍然任重而道远。中国目前仍处在全球经济链条低端、产品技术含量和附加值较低、企业创新和科技创新能力总体较差、GDP产出的能源与资源消耗高、区域与城乡发展不平衡、社会保障水平总体落后、经济贫富分化加剧等一系列问题，都是需要执政党通过发展创新加以解决的难题。第二，社会管理的科学化成为执政党面临的重要课题。在中东变局发生后，胡锦涛主席明确提出了加强社会管理科学化这一重要命题。在处于矛盾凸显期的中国，实现和加强社会管理的科学化仍将是一个长期性的历史课题。第三，“互联网政治”和“互联网外交”成为中国面临的严峻挑战。当前，互联网已成为美国对外输出民主和进行政治渗透的主要方式，应对“互联网外交”将成为中国面临的一个常态化政治和社会议题。①

（二）客观认识中东变局对中国国际环境变化的影响

要客观认识中东变局对中国国际环境变化的影响，有以下几个问题需要引起高度重视：

第一，中东变局并未改变美国战略东移决心。中东变局发生后，国内舆论中存在着一种盲目乐观的思想，它突出表现为盲目夸大中东变局对美国战略东移的牵制作用，并认为中国迎来了继“9·11”事件之后又一战略机遇期。但事态的发展表明，美国战略东移步伐并未因中东乱局而减缓，相反美国对我周边南海问题的介入和干预呈现出进一步加强的态势。美国对中东变局的干预凸显了“新介入

① 刘中民：“中共执政不会重蹈中东变局”，《环球时报》2011年6月22日。

方式”和“巧实力”的运用，奥巴马政府并未改变在中东采取战略收缩，改善与伊斯兰世界关系，为美国战略重心向亚太地区转移创造条件的基本策略。对此，中国没有任何理由盲目乐观，单方面期待美国深陷中东乱局的看法无疑是缺乏大战略眼光的一厢情愿，无助于认识中国所处的复杂国际环境。

第二，美国并未丧失对中东事务的主导权。美国国内经济困难和阿富汗、伊拉克问题的牵制，阿拉伯国家群体性动荡导致盟国政权或垮台崩塌或对美国产生信任危机，伊朗等地区敌手坐大等，都使美国掌控中东的能力有所下降。因此，舆论界有观点认为中东已出现美国权势消退的“权力真空”，并主张中国应趁机填补。事实上，不仅美国在一定时期内“唯一超级大国”的地位不会改变，[①]而且美国对中东事务的主导权也不会在短期内丧失。事实上，近年来美国已经对中国参与中东事务充满警惕，如中国思想界简单从中美博弈的角度看待中东变局，更会加深美国对中国的战略猜疑，既无助于中美关系的发展，也无助于中国的中东外交。

第三，中东变局并未导致西方与新兴大国的阵营分化与对抗。在关于在利比亚设立禁飞区的安理会1973号决议中，“金砖国家”投弃权票一度被国内外舆论解读为新兴大国集体决策的结果，并与2011年在中国举办的“金砖国家”峰会、国际货币基金组织总裁变更等问题结合在一起，断定西方与新兴大国的阵营分化和对抗博弈构成了2011年国际战略态势变化的重要内容，并以此判断国际权势转移的趋势。但事实上这只是一种主观臆测。“金砖国家”对1973号决议投弃权票的结果在很大程度上只是一种巧合，其共同之处最多只是“金砖国家”共同价值与外交取向的“耦合”，而远非集体决策的“共谋”。俄罗斯在利比亚问题上的反复变脸无疑证明了这一点，在国际货币基金组织总裁变更问题上“金砖国家”也并未“集

① 王辑思：“20年内美国仍是唯一超级大国”，《环球时报》2011年8月2日。

体发力”；印度等新兴国家与美国战略合作的加强，以及中印关系的复杂矛盾，都表明无论是新兴国家与西方的关系，还是新兴国家的内部关系，都是既斗争又合作的复杂关系。

二、全面总结应对中东变局的经验与不足

应对中东变局是进入 21 世纪以来中国内政与外交面临的一次严峻考验。尽管它对中国的政治压力远小于苏东剧变，但由于中国在中东地区有巨大的现实利益，加之全球化时代信息传递的便捷和公众舆论的复杂多元，使得中国内政外交均受到较大的冲击。总体来说，中国成功地应对了中东变局的冲击，积累了危机管理的宝贵经验，但也存在着需要加以改进的不足。

（一）中国应对中东变局的主要经验

第一，坚持不干涉内政等外交原则不动摇是中国外交保持主动性的根本所在。

始终恪守不干涉内政原则是中国与阿拉伯国家保持长期友好合作关系的基石。在中东变局中尤其是在利比亚问题上，中国之所以能够保持主动性与自主性，其成功的根本就在于中国毫不动摇地坚持不干涉内政等外交原则。其基本内容也正如杨洁篪外长在访问中东国家后所作的系统总结：首先，中国坚持不干涉内政原则，即尊重和支持地区国家自主处理内部事务，相信地区国家和人民有能力、有办法找到适合本国国情的发展道路和治国理政方式；其次，中国反对使用武力，呼吁各方通过政治手段、以和平方式解决矛盾；最后，中国呼吁国际社会支持地区国家为恢复政局稳定、发展经济、解决热点问题所作的努力，特别是积极推进中东和平进程，为地区

恢复和平稳定、寻求可持续发展创造良好外部条件。[①]

2012 年 2 月 4 日，在对安理会叙利亚问题决议案行使否决权后，中国常驻联合国代表李保东大使的发言进一步体现了上述原则。他强调指出，中国一直主张“启动叙利亚人民主导的、各方广泛参与的包容性政治进程，通过对话协商，以和平的方式解决分歧和矛盾，使叙利亚形势恢复稳定”。但他同时强调，安理会在叙利亚问题上的行动，“应该充分尊重叙利亚的主权、独立和领土完整”；“应符合《联合国宪章》的宗旨和原则，应有助于缓解紧张局势，有助于推动政治对话，化解分歧，有助于维护中东地区的和平与稳定，而不应使问题复杂化”。[②]

2012 年 5 月 31 日，中阿合作论坛第五届部长级会议在突尼斯哈马迈特举行，杨洁篪外长在题为《深化战略合作促进共同发展》的主旨讲话中再次重申：“中东地区形势正在发生深刻变化。中方尊重并支持阿拉伯国家各国自主处理内部事务，尊重阿拉伯人民寻求变革和发展的愿望诉求，希望有关各方通过政治对话途径解决分歧，寻求包容、和平解决问题的办法，妥善处理改革、稳定与发展的关系。”[③]

第二，保持具体外交政策的灵活性，力争“有所作为”。

坚持不干涉内政、反对使用武力并不意味着无所作为。相反，中国与联合国、相关大国、地区组织、地区主要国家保持了密切的沟通与协调，并在不超越中国外交基本原则的基础上和在具体的政策上保持了适度的灵活，避免了僵化和被动。例如，中国在制裁利

---

① 《中国高调重申：在中东北非坚持不干涉原则》，http：//military. china. com/important/64/20110504/16519136. html。

② “常驻联合国代表李保东大使在安理会表决叙利亚问题决议草案后的发言”，http：//military. china. com/important/64/20110504/16519136. html。

③ “杨洁篪外长在中阿合作论坛第五届部长级会议开幕式上的主旨讲话”，http：//www. cascf. org/chn/zgsd/t937084. htm。

比亚的联合国决议中投赞成票，而在建立禁飞区的1973号决议中投弃权票，既坚持了尊重国家主权和不干涉内政原则，同时也照顾到保护平民的宗旨和阿盟、非盟等方方面面的立场，[①] 同时也避免了出现与西方的对抗。

但是，欧美在执行1973号决议的过程中，肆意滥用1973号决议，将建立禁飞区的行动转变成发动战争，进而造成了更大的人道主义灾难，这促使中国在叙利亚问题上进行了积极大胆的政策调整。在西方在叙利亚问题上故伎重演，试图通过旨在颠覆叙利亚政权的安理会决议案之际，基于对利比亚战争教训的总结，中国于2011年10月4日、2012年2月4日和7月19日三次对安理会的叙利亚问题决议案行使否决权。中国在不到一年的时间内三次就叙利亚问题行使否决权，彰显了中国捍卫《联合国宪章》，维护中东地区和平的外交勇气。

此外，在中东形势动荡的关口，中国外长、中东问题特使等官员先后访问中东国家，相继接待沙特特使、苏丹总统、利比亚反对派特使等访华，并于2011年5月与海合会在阿布扎比举行战略对话，都体现了中国力图“有所作为”的外交勇气。再如，中国在并未承认利比亚反对派“全国过渡委员会”的情况下，派外交官员访问班加西与之进行接触，也体现了中国外交的灵活性。上述事例都表明，作为联合国安理会常任理事国和负责任的大国，中方愿为促进该地区的和平、稳定与发展发挥建设性作用。[②]

第三，内外联动，多方协作，顺利完成利比亚撤侨。

在利比亚危机发生后，中国迅即启动应急机制，积极动员国内外各种资源，海陆空三路并进，圆满完成了撤离35860名中国公民

① 吴思科：“不干涉内政不等于无所作为”，《人民日报》2011年5月30日。

② 《中国高调重申：在中东北非坚持不干涉原则》，http://military.china.com/important/64/20110504/16519136.html。

的壮举。在完成这次空前大撤离过程中，该地区许多国家提供了积极合作，这是顺利完成任务不可或缺的因素，也从一个侧面反映我国外交的积极成果。[①] 在此次空前规模的撤侨行动中，海空军力量首次参与撤侨，尤其是海军“徐州”号导弹护卫舰穿越苏伊士运河进入了地中海，为撤侨进行护航，充分展示了中国作为崛起大国的国际地位。对此，有评价指出，在利比亚撤侨前，“中国海空军事力量还从来不曾在海外大规模联合执行过非战斗军事任务”，“仅就‘徐州’号上高高飘扬的五星红旗对在枪炮声中饱受煎熬的同胞所能产生的镇静作用而言，这次行动就足以在中国军事史上占据重要的一页”。[②]

第四，克服困难，确保中阿关系继续健康发展。

在西亚北非地区形势动荡的背景下，中阿关系的平稳发展不可避免地受到了一定的冲击。但是，在中阿双方的共同努力下，中阿长期友好合作的大局并没有因阿拉伯国家的政治变革而改变，中阿友好战略合作仍在沿着既定的轨道继续发展，实现了中东变局后中阿关系的平稳过渡。

2011 年 5 月 22—24 日，“中阿合作论坛”第八次高官会在卡塔尔首都多哈顺利召开，大会全面回顾了 2010 年 5 月天津第四届部长级会议以来“中阿合作论坛”发展成就，深入探讨了“2010 年至 2012 年行动执行计划”的执行情况，并就“中阿合作论坛”的发展前景和机制建设进行了展望。在此次会议上，双方就地区和国际问题达成广泛共识，并对双方在政治、经济、人文等各领域的合作进行了安排，同时决定于 2012 年在突尼斯召开“论坛”第五届部长级

① 吴思科：“不干涉内政不等于无所作为”，《人民日报》2011 年 5 月 30 日。

② 叶海林：“中东北非变局及对中国战略机遇的影响”，http：//wsdx. hehua. net/jianggao/qita/2011/402. html。

会议。[1]

2011 年 12 月 26—29 日，“中阿合作论坛”第四届“中阿关系暨中阿文明对话研讨会”在阿联酋首都阿布扎比召开，来自中国、阿拉伯国家以及阿盟的官员和双方专家、学者出席了此次研讨会。与会者高度评价中阿文化交流和文明对话所取得的成果，强调不同文明的对话有助于促进文化的交流借鉴、兼容并蓄，有利于共同维护文化多样性，是人类社会进步的不竭动力；会议强调“中阿双方应倡导开放精神，弘扬宽容与理解的价值观，摒弃文明冲突的论调，承认各国文化传统、社会制度、价值观念的差异，尊重各国自主选择发展道路的权利，加强对话，消除隔阂，为拓展和深化‘全面合作、共同发展’的中阿战略合作关系奠定坚实基础”。[2]

2012 年 5 月 31 日，“中阿合作论坛”第五届部长级会议在突尼斯海滨城市哈马迈特举行，会议回顾了过去两年中阿合作取得的丰硕成果，讨论了加强论坛建设的途径，并达成多项共识。此次会议在阿拉伯大变局首发之地突尼斯召开，本身就有着十分重要的政治意义。杨洁篪外长在充分强调“深化战略合作，促进共同发展”这一会议主题的基础上，就如何推动中阿关系的发展提出了四点主张：第一，用好机制，增进团结；第二，搭建平台，汇聚资源；第三，关注民生，造福百姓；第四，总结经验，打造品牌。为表示“中方致力于推动中阿务实合作的真诚意愿”，杨洁篪外长提出了四点具体举措：一是与阿拉伯国家共同努力，力争到 2014 年中阿贸易额达到 3000 亿美元；二是论坛中方秘书处将在 2012—2013 年邀请 100 名阿拉伯国家青年精英访华；三是中方有关部门将在 2012 年至 2014 年

---

① “‘中阿合作论坛’第八次高官会成果文件”，http：//wcm. fmprc. gov. cn/pub/zalt/chn/ltdt/t825911. htm。

② “‘中阿合作论坛’第四届‘中阿关系暨中阿文明对话研讨会’最终报告”，http：//wcm. fmprc. gov. cn/pub/zalt/chn/ltdt/t892043. htm。

三年内为阿拉伯国家培训5000名各类人才；四是创建卫生、质检、工业等领域新的合作机制。[①] 本届会议阿方执行主席、突尼斯外长阿卜杜·赛拉姆在发言中指出，阿拉伯国家面临着维护稳定、促进发展的挑战，为此希望与中国加强合作，学习中国发展的成功经验。他希望本届部长级会议将成为阿中关系发展史上的里程碑，为加深阿中友谊、深化互利合作、促进文明对话提供新的平台。他说："我们希望本届论坛部长级会议能够成为阿中合作的新起点，从而最大程度地实现互利共赢，续写两个伟大民族历史文化交流进程的新篇章。双方应通过致力于建立更加公正、多元、稳定的国际秩序，造福于双方人民。"[②]

（二）中国应对中东变局的若干不足

第一，对中东变局的外交应对仍存在进一步改进的空间。中国在应对中东变局过程中所表现出的问题主要表现为在总体上仍存在一定的被动性。首先，中国对外交应对时机的把握上仍显滞后。例如，与西方外交官在中东变局发生不久就频繁出访相关国家相比，中国相关外交出访活动主要是在2011年3月以后才相继展开的，存在一定的滞后性。其次，中国与中东国家反对派的接触和沟通不够主动。由于中国长期以来更习惯于官方交往，在与反政府力量交往方面的渠道不够畅通，人才相对缺乏，加之受非政府力量作用有限等因素的制约，中国与埃及穆斯林兄弟会、利比亚"全国过渡委员会"的接触显然滞后于其他大国。再次，中国的斡旋外交和调停外交的主动性不够，国际影响相对较小。导致以上问题的根源主要在

① "杨洁篪外长在中阿合作论坛第五届部长级会议开幕式上的主旨讲话"，http：//www. cascf. org/chn/zgsd/t937084. htm。

② "中阿合作论坛第五届部长级会议圆满闭幕"，http：//gb. cri. cn/27824/2012/06/01/5005s3708875. htm。

于思想解放不够，对“不干涉内政原则”、“韬光养晦”和“有所作为”等外交方针的理解不够辩证。

第二，对中东变局的新闻报道和舆论引导存在着一定的偏差。在中东变局初期，中国主流媒体的报道十分有限。在网络媒体高度发达的全球化时代，这种策略不仅无助于客观认识中东变局，而且一度造成思想认识上的混乱。最初，新闻报道主要以报纸媒体尤其是地方报纸为主。直到利比亚危机出现后，主流电视媒体才介入全面报道，这种处理方式也存在不妥之处。官方主流媒体的失语和缺位，导致民众对政府立场的猜疑心理严重。在放开报道后，许多媒体盲目效仿西方媒体，使用“茉莉花革命”、“阿拉伯之春”、“民主革命”等术语予以定性，又暴露出中国媒体缺乏自身话语体系的弊端。因此，反思中国新闻媒体的报道和评论，从最初的相对失语到后来的混乱无序，既反映了中国新闻管理政策水平和新闻媒体专业素养水平不高的现实，同时也折射出中国中东研究尤其是国别研究落后的现实。

三、科学谋划中长期的中国中东外交战略及实现手段

当前，中东国家内部的深刻政治变革、地区格局的重组、美欧等世界大国中东战略的调整，都使中国的中东外交面临着诸多的新问题、新挑战，中东在中国国际战略和对外关系全局中的地位呈进一步上升的态势，中国迫切需要制定中长期的中东外交战略，并对其实现机制和手段做出全面的安排。

（一）进一步增强对中东战略地位的认识

近年来，中国先后发布了《中国政府对非政策文件》（2006 年 1

月）和《中国对拉丁美洲和加勒比政策文件》（2008 年 11 月），标志着中国对非洲和拉美外交战略的日渐成型，但迄今尚未发布关于中国中东政策的政府性文件。尽管这并不意味着中国没有对中东的外交战略，同时也反映了中东地区形势复杂，制定统一外交战略和政策存在相当多的困难这一现实。但是，中东地区形势发生剧变的现实，改革开放以来中国与中东关系日益密切，国际社会了解中国中东外交的外部需求，都迫切需要中国将制定中长期的中东外交战略提上历史日程。

中国的中东外交战略在内容上应包括中东在中国外交中的战略地位、中国与中东国家关系的历史与现状、中国在中东的国家利益、中国中东外交的原则和机制、中国在中东热点问题上的立场和政策等。受篇幅所限，这里重点讨论中东的战略地位问题。近年来，逐步将中东地区从我国周边战略延伸地区调整为中国大周边的重要组成部分，反映了中东在我国外交全局中战略重要性的提高。但落实到具体的认识上，中国仍习惯于从政治上的战略依托、安全上防范“三股势力”的屏障、经济上的能源保障和经贸利益来认识中国在中东的利益。尽管这种认识并无不当，但却表现出狭隘性与功利性的缺陷。在充分认识上述重要战略利益的基础上，中国的中东战略应增强以下两点认识：

首先，应从全球治理的高度看待中东的战略重要性。中东的安全与发展问题已成为全球治理的重要内容，已成为中国履行国际责任无法规避的问题，尤其是中国在能源、贸易、金融、气候变化等问题上的外交政策都需要中东国家的支持。在此背景下，“将中国与中东伊斯兰国家关系仅仅定为中国‘周边战略的延伸和大周边战略的组成部分’，显然已不足以反映中国与中东伊斯兰国家关系的实质性内涵”。[①]

① 朱威烈：“试论中国与中东伊斯兰国家的战略性关系”，《世界经济与政治》2010 年第 9 期，第 7 页。

其次，应从“大中东”的地缘战略高度认识中东的重要性。在陆缘安全层面，中东与中亚、南亚共同构成地缘政治的“心脏地带”，直接影响中国西北的安全环境；在海洋安全层面，中东直接关系到中国能源通道的安全以及中国在印度洋的战略利益。当前，包括中东、中亚、南亚的“大中东”地区在地缘政治上的一体化趋势日益突出，美国在中东的战略收缩和重返东亚的战略东移，使中国西北陆疆与东南海疆安全压力呈现出同时吃紧的态势。[①] 因此，中东对于中国安全的重要性已远远超过防范“三股势力”的简单范畴。

（二）在坚持原则的同时适度扩大对中东事务的参与

在中东变局发生后，国际和国内社会都存在要求中国加大对中东事务参与力度的舆论呼声。在国际社会突出表现为西方乃至阿拉伯世界的“中国责任论”，要求国力不断增强的中国为中东国家的转型承担更多的国际责任。美国政要基辛格明确表示，作为世界最大的债权国，中国能够发挥作用的一个领域是通过协助经济发展，实现中东北非的稳定发展。[②] 阿拉伯国家的官方和民间也有类似的诉求，不仅期待中国能提供更多的援助，同时希望中国能够主持正义，平衡乃至对抗西方对阿拉伯国家施加的压力。在国内舆论界，也有“中国要敢于接触中东内政”[③]、“中方应参与斡旋利比亚”[④]、中国应

---

① 详尽论述参见刘中民：“美国介入南海争端意在牵制中国”，《法制日报》2010年8月25日。

② “美媒称中国应向中东北非国家推出‘中国版马歇尔计划’”，http：//world.huanqiu.com/roll/2011－06/1788876.html。

③ 赵可金：“中国要敢于接触中东内政”，http：//opinion.huanqiu.com/roll/2011－02/1519413.html。

④ 谷棣：“中方应参与斡旋利比亚”，http：//opinion.huanqiu.com/roll/2011－04/1655781.html。

在中东“培育和扶持亲华的政治势力”[①] 等要求中国扩大对中东事务参与力度的思想主张，以更好维护中国在中东地区的海外利益，增强对中东事务的影响力，树立负责任大国的国际形象。

中国中东外交固然不会受制于国内外的舆论呼声，但在坚持中国外交原则的基础上，适度扩大对中东事务的参与力度已经成为中国必须面对的问题。中国扩大对中东事务的参与应注意以下几个问题：

第一，“不干涉内政原则”依然是中国参与中东事务的基石，是中国赢得中东国家信任，保持中国外交主动性的根本保障。因此，做公正的协调者而不是领导者，发挥建设性作用而不是控制和主导作用，是中国参与中东事务的身份定位。中国既不能充当西方的“外交掮客”，也不要刻意“培育和扶持亲华的政治势力”，避免中国中东外交丧失主动性和独立自主外交的特色。

第二，创造性地理解和运用“不干涉内政原则”，不断充实其内涵。在全球治理兴起的背景下，中国所倡导的不干涉原则的新内涵应包括以下内容：一是强调国际社会应当尊重全球化时代必然出现的多样性与民主协商原则，强调要尊重各国自主选择自身发展道路和模式的权利，反对大国强国把自己的意志和办法强加于人。二是提出国际社会在情势不得已时的有限干预，须以联合国多数成员的赞同和安理会的决议为合法性的基石，还要尊重当事国政府和民众的意愿及国情。三是国际介入应当主要是以和平的、合作的方式（个别情况下借助经济贸易制裁的手段），最大限度地减少武力威胁和强制实行的做法。四是把对此类措施的考量，与全球和平与发展的大背景、国际变革与人类进步的趋势、中国与世界关系良性互动

---

① 吕冠军、甄志平：“中东北非政治乱局 中国应有所作为”，http：//www. chinathinktank. cn/ShowArticle. asp？ArticleID = 20993。

的总体战略等因素联系起来。[1]

第三，适度扩大中国对中东国家的援助和投资，推动中东国家的经济与社会发展，增强中国对中东的影响塑造能力。中国应进一步深刻认识外援的政治功能与战略作用，适当增加对转型时期阿拉伯国家的援助与投资，同时要建立对外援助的政治、经济、效益和环境等方面的评估机制，大型援建项目要通过国际机构进行环境等方面的评估；在发展投资方面，应力争避免粗放式经营的投资项目。

第四，进一步增强外交斡旋的能力，保持与国际组织、西方大国、地区组织与国家的沟通、协调，会同国际社会在联合国安理会的框架内采取积极的预防性外交，加大对解决中东热点问题的参与力度，发挥劝谈、促和的建设性作用，维护中东地区的安全与稳定。在具体的外交实践中，中国既要“敢于向当事国提出符合国际道义的更为可行的具体解决方案”，又要“继续遵循决不强加于人的主权原则，处理好不干涉内政与建设性介入的关系”。[2]

第五，坚持多边与双边并重，继续稳妥推进中国与中东国家关系的发展。此次中东变局将进一步凸显阿拉伯国家发展的不平衡性和差异性，利用中阿合作论坛统筹中阿关系的难度将进一步增强。因此，在进一步加强中阿合作论坛机制建设的基础上，中国应加强对阿拉伯国家差异性的认识，并开展有针对性的双边合作。在阿拉伯世界分化加剧的背景下，中国应在加强与阿盟、非盟等地区组织协调的基础上，重点加强与海合会战略对话机制的建设；应根据中东国家形势变化有针对性地调整与相关国家的关系；应重点加强与埃及、沙特、土耳其、伊朗、以色列等地区大国的沟通、协调与合

---

① 王逸舟：“中国外交十特色——兼论对外交研究的启示”，《世界经济与政治》2008 年第 5 期，第 15 页。

② 刘中民：“关于加强中国热点外交的若干对策思考”，《东北亚论坛》2010 年第 1 期，第 7 页。

作，确保中国与中东国家关系的平稳过渡。

第六，要加强中国中东外交主体的多元化、外交渠道的多样化和多层次化，尤其是要加强与中东国家政治反对派的接触。在过去的中国中东外交中，外交主体单一和外交渠道相对匮乏的缺陷，制约了中国与中东国家关系的立体化发展，导致中国与中东国家的政治反对派、伊斯兰组织等力量的接触相对不足，不利于中国对中东国家形势变化的及时应对。在中东发生政治变革的背景下，与政治反对派打交道将成为中国外交无法回避的问题，而加强与民众交往，致力于通过引导公民社会建设影响中东国家的政治转型，已经成为美欧大国中东外交的重点。因此，中国应通过加强政党、非政府组织、民间团体、企业、研究机构、个人等多元外交主体建设，通过民间交往、宗教交往、人文交流等渠道，加强与中东国家政治反对派及其他主要社会组织的接触，夯实中国中东外交的社会基础。

第七，要进一步适应形势变化，增强中国在中东地区的海外利益保护能力。2012 年初，中国工人在苏丹和埃及被劫持和扣压的事件表明，伴随中东变局政治效应的持续发酵，中国在中东地区的海外利益保护将进入更加艰难的多事之秋。从中长期的角度看，在中东变局的影响下，中东国家内部的政治重组将进入一个长期的动荡期，中国投资、侨民安全等海外利益风险加大很有可能扩大化和常态化。因此，除加强自身的防范意识和应急机制外，要求驻在国政府提供更有力的安全保障，适当增强与地方政府、部落势力乃至反政府势力的沟通和接触能力，都是中国面临的具体问题。

第八，加强有关中东非洲研究机构的队伍和能力建设。相对于西方大国的中东非洲研究和国内的其他区域问题研究，中国的中东和非洲研究存在着研究机构数量少、队伍小、能力严重不足等缺陷，尤其是关于中小国家的国别研究长期落后。[1] 中东变局发生后，中国

① 刘中民："小国研究应提到战略高度"，《环球时报》2011 年 4 月 11 日。

思想界和舆论界产生的诸多对形势判断的简单、片面的认识，与中国的中东非洲研究落后和人才匮乏的状况有密切关系。因此，中国应从战略高度认识中东非洲研究的重要性，国家和社会都要加大投入，建立和培养一批高水平的中东非洲研究机构和专家队伍，不断加强其国际化和政策咨询能力建设，以更好地服务于中国的中东外交。

中东变局对中国海外利益的影响及对策

上海外国语大学中东研究所　**钱学文**

【内容提要】

中国在中东的海外利益主要表现在经贸、能源、投资、工程承包、人员安全等领域。从总体上来说，中东变局并未改变中国与中东国家经济合作持续发展的基本态势，但中国在中东的海外利益也受到了一定的冲击，并突出表现为工程承包遭受的损失，以及中东形势总体动荡、伊朗核危机加剧、南北苏丹冲突导致的能源安全风险的扩大。因此，报告主要围绕投资风险防范和能源安全两个方面提出了若干对策建议。

2010 年底以来，肇始于突尼斯并迅速席卷阿拉伯世界的民众抗议浪潮，导致部分阿拉伯国家发生政权更迭，多数阿拉伯国家陷入动荡，致使社会秩序严重失控，从而对包括经贸、投资、工程承包、人员安全等在内的中国海外利益产生了直接或间接、显性或隐性的负面影响。由于中东变局主要发生在阿拉伯国家，因此本文所论及的中国在中东地区的海外利益主要针对阿拉伯国家，并酌情涉及周边国家。

一、中东变局前的中阿经贸关系

要了解中东变局对中国经贸、投资、工程承包、人员安全等海外利益的冲击，首先应对中东变局前中阿经贸合作方面的情况有个基本了解。

2004 年“中阿合作论坛”成立以来，中阿经贸关系步入了快车道，双方在贸易、投资、工程承包等各个领域的合作均取得长足发展。2011 年 7 月 6 日，商务部部长助理李荣灿在国务院新闻办公室新闻发布会上指出，中国与阿拉伯国家经济互补性强，近年来中阿经贸合作呈现出快速、多元化的发展势头。2010 年，中阿贸易额再创历史新高，达 1454. 56 亿美元，同比增长 34% 。[①] 其中，中方的出口额为 648. 99 亿美元，同比增长 15. 97% ；进口额为 805. 57 亿美元，同比增长 54. 1% ；这两项分别占中国全部出口额和进口额的 4. 1% 和 5. 8% 。[②]（详见表 1）从增长水平来看，出口增长较慢，进口增长较快，其原因是原油进口的刚性增长较快。2010 年中国石油的对外依存度超过 53. 7% ，其中从阿拉伯产油国进口的原油接近进口总量的 50% ；在 2010 年中国的前十大原油进口国中，阿拉伯产油国占了 5 席，分别是沙特、阿曼、苏丹、伊拉克、科威特，总计 1. 153 亿吨，占中国原油进口总量（2. 393 亿吨）的 48. 18% 。如果加上中国十分倚重的伊朗原油，那么中东地区对于中国能源安全战略的重要性不言而喻。其次，上述五大阿拉伯产油国还是中国在该

---

① 国务院新闻办公室新闻发布会，http：//www. china. com. cn/zhibo/2011 - 07/06/content_ 22922263. htm。

② 武芳：“中东变局以来中阿经贸关系的变动及未来发展建议”，载王正伟主编：《中国—阿拉伯国家经贸论坛理论研讨会论文集（第二辑）》，银川：宁夏人民出版社 2011 年版，第 107—113 页。

地区的主要贸易伙伴，中国与上述五国的贸易额占中阿贸易总额的73.3%。相对而言，埃及、利比亚等主要动荡国家在中阿经贸合作中的比重相对较小。

表1：2010年中国与阿拉伯国家贸易统计国别情况表①

国别	进出口		出口		进口	
	金额	同比增长%	金额	同比增长%	金额	同比增长%
苏丹	86.31	35.11	19.53	14.49	66.78	42.62
埃及	69.60	19.07	60.42	18.29	9.18	24.50
利比亚	65.76	26.98	20.61	2.97	45.15	42.11
阿尔及利亚	51.76	0.95	40.00	-4.33	11.76	24.28
摩洛哥	29.35	17.17	24.85	16.74	4.50	19.61
毛里塔尼亚	12.47	13.93	2.85	17.86	9.62	12.82
突尼斯	11.20	36.77	9.95	39.89	1.25	16.18
吉布提	4.45	51.00	4.44	50.82	0.01	530.41
索马里	0.74	8.93	0.72	7.30	0.02	208.47
科摩罗	0.13	19.69	0.13	19.50	0.00	865.10
沙特阿拉伯	431.80	32.67	103.67	15.47	328.14	39.21
阿联酋	256.90	21.03	212.37	13.98	44.54	71.62
阿曼	107.17	74.01	9.44	26.35	97.72	80.60
伊拉克	98.60	91.52	35.90	95.30	62.69	89.43
科威特	85.51	69.55	18.49	19.82	67.03	91.46
也门	40.03	66.38	12.24	4.75	27.79	124.57
卡塔尔	33.12	46.93	8.55	-1.91	24.56	77.76
叙利亚	24.84	11.85	24.43	10.54	0.40	302.83
约旦	20.54	-0.82	18.89	-3.55	1.65	46.70
黎巴嫩	13.52	26.82	13.24	25.31	0.27	203.73
巴林	10.51	53.09	8.00	68.25	2.51	18.99
巴勒斯坦	0.26	8.43	0.26	10.32	0.00	-51.39
总计	1454.56	26%	648.99		805.57	

① 商务部西亚非洲司网站：http：//xyf.mofcom.gov.cn/aarticle/date/201106/20110607596690.html。

表 2：2010 年与 2011 年中国十大进口原油来源地

2010 年			2011 年			
排名	进口来源	万吨	排名	进口来源	万吨	同比增长
1	沙特	4464.2	1	沙特	5027.77	12.61%
2	安哥拉	3938.1	2	安哥拉	3114.97	-20.90%
3	伊朗	2131.9	3	伊朗	2775.66	30.19%
4	阿曼	1586.7	4	俄罗斯	1972.45	29.42%
5	俄罗斯	1524.0	5	阿曼	1815.32	14.40%
6	苏丹	1259.9	6	伊拉克	1377.36	22.57%
7	伊拉克	1123.8	7	苏丹	1298.93	3.10%
8	哈萨克斯坦	1005.4	8	委内瑞拉	1151.77	52.66%
9	科威特	983.0	9	哈萨克斯坦	1121.10	11.51%
10	巴西	804.7	10	科威特	954.15	-2.94%
	总计	23930		总计	25377.9	6.05%

注：根据海关总署的统计数据编制。

在投资方面，截至 2010 年底，中国在阿拉伯国家累计实际投资额超过 150 亿美元，在大型机械制造、家用电器、汽车组装等领域的投资项目不断增多。与此同时，阿拉伯国家的在华投资也在稳步增长，累计投资额达 25.8 亿美元。中国企业积极参与阿拉伯国家经济建设，累计实施基础设施项目建设金额达 925 亿美元，[①] 主要集中在苏丹、也门、阿尔及利亚、阿联酋和沙特等国。

在工程承包方面，截至 2010 年末，中国累计在阿签订承包工程合同额达 1469 亿美元，完成营业额 925 亿美元，充分显示了双方经济的巨大互补性和广阔的发展前景。其中，2010 年新签合同额 261.7 亿美元，完成营业额 225 亿美元，分别占中国在全球工程承包合同额和营业额的 19% 和 24%。沙特、阿尔及利亚、苏丹、阿联酋

① 国务院新闻办公室新闻发布会，http://www.china.com.cn/zhibo/2011-07/06/content_22922263.htm。

和利比亚是中国在中东地区的最大承包市场。2010 年，中国企业在上述5 国新签合同额189. 2 亿美元，完成营业额169. 3 亿美元，分别占中国在这一地区工程承包合同额和营业额的72% 和75%。其中，中国在利比亚一国的新签合同额和完成营业额就占到 7. 2% 和15. 3%。

二、中东变局后中国与中东国家经济合作的持续发展

从总体上看，中东政治出现剧烈动荡后，面对国际金融危机和地区形势发生重大变化的双重挑战，中阿贸易额仍实现强劲增长实属不易。2011 年中阿贸易额达1959 亿美元，在阿拉伯国家成为中国第七大贸易伙伴的同时，中国也成为大多数阿拉伯国家的主要对外贸易伙伴。中阿相互投资规模也不断扩大，在基础设施、能源、金融等领域的合作持续取得进展。中方圆满完成了“中阿合作论坛 2010—2012 年度执行计划”中确定的每年为阿方培训1000 名各类人才的承诺。[①]

2012 年5 月31 日，中国外交部亚非司司长陈晓东在接受采访时指出：“在西亚北非地区形势发生动荡和变化以后，中阿双方始终能够从双方的长远利益、战略视角，去看待和处理中阿关系。实际上，中阿关系并没有受到地区形势变化的影响，相反，中阿关系继续在快速发展之中。”[②]

① 中阿合作论坛网站：“杨洁篪强调中阿合作前景广阔”，http：//www. cascf. org/chn/ltdt/t937532. htm。

② 中阿合作论坛网站：“外交部亚非司司长：中东动荡局势未阻中阿关系发展”，http：//www. cascf. org/chn/ltdt/t936804. htm。

阿盟秘书长阿卜杜·阿拉比也认为，经历着深刻政治变革的“阿拉伯国家更加迫切地需要和中国加强协调与配合，促使国际社会就如何政治解决当前的各种危机达成共识，支持阿拉伯各国人民对自由、尊严和发展的诉求”。[①] 从中不难看出，伴随中东变局的深入发展，阿拉伯国家对西方国家粗暴干预中东事务的目的和后果的认识日趋理性，阿拉伯国家对西方国家有了更多的戒心，并对阿拉伯国家与中国在政治、经济等领域的全方位合作有了更多期待与信心。

自中国经济持续高速增长以来，中国在中东地区的能源利益可谓重中之重，这是因为确保能源供应对于保持中国经济的稳定发展极为重要。目前，中国的原油进口依存度已达到56%，而在进口原油中，从中东产油国（阿拉伯国家和伊朗）进口的原油也约占56%。2011 年中国共进口原油 2.5378 亿吨，同比增长 6.1%，其中从伊朗进口原油 2775.66 万吨，同比增长 30.19%，占进口总量的 10.94%。

2011 年中东变局发生后，地缘政治风险的上升导致国际原油市场的波动，致使国际原油价格曾创下近年新高。但就总体态势来看，中东变局并未导致国际能源市场的剧烈动荡，也未对中国的能源供应产生灾难性的影响，其主要原因是：

第一，除利比亚外，主要动荡国家均非阿拉伯主要产油国，这些国家的石油产量和储量占世界总量的份额都相对较小，不足以搅乱国际石油市场，而主力产油国拥有足够的剩余产能填补市场空缺。包括利比亚在内的阿拉伯动荡国家，在中国的原油进口中所占比例相对较小，对中国的能源供应基本上不构成威胁。

第二，除中国外，一些能源消费大国的原油储备水平普遍较高，

① ［埃及］阿卜杜·阿拉比：“充满希望的阿中关系”，http：//www.cascf.org/chn/ltdt/t929713.htm。

像美国、日本以及欧盟国家都拥有充足的战略石油储备。

第三，埃及虽有动荡，但军方基本控制住了局势，并一直使苏伊士运河这一重要的能源运输通道保持畅通。

第四，以沙特为代表的海湾阿拉伯国家，为避免因能源危机导致动荡进而进一步冲击自身的稳定，同时也是为了配合美国和欧洲对伊朗的石油禁运，增加了石油生产与供应。

当前，中国与中东国家的能源合作主要分两大块，一是油气贸易，二是投资勘探与开发。目前，前者规模不断扩大，后者仍属初级阶段，除在苏丹（以及南苏丹）、伊朗、伊拉克已取得一定进展外，在其他中东产油国，受各种内外因素的制约，合作工作进展较为缓慢。在油气贸易方面，在 2011 年中国的前十大原油进口国中，中东国家占 6 席，其中 5 个是阿拉伯国家，它们是沙特（5027.77 万吨，排名第一）、阿曼（1815.32 万吨，排名第五）、伊拉克（1377.36 万吨，排名第六）、苏丹（1298.93 万吨，排名第七）、科威特（954.15 万吨，排名第十），以及非阿拉伯国家伊朗（2775.66 万吨，排名第三），分别占当年中国原油进口总量的 19.81%、7.15%、5.43%、5.12%、3.76%、10.94%，合计 52.21%。（详见表2）上述5 个阿盟国家均非发生严重政治动荡的国家，而伊朗的问题主要来自西方经济制裁，以及美国要求中国减少从伊朗的石油进口带来的压力。但从目前的情况看，仅伊朗一国发生问题，当不至于影响中国整个石油供应的安全。

除油气贸易外，2011 年中国在中东的能源投资开发方面也取得了可喜的进展。下文以伊拉克和沙特两个国家为例进行说明。

1. 伊拉克

2011 年 5 月 30 日，中石油在伊拉克通过开发合作获取的首批 200 万桶原油，从巴士拉港起航运往国内，这表明中石油投资的鲁迈拉项目已取得重要的阶段性成果。鲁迈拉项目是中石油在伊拉克的三个石油战略合作项目之一。2010 年 7 月 1 日，由中石油、BP 公司和伊拉克南方石油公司组成的联合作业机构正式上马开工。同年12月25日，在联合作业机构的共同努力下，提前实现鲁迈拉油田原油初始产量提高10%的目标，实现了投资方和资源国利益双赢的既定目标。鲁迈拉油田排行世界第六，占地1800平方公里，分南北两部分，其中，南鲁迈拉油田探明储量为19.6亿吨，北鲁迈拉油田探明储量为11.2亿吨，总储量约225亿桶（约合30.8亿吨）。2009年6月30日，BP与中石油组成的财团，获得了该油田的20年服务合同。当年11月3日，中石油集团、BP和伊拉克国有南方石油公司以37%、38%、25%的股权比例成立合资公司，共同开发鲁迈拉油田。[①]

2012年6月18日，中石油对外宣布，它在伊拉克哈法亚油田的项目一期工程开始投产，比合同要求提前了15个月，产能为10万桶/日；二期工程随即展开，建成后的产能为20万桶/日。中石油是第一家同伊拉克新政府签署石油服务合同的外国公司，该合同签署于2010年，服务费为每桶1.40美元，中石油拥有37.5%的权益，共同参与该项目的法国道达尔和马来西亚国家石油公司，分别持有18.75%的权益，伊拉克南方石油公司代表官方持有25%的权益。哈法亚油田是中石油在海外规模最大的投资项目之一。[②] 该油田位于伊拉克东南部，储量丰富，含油面积大，达239平方公里，可采储量约为41亿桶（约合5.62亿吨），签约前的产量为3100桶/日，综合采出程度0.05%，基本上处于未开发状态。

2. 沙特

2011年3月17日，中石化与沙美石油公司达成初步协议，计划投资85亿美元，合资兴建年加工能力2000万吨的延布炼油厂，预

---

① 李晓辉：“中石油伊拉克鲁迈拉项目率先提油”，载《中国证券报》2011年6月1日。

② 丁萍：“中石油伊拉克油田提前投产”，载《环球时报》2012年6月19日。

计2014年建成投产，中石化和沙美石油公司分别持股37.5%和62.5%。中石化是沙特重要的原油和成品油采购商，在炼油能力方面为亚洲之最，而沙美公司则是举世闻名的能源生产商，双方强强联手，对于双方的油气贸易，以及延伸双方在石油化工产业链方面的战略合作，无疑具有重要意义。这次合作，还使中石化一跃成为全球石油加工的领先者。中石化表示，以红海炼油项目为契机，它将进一步加快国际经营步伐，提升海外发展的战略布局，扩大境外能源获取渠道，确保中国的能源供应。①

延布炼油厂专门处理沙特重质原油，建成后每日可加工40万桶重质原油，提炼9万桶汽油和26.3万桶超低硫柴油。在此之前，中石化和沙美公司曾在中国福建合办过一家石化企业，这次合作又进一步拉近了双方的距离。2012年1月17日，温家宝总理访问沙特期间，这一合作协议完成最后签署。温总理表示，中国和沙特“应该加深能源伙伴关系，在原油、天然气以及其他能源领域扩展合作”。②从战略层面看，中国在沙特的这一重大投资项目，有十分重要的战略意义。在伊朗不断宣称封锁霍尔木兹海峡，海湾地区存在一定战争风险的情况下，延布炼油厂生产的成品油可绕过霍尔木兹海峡，顺利进入地中海，供应国际市场。这表明，中国已充分察觉到伊朗核危机可能带来的影响。

2012年4月3日，中沙（天津）石化有限公司的二期项目在天津滨海新区（大港）举行开工奠基仪式，该公司是中石化与沙特基础工业公司按50∶50的股比合资建立的，2009年10月在天津注册，次年1月，年产100万吨乙烯的一期项目建成投产。二期项目

---

① 钱君：“中石化投资沙特阿拉伯红海炼油公司组建合资企业”，载《中外能源》2011年第4期。

② 石萱：“在中国总理温家宝、沙特国王阿卜杜拉共同见证下，中国石化与沙特企业签署两项合资协议”，载《中国石化报》2012年1月17日。

总投资约17 亿美元，占地约67 公顷，包括2 条生产线8 套生产装置及配套设施，采用世界领先的非光气法聚碳酸酯制造技术，符合国家节能减排政策及资源综合利用原则；设计能力为年产 26 万吨聚碳酸酯，预计 2015 年建成投产，主要生产混合级、挤出级、光学级、模塑级等四大类聚碳酸酯。① 该产品附加值高，可望实现年增值 31 亿元；其次应用范围广，对推动天津石化产业发展，辐射带动环渤海地区经济增长，有效满足亚太地区石化市场需求，可发挥重要作用。此外，沙美公司还与中石油签署了在云南合作建设大型炼油厂的备忘录。②

三、中东变局对中国海外利益的消极影响

从局部来看，中东变局对中国海外利益的负面影响是客观存在的。据报道，受西亚北非局势持续动荡的影响，2011 年中国企业在 22 个阿拉伯国家的承包工程业务有所萎缩，新签合同额为 229. 1 亿美元，同比下降 12. 5%；完成营业额 205. 8 亿美元，同比下降 8. 6%；派出人员 6. 4 万人，同比下降 19. 4%；年末在阿拉伯国家工作人员总数为 10 万人，同比下降 36. 9%。③ 综合起来，中国海外利益受损严重的国家主要是利比亚和南北苏丹，而伊朗核问题对中国能源供应的冲击也不容忽视。

---

① 夏丽洪："石油经济大事"，载《国际石油经济》2011 年第 6 期。

② 商务部网站："沙特阿美石油公司总裁谈中沙能源合作"，http：//www. mofcom. gov. cn/aarticle/i/jyjl/k/201103/20110307462758. html。

③ 中国钢结构信息港网站：《影响我在阿拉伯国家承包工程业务的因素分析》，http：//www. qdgjg. com/ganggou/Details. aspx？id =694640。

（一）利比亚乱局对中国海外利益的影响

1. 中国与利比亚的经济合作

利比亚是中国对外承包工程业务的重要市场之一。中国公司大规模进入利比亚始于2007年，中国在利比亚参与经济合作的人员数量在2010年达到35000余人，中国企业在利比亚的项目营业额在2009年超过4200万美元（详见表3、表4）。

表3：中国在利比亚劳务人员数量（单位：人）

年份	2004	2005	2006	2007	2008	2009	2010
劳务合作人员	885	850	900	811	970	0	0
工程承包人员	1137	812	727	734	492	24155	35800

表4：中国企业经济合作项目营业额（单位：万美元）

年份	2003	2004	2005	2006	2007	2008	2009
营业额	86	87	3306	2857	7083	8158	4269

在2010年，中国在利比亚的经济合作项目增长迅速，共有75家中国企业参与经济运营活动，其中包括13家央企，即中国水利水电建设集团、中国交通建设集团、中国铁道建筑工程总公司、中国建筑工程总公司、中国葛洲坝集团公司、中国建材集团进出口公司、中国石油天然气集团、中国冶金科工集团、中工国际工程股份有限公司、中国交通建设集团有限公司、中国十五冶金建设有限公司、中国土木工程集团有限公司等。这些中国公司的投资主要集中在房屋建设、配套市政、铁路建设、石油和电信领域，共计有50余个工程承包项目，总金额约188亿美元。此外，中国企业也参与了在利比亚的直接投资活动（详见表5），中国与利比亚的贸易额也在不断增长（详见表6）。

表5：中国在利比亚的直接投资存量（单位：万美元）

年份	2004	2005	2006	2007	2008	2009	2010
承包工程	6667	12787	22535	26301	74118	191251	583992
劳务合作	517	374	436	546	637	1548	2273

表6：中国与利比亚的贸易额（单位：亿美元）

年份	2003	2004	2005	2006	2007	2008	2009	2010
出口	1.75	2.55	3.60	7.04	8.59	16.23	20.03	20.61
进口	0.41	4.17	9.42	16.94	15.47	25.89	31.74	45.15

2. 中国在利比亚乱局中的损失评估

利比亚乱局给中国带来三项直接损失：一是中资企业中有10多人受伤，许多企业工地、营地遭到袭击抢劫，直接经济损失达15亿元人民币；[①] 二是中国政府出动民航飞机约150架次，撤回中国员工耗资约10亿元；三是中国企业在利比亚的项目，总体损失如前所述约188亿美元，[②] 按照当时汇率换算，计人民币1233.28亿元人民币。三项累计，利比亚乱局给中国造成的经济损失达210亿美元。

除直接损失外，还包括以下几方面的间接损失：第一，战乱导致的工程设备以及公司其他固定资产的损失。虽然大部分中国企业在利比亚承揽的都是工程承包项目，不是带资项目，没有直接投资，但中国各大公司在利总部及各项工程的基础设施、设备和原材料都在利比亚战争中处于失控状态，并受损严重。第二，垫付款损失。

① 凤凰网：《商务部：利比亚中资企业经济损失达15亿元》，http://news.ifeng.com/world/special/zhongdongbianju/content-2/detail_2011_02/24/4833165_0.shtml。

② 中国新闻网："188亿美元合同前途未卜 中企难估利比亚损失"，http://www.chinanews.com/cj/2011/08-24/3279134.shtml。

如履约保证金、预付款保证金、维修保证金、维持项目正常运行所必须垫付的流动资金以及由于不可抗力产生的损失等。按照惯例，在利比亚实施的工程项目都是中方企业先垫资。项目合同资金一般都按工程进度支付，另加15%左右的工程预付款，有的甚至更多。由于利比亚方面付款进度一般会延后3个月甚至半年，因此一旦工程意外停止，那些垫付的款项就会变成承包商的损失。第三，撤离利比亚的中资企业雇员的薪金等。第四，材料损失。由于利比亚建筑材料缺乏，无法满足工程需要，一般需要承包商从国外采购。由于中国企业一般从中国国内采购工程材料，因此利比亚项目中断后，一些企业无法按期支付国内货款，导致出现第三方债务问题。第五，利方恶意索赔问题。利比亚撒哈拉银行向部分中国公司就预付款保函进行索赔，所谓“预付款保函”，是承包商通过银行向业主开具的按规定偿还业主预付款的担保书。按照担保书的规定，中方承包商如果未能按约履行合同，银行不仅要把预付款退还给业主，还要向承包商索赔预付款的利息。第六，大型工程的前期融资，项目公司的注册资本、工程无限期搁浅导致预期收益的缺失，以及回国人员的安置费和赔偿费等。第七，中国在中东的能源利益受到潜在的威胁。

(二) 南北苏丹问题对中国海外利益的影响

南北苏丹冲突对中国的海外能源投资提出了新的挑战，双方对石油资源的争夺威胁到中国能源供应的稳定性。2011年7月9日，领土面积65万平方公里、人口826万的“南苏丹共和国”正式脱离原非洲第一大国苏丹，宣布独立，成为联合国第193个成员国。南苏丹独立后，分治“后遗症”给南北苏丹埋下了诸多隐患，特别是双方围绕石油利益分配的矛盾不时引发军事冲突。

南北苏丹间的石油纷争，引起了国际社会的高度关注。2012年1月29日，联合国秘书长潘基文在第18届非洲联盟首脑会议期间表示，苏丹和南苏丹应通过对话解决两国间的分歧。两国如不克制并任由纷争恶化，将可能导致双方重新陷入战争，并导致严重的人道主义危机。对于南北苏丹的石油纷争问题，作为苏丹重要的石油开发与贸易伙伴，中国始终予以高度关注，一直努力规劝双方保持冷静和克制，避免采取过激行动，希望双方早日通过谈判解决分歧。为此，中国还派特使前往当地进行协调，促成了双方在埃及的会谈。

在中国政府的大力斡旋下，南北矛盾虽得到一定的缓和，但时而发生的军事冲突对中国造成的负面影响显而易见：一是导致中石油在哈季利季油田的项目停工，二是影响了从苏丹的原油进口。[①] 中国同苏丹长期保持着友好关系，两国的能源合作起步较早，从 1995 年起就全面展开了合作，苏丹也被视为中国在海外的重要“油源”之一。2011 年，中国从南北苏丹进口石油 1298 万吨，约合 26 万桶/日，是当年中国第七大原油供应来源地，但南北苏丹的石油纷争问题对中国的能源利益直接构成了冲击。

南北苏丹还是中国对外工程承包的重要市场，除中国水电集团在苏丹和南苏丹拥有超过 100 亿元的项目外，中国的中铁、中铁建、中交建、中国中冶等集团公司在苏丹也都有大型项目。在南北苏丹分治给中国石油供应造成消极影响之际，也恰逢以美国为首的西方国家对伊朗实行石油禁运的敏感时期，来自伊朗的石油供应若出现中断，再加上南北苏丹局势吃紧，中国的能源供应无疑将面临更大的风险。

（三）中东变局和伊朗核危机对中国能源利益的潜在威胁

据商务部统计，受中东局势动荡的影响，中石油下属长城钻探工程分公司在中东和非洲的 6 个海外项目合同中止，影响全年营业

---

① 戴庆成：“南北苏丹冲突折射中国海外能源投资困境”，http://review.usqiaobao.com/2012-05/08/content_1367396.htm。

收入约12亿元；受利比亚战乱影响，中海油下属中海油田服务股份有限公司2011年上半年资产减值损失为6570万元。[①]

伊朗核危机对中国与伊朗能源合作的冲击更为严重。长期以来，伊朗一直是中国石油企业试图在能源勘探与开发方面取得重要突破的增长点。最近一个重要能源项目合同签署于2009年1月14日，价值17亿美元，中国与伊朗合作开发伊朗北部阿扎德甘油田，该油田储量超过60万桶石油，在未来25年内，可每天生产7.5万桶石油。协议分两期进行，前期投资与回收成本，将分别是12年及17年。

2011年，鉴于西方国家对伊朗不断加大制裁，以及由此可能带来的巨大政治经济风险，三大中国石油企业理智地放慢了在伊朗的油气开发进程：中石油推迟了在伊朗南帕尔斯第二期天然气田的钻探工程，中海油撤走了驻北帕尔斯天然气田的项目人员，中石化延迟了在伊朗亚德瓦兰油田的动工日期。尽管如此，美国等西方国家仍对中国十分不满，并扬言制裁中国石油企业；而伊朗方面也颇有微词，并不断通过其国家石油公司敦促中国三大石油企业按约推进在伊朗的能源开发项目。2011年8月，伊朗宣称，如果中石油对南帕尔斯气田第11期项目的开发继续拖延，伊朗考虑把整个项目转让给实力雄厚的国内承包商，当时该项目的实际开采进度仅为10%，按合约应为17%；10月，伊方又以项目进展缓慢为由，叫停了中海油总额160亿美元、开发北帕尔斯气田的天然气田开发协议。

从长远的角度看，伊朗核危机对中国能源安全的潜在威胁巨大，因为中国从伊朗的原油进口量与沙特相仿，都约占其出口总量的1/5；中国在伊朗的油气投资额也比在利比亚的油气投资高得多，一旦伊朗局势动荡或发生战争，既会对中国的能源供应造成冲击，也

---

① 王鹏："制裁伊朗石化业 中国将受多大牵连?"，载《化工管理》2012年第1期。

会使中国企业在伊朗的石油开发投资蒙受巨大损失。

四、对保护中国海外利益的若干对策思考

中东变局使中国海外利益受损的情况表明，中国企业在“走出去”之前要对对象国的政治风险等因素做出充分的估计，特别是要重视政治动荡因素。中国涉外企业“走出去”不应只是依赖经验，而需要做好详细的可行性调查。对政治变革、社会动荡、应急机制、企业管理、人员安全、设备看护等等，都应事先设定预案，并在项目实施过程中首先予以认真考虑。鉴于中东变局对中国海外利益的挑战主要来自投资安全和能源安全两个重要领域，本研究报告重点分析这两个领域。

（一）投资风险防范方面的对策思考

回顾过去的 2011 年，不难发现中东变局从内、外两个方面影响了中国企业在阿拉伯国家的经济活动。在国内，由于受利比亚战乱和地区局势的影响，一些原先准备与阿拉伯国家进行经济合作的企业，为避风险，减少损失，急忙推迟或取消了原先的发展计划；在中东变局之后，利比亚、埃及、突尼斯、也门等发生政权更迭国家的新政府为稳定民心，获取外援，对前政府与外国公司签署的原有合同，一般会保留，但也有可能取消或变更，对外合作的原有政策也有可能作相应改变，其目的无非是想实现对外合作的利益最大化，如更多地争取本国合资权益，要求外企增加投资，提高环保要求，放宽当地用工标准，增加当地工人工资和待遇等。这些变化对外企而言，不利因素显而易见。但是，凡事都存在两面性，那些新政府也有可能在整治官僚腐败现象，改善投资环境方面做出更多的努力，同时出台吸引外资、刺激经济增长的新政策，这对于外企的发展，

无疑是一有利因素。因此，中国企业完全可以凭借自身优势重新打入中东市场。

中国企业在海外开展经济合作，遭遇风险不可避免。从当前看，经历了政治变革的阿拉伯国家，对学习中国发展经验，吸纳中国企业投资抱有较大的期待。因此，鉴于中国与阿拉伯国家的传统友好关系，以及双方经济的互补性，中国企业仍应将阿拉伯国家列为开展经济合作的重点区域，不必因噎废食，关键在于要对可能遭遇的各种风险积极防范到位，将可能遭受的损失控制在最小范围里。在防范投资风险方面，应采取以下措施：

第一，国家和政府应千方百计地为涉外企业创造良好的国际环境。“互不干涉内政”是中国外交政策的重要原则之一，中国在叙利亚问题上接连两次使用否决权，依据的就是这一重要原则。在中阿关系不断深化，中国海外利益在中东地区日益扩展与延伸的大背景下，中国若是仅仅着眼于经济利益，凡事明哲保身，而使中东事务完全处于西方国家的控制之下，任由它们随心所欲地主宰一切，显然不利于保持并拓展中国与阿拉伯国家的经贸合作。相反，中国政府积极参与中东事务，不仅有利于树立负责任大国的形象，为中国企业在阿拉伯国家发展创造有利的国际环境，而且也有利于中国政府和涉外企业及时了解动荡国家的最新局势，最大限度地保护中国企业在当地的商业利益，及时寻求双边合作的新机遇。

第二，中国政府需要对涉外企业引导和规范，降低海外风险。如前所述，在利比亚市场，中国企业总共签订了188亿美元合同，盘子过大导致风险集中，造成的损失也就比较大。因此，政府部门应建立起调控机制，合理引导企业，特别是统筹大型国有企业的对外拓展。

第三，中阿合作论坛、中阿经贸论坛等是为涉外企业提供投资的公共服务平台，政府部门可借助这些平台指导企业增强投资风险防范意识和能力。涉外企业自身必须提高风险意识，在建立危机管理机制和应对方案的同时，还应向国内或国际保险机构积极投保，以此防范和规避海外风险，降低和减少损失。

第四，不仅中国企业之间需要互利合作，而且与东道国企业、西方跨国公司或新型经济体国家企业等也需要加强合作，这样既可以学习和借鉴外国公司的国际化经营理念和经验，也可分散和降低中国企业面临的各种风险，如东道国的民族抵触情绪所带来的风险等。

第五，涉外企业应主动加强与中国驻外使领馆的联系，遭遇风险、受到损失时应及时联系汇报，以便驻外使领馆通过政府渠道进行沟通，争取所在国的官方支持。

（二）能源供应安全方面的对策思考

中东特别是海湾地区作为当今世界政治、经济和军事最敏感的地区之一，地缘政治风险由来已久。面对高发的政治动荡，中国有责任也有义务为该地区的安全与稳定做出贡献，维护并确保该地区的能源供应安全和运输通道畅通。对于中国的能源供应安全而言，关键是必须拥有对该地区油气资源和运输线的掌控力。

在中国现代化进程不断加快、经济规模不断扩大的背景下，要维护中国经济的安全运营，中国外向型的能源保障体系难以改变，中国对国际市场能源的需求刚性不会改变。有分析认为，到2020年中国的对外石油依存度将达到76%，这意味着中国对中东的能源需求将继续保持刚性增长的态势。

为保障中国能源供应安全，从长远的角度来看，调整经济结构、降低能源消耗、发展清洁能源都是中国经济发展和能源战略的题中之义。但从目前乃至相当一段时期内来看，中国仍需要继续坚持“走出去”战略，加强境外资源的开发合作；继续坚持油气来源多元化战略，在可能的范围内，构建有利的运输线路，完善战略布局，形成中国能源安全的保障线。具体来说，应加强以下几个方面的工作：第一，采取多国合作的模式，组建由中国石油企业主导、多方参与的国际财团，化竞争为合作，共同承担风险；第二，在加强国家发展改革委员会下属中国能源局政策统筹能力的同时，最好能成立专门负责海外石油利益的跨部门协调机构，制定长远的海外能源投资发展战略，确保海外能源合作与供应安全；第三，整合国家资源，综合制定应对能源供应风险的有效策略。

中东变局背景下的中国与海合会关系研究

上海外国语大学中东研究所　余　泳

【内容提要】

中国与海合会的关系历经 30 余年的发展，经历了从追求彼此政治诉求到大幅提升经贸交往，再到建章立制并举行战略对话三个发展阶段。中东变局虽然对双方关系产生了一定的冲击，但并未改变双方关系合作共赢的发展大势。一年多来，双方的合作主要表现为加强高层互动交流，战略对话继续深化；加强协调磋商，促进热点问题政治解决；加强经贸人文合作，交往途径不断拓宽。从未来发展趋势来看，双方合作关系有望继续深化和拓展，但也在某些方面存在着一定的隐忧。

自海合会成立以来，中国与海合会的关系从追求彼此政治诉求到大幅提升经贸交往，再到建章立制并举行战略对话三个发展阶段。总体来说，中东变局的发生并未使中国与海合会之间的正常交往受到干扰。近两年来，双方战略对话继续进行，政治、经贸和人文等各领域互动频繁，相互关系得到进一步发展。从发展趋势来看，合作共赢无疑将继续主导未来的中国与海合会关系。但在国际体系和中东地区格局加快转型的背景下，双方合作关系的发展也面临着一定的挑战。

一、中国与海合会关系的历史演变及特征

1981 年 5 月 25 日，6 个海湾阿拉伯国家（阿拉伯联合酋长国、阿曼苏丹国、巴林国、卡塔尔国、科威特国、沙特阿拉伯王国）的元首在阿联酋宣布成立海湾阿拉伯国家合作委员会（The Cooperation Council for the Arab States of the Gulf，GCC），简称海湾合作委员会或海合会[①]，总部设在沙特首都利雅得。

2001 年 12 月也门获允加入海合会部分机构，参与其部分工作。2011 年 5 月，6 国对约旦和摩洛哥两国提出加入海合会的申请表示了欢迎，并乐观估计也门有望于 2016 年成为海合会成员国。[②] 该组织的主要宗旨是加强成员国之间在一切领域内的协调、合作和一体化。2011 年 12 月，海合会第 32 届首脑峰会通过了沙特国王阿卜杜拉提出了将海湾国家从合作阶段推向一体化阶段的倡议，即实现海合会“从‘合作组织’向‘统一联盟’转型”。[③]

自海合会成立之日起，中国即同其建立了联系。从 1990 年开始，中国外长在出席联大期间均集体会见海合会 6 国外交大臣（或其代表）及海合会秘书长。近年来，双方友好交往持续发展。截至 2010 年，中国领导人 5 次会见海合会秘书长，中国与海合会还举行了 5 轮自贸区谈判。2010 年中国与海合会 6 国贸易总额 925 亿美元，从 6 国进口原油 7618.7 万吨，占全年进口原油总量的 31.9%，海合会成为中国的全球第八大贸易伙伴、第七大出口市场和第八大进口

① 如无特别需要或说明，本文一般采用“海合会”（GCC）这一简称。

② 李潇：“海合会扩员计划进入实施阶段”，载《人民日报》海外版，2011 年 5 月 15 日。

③ 黄培昭、张梦旭、刘睿：“海合会要向‘统一联盟’转型”，载《人民日报》2011 年 12 月 21 日。

来源。[①]

海合会成立30余年来，中国与海合会关系的发展大致经历了三个阶段。

1. 1981—1990年：建交初期——政治诉求为主

20世纪50年代初期，中国在外交上主要以意识形态划线、以反帝反封建为标准来处理与海湾国家的关系，把当时多数国家政府视为反人民的反动封建势力，并将外交工作重点放在积极支持各国的民族解放运动上。而海湾国家出于认知方面的误解，认为中国和当时的苏联一样，信奉无神论，故对社会主义中国极端仇视和恐惧，与中国几乎没有任何官方来往。1955年万隆会议之后，它们与中国开始有了接触，双方关系开始从隔膜和猜忌状态走向相互理解。1971年3月、1978年5月，科威特、阿曼先后与中国正式建立外交关系。

改革开放后，为了配合国内的现代化建设，中国依据国际形势的变化，调整了外交战略，在和平共处五项原则的基础上与不同意识形态和社会制度的国家发展外交关系。在维护世界和平，反对霸权主义和强权政治，加强与第三世界国家的团结与合作的外交方针指引下，中国与海湾地区的关系进入了快速发展的新时期。1981年5月，海合会一成立，中国即同其建立了联系，并强调指出："海湾合作委员会的诞生，表现了海湾国家联合自强、反对超级大国干涉该地区事务的意志。"[②] 进入上世纪80年代中后期，阿联酋、卡塔尔、巴林先后同中国建立了正式的外交关系。

2. 1990—2004年：全面建交——提升经贸合作

1990年7月，沙特和中国的建交为中国与海合会关系的发展注

---

① 数据来源：中华人民共和国外交部网站，http://www.fmprc.gov.cn/chn/pds/gjhdq/gjhdqzz/lhg_28/jbqk/。

② "走联合自强之路"，载《人民日报》1981年5月28日。

入了强大的动力。沙特在海湾地区、伊斯兰世界所拥有的特殊地位，使其理所当然地成为海合会的“盟主”或“领头羊”，并对海合会及其他成员国拥有独特的影响力。沙特与中国建立全面外交关系，使中国在海湾地区和整个中东地区的影响力的进一步增强，同时也带动了中国与其他海合会成员国关系的发展。20世纪90年代，随着中国与海合会6国政治关系的发展，双边贸易也突飞猛进。

2004年7月4—7日，海合会6国财经大臣和海合会秘书长联合代表团访华，中国和海合会在北京签署《经济、贸易、投资和技术合作框架协议》，宣布启动自由贸易区谈判。根据协议，中国和海合会将成立经贸合作联合委员会，正式启动双边经济磋商机制。协议的内容还包括鼓励双边经济、贸易、投资和技术合作；探讨扩大贸易和推动贸易自由化的途径和手段；为扩大贸易交往创造条件；鼓励相互间资本流动；鼓励经贸团组互访和建立经济、贸易、投资和技术合作联委会等内容。这是双方关系取得实质性进展的显著标志。随着协议的签订，双方经贸关系发展迅速，中国与海合会6国的贸易额由1991年的15亿美元猛增到2004年的247亿美元。

3. 2004—2010年：深化交往——从建章立制到战略对话

中国与海合会关系的推进，不断促成中国与其成员国双边协议的签订。截至2006年1月，中国与6国均已签订《经济贸易协定》、《投资保护协定》、《避免双重征税协定》（除沙特外），并成立了双边经贸混委会。从2004年启动自贸区谈判至2011年，双方共进行了5轮谈判。目前，双方已在货物贸易谈判大多数领域达成了共识，并启动了服务贸易谈判。在此期间，双方还就教育、体育和文化等各领域的交流与合作签署了一系列的公报和文件，中国与海合会关系的制度建设取得了巨大成就。

在这一阶段，中国与海合会关系演进的另一表现是双方高层接触更加活跃。中国领导人胡锦涛、习近平等先后多次会见海合会秘书长和成员国领导人，双方就加强中国与海合会关系及共同关心的国际和地区问题交换看法，就建立中国与海合会自由贸易区和加强双方在投资、金融以及人文领域的交流与合作进行了深入探讨。其中达成的重要共识之一，是双方应尽早启动战略对话。在双方努力下，2010 年 6 月 4 日，中国与海合会首轮战略对话在北京举行，并签署谅解备忘录。

中国与海合会关系 30 余年的发展，既反映了中国外交的不断发展转型，也丰富和扩大了中国中东外交的内涵。

1. 外交为中国改革开放的基本国策服务

任何国家的外交都深受国家发展总战略和对外发展战略的制约。“从 20 世纪 70 年代末开始实行的改革开放政策虽然是中国的国内政策，但它始终要求对外政策的紧密配合，没有对外政策的配合，改革开放的国内政策就无法实行。”[①] 20 世纪 80 年代初，中国的工作重心转向了经济建设，改革开放成为国家基本国策之一。在此背景下，中国提出并奉行独立自主的和平外交路线，争取一切有利于世界和地区和平稳定的因素，创造有利于国内经济建设的国际环境。

海合会的建立一定程度上是海湾国家为防范伊拉克和伊朗建立地区霸权，寻求联合自强的产物。中国适时与初建的海合会建立外交联系，并逐步与其所有成员国建立外交关系，有助于加强中国与海合会成员国的经济合作，并服务于国家改革开放的大局。从 20 世纪 80 年代末至 21 世纪初，中国与海合会的经贸、技术、劳务和投资等合作日益密切，并于 2004 年签署了合作框架协议，启动了自贸区建设谈判。

进入 21 世纪以来，中国经济持续高速发展，总量不断壮大，但面临的外部环境也日益复杂，中国对外关系中越来越需要统筹国内和国际两个大局。伴随中国和平崛起步伐的不断加快，海合会作为

① 章百家：“改变自己，影响世界——20 世纪中国外交基本线索刍议”，载《中国社会科学》2002 年第 1 期，第 16 页。

中东地区一体化程度最高、经济实力最强且富集能源的次区域组织，在中国外交中的战略地位不断提升，双方合作关系也逐步拓展到政治、经贸、能源、安全、文化等所有领域，进而使双方深化战略合作的需求不断增强，这也正是2010年中国与海合会战略对话机制应运而生的原因。

2. 中国多边主义外交发展的生动体现

20世纪90年代以来，坚持多边主义是中国外交创新的重要表现之一，多边主义已成为中国发挥作用的重要舞台。“随着卷入国际社会进程的加快与程度的加深，中国在国际事务中的角色更为重要，国际事务发言权以及国际和地区影响力均在不断扩大，地区与全球责任意识也在提高。”① 在国际事务中，中国积极提倡多边主义，主张以多边、协商的方式解决冲突与矛盾，反对单边主义或动辄使用武力。具体到区域合作上，中国积极支持并参加区域和次区域合作机制，奉行开放的地区主义，努力实现合作共赢并践行构建和谐世界的理念。

海合会作为中东地区最具代表性的次区域组织历来为中国所重视。海合会的一体化程度尽管尚无法与欧盟、东盟等地区组织相比，但其成员国的君主制政体特征、宗教和民族属性，尤其是对外政策的一致性，在国际能源体系中的重要地位，都使海合会成为中国开展中东外交、参与中东事务无法忽视的多边外交平台。

3. 中国中东外交的重要抓手

改革开放以来，中国与中东地区的外交关系在政治互信与合作、经贸合作、文明对话等方面都有深入发展，尤其在能源合作领域的

① 沈国放：“中国新外交的理念与实践”，载《世界知识》2007年第13期，第43—44页。

相互依存日益加深。[①] 如前所述，中国与海合会建立外交联系，以及完成与海合会 6 个成员国建立全面外交关系，为中国对中东外交主要载体之一的“中阿合作论坛”的建立和运行做出了切实的贡献。例如，2007 年 12 月，“中阿合作论坛”第二届“中阿关系暨中阿文明对话研讨会”在沙特首都利雅得召开；2008 年 5 月，“中阿合作论坛”第三届部长级会议和第五次高官会在巴林首都麦纳麦举行；2011 年 5 月 22—24 日，“中阿合作论坛”第八次高官会在卡塔尔首都多哈顺利召开；2011 年 12 月 26—29 日，“中阿合作论坛”第四届“中阿关系暨中阿文明对话研讨会”在阿联酋首都阿布扎比召开。就能源合作领域而言，2010 年中国从海合会进口额的约 564. 1 亿美元中，原油占比为77. 1%，约 434. 9 亿美元，[②] 其中沙特、阿曼和科威特分列中国当年原油进口国的第一、第四和第九位，约占总进口量的 29. 4%。[③] 海合会国家已成为中国经济高速发展的主要能源供应者。

二、中东变局背景下中国与海合会关系的新发展

在中东变局中，突尼斯、埃及、利比亚、也门等共和制阿拉伯国家相继以不同方式发生政权更迭，而海湾君主制国家虽然也曾受到一定的冲击（如巴林），但在沙特主导的海合会的影响和干预下，

① 刘中民：“中国中东外交三十年”（上、下），载《宁夏社会科学》2008 年第 5 期、2009 年第 1 期。

② 数据来源：联合国国际贸易中心网站资料，http：//www. trademap. org/country-map/Bilateral_ TS. aspx。

③ 数据来源：中国海关总署门户网站，http：//www. customs. gov. cn/publish/portal0/tab7841/info292637. htm。

海合会国家“抱团取暖”，并保持了总体稳定，其地区影响不断扩大。有分析认为，伴随埃及等阿拉伯大国的衰落，海湾地区正在成为阿拉伯世界的权力中心。

中东变局发生以来，海合会的影响几乎已经渗透于所有中东地区事务之中。无论是突尼斯、埃及、利比亚、也门等国家的政权更迭，还是平定巴林骚乱，主导阿盟向叙利亚施压，海合会尤其是沙特、卡塔尔等国家的影响可谓无所不在：2011 年 1 月 15 日，突尼斯总统本·阿里流亡到沙特的吉达，沙特对其本人及家人表示欢迎；3 月 14 日，海合会派遣 1000 名沙特士兵和约 500 名阿联酋警察进驻成员国巴林，以帮助巴林政府平息民众的示威活动，这是海合会在中东变局中以组织的名义进行的第一次“集体”行动；4 月 10 日，海合会提出了化解也门危机的调解方案，并最终在 11 月 23 日和国际社会一道促成了该方案执行机制协议的签署，让也门从此“变天”，在位 33 年的萨利赫总统下台，一定程度上阻止了也门境内的战乱状态，也开辟了中东变局中“国家和平移交权力”的模式；在叙利亚问题上，沙特和卡塔尔等海合会国家成为推动阿盟中止叙利亚成员国资格、支持叙利亚反对派的重要力量。对于突尼斯、埃及、也门等已经发生政权更迭的国家，海合会通过经济援助和宗教渗透等方式积极施加影响，试图引导其发展方向。因此，在中东变局中，海湾国家成为地区变革的重要受益者，同时也是中东国家政局和地区格局走向的潜在影响者。

阿拉伯国家在政治、经济、社会、文化等领域的观念、体制、制度严重滞后，是此次阿拉伯国家出现剧烈动荡的根本原因。席卷阿拉伯世界的民众抗议浪潮，反映了民众希望通过变革改善民生、发展经济，实现民族复兴的政治诉求。中东变局性质的内生性和民众诉求的合理性，与中国尊重其他国家自主选择发展道路的传统政策主张并不相悖。中东变局发生不久，中国外长杨洁篪就提出了系统的政策主张：首先，中国坚持不干涉内政原则，即尊重和支持地区国家自主处理内部事务，相信地区国家和人民有能力、有办法找到适合本国国情的发展道路和治国理政方式；其次，中国反对使用武力，呼吁各方通过政治手段、以和平方式解决矛盾；最后，中国呼吁国际社会支持地区国家为恢复政局稳定、发展经济、解决热点问题所作的努力，特别是积极推进中东和平进程，为地区恢复和平稳定、寻求可持续发展创造良好外部条件。[①]

中东变局发生后，中国继续致力于在“中阿合作论坛”的框架下发展同所有阿拉伯国家的友好关系，同时也尊重海合会在阿拉伯国家的变革中发挥积极作用。中东变局发生一年多来，尽管中国与海合会所扮演的角色不同，但双方的合作关系并未受到大的影响，双方的合作与交流仍保持了健康发展。

1. 加强高层互动交流，战略对话继续深化

中国与海合会国家的关系并未因中东变局而受到冲击，双方的高层往来十分频繁。作为2012年新年伊始中国领导人的第一次重大外交活动，中国总理温家宝于1月14—19日访问了沙特、阿联酋和卡塔尔，期间还会见了海合会秘书长扎耶尼。这是温家宝总理第一次出访海湾国家。温家宝对沙特的访问是中国总理时隔20年后的第一次访问，对阿联酋、卡塔尔的访问是中国总理第一次访问。温家宝在访问中突出“和平、合作、发展”的主题，以务实而有效的访问成果提升了中国同海湾三国的关系，推动中国与海湾国家进入了全方位合作的新阶段，进一步密切了中国与阿拉伯国家、伊斯兰世界的关系，意义重大，影响深远。[②]

2012年1月30日，中国政协主席贾庆林在迪拜酋长庄园会见了

---

① “中国高调重申：在中东北非坚持不干涉原则”，http://military.china.com/important/64/20110504/16519136.html。

② 中华人民共和外交部官网：“铺设光明、宽阔的新‘丝绸之路’——记温家宝总理海湾三国之行”，http://www.fmprc.gov.cn/chn/gxh/tyb/zyxw/t897919.htm。

阿联酋副总统兼总理、迪拜酋长穆罕默德。双方表示在金融、航空、旅游等领域拓展新的合作，鼓励人文交流，不断扩大中国和阿联酋及迪拜的经贸和投资合作。

2012 年 3 月 28 日，习近平副主席与阿联酋阿布扎比王储穆罕默德举行会谈，并强调中方始终从战略高度和长远角度看待同阿拉伯和海合会国家关系，愿进一步加强双方合作，密切在重大国际地区事务中的协调，加快中国—海合会自贸区谈判步伐，推动双方关系不断迈上新的台阶。3 月 29 日，温家宝总理和吴邦国委员长也分别会见了阿联酋阿布扎比王储穆罕默德。

始于 2010 年的中国—海合会战略对话，也没有受中东变局的影响而搁置。2011 年 5 月 2 日，中国与海合会举行第二轮战略对话。在对话过程中，中方欢迎并支持海合会为解决也门当前危机所作的努力。双方一致认为，战略对话机制对规划和推动双方关系发挥了积极作用，加强中国—海合会集体合作符合双方根本利益，也有利于海湾地区乃至世界的和平、稳定与发展。中国外长杨洁篪表示，近年来中国与海合会关系全面快速发展，双方政治互信不断增强，集体合作机制日臻成熟，海合会国家已成为中国重要的政治、经贸和能源合作伙伴，双方友好合作的基础扎实。中国与海合会国家同属发展中国家，在当前世界经济艰难复苏、国际格局深刻演变，尤其是西亚北非地区局势出现动荡的大背景下，进一步加强双方在国际和地区事务中的沟通与协调尤为重要。中国与海合会都有进一步深化关系的强烈愿望，双方友好合作面临新的发展机遇和良好前景。

2. 加强协调磋商，促进热点问题的政治解决

中东变局发生以来，中国在加强与海合会双边关系的同时，始终就中东形势变化进行了密切的磋商。2011 年 1 月 16 日，中国驻沙特大使杨洪林会见海合会秘书长阿提亚，就中国与海合会关系和深化双方互利合作等问题进行了友好交谈。3 月 12 日，中国副外长翟隽在利雅得海合会秘书处会见了该组织秘书长阿提亚。3 月 18 日，国家主席胡锦涛在人民大会堂会见了来访的沙特国王特使、国王安全事务顾问班达尔亲王。2012 年 4 月 26 日，外交部副部长翟隽会见沙特协商会议沙中友好委员会主席萨利姆。5 月 26—27 日，翟隽访问科威特，会见了科威特首相贾比尔、副首相兼外交大臣萨巴赫，并与科威特外交部次大臣贾拉拉举行了会谈。5 月 30 日，中国外交部长杨洁篪在突尼斯分别会见了前来出席中阿合作论坛第五届部长级会议的科威特副首相兼外交大臣萨巴赫和阿曼外交事务主管大臣阿拉维等。

此外，中国与海合会之间的专题性磋商十分频繁，确保了双边就热点问题的沟通。2011 年 3 月 31 日，卡塔尔外交国务大臣马哈茂德在多哈会见中国中东问题特使吴思科；12 月 21 日，翟隽副部长与来访的阿曼外交部秘书长巴德尔举行中阿外交部第六轮战略磋商。2012 年 3 月 11 日，中国政府特使、外交部部长助理张明会见海合会秘书长扎耶尼，希望中国与海合会国家共同努力，早日实现叙利亚问题的政治解决。5 月 2 日，中东问题特使吴思科在阿布扎比会见了阿联酋外长阿卜杜拉。5 月 16 日，吴思科会见了访华的海湾阿拉伯国家政治顾问考察团。6 月 19 日，吴思科会见了来访的阿联酋国务部长莉姆。

3. 加强经贸人文合作，交往途径不断拓宽

据中国商务部的统计数据，2011 年，中国与海合会 6 国贸易额达 1338 亿美元，创历史新高。截至 2011 年底，双方相互投资达 41 亿美元。[①] 2011 年中阿贸易额达 1959 亿美元，同比增长 34.7%。中国与阿拉伯国家已互为第二和第七大贸易伙伴，而海合会国家在其中的地位可谓举足轻重。很显然，这也是双方在政治互信的基础上，共同应对世界经济危机和中东地区动荡所作努力的回报。

---

① 王俊鹏：“首届中国—海合会经贸联委会召开”，载《经济日报》2011 年 3 月 22 日。

2012年初，双方落实了8年前签署的协议中关于建立相关联委会的内容。3月20日，首届中国—海合会经济、贸易、投资和技术合作联委会会议，在位于沙特首都利雅得的海合会总部举行，中国—海合会经贸联委会将为双方政府部门和企业搭建一个全新的平台。第二届中国—海合会经贸联委会会议将于2013年在北京举行。

与此同时，中国与海合会之间的人文、法律等领域的交往也在扎实推进。例如，2012年3月25日晚，中阿合作论坛第二届中国艺术节开幕式在巴林首都麦纳麦的巴林文化中心举行，受到当地各界人士欢迎。4月14日，中国外交部部长助理刘振民会见阿联酋驻华大使并互换《中阿刑事司法协助条约》批准书，标志着两国在司法领域的合作具备了完善的法律基础。2011年以来，中国还不断派出特使赴海合会国家参加相关活动，如2011年10月25日，中国国家主席胡锦涛特使、民政部部长李立国离京前往沙特吊唁沙特王储苏尔坦逝世；2012年2月25—27日，中国国家主席胡锦涛特使、国家体育总局局长刘鹏应邀访问科威特，出席科威特国庆50周年暨解放20周年庆祝活动。6月19日，中国国家主席胡锦涛特使、全国人大常委会副委员长司马义·铁力瓦尔地离京前往沙特阿拉伯吊唁沙特王储纳伊夫逝世。这些活动对推动中国与海合会各国和人民的交往起到了重要的促进作用。

总之，正如中国中东问题特使吴思科在接受有关采访时表示，中国同阿拉伯国家的重要组织海合会有着密切的关系，今后合作相信会更加密切。①

---

① 洪俊杰："中国阿拉伯之间合作是发展中国家互利共赢典范"，载《解放日报》2011年2月7日。

三、中国与海合会关系走向前瞻

近年来，在对阿拉伯世界的外交战略上，中国坚持在“中阿合作论坛”框架下发展同阿拉伯国家和组织的关系。论坛成立 8 年多以来，在中阿双方的共同努力下，论坛不断发展壮大，已建立起包括部长级会议、高官会、文明对话研讨会、友好大会、企业家大会等十余种机制性活动，以政治、经贸、人文为主体的合作架构日臻成熟，并逐步形成了稳健推进、官民并举的发展格局。此外，双方在文化、新闻、教育、卫生等领域也开展了丰富多彩的交流与合作。海合会本身就是中东地区和阿拉伯世界最具活力和一体化程度最高的区域性组织，2011 年该地区动荡以来其影响力呈显著上升的态势。在 30 多年来中国与海合会交往的基础上，在中东国家尤其是阿拉伯国家推行“向东看”战略的背景下，未来双方合作关系有望继续深化和拓展，但也在某些存在着一定的隐忧。

（一）合作共赢是双方未来关系的基本走向

中国与海合会的身份特征决定其必须走合作之路。中国是安理会常任理事国，经济总量世界第二，人力资源丰富，消费能力和市场潜力巨大，等等。这种综合国力使中国在国际社会和中东地区拥有重要的现实影响力。海合会为中东地区和阿拉伯世界一体化程度最高的政治经济组织，所属成员国油气资源丰富，财力雄厚，其中沙特更是“兼具世界能源大国、伊斯兰教两大圣地（麦加和麦地那）‘护持者’、海合会领袖、G20 成员国等多重身份的地区大国”[①]。中国与海合会双

① 刘中民：“沙特的国家叙事：宗教、外交和大国地位”，载《世界知识》2012 年第 12 期，第 47 页。

方只有走合作之路，才能发挥各自的影响，获取最大利益和自身发展。合作的首要是政治互信，通力协作及至更高层次的战略合作关系才是现实和理性的选择。双方已经建立的部长级战略对话是个很好的开端。建立和巩固中国—海合会战略对话机制符合双方的现实需要和长远利益，有利于巩固中海战略互信，规划双方各领域的集体合作。如能更进一步，双方建立战略伙伴关系，将在制度和机制层面确保合作关系能引向深入，进而开创中国与海合会关系新局面。

中国与海合会的合作关系已历经30多年的发展，同时也经受住了中东变局的考验。中东变局发生以来，中国遵循一贯的和平外交政策，坚持尊重当事国人民的意愿，尊重联合国和阿盟、非盟、海合会等国际和地区组织的调解作用，反对外力甚至军事干涉一个国家的主权。同期，海合会凸显的外交张力令人侧目，但其所有行为路径虽饱受争议，但总体上并未突破联合国、阿盟框架，其政策基本上仍保持了进退有据，维护阿拉伯君主制政体和伊斯兰逊尼派主导地位的基本主张则一以贯之，张力、灵活与固守生动诠释了如此变局下海合会的对外行为特征。两相对照，中国与海合会并无政治主张上的实质冲突。择其要义而言，就是在全球化和全球治理的时代，双方彼此关切的核心利益均不会受到对方的挑战或损害，这一点奠定了双方合作共赢的基石。

（二）经贸能源合作仍是双方关系的主旋律和主要抓手

在世界经济下行和环保呼声日渐高涨的背景下，全球石油需求有持续下滑势头。另外，随着俄、美等国和南美、非洲等地区开采量的增加，世界对于海湾国家的原油需求有减少趋势，而中国等新兴国家的经济仍保持较强增长势头，对于石油的需求也将有增无减。[①] 这为中国与海合会加强经贸联系提供了客观条件。海合会安全

① “中国是海湾合适时机的合适市场”，载《国际商报》2010年1月8日。

问题咨询顾问萨米·阿尔法拉杰博士指出："因为海湾地区存在很多的不稳定因素，所以非常需要一个像中国这样的大客户，我们不会轻易放弃。石油贸易的稳定，对中国和海湾地区，都是非常重要的。"[①] 近年来，中国进口石油的 1/3 来自海合会国家。所以，中国与海合会的经贸合作超出了一般意义上的经济交往，它在更高层面至关中国的"经济安全"。在国际关系中，地缘政治、军事安全、意识形态因素仍然发挥着不可忽视的作用，但经济因素的作用更趋突出，国家间经济联系不断加强。[②] 因此，在一定时期内，中国与海合会仅就能源合作而言，双方就明显存在互为倚重的依存关系。

中国和海合会在 21 世纪第一个 10 年间的合作取得了丰硕成果，而且仍然存在巨大的合作空间和潜力，双方希望能够进一步扩大沟通和合作渠道，认真执行双方业已签署的协议，将中国与海合会国家的经贸合作提升到一个新阶段。当前，一些业已具备的条件使得这种提升成为可能，如阿联酋是中国在中东地区最大的出口市场，同时也是该地区华人聚集最多的国家，目前有近 20 万华人在阿联酋经商和务工。据中国海关发布的数据显示，沙特为我国在西亚非洲地区第一大贸易伙伴，全球第 14 大贸易伙伴。2011 年中沙双边贸易总额达 644 亿美元，同比增长 49%。另外，世界金融危机爆发后，中东国家将投资目光转向本地区，21 世纪将是中东地区基础设施大投入、大建设的世纪。为促进本地区经济增长，适应快速增长的人口需求，海湾国家政府将依托数万亿石油美元收入，加快道路、桥梁、铁路建设，如规划中连接海湾 6 国的铁路网项目全长 2200 公里，耗资 1060 亿美元。从历史经验和实际操作层面看，在海合会国家这一轮基础建设热潮中，中国与之合作的潜力巨大。

---

① 转引自黄莹莹："海合会将保障中国石油供应安全"，载《国际先驱导报》2012 年 5 月 4 日。

② 国务院新闻办公室："中国的国防"，载《人民日报》1998 年 7 月 28 日。

（三）国际体系和地区转型过程中双方关系发展的隐忧

以改革发展、改善民生为主的民众诉求是导致2011年阿拉伯大变局的根源，昭示阿拉伯世界已处在典型的向现代社会转型阶段。它的效应之一是相关国家原政权被推翻或受到威胁，但新建立的政权又走向不明，这也为伊斯兰逊尼派掌权的海合会各君主国的发展带来不确定性。

有学者认为，伊斯兰国家的穆斯林既包括受过西方国家高等教育，并接受世俗化观念的专业人士和军人，又有希望通过伊斯兰复兴而振兴社会的宗教学者，更有大量怀有朴素的宗教认同和民族感情的中下阶层，很显然，这三类人群力量的消长将影响海湾国家的未来走向。①

具体到海合会的大国外交政策，美国和欧盟等仍是其优先选择的对象。因为从自身安全着眼，无论是基于海合会建立的初衷还是目前的海湾局势，什叶派执掌政权的伊朗都是其主要防范的对象，而美国实际提供的军事保护和欧盟的政策倾向，都是中国所无法做到的。因此，海合会对自身安全利益的考量，将是中国短期内与其关系获得质的提升的一个瓶颈。

中国近年综合国力不断增强等因素，使得世界格局调整变化加剧，最显著的例证就是美国正逐步将战略重心从中东转向亚太，这一动态或使中国制订对海合会政策，进一步发展双边关系时更加谨慎。中国并无成文的中东战略，而在总体外交布局中，海合会也不能明确归入其某一板块，这种现状令中国对其政策倾向有可能随国内外局势变化而强弱不一。同时，中国更加注重形式上代表阿拉伯世界的阿盟，并在“中阿合作论坛”框架下发展同所有阿拉伯国家

① 张信刚：《大中东行纪：世界并非静悄悄》，广西师范大学出版社2011年版，第10—11页。

的友好关系，坚持不干涉别国内政的外交原则。而海合会在当前中东变局中已有“挟阿盟以令诸国”之嫌，并出于安全、教派之争和意识形态考虑干涉他国内政的行为倾向，在某种程度上与中国的中东政策存在分歧，这在叙利亚问题上已经得到具体体现。2012年中俄在联合国安理会上否决有关叙利亚的提案后，海合会方面对中国的叙利亚政策颇有微词。此外，当美国战略东移并有围堵中国之势时，中国能否投入更多外交资源用于维持或提升与海合会的关系，也是中国必须正视的问题。

在此次中东变局前，海合会这一称谓对从事专业研究以外的世人而言是个较陌生的词汇。作为中东地区最具实力的次区域组织，它的作用确实也未曾明显溢出海湾地区。不过，自2011年以来，它的高调亮相吸引了人们的眼球，仅就中外学者而言，在分析中东变局时，无不对海合会的地位、作用及其对外战略进行重点分析。细数中国与海合会的交往，可圈可点之处甚多，究其原因，其历史基础是中阿文明友好交往的深厚底蕴，现实基础是双方彼此的战略需求以及在政治、经济、文化等领域日益深化的合作。但毋庸讳言，海湾地区内部复杂多变的地区形势，盘根错节的教派纷争等多重因素，以及海湾国家与西方的密切关系，却又使得中国与海合会关系的发展受到掣肘。但是，深化战略合作，实现互利共赢无疑已经成为中国与海合会双方的共识，未来双方关系仍蕴藏着巨大的潜力。

阿拉伯媒体中的中国形象分析*

——以阿拉伯媒体对中国涉叙否决票上的反应为例

上海外国语大学东方语学院 陈 杰 古 萍 潘 暐 颜学雄

【内容提要】

长期以来，基于中国与阿拉伯世界的友好合作关系，中国在阿拉伯世界一直保持着良好的国际形象。自中东变局发生以来，中国的政策主张尤其是中国连续在安理会对叙利亚问题决议案行使否决权，对中国在阿拉伯国家的国家形象产生了一定的消极影响。最初，阿拉伯媒体对中国的报道和评论出现了许多批评和指责，但随时间的演进，又逐步呈现出褒贬不一的多元化趋势，有许多报道和评论逐步趋于理性客观。因此，尽管中国在阿拉伯媒体中的国家形象暂时受到了一定的冲击，但这并不会改变中阿友好关系的大局，也不会改变中国在阿拉伯国家的良好国际形象。

国家的“国际形象是国际社会对一个国家政治、经济、社会、文化与自然要素的综合认识与评价，是主权国家重要的无形资产，是国际关系中的一种软国力或软权力”①。良好的国际形象有助于国

---

* 由于本文参考的文本主要来自阿拉伯文网站资料，出于行文方便的考虑，在引用并注释时只提供网站地址，未注明阿拉伯语的文献名称，其名称多在正文中以翻译后的中文名称进行了表述。

① 管文虎：“国家的国际形象浅析”，载《当代世界》2006年第6期，第36页。

家开展与他国的政治、经济、文化交往，有助于增强该国在国际社会的吸引力和影响力。在信息全球化时代，大众传媒在国家形象构建中发挥着举足轻重的作用。毋庸置疑，任何国家的国际形象既取决于其自身实力、对外政策和国际行为，同时也与外部世界的主观认知密切相关，而这种认知并非静止不动的常态现象，它往往会因某些重大的历史事件而发生某种程度的变化。

长期以来，基于中国与阿拉伯国家的友好合作关系，中国在阿拉伯世界一直保持着良好的国际形象。自中东变局发生以来，尤其是中国连续在安理会对叙利亚问题决议案行使否决权以来，中国在阿拉伯国家的国际形象是否因此受到冲击，既成为中国和阿拉伯世界关心的问题，同时也成为国际社会尤其是西方关注的焦点。因此，本研究报告试图以阿拉伯媒体中的中国形象为例，通过对中东剧变前后阿拉伯主流媒体对中国形象的认知进行对比，分析中东变局对中国在阿拉伯国家国际形象的影响，并就如何塑造中国在阿拉伯媒体中的国际形象提出建议。

一、中东变局前阿拉伯媒体中的中国形象

近年来，随着中国的不断发展，国际社会对中国的关注日益上升，国际媒体上与中国相关的关键词也在不断增多，诸如“中国崛起”、“中国制造”、“7·5 事件”、“北京奥运会”、“中非关系”、“中美关系”、“人民币汇率”等等。为了研究中东变局前阿拉伯媒体中的中国形象，本研究报告以“中国崛起”为主要考察点，采用内容分析法，选取在阿拉伯世界有广泛影响的三家媒体——埃及的《金字塔报》、沙特阿拉伯王国的《利雅得报》以及卡塔尔的半岛电视台，以2010 年1 月1 日到2011 年1 月1 日为分析时段，通过检索与中国相关的特定关键词得到相关的新闻报道，经过筛选后进行内

容分析与研究，试图在总体上得出阿拉伯媒体对中国认知的一般性结论。

对于“中国崛起”这一主题，报道数量最多的要数半岛电视台和《金字塔报》，《利雅得报》的搜索结果相对较少。总体来看，半岛电视台关于中国崛起的时事报道居多，兼有少量分析和评论，而《金字塔报》则更倾向于评论和分析性质的报道。

从内容上来看，这些新闻从政治、经济、军事、传媒等多个方面对中国崛起进行了报道，但是就关注的侧重点来说，经济报道占大多数，这些报道不止一次地提及改革开放三十多年以来中国经济的飞速发展，尤其是近十年来中国出口不断增长、海外投资规模持续扩大以及中国在2009年世界金融危机中的出色表现等。在阿拉伯媒体眼中，中国经济的快速发展和国际地位的不断提高是值得称羡的巨大成就。所以，在有关经济方面的报道中，常能捕捉到诸如“中国超过德国成为世界最大的出口国”、“中国在世界金融危机中所受到的影响比其他的大经济体要小”、“中国取代日本而成为了世界第二大经济体”等信息，甚至还对中国是否能最终超越美国及其需要的时间进行了预测。从这些报道中不难看出，阿拉伯媒体对中国经济的发展前景多持乐观态度和积极评价。

对中国崛起的政治影响，阿拉伯媒体的关注点主要集中于中国崛起对西方的冲击和影响，其具体内容包括：第一，对于一直以“世界警察”身份主宰国际事务的美国来说，中国崛起对美国在世界范围内各种利益都构成了巨大的挑战；第二，伴随全球化的不断深入，中美双方在国际市场上既相互竞争又相互依赖，在这种前提下，美国对中国崛起的反应和中美关系的发展走向，将决定未来世界的发展方向；第三，中国在周边地区发挥着举足轻重的作用，中国崛起在推动亚洲繁荣的同时也引起了周边国家的担心，美国出于对自身利益的考量不断加强与亚洲盟友的联系，以期制衡中国。但是中国的周边国家面临如何在美国和中国之间进行平衡的困境；第四，近几年来西方主要国家由于经济衰退以及陷入“不义”战争的泥潭，国际影响力正在下滑，而不断崛起的中国在世界舞台上却扮演着越来越重要的角色，鉴于此，国际格局的原有力量平衡正在逐渐被打破，新的国际格局正在酝酿之中。[①] 阿拉伯媒体的多数报道和评论都断言未来世界新格局的中心一定是在不断崛起的亚洲，而这一中心的引擎力量正是中国。

围绕中国崛起的军事新闻报道明显少于经济和政治报道。有的报道认为，中国在军事上的实力在不断增强是事实，但是也不要过分地夸大这一事实。

除了上述三个方面外，阿拉伯媒体也有部分关于中国媒体的报道。例如，《利雅得报》发表的《中国媒体在全世界进行扩张》一文指出，当西方媒体在世界范围内收缩时，中国媒体却在投入大量资金建立和扩大海外分支机构，以多种语言进行对外传播。此外，文章就中国媒体对本国进行宣传的内容和方法提出了自己的见解，并将其与中国国际形象构建相联系，认为中国的国际形象之所以会模糊不清，与中国在很多国际事务上没有清晰表达自己的观点不无关系。“随着中国作为世界性大国崛起，其领导人认为中国在世界上的形象不甚清晰，甚至遭到扭曲。不论是关于政治方面还是关于经济方面，中国应在很多事情上发表自己的看法，以此来应对西方的影响。”[②]

总体来看，阿拉伯媒体的多数报道对中国崛起持积极、正面态度，半岛电视台、《金字塔报》和《利雅得报》的评论都认为中国正在崛起并正在改变世界格局。《利雅得报》对《亚洲的世纪——

① http://www.aljazeera.net/NR/exeres/205F4B56 - 35F4 - 4E60 - 88DC - F1EDDA6C2E9E.htm.

② http://www.aljazeera.net/NR/exeres/0976DFE4 - E809 - 425E - B963 - 2322C22BE675.htm.

中国改变世界力量的平衡》一书的书评，直接采用了该书的标题，从中国经济的快速发展、国际重心向亚洲转移以及中美关系等方面阐述了中国不断上升的国际地位。[①] 半岛电视台网站发表的题为《觉醒的中国龙》的评论中指出，“西方已普遍丢弃了‘中国崛起不会太多影响世界’的观点”，“不同于过去两个世纪在英国、美国或是德国所发生的一切，中国在世界舞台上的出现将会是名副其实的大国回归”等等。[②]

当然，除了使用诸如“觉醒的中国龙”、“大国回归”、“危机时刻的奇迹”之类的溢美之辞外，阿拉伯媒体也对中国面临的问题予以了关注。有的报道认为中国的发展存在着资源、能源消耗较大，经济发展以牺牲环境为代价等弊端，称“中国过去三十年的快速工业化使其成为世界上水和空气受污染最严重的国家，环境受到大范围破坏”[③]。有的报道认为亟需解决的民生问题构成了中国面临的严峻挑战。一篇题为《中国成为世界第二大经济体，但是……》的文章指出，中国虽然在宏观经济上发展很快，但是中国国内依然存在很多“刺眼的问题”，如财富分配问题、人均收入落后、东西发展不均衡等，“虽然中国的大城市可以比肩世界级大城市，但是社会状况的改善仍长路漫漫”[④]。《金字塔报》发表的评论文章也指出：“在经过了三十年改革开放之后，中国在世界经济的版图上找到了自己新的位置，但是要成为真正有实力的大国，中国还有很长的一段路

① http：//www. alriyadh. com/2010/11/15/article577219. html.

② http：//www. aljazeera. net/NR/exeres/295041C7 - 51EE - 4568 - 9C88 - 8D4E33A1957F. htm.

③ http：//www. aljazeera. net/NR/exeres/843954EC - 2FFB - 4265 - 85C3 - A6B7BB29B490. htm.

④ http：//www. aljazeera. net/NR/exeres/883AB789 - 328A - 4F23 - AAA7 - E19DEA47C02B. htm.

要走。"①

通过以“中国崛起”为主题对阿拉伯媒体的报道进行分析，可以发现阿拉伯媒体对中国经济的报道明显多于其他各领域，甚至在关于政治、军事等其他方面的报道中，也会或多或少地牵扯到经济问题。总体来看，阿拉伯媒体在“中国崛起”这一主题上，基本上是用高速发展的经济来阐释和定位中国。阿拉伯媒体所呈现的中国形象是一个经济高速腾飞，并通过经济高速发展崛起于世界的东方大国。

阿拉伯媒体对中国经济的关心有其深厚的历史渊源和现实背景。从公元七世纪中国与阿拉伯通过丝绸之路建立联系以来，双方的经贸与文化交流一直绵延不绝。时至今日，中阿经贸往来更是与日俱增，双方的经济互补性日益增强。所以，中国经济腾飞及其对阿拉伯世界的影响无疑是阿拉伯国家关注的焦点。相比之下，中国的政治、社会、文化形象在阿拉伯世界却还不甚清晰，究其原因，一方面在于中国的宣传不够，另一方面在于对社会、政治、文化层面的报道需要深入中国社会，不像经济报道可以直接用数字说话。因此，中国应加强面向阿拉伯世界的多领域宣传，向阿拉伯世界展示更为丰满的中国形象；而阿拉伯新闻工作者则应不断提高自身的职业素质，增加对中国的全方位了解。

总体来说，透过半岛电视台、《金字塔报》和《利雅得报》三大阿拉伯主流媒体对“中国崛起”的相关报道和评论，可以发现中国在阿拉伯媒体上的形象基本是趋于正面和积极的，负面和消极之处较少但也并非没有，但西方媒体上宣扬的“中国威胁论”和“妖魔化”中国的手法在阿拉伯媒体上较为少见。这样的结果应在意料之中。从宏观上来讲，其原因取决于传媒所在国的国家利益、社会心理、文化价值取向等综合因素。具体到中国与阿拉伯国家的关系

① http：//www. ahram. org. eg/284/2010/09/09/11/38069/219. aspx.

及其对阿拉伯媒体的影响，主要有以下几个方面的具体因素。

第一，从历史角度来看，中国和阿拉伯国家之间的友谊源远流长，双方往来和交流从一开始就以友好和平为主线。至二十世纪，随着新中国的成立以及阿拉伯国家先后从殖民者的统治下得到独立，中国和阿拉伯国家陆续建立了外交关系，尽管双方在政治制度和发展模式上有不同选择，但一直以来，双方都彼此尊重对方的选择，求同存异，相互支持和信任，不断扩大和深化合作领域，延续祖先留下的历史传统和人文积淀。所以，阿拉伯国家媒体对中国国家形象的认知和诠释无疑深受中阿长期友好的历史框架的影响。

第二，从中阿关系的基本特点来看，中阿政治上相互支持，相互倚重，彼此支持对方的核心关切；在经济上互利合作，前景广阔[①]。以中阿经贸为例，2008 年双方贸易额就已超过 1300 亿美元，提前两年实现了 2006 年“中阿合作论坛”部长级会议确定的千亿美元的目标；2009 年虽受国际金融危机影响，但双方贸易额仍突破千亿美元，这说明中阿已互为重要的贸易伙伴。至 2011 年，中阿贸易额已接近 2000 亿美元的新高。从贸易前景来看，中国对阿方石油的需求会越来越多，阿方对中国产品的需求也会越来越丰富。应该说，中阿利益的交汇点是很多的。

第三，从对外政策来看，“向东看”成为阿拉伯国家近年来的一个重要选择。“国际格局的变化、美国的中东政策不得人心、阿拉伯国家因受内外部冲击而寻求合适的发展道路以及中国经济的高速发展所产生的强大吸引力，是促使阿拉伯国家实施‘向东看’政策的四个主要原因。”[②] 在此背景下，在保持传统友谊的基础上拓展和深

---

① 杨福昌：“新中国外交六十年中的中阿关系”，载《阿拉伯世界研究》2010 年第 1 期。

② 安惠侯：“阿拉伯国家‘向东看’政策评析”，载《阿拉伯世界研究》2011 年第 1 期。

化在各领域的交流与合作，成为阿拉伯国家对华政策的基本目标。媒体立场往往是配合国家政策的，因此，阿拉伯媒体对中国国家形象的塑造也不可避免地以推动中阿友好合作为基本目标追求和价值取向。

第四，从心理层面来看，面对长期以来美国独霸世界的现实，阿拉伯世界基本上持乐见中国崛起的态度。一方面，近年来美国在中东的所作所为令阿拉伯世界强烈不满，而中国在中东事务中一直支持阿拉伯人民的正义事业，中国的不断崛起被阿拉伯世界视为潜在积极力量，并希望崛起的中国能够抗衡美国等西方国家的霸权。另一方面，美国的国际影响力不断下降，西方整体下沉的态势促使阿拉伯国家重新审视世界格局的走向，并对世界权力重心向亚太转移和中国崛起充满期待。

当然，在多种多样的阿拉伯媒体关于中国的大量报道中，也无法避免地存在着一些负面报道。其原因主要包括：

第一，西方“媒介帝国主义”强势地位的影响。所谓媒介帝国主义，是指“一些国际上的传媒强国、大国特别是美国，利用自己拥有的信息传播渠道霸权和内容生产的主导地位，不断输出自己的传媒产品及其承载的传媒文化，直接或间接地推销自己的政治、文化和价值观念，从而主导国际信息的话语权力，继而导致国际传播的话语空间缩小，促发国际舆论的同化现象”①。通过分析不难发现，半岛电视台、《金字塔报》和《利雅得报》三家媒体的部分报道是直接取材于欧美媒体，通过编译后发稿的。虽说这种报道并不直接代表阿拉伯媒体人的观点，但却无疑会对阿拉伯媒体的受众产生一定的消极影响，并损害阿拉伯民众心目中的中国形象。

其次，阿拉伯媒体及其从业人员对中国缺少全面深入的了解。

---

① 刘肖：《理智与偏见——当代西方涉华国际舆论研究》，北京：中国社会科学出版社2010年版，第175页。

很多阿拉伯媒体的新闻工作人员都少有中国工作履历或是熟练运用汉语的背景，再加之文化差异的影响，导致阿拉伯新闻工作者对中国缺乏全面深入的了解和认知。

最后，少数阿拉伯人对中国持有偏见，甚至持有“中国威胁论”的偏执立场。例如，《金字塔报》2010 年 11 月初的一篇新闻涉及中国减少对日稀土出口情况，作者指出：“我们本默认中国作为经济巨人会和平、友善地崛起，但过去几周中国的表现让我们有权利对此提出质疑。”国际社会应该建立一种对中国崛起进行约束的机制，使中国崛起保持在和平的框架内，避免中国崛起成为世界的威胁。①

二、中东变局后阿拉伯媒体中的中国形象

中东变局发生后，中国相继采取了一些引人注目的行动，如 2011 年 2 月底至 3 月初为世界瞩目的利比亚撤侨行动；2011 年 3 月对联合国制裁利比亚的 1970 号决议投赞成票，对在利比亚建立禁飞区的 1973 号决议投弃权票；2011 年 10 月和 2012 年 2 月、7 月，中国三次对联合国安理会叙利亚问题决议草案行使否决权。这些事件在阿拉伯媒体上均有反映，但就阿拉伯媒体的关注的程度看，涉叙否决票事件受到的关注度最高，而阿拉伯媒体对撤侨行动关注并不高，甚至鲜有报道。

自 1971 年中国恢复联合国席位后，中国作为安理会常任理事国仅行使过 8 次否决权，而在 2011 年 10 月至 2012 年 7 月不到一年间，连续三次在叙利亚问题上行使否决权，不仅令国际社会尤其是西方感到强烈震惊，而且也成为阿拉伯媒体关注的焦点，真可谓“一石激起千层浪”。因此，本研究报告采用文本分析法，通过检索相关新

① http：//www.ahram.org.eg/338/2010/11/02/11/46489/219.aspx.

闻报道和评论，考察和分析中国涉叙否决票事件后阿拉伯媒体中的中国形象。

（1）阿拉伯媒体对涉叙否决票事件的报道和评论，首先表现为惊诧与不解，并伴有言辞犀利和主观色彩浓厚的批评。

在 2012 年 2 月 4 日中国第二次投否决票后，阿拉伯媒体上的惊诧和不解之声不绝于耳。例如，有媒体称，“中俄的否决票将叙利亚推进了一个黑暗的隧道和黯淡的未来”①；“中俄的行为令世界各地爱好和平与民主的人失望，打击了自去年三月就饱受惊吓的人类良知”②；“在世界一致谴责这个血腥的政权（指叙利亚政权——引者注）时，只有中国、俄罗斯、伊朗和伊拉克支持它残杀人民，以可笑的和不人道的方式为捍卫该政权寻找借口”③。也有媒体对中国的行为表示不解，有评价指出，“蹊跷的是，中国本可以通过投弃权票来讨好大部分阿拉伯和西方国家，就像当时对待利比亚问题一样，尤其是它事先知道俄罗斯会动用否决票。但是中国却执意要公开反对”④；“中国是安理会成员使用否决权最少的国家，……然而在短短 4 个月的时间内，却和俄罗斯两次联手使用否决票来阻止干涉叙利亚问题”⑤。

此外，阿拉伯媒体上还极力报道了有关各方的强烈反应，例如，有媒体对阿拉伯联盟秘书长阿拉比接受路透社专访予以了报道，并引用阿拉比的话说，中俄否决其他安理会成员国支持的决议案“丧失了外交信用”。“很遗憾俄罗斯及中国代表在最后一刻决定提出否决，我必须表明在这种情况下使用否决权完全不能接受，我也提出

---

① http：//www. al – sharq. com/articles/more. php？ id =277493.

② http：//www. al – sharq. com/articles/more. php？ id =277493.

③ http：//www. aawsat. com/leader. asp？ section = 3&article = 662351&issueno = 12123.

④ http：//www. ahram. org. eg/Strategic – issues/News/131730. aspx.

⑤ http：//www. ahram. org. eg/811/2012/02/16/47/131730/219. aspx.

国际社会是时候考虑限制否决权有效范围的措施。”[①]《半岛报》一篇题为“北京和莫斯科害怕阿拉伯之春”的报道指出，阿拉伯政治研究中心的报告认为，中俄两国在安理会就叙利亚问题投否决票是一种“民族自私”，它主要出于对“伊斯兰政治和阿拉伯之春影响”的担忧。[②] 有的媒体引用2011年诺贝尔和平奖得主、也门女性卡瓦科勒·克尔曼（توكل كرمان）的评价，她指出，“以勇敢的阿拉伯人的名义，我完全谴责现在的体制，叙总统巴沙尔·阿萨德发动的战争是反人性的战争”[③]。

在对各方激烈反应予以报道的同时，也有媒体报道了阿拉伯伊斯兰国家和国际组织对中国投否决票表示遗憾的言论。例如，伊斯兰合作组织秘书处表示，“安理会不能成功通过由摩洛哥王国代表阿拉伯集团所提出的对叙问题的决议草案表示深深地惋惜”[④]；摩洛哥常驻联合国代表穆罕默德·卢利舍奇表示，“安理会不能支持阿拉伯和平倡议，对此我们表示痛惜”[⑤]；沙特国王阿卜杜拉·本·阿卜杜·阿齐兹认为，要对联合国有信心，他说“中俄行为是不被赞许的”。[⑥]

（2）在惊诧与不解之后，阿拉伯媒体对中国行使否决权动机的分析，逐步趋于褒贬不一的多元化趋势，有许多报道和评论逐步趋于理性客观。

针对中国行使否决权的动机所进行的评论，构成了阿拉伯媒体

---

① http：//www. aawsat. com/details. asp？ section = 4&issueno = 12123&article = 662338.

② http：//www. aljazeera. net/news/pages/f7437085 - 1279 - 4c64 - ad7a - a509e4e37965.

③ http：//www. ahram. org. eg/800/2012/02/05/31/129361/219. aspx.

④ http：//www. ahram. org. eg/800/2012/02/05/31/129361/219. aspx.

⑤ http：//www. ahram. org. eg/799/2012/02/05/31/129123/219. aspx.

⑥ http：//www. ahram. org. eg/804/2012/02/09/25/130331/219. aspx.

报道和评论的重点。在一篇名为“中美关系在叙利亚危机的镜子前趋于紧张”的评论中，作者认为阿拉伯世界对中国行使否决权动机的认知主要有以下几种观点：第一种观点认为中国行使否决权的原因在于它一向坚持不干涉他国内政的原则；第二种观点认为中国此举是为了打破美国独霸的格局；第三种观点认为中国担心阿拉伯革命会对中国国内产生消极影响。评论认为这些解释都不全面，中国行使否决权的原因尚不明朗，但可以肯定中国的行为与其国际地位的变化密切相关。①

《金字塔报》发表的题为“中国和叙利亚危机：中东开始出现新选手”的评论，也对阿拉伯国家对中国行使否决权行为动机提出的四种解释进行了归纳。第一，中国担心“阿拉伯之春”影响国内形势，同时也对西方政府以中国人权问题为由，借中国西藏和新疆等问题干涉中国内政充满警惕；第二，中国人担心中东政治风暴影响中国在该地区的利益，尤其是中国和阿拉伯国家的政治互信以及贸易和能源利益；第三，中国行使否决权的动机在于联合俄罗斯，应对美国对中国的遏制。第四，中国的决策主要着眼于维护自身利益，保障中东地区的石油供给尤其是来自伊朗的石油供给，同时确保中国在伊朗投资的安全。②

除了分析中国投否决票的具体动机外，还有的媒体从中国与中东关系变化的角度，对中国的中东政策进行分析。在题为“中国：从旁观者到运动员”的评论中，作者认为中国对中东的“政治参与”正在扩大。③ 另有评论指出，中国投否决票表明，“经济高速发展的中国在处理与石油资源丰富的中东地区关系时，其方式已发生

① http：//www. siyassa. org. eg/NewsContent/2/132/2222.

② http：//www. ahram. org. eg/811/2012/02/16/47/131730/219. aspx.

③ http：//www. aawsat. com/leader. asp？ section = 3&issueno = 12126&article = 662802.

了质的变化，同时也表明北京在世界政治和外交舞台上的角色定位发生了变化”[①]。在题为“中俄在阿拉伯的利益”的评论文章中，作者对中阿关系从古代丝绸之路到中阿合作论坛的历史进行了回顾，并用一连串数字说明了中阿互相依存的关系。作者认为，“尽管阿拉伯世界出现了剧变，但是中阿关系依然达到了前所未有的水平，发展势头十分强劲”[②]。

在阿拉伯媒体中，也不乏相对客观的理性分析。例如，黎巴嫩学者马斯欧德·塔希尔在“中国对阿拉伯之春立场的转变”一文指出：“中俄联手投否决票证明国际组织在重建新的多极化世界秩序中所发挥的突出作用，同时也证明了美国无法将自己的意志强加给国际社会。安理会中新的联合，如果能得以持续，可以重新平衡该国际组织在维护世界和平方面的作用。中俄联手可以避免北约武力占领叙利亚，因为叙利亚有重要的战略地位，其分裂将导致毁灭性内战，危害到整个中东地区。值得指出的是，中国在 2011 年 10 月 25 日，也就是在阿盟代表团造访叙利亚之前的一天，中国发布声明，呼吁叙利亚政府履行改革承诺，回应人民的要求。”[③]

阿拉伯媒体中还出现了对中国行为予以理解，对美国等指责中国的做法予以反驳的声音。例如，《金字塔报》刊登的一篇读者评论指出：“美国谴责中俄侵犯人权的行为，我这里倒要问：美国难道不记得自己曾数十次使用否决权，严重侵犯巴勒斯坦人的权利，以维护以色列的利益?!”[④] 另一篇评论则对中国的行为表达了敬佩和赞许，评论指出：“我们应该多向中国学习，尝试从对美国的传统依赖中解脱出来，以保持自身独立性，尤其是中国经验或中国实践都为

---

① http：//www. ahram. org. eg/811/2012/02/16/47/131730/219. aspx.

② http：//aljazeera. net/ereports/pages/28315c09 – 47fa – 4cfd – b7a0 – 7757ddd5af78.

③ http：//www. albayan. ae/opinions/articles/2011 – 11 – 09 – 1. 1533892.

④ http：//www. ahram. org. eg/803/2012/02/08/15/130099/219. aspx.

我们做出了榜样。中国同我们一样，需要美国的技术和投资，也需要为本国商品打开美国市场，但是中国做出了独立的决定，使用否决权，反抗美国意志。”①

三、当前阿拉伯媒体对中国认知的变化及其思考

以“阿拉伯之春”为分水岭，准确地说是在中国对叙利亚问题行使否决权之后，阿拉伯媒体对中国的认知发生了一定的变化，具体主要体现在三个方面：

第一，阿拉伯媒体对中国的关注明显增强，对中国进行报道的媒体数量大幅增加，频度不断增强，关注领域也日益从以往关注较多的经济领域拓展到政治和外交领域。在中国对叙利亚问题决议案行使否决权之后，从阿拉伯媒体对中国的评价来看，具有正面与负面评价同时存在的特点，但负面评价较之以往有明显的上升，这与此前阿拉伯媒体对中国以正面、积极评价为主的情况形成了鲜明对比。尽管这种情况与中国对叙利亚问题决议案行使否决权这一突发性事件有关，同时也与媒体热衷炒作热点问题有关，并在某种程度上具有暂时性的特点，但也应该引起中国的高度重视。

第二，阿拉伯媒体对中国涉叙否决票事件的报道，对阿拉伯社会舆论产生了一定的消极影响，导致阿拉伯民众对中国的不满情绪增强。在阿拉伯媒体的民众参与板块（民意调查、留言板、读者评论）上，阿拉伯民众的对华不满情绪均有不同程度的体现，有的阿拉伯民众甚至呼吁抵制中国产品。例如，在《半岛报》的民意测验

① http：//www. ahram. org. eg/808/2012/02/13/4/131074/219. aspx.

中，赞成抵制中国产品的受访者比例一度达到83.5%。[①] 有评论指出，“中国对阿拉伯决议投反对票，并没有考虑到这个逆阿拉伯人民意志的立场会对其在该地区的经济利益造成何种影响”[②]。

第三，部分阿拉伯媒体对中国进行妖魔化报道的倾向有所抬头，并突出表现为部分阿拉伯媒体不分是非地转载西方的报道与评论。例如，半岛网发表的题为“否决权是置国际社会于不顾”[③] 的文章，基本上采用的都是英国《卫报》和《独立报》的观点；《中东报》则直接编译发表了《纽约时报》题为“中国为何和莫斯科一起投否决票”的文章，文章片面认为中国行使否决权的原因在于“中共害怕民主转变”，“害怕同样的革命发生在中国国内”，“通过安理会这一途径推动阿萨德政权倒台，将鼓舞北京和莫斯科的反对派要求得到更多的民主”[④]。

阿拉伯媒体对中国的争议性报道无疑将对中国在阿拉伯国家的形象产生了一定的影响。这里结合国家形象理论和阿拉伯媒体关于中国国家形象的认识，作以下两点总结与思考。

第一，国家形象既具有持续性和稳定性特征，同时又具有脆弱性和易变性特征，易受某一重大事件的影响。阿拉伯世界与中国之间的交流历史悠久，在近代有着相似的遭遇，当代中阿传统友好关系不断加强，战略合作不断深化，并创立了“中阿合作论坛”机制。因此，可以肯定地说，尽管中东变局尤其是中国对安理会叙利亚问题决议案行使否决权，会使中国在阿拉伯世界的良好形象暂时受到一定的冲击，但这并不会改变中阿友好关系的大局，也不会改变中

---

① http://www.aljazeera.net/services/vote?GoogleStatID=25#.

② http://www.ahram.org.eg/806/2012/02/11/11/130649/219.aspx.

③ http://www.aljazeera.net/news/pages/30ca230a-4e7d-4c78-ad16-cc84a862a198.

④ http://www.aawsat.com/leader.asp?section=3&issueno=12127&article=662981.

国在阿拉伯国家的良好国际形象。但是，阿拉伯媒体对涉叙否决票事件负面报道所产生的消极影响表明，在西方国际传播霸权主导国际话语权的情况下，中国应更加主动、及时、准确地向阿拉伯国家和社会说明，中国行使否决权的根本动机在于维护中东地区的和平与稳定，以合适的方式展示中国负责任大国的国际形象。

第二，中国应进一步挖掘现有传播资源，加强在阿拉伯国家的舆论存在，并善于通过阿拉伯媒体发出中国的声音。中国部分媒体如新华社等已在阿拉伯国家设立了分支机构，中国国际广播电台有阿拉伯语稿件和广播节目，人民网、中国网等新兴媒体都有阿拉伯语网页或频道。但是，尽管中国对阿拉伯国家的宣传渠道并不算少，但传播效果尚不够理想，对阿拉伯国家的影响力和传播力尚有待加强，中国尤其需要加大对阿拉伯社会舆论的影响，同时更需要对阿拉伯“意见领袖”等思想和舆论精英进行引导。

附 录

余 泳 钱学文 整理

一、2011 年中东变局大事记

突尼斯

2010 年 12 月 17 日 突尼斯西迪布吉德一名摆摊贩卖水果蔬菜的青年因受到执法人员暴力对待，在当地政府门口自焚。这一事件引起了民众的愤怒。由于对生活水平，警察暴力行为，高失业率和人权状况糟糕等问题不满，大批民众在当天就走上街头。游行迅速扩展到突尼斯全国。

12 月 28 日 本·阿里总统发表电视讲话，谴责反对者。他声称街头暴力是少数极端分子所为，并警告示威人群，他们会受到“法律的严惩”。

2011 年 1 月 10 日 突尼斯政府宣布关闭该国所有学校和大学。本·阿里在电视讲话中宣布，将努力在 2012 年前创造 30 万个就业岗位。

1 月 13 日 本·阿里在电视讲话中表示不会参加 2014 年的大选，并承诺进行国家体制改革，调查游行中的死伤人数，宣布解禁部分网站。

1 月 14 日 本 · 阿里总统宣布解散政府，并在六个月内进行合法大选。总理加努希宣布担任临时总统。本 · 阿里就此下台。

1 月 15 日 沙特阿拉伯宣布接受本 · 阿里的政治避难。突尼斯伊斯兰复兴党主席拉希德 · 加努西宣布将结束在伦敦的流亡生涯返回突尼斯。

1 月 17 日 突尼斯总理加努希宣布组建新的联合政府，但是政府中仍然包括多名本 · 阿里的亲信。突尼斯民众对新政府表示不满，继续上街游行。

1 月 26 日 突尼斯请求国际刑警组织帮助捉拿逃亡的本 · 阿里、其妻子以及其他家庭成员，并对本 · 阿里夫妇下达了国际逮捕令。

6 月 20 日 突尼斯首都一家法庭以挪用公款罪缺席判处本 · 阿里及其妻子 35 年徒刑。

12 月 12 日 突尼斯制宪议会选举马祖吉为突尼斯新总统。

埃 及

1 月 25 日 埃及发生大规模游行示威活动。首都开罗的互联网服务和手机通信中断。反对者呼吁总统穆巴拉克立即辞职，并要求政府进行改革，解决高失业率等问题。

1 月 29 日 穆巴拉克任命情报总局局长奥马尔 · 苏莱曼为副总统。这是埃及近三十年来的首位副总统。卡塔尔半岛电视台报道称，埃及总统穆巴拉克的两个儿子贾迈勒和阿莱都已逃往伦敦。

1 月 31 日 由总理沙菲克领导的新政府成员，在穆巴拉克的见证下宣誓就职。

2 月 2 日 穆巴拉克表示不会参加下届总统选举。

2 月 3 日 穆巴拉克在接受美国媒体采访时表示，愿意辞去总统职位，但无法立即卸任。

2月5日 埃及向以色列输送天然气的管道被炸起火。埃及对以色列和约旦两国的天然气供应中断。

2月11日 穆巴拉克宣布辞职，并将权力移交给军方。随后，穆巴拉克和家人离开首都开罗，抵达位于埃及西奈半岛的红海海滨旅游城市沙姆沙伊赫。

5月5日 埃及一家法院裁定，穆巴拉克时期的政府高官、前内政部部长阿德利贪污及洗钱罪名成立，判其入狱12年。

5月24日 埃及总检察长决定将穆巴拉克及其两个儿子送交刑事法庭审判，指控他们蓄意谋杀抗议者并滥用权力谋取私利。

6月29日 埃及首都开罗解放广场再次爆发流血冲突，游行的群众向警察和安全部队士兵投掷石块，后者则以警棍、催泪瓦斯、眩晕弹和橡皮子弹等加以还击，造成25人受伤，其中不少人伤势严重。

8月3日 埃及前总统穆巴拉克及其两个儿子在开罗第一次出庭受审。穆巴拉克就此成为2011年阿拉伯国家民主化运动中首位站上被告席的国家最高领导人。

11月28日 埃及人民议会选举第一阶段投票举行，这是穆巴拉克下台后的首场选举。

叙利亚

3月15日 叙利亚大马士革市爆发反政府游行示威，政府出动军警。

3月16日至25日 示威游行扩展到叙利亚全国多个城市，安全部队与民众发生流血冲突。“大赦国际”在英国的发言人称，过去一周，至少有55人被杀。

3月20日 德拉市居民焚毁了执政党阿拉伯复兴社会党委员会、司法以及警察机构所属建筑；叙利亚总统堂兄、巨商拉米马柳夫开办的电讯公司的两处办公楼被洗劫。

3 月 29 日 以奥特里总理为首的叙利亚内阁向巴沙尔总统递交辞呈，这是叙利亚政府在德拉市爆发民众抗议活动后采取的重组政府措施。

3 月 30 日 巴沙尔总统发表了自抗议游行开始后的第一次讲话。他指责国外势力的阴谋造成了叙利亚动荡，但是拒绝透露有关重要改革的信息。

4 月 8 日 德拉市、大马士革省、拉塔基亚市和霍姆斯市等地爆发了大规模抗议游行示威活动，至少死亡 20 人。

4 月 14 日 巴沙尔总统签署法令，宣布组成新一届内阁。新任政府总理为前农业部部长阿迪尔·萨法利。

4 月 19 日 政府宣布废除已经实行了 48 年的国家紧急状态法，结束国家紧急状态。此举意味着叙利亚民众将拥有举行和平示威游行的权力。

4 月 22 日 多个省市举行了名为“伟大星期五”的游行示威抗议活动；武装分子与安全人员发生交火，造成 10 死亡，39 人受伤。

4 月 28 日 203 名“阿拉伯复兴社会党”（执政党）党员宣布退党，以此对政府暴力驱逐示威者表示不满。

4 月 29 日 联合国通过了叙利亚问题的有关决议。这份决议谴责了叙利亚对抗议者使用暴力，还将向叙利亚派遣一个调查小组。当日美国宣布对叙利亚进行制裁。

4 月 30 日 政府宣布，为响应公民的要求，将在未来几周内制订全面改革计划。

5 月 9 日 欧盟冻结 13 名叙利亚政府高官的财产，并禁止他们前往欧盟成员国。

5 月 13 日 新闻部长马哈茂德宣布，为恢复各省的安全与稳定，政府部队已开始从热点地区撤离，准备进行全民族对话。

5 月 23 日 欧盟发表声明，首次宣布对巴沙尔总统进行制裁，禁止其入境并冻结其海外资产。

5 月 31 日 总统巴沙尔颁布大赦令，释放 2011 年 5 月 31 日前所有加入穆斯林兄弟会的在押人员和所有被关押的政治犯。

7 月 11 日 数百名支持巴沙尔政权的示威者冲击美国、法国驻叙使馆。

7 月 31 日 政府军进入哈马市，清除反对派设置的路障，并同反对派武装发生枪战；叙利亚人权组织说，至少 54 名平民被打死，另有数十人受伤。

8 月 3 日 政府军坦克进入哈马市中心，控制了阿西广场。

8 月 4 日 巴沙尔总统颁布了允许多党制政体的政党法，作为推动政治改革、回应反对派和反政府示威者核心诉求的一项举措；反对派和西方国家对此质疑。

8 月 11 日 巴沙尔总统承认叙利亚武装力量在对待示威民众方面确实犯了许多错误，指出要进行政治改革，承诺2012 年初完成宪法修订工作。

8 月 18 日 美国总统奥巴马签署总统令，宣布立即冻结叙利亚政府在美国管辖范围内的所有资产，加强针对叙利亚的出口禁令，禁止美国公民到叙利亚投资；英国、法国、葡萄牙与德国在联合国表示，巴沙尔政府已完全失去合法性，必须下台。

10 月 4 日 联合国安理会就法、英等国提交的叙利亚问题决议草案进行表决，俄罗斯和中国行使否决权，决议草案未获通过。

10 月 15 日 巴沙尔总统颁布第 33 号法令，决定成立叙利亚宪法草案制定全国委员会，要求 4 个月内完成宪法草案的制定工作。

11 月 12 日 阿盟决定，自 16 日起中止叙利亚代表团参加阿盟及其相关机构的活动，直至叙利亚政府全面执行阿盟就化解该国当前危机的倡议。

11 月 15 日 政府释放了 1180 名因参与反政府游行示威活动而被捕的在押人员，其中包括一些重要的反对派人士。

11 月 24 日 阿拉伯国家外长齐聚开罗，商讨对叙利亚实施制裁。

11 月 26 日 3 艘俄罗斯军舰进入叙利亚塔尔图斯港水域；当晚阿盟经济与社会委员会在开罗召开会议，决定对叙利亚进行制裁，具体措施包括冻结叙政府在阿拉伯国家的资金、停止同叙利亚政府间的贸易等。

11 月 28 日 刚结束利比亚作战任务的美国“乔治·布什”号航母驶入叙利亚邻近海域；俄罗斯唯一的现役航母“库兹涅佐夫上将”号预驰向叙利亚；周边的以色列、约旦和土耳其 3 国军队宣布进入战备状态

12 月 4 日 美军的一艘核潜艇从红海通过苏伊士运河，驶向叙利亚附近的地中海海域。

12 月 12 日 叙利亚在全国范围内举行新一届地方议会选举，这是阿拉伯复兴社会党执政近半个世纪以来，首次允许反对派参加的议会选举。

12 月 22 日 阿盟的一个约 10 人的先遣代表团抵达叙利亚，为后期派往叙利亚的观察团做后勤准备。

12 月 23 日 大马士革发生两起针对安全机构的爆炸袭击事件，至少致死 40 人，致伤 150 多人。

也 门

1 月 1 日 也门通过了宪法修正案，取消了总统只能担任 2 个任期、每个任期 7 年的条款，将任期缩短为 5 年，但是可以无限期连任。外界评论指出，现任总统萨利赫有可能因此成为终身总统。

1 月 15 日 包括首都萨那在内的也门各大城市陆续爆发大规模反政府示威。

1 月 23 日 首都萨那数千人参加抗议活动，反对宪法修正案。

1 月 24 日 萨利赫总统表示，也门是共和制，不是世袭制。

2 月 2 日 萨利赫召开由议会、顾问委员会和军方代表参加的紧急会议，宣布终止宪法修正案，他本人将于 2013 年任期结束后离任，不搞世袭制。

2 月 13 日 反对党联盟发表声明指出，他们接受萨利赫总统 2 月 2 日提出的政治改革提议，并准备于本周加入到与执政党的全国对话中来；约 3000 名示威者在首都萨那聚集，并向总统府行进，与军警发生冲突，一些示威者受伤，另有约 120 人被捕。

3 月 18 日 示威民众遭枪击，41 人身亡，约 200 人受伤，全国进入紧急状态。

3 月 19 日 在首都萨那“变革广场”举行的大规模示威游行中，39 人被身着便装的武装分子打死，200 多人受伤。事发后，萨利赫总统宣布，全国进入紧急状态。

3 月 22 日 萨利赫总统通过发言人表示，愿意在 2011 年底或 2012 年初举行议会大选之后交出总统权力。这是萨利赫首次向公众表示提前交权，但遭反对派拒绝，他们要求萨利赫总统立即下台。

4 月 10 日 海合会成员国外长会议提出化解也门危机的方案。

5 月 20 日 萨利赫呼吁提前举行总统选举，以结束政治危机。

5 月 23 日 以反对党主要领导人、哈希德部落首领萨迪克·艾哈迈尔为首的武装分子进攻多个政府部门，导致许多政府部门几乎陷于瘫痪。

5 月 26 日 萨利赫下令以叛国和组织武装叛乱等罪名逮捕反对派领导人萨迪克·艾哈迈尔。

5月28日　也门政府与艾哈迈尔领导的反对派“哈希德”部落武装达成临时停火协议。

6月3日　总统府遭反政府部落武装炮击，造成至少14人死亡，包括总统萨利赫、总理穆贾瓦尔以及副总理、议会议长、总统副官在内的87人受伤，其中副总理和总统副官伤势较重。

7月8日　萨利赫通过也门国家电视台发表电视讲话，表示“欢迎与反对派建立伙伴关系和多元化的政治格局”。总统支持者朝天鸣枪以示庆贺，结果造成至少8人死亡，100多人受伤。

7月30日　艾哈迈尔宣布成立反政府部落联盟，并成为该部落联盟的领导人。

8月9日　反对党联盟宣布成立“全国执政委员会”，以期推动政治改革，并在过渡时期统治国家。

8月17日　反对派宣布成立“全国和平变革力量委员会”，决心统一国内各派政治势力，完成“革命”。

8月23日　在沙特接受治疗的也门总理穆贾瓦尔伤愈出院。

9月23日　在沙特疗伤的萨利赫总统返回首都萨那。

9月24日　政府军与倒戈军队和反对派部落武装在首都萨那发生激烈冲突。

9月29日　也门政府与反对派武装签署停火协议。

10月8日　萨利赫声称将在未来数天内放弃权力。

10月19日　萨利赫表示，如果美国、欧洲和海湾国家能够对海合会化解也门危机的调解协议实施提供保证，他将签署该协议。

10月21日　联合国安理会一致通过决议，要求也门所有各方立即放弃暴力，呼吁萨利赫尽快签署海合会提出的调解协议。

10月25日　也门政府与倒戈军队和反对党领导人艾哈迈尔为首的部

落武装签署停火协议。

11 月 23 日 总统萨利赫在沙特首都利雅得签署了海合会旨在化解也门危机的调解协议，移交了总统权力，结束了 33 年的执政生涯；朝野两党随后签署了海合会协议执行机制的协议。

12 月 7 日 也门副总统发布共和国令，宣布新政府成立。

12 月 11 日 在萨那，反政府抗议者举着也门著名活动人士、诺贝尔和平奖得主塔瓦库勒·卡曼的画像参加游行抗议，要求审讯也门前总统萨利赫。

巴 林

2 月 14 日 占人口多数的什叶派穆斯林因对掌权的逊尼派政策不满，举行反政府的抗议示威活动，要求实行民主改革，结果警方与示威民众爆发冲突，多人死伤。

2 月 16 日 约 1000 人在首都麦纳麦参加为在 15 日冲突中丧生的一名男子举行的葬礼，他们呼喊着要求政府下台的口号。

3 月 15 日 巴林宣布进入为期三个月的紧急状态，同时请求海湾阿拉伯国家合作委员会成员国出兵协助稳定局势。

3 月 21 日 巴林国防军司令称，科威特向巴林派驻了一支海军部队，并加入了海合会联军，以帮助巴林稳定局势。沙特阿拉伯向巴林派驻了 1000 名士兵，阿联酋派出了 500 名警察。卡塔尔表示也将向巴林派兵。

5 月 8 日 首相哈利法下令于 6 月 1 日撤销先前实施的紧急状态法令，比原定结束日期提前两个星期。

6 月 29 日 首相哈利法宣布将成立独立委员会，调查 2 月和 3 月巴林发生动乱的真相。

利比亚

2 月 15 日 受邻国突尼斯和埃及民众抗议浪潮的影响，的黎波里、班加西等数个城市爆发大规模的反政府示威活动，要求执政 42 年的领导人卡扎菲下台。示威人群与警察发生冲突，造成了人员伤亡。

2 月 20 日 卡扎菲之子赛义夫发表电视讲话，承认在班加西、贝达等地的冲突中已有近 100 人死亡，并警告利比亚有发生内战的危险。

2 月 22 日 阿拉伯国家联盟（阿盟）决定暂停利比亚参加阿盟会议的资格。反对派与卡扎菲支持者之间的冲突逐渐升级，许多国家开始从利比亚撤离本国公民。

2 月 26 日 联合国安理会通过 1970 号决议，对利比亚实施制裁，包括武器禁运、冻结卡扎菲及其部分家庭成员的资产等。

3 月 17 日 联合国安理会通过 1973 号决议，决定在利比亚设立禁飞区。

3 月 19 日 卡扎菲军队威胁攻入班加西；法、英、美为首的多国部队以执行联合国禁飞区和武器禁运决议为名，对利比亚展开代号为“奥德赛黎明”的军事干预行动，法国战机率先展开军事打击，并在短期内成为全球第一个承认利比亚反政府力量为该国合法政权的国家。

3 月 28 日 卡塔尔承认利比亚反对派“全国过渡委员会”为利比亚人民唯一合法代表，成为第一个承认利比亚反对派的阿拉伯国家。

3 月 31 日 北约正式接管对利比亚军事干预行动的指挥权，“奥德赛黎明”行动被代号为“联合保护者”的行动取代。此后，北约以保护利比亚平民不受卡扎菲军队袭击为由，对利比亚政府所在地展开了猛烈空袭，遏制效忠卡扎菲部队的作战能力。

4 月 15 日　卡扎菲突然现身的黎波里街头，乘坐轿车巡游，与支持者会面。北约当天对的黎波里进行了多轮轰炸。

4 月 20 日　法国、意大利和英国，向利比亚派出军事顾问，向利比亚反政府力量施以援手。

4 月 30 日　卡扎菲的一栋住宅遭北约空袭，其小儿子和三个孙子在袭击中丧生。

5 月 18 日　联合国人道事务协调厅公布，约有 210 万人受到利比亚危机影响，其中 80 万人已逃离利比亚。

6 月 1 日　北约秘书长拉斯穆森宣布，北约对利比亚军事行动延长 90 天。

6 月 12 日　利比亚电视台播出卡扎菲接见俄罗斯国际象棋联合会主席伊律姆基诺夫的画面。这是卡扎菲自利比亚战事爆发以来，最后一次“公开”露面。

6 月 27 日　国际刑事法院发布逮捕令，以反人类罪向卡扎菲及其儿子赛义夫以及利比亚原情报部门负责人阿卜杜拉·塞努西三人签发逮捕令，对他们实施全球通缉。

6 月 29 日　法国承认在利比亚空投武器装备，目的在于帮助利比亚的反政府武装力量。

7 月 5 日　美国众议院以 225 票赞成、201 票反对的结果，通过了“禁止五角大楼向利比亚反对派提供军事装备、培训、顾问或支援”的议案。

7 月 9 日　利比亚总理巴格达迪·马哈茂迪会见联合国秘书长利比亚特使哈提卜，呼吁联合国介入并保护利比亚民众免遭北约的军事打击。

7 月 10 日　加拿大“温哥华”号护卫舰下午从大不列颠哥伦比亚省埃斯奎莫尔特加拿大海军太平洋舰队基地启程，前往地中海，接替“夏洛特敦”号护卫舰执行打击利比亚的任务。

7 月 11 日 中国外交部发言人表示，中方决定向利比亚人民提供价值 5000 万元人民币的人道主义援助物资；美国总统奥巴马强调只要卡扎菲下台，美国“准备对引领利比亚向民主过渡的谈判提供支持”。

7 月 15 日 利比亚问题联络小组在土耳其伊斯坦布尔举行第四次会议，美国国务卿希拉里、北约秘书长拉斯穆森等 32 个国家和 7 个国际组织的代表在会上达成一致意见，承认利比亚反政府力量组建的“全国过渡委员会”为利比亚人民的唯一合法代表；同时开始商讨解冻此前冻结的卡扎菲政权资产，提供给“全国过渡委员会”。

7 月 28 日 卡扎菲政府前内政部长、2 月份利比亚战乱后辞职投向反对派并成为反对派军事领袖的尤尼斯及其 2 名助手在班加西被杀；在利比亚西部战线，反政府武装连续重创效忠卡扎菲的部队。

8 月 10 日 欧盟宣布扩大对卡扎菲政权的制裁力度。

8 月 22 日 “全国过渡委员会”宣布攻入首都的黎波里。

8 月 26 日 “全国过渡委员会”在的黎波里正式执政。至此，已有近 50 个国家承认由反对派组成的全国过渡委员会为利比亚合法政府。

8 月 29 日 反对派从东西两面夹攻卡扎菲家乡苏尔特，准备用 10 天时间攻陷苏尔特；卡扎菲妻子萨菲亚、大儿子默罕默德、女儿艾莎等进入阿尔及利亚寻求庇护，阿方基于“人道主义”考虑，接纳了他们。

9 月 1 日 俄罗斯宣布承认“过渡委”为代表利比亚人民的合法政权。

9 月 8 日 逃亡中的卡扎菲通过叙利亚一家电视台发表录音讲话，称其已逃离利比亚的传言并不属实，并表示“永不离开这片祖先的故土”。

9月9日 国际刑警组织对188个成员国发出红色通告，要求各国协助逮捕卡扎菲及其儿子赛义夫、利比亚原情报部门负责人塞努西三人，逮捕他们后送往海牙国际刑事法院受审。

9月12日 中国政府承认利“过渡委”为利比亚执政当局和利比亚人民代表；邻国尼日尔表示，自9月2—12日，有32名卡扎菲的亲信或家人进入尼日尔寻求庇护。

9月15日 法国总统萨科齐和英国首相卡梅伦联袂访问利比亚，成为“后卡扎菲时代”最先访问利比亚的外国元首。

9月16日 利比亚“过渡委”武装部队攻入卡扎菲老家苏尔特；第66届联大同意“过渡委”作为利比亚在联合国的合法代表。

9月19日 联合国升起利比亚新国旗，替代了原来卡扎菲时代的老国旗。

9月20日 “过渡委”主席贾利勒表示，利比亚战事已导致至少2.5万人丧生；非洲联盟正式承认“过渡委”为利比亚人民的合法代表，并同意在后者组建包容性过渡政府后，获取利比亚在非盟的席位。

9月21日 北约宣布对利比亚军事行动再次延长90天。

9月22日 前政权总理马哈茂迪被捕。

9月24日 全国过渡委员会的武装部队进入了卡扎菲武装占领的最后两大据点之一的苏尔特。“过渡委”士兵由东向西推进，越来越靠近市中心。

9月28日 卡扎菲政权发言人穆萨·易卜拉欣被抓，被捕时身着妇女服装，脸上蒙着面纱，混在平民中试图逃跑。

10月18日 美国国务卿希拉里突访利比亚，对利比亚临时政府表示支持，她也是利比亚战事爆发后到访的美国最高级别的官员。

10 月 20 日 利比亚“过渡委”武装占领苏尔特，卡扎菲被抓后遭枪杀。利比亚军事委员会主席贝尔哈吉证实，卡扎菲在苏尔特被捕后因“伤重”死亡。

11 月 24 日 利比亚过渡政府宣誓就职。

约　旦

1 月 7 日 受突尼斯民众抗议浪潮的影响，首都安曼爆发示威游行。

1 月 27 日 国王阿卜杜拉二世对议会表示，议会应立即着手推动全面的政治和经济改革。

1 月 28 日 在安曼老城，5000 多名民众再次举行示威游行，要求首相里法伊立即辞职并解散议会，游行队伍较为有序，未发生冲突和暴力事件；在伊尔比德、扎尔卡、卡拉克和阿杰隆等城市也有示威活动，抗议物价上涨和严重的失业问题。

2 月 1 日 首相里法伊宣布辞职，巴希特受命组建新政府。

2 月 18 日 在安曼，反对派示威游行队伍与支持政府的游行队伍发生冲突；晚上，侯赛因清真寺附近约有 600 人进行示威游行，呼吁进行改革、解散议会、修改选举法和改善人民生活。与此同时，200 多名政府支持者也在同一地点游行，表达对国王阿卜杜拉二世及其政府的支持。

3 月 20 日 政府发布国家就业战略，提出短期、中期和长期三方面发展目标。

3 月 25 日 一些政府支持者与要求改革的抗议者在首都安曼发生暴力冲突，1 人死亡，160 人受伤。

3 月 28 日 示威者要求修改宪法，并与亲政府人士发生冲突。

4 月 15 日 扎尔卡省省会扎尔卡发生反政府示威者与政府支持者和警察间的暴力冲突，造成 83 名警察、8 名平民受伤。

4月29日 约旦国王再次下令修宪，全力恢复局势。

5月23日 海湾合作委员会表示，欢迎接纳约旦成为该组织新成员。约旦各界普遍认为，这一外交成就，能给约旦经济带来前所未有的发展机遇。

6月12日 阿卜杜拉二世表示，约旦将改革选举制度和内阁产生方式，未来的内阁将由选举出来的议会多数派组建。

7月2日 首相巴希特改组内阁，新任命11名内阁大臣。

7月15日 安曼发生反政府示威者与政府支持者和警察间的暴力冲突，造成17名警察和数名记者受伤，其中2人被不明身份者用刀刺伤。

8月14日 阿卜杜拉二世在王宫接受了修改1952年宪法的改革方案。根据这一方案，首相将由议会投票选举产生，不再由国王指定。

9月9日 数千民众示威游行，要求政府加快改革步伐，敦促首相下台。

10月16日 70名众议院议员向阿卜杜拉二世递交请愿书，要求罢免首相巴希特，理由是他拖延改革，在给予约旦公民更多的政治发言权问题上犹豫不决。

10月17日 首相马鲁夫·巴希特宣布辞职，阿卜杜拉二世任命前国家法律顾问奥恩·哈苏奈为新首相。

10月24日 经阿卜杜拉二世批准，新任首相奥恩·哈苏奈组建的新一届内阁政府在拉格丹王宫向国王宣誓就职。

11月21日 阿卜杜拉二世访问约旦河西岸城市拉姆安拉，并与巴勒斯坦民族权力机构主席马哈茂德·阿巴斯举行会谈。

11月28日 阿卜杜拉在安曼会见了来访的以色列总统佩雷斯，双方就中东和平进程问题交换了意见。

12月13日 约旦商界呼吁，经济制裁叙利亚必须谨慎，约旦承受不起由此带来的经济损失。

二、2011 年中国与中东国家贸易等方面的数据

2011 年 1—9 月中国与西亚北非地区国家贸易统计（单位：亿美元）

数据来源：中国海关统计数字

	进出口			出口			进口		
	金额	同比增长	当月环比	金额	同比增长	当月环比	金额	同比增长	当月环比
北非									
苏丹	87.73	36.0	-11.4	15.65	6.2	-2.0	72.08	44.8	-13.6
埃及	66.23	22.4	-5.2	52.65	15.1	-7.6	13.58	62.5	5.3
阿尔及利亚	45.90	20.6	-6.7	33.53	7.8	-6.7	12.37	77.4	1.9
摩洛哥	27.06	26.4	-13.0	23.27	30.1	-19.0	3.79	7.8	31.3
利比亚	22.03	-55.1	71.9	5.18	-67.7	70.4	16.85	-48.9	18522.1
毛里塔尼亚	15.05	86.1	-58.7	2.71	24.1	18.5	12.33	109.2	-69.7
突尼斯	9.07	7.4	4.3	7.93	6.3	4.3	1.14	15.6	4.7
吉布提	3.17	1.9	-17.8	3.17	2.1	-17.8	0.00	-75.7	
厄立特里亚	0.71	115.0	-69.3	0.70	119.6	-69.6	0.01	-34.3	36.3
索马里	0.67	23.0	-41.7	0.63	16.5	-45.0	0.05	411.8	14.0
科摩罗	0.05	-57.9	-88.7	0.05	-57.9	-88.7	0.00	-86.6	
西撒哈拉	0.00	-21.1	-88.4	0.00	-91.8		0.00		
西亚									
沙特阿拉伯	464.87	47.2	-7.8	110.50	41.3	-14.0	354.37	49.1	-5.4
阿联酋	255.87	36.6	-14.4	192.89	24.9	-12.2	62.99	91.8	-20.5
阿曼	115.36	48.0	-1.2	7.56	6.0	0.4	107.80	52.2	-1.3
伊拉克	104.07	46.0	10.1	28.11	6.0	20.5	75.96	69.6	6.5
科威特	79.93	25.6	-17.8	15.40	13.9	8.8	64.54	28.7	-24.0
以色列	73.34	31.3	8.1	50.36	35.8	-12.1	22.98	22.5	66.7
卡塔尔	39.12	75.0	13.8	8.65	37.2	12.3	30.48	89.9	14.1

续表

	进出口			出口			进口		
	金额	同比增长	当月环比	金额	同比增长	当月环比	金额	同比增长	当月环比
也门	31.43	4.4	68.9	7.83	-15.5	-2.4	23.60	13.3	111.8
约旦	20.13	32.4	-3.1	18.00	26.2	-3.0	2.12	126.4	-3.4
叙利亚	18.34	-1.6	2.9	18.13	-1.1	2.4	0.22	-32.4	67.9
黎巴嫩	10.98	5.3	-4.0	10.79	5.8	-4.3	0.19	-19.2	11.0
巴林	8.53	18.4	-0.2	6.42	11.0	-24.2	2.11	49.0	131.8
巴勒斯坦	0.39	101.3	20.6	0.38	98.0	20.8	0.01	472.8	
西亚北洲									

数据来源：商务部西亚非洲司网站。

2010 年与 2011 年中国十大进口原油来源地

2010 年			2011 年			
排名	进口来源	万吨	排名	进口来源	万吨	同比增长
1	沙特	4464.2	1	沙特	5027.77	12.61%
2	安哥拉	3938.1	2	安哥拉	3114.97	-20.90%
3	伊朗	2131.9	3	伊朗	2775.66	30.19%
4	阿曼	1586.7	4	俄罗斯	1972.45	29.42%
5	俄罗斯	1524.0	5	阿曼	1815.32	14.40%
6	苏丹	1259.9	6	伊拉克	1377.36	22.57%
7	伊拉克	1123.8	7	苏丹	1298.93	3.10%
8	哈萨克斯坦	1005.4	8	委内瑞拉	1151.77	52.66%
9	科威特	983.0	9	哈萨克斯坦	1121.10	11.51%
10	巴西	804.7	10	科威特	954.15	-2.94%
	总计	23930		总计	25377.9	6.05%

注：根据海关总署的统计数据编制。

三、2011年中国与中东国家关系的主要文件

中华人民共和国和海湾阿拉伯国家合作委员会第二轮战略对话新闻公报

（2011年5月2日　阿布扎比）

2011年5月2日，中华人民共和国和海湾阿拉伯国家合作委员会（海合会）第二轮战略对话会在阿拉伯联合酋长国首都阿布扎比举行。

会议由中华人民共和国外交部长杨洁篪和海合会部长理事会轮值主席国阿拉伯联合酋长国外交部长阿卜杜拉本·扎耶德·阿勒纳哈扬共同主持，科威特国副首相兼外交大臣穆罕默德·萨巴赫·萨利姆·萨巴赫、巴林王国外交大臣哈立德·本·艾哈迈德·本·穆罕默德·阿勒哈利法、海合会下任轮值主席国沙特阿拉伯王国外交国务大臣纳扎尔·本·奥贝德·迈达尼和海合会秘书长阿卜杜拉提夫·本·拉希德·扎耶尼出席。

双方对近年来中国和海合会关系的不断发展及其在各领域取得的成果感到满意。双方一致认为，战略对话机制的启动增进了双方的互信与合作，加强了双方的磋商与协调。

双方强调，愿根据2010年6月在北京签署的《中华人民共和国和海湾阿拉伯国家合作委员会战略对话谅解备忘录》以及2004年6月在北京签署的“经济、投资和技术合作框架协议”，进一步完善双方在各领域的磋商、协调与合作机制。

双方认为应尽早召开双方专家会议，为落实上述框架协议和谅解备忘录在贸易、投资、能源、文化、教育、科研、环境、卫生等

领域的有关内容制定行动计划，确定具体时间表。双方同意继续加强磋商，尽早完成自贸区谈判。

双方在诚挚友好的气氛中就有关国际和地区问题交换了意见，达成广泛共识。

双方强调，地区国家间关系应建立在睦邻友好、充分尊重国家主权、独立和领土完整、不干涉内政的基础之上，并根据《联合国宪章》有关原则和联合国安理会有关决议，以和平方式解决彼此争端。双方支持海合会国家为维护其安全和稳定采取的举措。

双方一致认为，中东海湾地区战略地位重要，对世界的和平与发展具有重要影响，维护该地区的和平稳定符合地区国家和国际社会的共同利益。中方欢迎并支持海合会为解决也门当前危机所作努力。

双方强调中东成为无大规模杀伤性武器区的重要性，承认所有不扩散核武器缔约国在遵守国际原子能机构的有关措施和条件并接受其监督的基础上，享有和平利用核能的权利。

中华人民共和国和海合会方面对阿拉伯联合酋长国方面的盛情款待和精心安排表示赞赏和感谢。

双方商定于2012年在中华人民共和国召开中国—海合会第三轮战略对话。

“中阿合作论坛”第八次高官会成果文件

2011年5月22—24日　卡塔尔—多哈

“中国—阿拉伯国家合作论坛”第八次高官会于2011年5月22日至24日在卡塔尔国多哈举行。中国外交部、商务部、文化部、国务院新闻办、贸促会、对外友协等部门以及阿拉伯国家联盟成员国外交部、其他与论坛活动相关的部门以及阿盟秘书处和阿拉伯农业发展组织的官员和专家与会。

中方主席是中国外交部西亚北非司司长、“中阿合作论坛”中方秘书长陈晓东大使，阿方主席是卡塔尔助理外交大臣赛义夫·本·穆卡迪姆·布埃宁大使，阿盟秘书处代表团团长由阿盟秘书长顾问、副秘书长助理、亚澳司司长哈利德·本·纳伊夫·哈巴斯大使担任。

与会代表对 2010 年 5 月中国天津第四届部长级会议以来“中阿合作论坛”的发展情况进行了深入探讨，回顾了在“2010 年至 2012 年行动执行计划”框架下举办的各项活动，研究了进一步落实计划的有关举措，并就“中阿合作论坛”的发展前景和机制建设进行了展望。双方一致强调，“中阿合作论坛”是中阿开展集体对话与合作的重要平台。不断加强论坛机制建设对于拓展和深化中阿“全面合作、共同发展的战略合作关系”意义重大。双方强调，应与时俱进，因应地区和国际形势的发展变化，加紧落实“论坛 2010 年至 2012 年行动执行计划”相关内容，服务双方共同利益，实现千年发展目标所确定的目标和优先任务。双方就共同关心的主要问题进行了深入的磋商：

一、共同关心的地区和国际问题

双方就共同关心的重要地区和国际问题进行了政治磋商，并达成如下共识：

（一）在全球化深入发展，各国和各国人民相互依存不断加深的背景下，国际社会尤其应当同舟共济、加强合作。为此，有必要重申，各国应恪守《联合国宪章》宗旨和原则，相互尊重主权和领土完整、互不侵犯、互不干涉内政、平等互利、和平共处，尊重和支持各国根据本国国情自主选择发展道路。

（二）维护联合国的权威和在国际事务中的主导作用。支持联合国通过必要、合理的改革，增强权威和效率，增强其应对全球性威胁和挑战的能力，更好地履行《联合国宪章》赋予的职责。改革应在联合国成员间达成协商一致，支持安理会为维护国际和平与安全发挥的作用，改革应优先增加包括阿拉伯国家在内的广大发展中国家在安理会的代表性。通过广泛、民主讨论，就各类问题找到“一揽子”解决方案，并达成协商一致。反对任何国家强行推动改革问题的联合国大会决议草案，反对采取“零散处理”的做法。

（三）强调阿拉伯国家支持中国的主权和领土完整，坚定奉行一个中国政策，反对任何形式的“台湾独立”，不同台湾建立外交或官方关系，支持中国和平统一大业；阿拉伯国家反对宗教极端势力、民族分裂势力和暴力恐怖势力从事反华分裂活动。

（四）中国强调支持阿拉伯国家根据联合国有关决议、“土地换和平”原则、“阿拉伯和平倡议”和中东和平“路线图”计划，实现中东地区和平与稳定的战略选择，支持中东和平进程，呼吁尽快重启各线和谈。在国际社会承认的“两国方案”框架下，在联合国有关决议和“阿拉伯和平倡议”基础上，巴勒斯坦方面选择东耶路撒冷作为独立的巴勒斯坦国首都，阿拉伯国家对此予以支持，中方对此表示理解。中方支持恢复阿拉伯合法权利，彻底结束以色列1967 年以来对包括东耶路撒冷在内的阿拉伯被占领土的占领，在中东实现全面、公正、持久的和平；呼吁以色列响应阿拉伯国家的和平愿望，在“阿拉伯和平倡议”基础上与有关阿拉伯国家进行谈判，全面执行安理会有关决议；要求以色列立即停止在包括东耶路撒冷在内的阿拉伯被占领土修建定居点等行动，反对以色列单方面改变耶路撒冷现状的一切举措；呼吁国际社会继续对巴勒斯坦提供政治、经济、人道和发展支持。要求解除以色列对加沙的封锁，开放口岸，促进加沙重建；呼吁根据联合国有关决议解决巴勒斯坦难民问题；要求以色列停止一切阻碍和平进程发展、加剧紧张局势的行动，以维护地区稳定，为中东和平进程向前推进创造有利条件。

欢迎法塔赫和哈马斯在阿拉伯埃及共和国主持下，于 2011 年 5 月 4 日在开罗宣布签署巴勒斯坦民族和解协议，达成关于所有分歧问题的谅解文件，赞赏阿拉伯埃及共和国在主持并推动协议达成方面做出的真诚努力，期待该协议有助于弥合巴内部分歧、促进民族团结、组建民族和解政府。

（五）双方支持叙利亚根据联合国有关决议收复被占领的戈兰高地。

（六）双方强调尊重和支持黎巴嫩的主权、领土完整及收复被占领土的合法权利，呼吁继续落实安理会第 425 号和第 1701 号决议，要求以色列从黎巴嫩尚未撤出的被占领土上撤军。

（七）阿拉伯国家赞赏中国在中东问题上劝和促谈和为联合国在中东地区履行维和使命所做出的贡献。

（八）强调应尊重伊拉克的独立、主权和领土完整，维护其阿拉伯和伊斯兰属性，不干涉其内政，尊重伊拉克人民自主决定其未来的意愿。欢迎伊拉克在 2010 年 3 月议会大选后组建了新政府。谴责一切形式的针对伊拉克人民及其机构和基础设施、威胁伊安全与稳定的恐怖主义行径。支持伊拉克政府为稳定安全局势、严厉打击恐怖主义和破坏稳定的行径所作的努力。强调应全面推进民族和解进程，支持阿盟、联合国及其他各方为此做出的努力。呼吁各国重新审视并减免对伊拉克债务，并切实发挥作用，推动伊拉克经济发展与重建进程，帮助伊拉克恢复其在国际和地区的正常地位。

（九）双方呼吁尊重阿拉伯国家的主权、不干涉其内政，强调地区国家间关系应建立在睦邻友好的基础之上，并根据《联合国宪章》有关原则和联合国安理会有关决议，以和平方式解决彼此争端。双方支持海合会国家为维护其安全和稳定采取的措施。

（十）坚定支持苏丹北南和平进程，对南方公投顺利举行表示欢迎。尊重苏人民的意愿和选择，赞赏苏北南双方所做的努力，呼吁苏丹的两个执政伙伴在过渡期内通过对话与谈判解决悬而未决的问题，落实好《全面和平协议》，维护苏丹的和平与稳定，促进苏丹北南双方的合作。

支持达尔富尔问题的政治解决，强调应充分发挥联合国、非盟、苏丹政府“三方机制”的主渠道作用，坚持达尔富尔地区维和部署和政治进程“双轨”战略。欢迎阿盟和非盟提出的解决达尔富尔危机的倡议。欢迎苏丹政府提出的有关实现达尔富尔全面和平、安全与发展的新战略，支持卡塔尔国为主席国的阿拉伯—非洲委员会所作努力。呼吁达区所有反对派早日参与和谈，使达区政治进程向前推进。呼吁国际社会继续向达区提供人道和发展援助，使达尔富尔问题得到全面、和平解决。

（十一）赞赏卡塔尔国埃米尔哈马德·本·哈利法·阿勒萨尼殿下提出关于在达尔富尔建立总资产为20亿美元的发展银行用于该地区重建的倡议。

（十二）赞赏卡塔尔国在解决达尔富尔争端方面所做努力及开展的联合斡旋，支持将斡旋方向各方提出的建议和平文件作为争端解决的总框架，欢迎在2011年5月27—31日召开达尔富尔利益攸关方扩大会议，呼吁所有与会方将该建议文件作为实现达尔富尔全面、公正、持久和平的基础，开启该地区稳定与发展的未来。

（十三）赞赏科威特国在2010年12月初主办苏丹东部发展与重建大会及其为大会成功召开所作努力。

（十四）支持苏丹关于解除对其经济制裁的要求，以促进苏丹的和平与稳定。

（十五）支持索马里的民族和解努力，呼吁索马里各派摒弃暴力和武力，把对话作为解决分歧的唯一途径。重申支持索马里的统一、主权、领土完整及稳定，欢迎索马里过渡联邦政府为完成过渡期任务所做出的努力。强调继续推动索马里和平进程对于加强地区安全与稳定具有重要意义。敦促国际社会进一步向索马里过渡联邦政府和非盟驻索马里特派团提供支持，以实现和平与稳定，消除地区海盗问题。加强双方在索马里问题上的沟通和协调，推动索马里实现和平与稳定，参与索马里重建。

（十六）欢迎卡塔尔国埃米尔哈马德·本·哈利法·阿勒萨尼殿

下提出的调解吉布提和厄立特里亚有关杜梅拉地区争端的倡议。

（十七）欢迎 2010 年《不扩散核武器条约》审议大会的工作成果，要求中东地区所有国家，毫无例外地，加入《不扩散核武器条约》，并采取切实举措建立中东无核武器和其他大规模杀伤性武器区，包括在 2012 年召开由该地区所有国家参加的关于建立中东无核武器和其他大规模杀伤性武器区的会议。

（十八）支持国际社会在《不扩散核武器条约》框架下的防扩散努力，强调《不扩散核武器条约》缔约国享有和平利用核能的权利，同时全面履行有关国际义务和承诺。欢迎阿拉伯国家和中国在和平利用核能领域开展的合作。

（十九）谴责一切形式的恐怖主义，反对将恐怖主义与特定的民族、宗教挂钩。强调国际社会在反恐中，必须恪守《联合国宪章》，坚持联合国及安理会的主导与协调作用，反对双重标准。继续加强反恐合作。支持国际社会在公海打击严重危害安全、海运及国际贸易的海盗行为。

（二十）重申愿根据《联合国气候变化框架公约》及其《京都议定书》的目标、原则和规定，特别是“共同但有区别的责任”原则，维护发展中国家的共同利益。呼吁各方按照巴厘路线图授权并在坎昆会议成果基础上，尽快就发达国家 2012 年后的减排指标达成共识，确保议定书第一、二承诺期之间不出现空当。决定进一步加强沟通与合作，共同推动将于年底在南非举行的德班会议取得积极成果，以促进公约和议定书的全面、有效和持续实施。

二、评估“论坛 2010 年至 2012 年行动执行计划”取得的成果及中阿合作前景

赞赏双方为落实“论坛 2010 年至 2012 年行动执行计划”规定活动所做出的努力，强调应继续努力实现“论坛”目标和宗旨，推动中阿战略合作关系实现更大发展。为此，双方达成如下共识：

（一）加强经贸合作，实现互利共赢，共同发展。应继续推进投资和贸易便利化，发挥双方科技、人才、资本与市场优势的互补。依据双方现行协议和法律，保障公司、投资者和劳工的合法权益，促进双方劳务合作，为双方有关劳务人员办理入境和居留手续提供便利；鼓励双方商协会建立合作机制，在协助双方企业挖掘潜力、开发商机等方面开展更多务实工作。根据有关国际法准则，努力解决包括就双方产品提起的反倾销案件在内的贸易争端。

（二）继续本着互利互让的精神，加快中国与海湾阿拉伯国家合作委员会自贸区谈判进程，争取尽快达成协议。

（三）双方积极评价论坛企业家大会机制创办以来历次大会取得的成果，重视发挥企业家大会的经贸合作平台作用。理解巴林王国不能按期主办第四届中阿企业家大会暨中阿投资研讨会的困难，同意在 2011 年召开第四届中阿企业家大会暨中阿投资研讨会。

（四）中方欢迎阿拉伯国家企业参加中国（宁夏）国际投资贸易洽谈会暨中国·阿拉伯国家经贸论坛、中国进出口商品交易会、中国国际投资贸易洽谈会、第十届沙迦中国商品交易会等展会；中方鼓励企业参与在阿拉伯国家举行的展会。

（五）继续加强双方海关的交流与合作，中方愿与阿盟在国际货物贸易统计方面开展技术合作。

（六）鼓励双方根据各自相关法律规定开展金融领域互利合作，鼓励双方金融机构为投资、工程承包和贸易提供金融支持和便利。

（七）加强中阿政府质检部门之间的合作，支持双方在科研和能力建设方面的合作，以保障出口到另一方的商品质量与安全，保护双方消费者的健康，支持双方贸易健康发展。

（八）鼓励中国和阿拉伯各国在石油和天然气领域的互利合作；利用可再生能源资源，双方通过引进技术及相互交流经验促进在可再生能源领域（太阳能、风能等）的合作；探讨在和平利用核能领域合作的可能性。欢迎 2012 年在中国召开第三届中阿能源合作大会。

（九）鉴于农业的重要性日益凸显，特别是在世界粮价不断攀升，使粮食安全甚至社会稳定受到威胁的背景下，建立中国和阿拉伯国家农业合作机制。

（十）加强在环境保护、防治沙漠化、保护自然资源领域的合作。

（十一）鼓励双方在互利基础上的工业合作，特别是在中小企业和技术转让方面，通过切实努力加大双方的工业投资。

（十二）强调应加强阿拉伯国家和中国在旅游领域的合作，中方愿继续加强与阿拉伯国家在旅游领域的合作和交流。中方将与阿方展开磋商，将更多阿拉伯国家列入中国公民出境旅游目的地。阿拉伯埃及共和国提出在2012年承办中阿旅游和鼓励旅游投资合作大会，具体时间由双方通过协商确定。

（十三）加强在人力资源开发领域的合作，赞赏中方提出的有关每年举办阿拉伯人员培训班的倡议。中方将继续通过在华为阿拉伯国家举办各类官员研修班和技术培训班加强与阿拉伯国家之间的经验交流和人才培训工作。2011年，中方计划邀请1500名阿拉伯国家官员和技术人员来华培训，领域涉及经贸、公共管理、农业、教育、医疗卫生、外交、警务、环保、能源、基础设施、文化等多方面。阿方希望今后增加在遗产、考古领域的培训。强调应依据双方共识继续加强人力资源开发领域的交流与合作。

（十四）完善中阿文化艺术合作机制，对2010年6月在中国北京和上海举行的第二届阿拉伯艺术节取得的成果表示欢迎，强调应继续由双方轮流举办艺术节，中方将于2012年在巴林举办“中国艺术节”，继续在华实施“阿拉伯国家文化人力资源培训计划”，加强中阿文化机构负责人、专家学者以及艺术家的互访，推动中阿文学作品互译，探讨中阿互设文化中心的可能性。推动落实《中阿典籍互译出版工程合作备忘录》。伊拉克共和国邀请中方参加纳杰夫伊斯兰文化之都文艺庆祝活动。

（十五）强调中阿文明对话对加深中阿人民相互了解的重要性，呼吁双方认真筹备于2011年年内在阿拉伯联合酋长国阿布扎比召开第四届中阿关系暨中阿文明对话研讨会。

（十六）继续加强中阿教育交流合作，鼓励双方教育、研究机构，特别是高等院校建立联系，推进双方在学生流动、科研合作、学术交流、语言教学方面的务实合作。中方将继续向阿拉伯各国提供来华留学奖学金名额，推广在阿拉伯国家的汉语教学和在中国的阿拉伯语教学。积极落实“中阿高教与科研合作研讨会”机制。

（十七）建立中阿卫生合作机制，加强双方在各医学学科、医疗培训、卫生护理、传统医学、医保体系、传染性和非传染性疾病防治等领域的经验交流与合作。

（十八）鼓励新闻领域合作，继续完善中阿新闻合作论坛机制，继续就加强双方新闻合作、合作进展以及面临的挑战进行定期磋商，特别是加强信息交换、人员培训等方面的合作。欢迎中方于2011年举办第二期阿拉伯国家新闻记者研修班。

（十九）对2010年10月在利比亚举行的第三届中阿友好大会取得的成果表示欢迎，同意继续鼓励各国中阿友协、民间组织和公民社会组织开展合作，加深双方人民的相互了解和友谊。双方将积极努力筹备2012年在中国召开的第四届“中国阿拉伯友好大会”。探讨举办“中阿青年领袖论坛”的可能性。

（二十）应重视研究中国各地阿拉伯侨民及阿拉伯国家中国侨民的状况，更好地维护双方侨民的合法利益。

（二十一）加强中阿体育合作，包括举办中阿体育赛事、反兴奋剂、教练交流和联合研讨，加强在体育基础设施方面的合作，在国际体育场合协调立场。

（二十二）与会者对卡塔尔国承办2022年足球世界杯表示祝贺。

三、关于“论坛”第五届部长级会议

双方同意于2012年在突尼斯召开“论坛”第五届部长级会议，

并愿保持沟通和协调，确定会议时间，做好会议准备工作，尽快制定对“2012 年至 2014 年行动执行计划”的设想。双方同意在部长级会议前召开第九次高官会。

双方对卡塔尔为本届会议成功举办做出的巨大努力表示高度赞赏，感谢卡塔尔国埃米尔、政府和人民给予与会者的盛情款待。

"中阿合作论坛"
第四届"中阿关系暨中阿文明对话研讨会"
《最终报告》

2011年12月31日阿布扎比

一、应阿拉伯联合酋长国的盛情邀请，根据阿拉伯国家联盟部长级理事会第135次例会于2011年3月2日做出的7327号决议和2011年9月13日第136次例会第7400号关于阿拉伯国家同中华人民共和国关系的决议，为贯彻前几届研讨会对在"中阿合作论坛"框架内继续进行文明对话的建议，根据双方在"论坛"框架内建立中阿战略合作关系的共同声明（天津宣言），为了落实"中阿合作论坛2010—2012年执行计划"，鉴于中阿文明对话对加强中阿人民相互了解的重要性，第四届中阿文明对话研讨会于2011年12月26—29日在阿拉伯联合酋长国首都阿布扎比召开，来自中国、阿拉伯国家以及阿盟的官员和双方专家、学者出席了此次研讨会。

二、与会者回顾了中阿关系的发展历程，对2004年"中阿合作论坛"成立以来双方合作所取得的进展表示满意，并强调将进一步努力深化"论坛"框架下的合作，使之涵盖各个领域。中国和阿拉伯国家在论坛框架内，先后于2005年在北京、2007年在利雅得、2009年在突尼斯召开了三届研讨会。与会者高度评价中阿双方在上述研讨会基础上文化交流和文明对话所取得的成果，强调不同文明的对话有助于促进文化的交流借鉴、兼容并蓄，有利于共同维护文化多样性，是人类社会进步的不竭动力。中阿双方应倡导开放精神，弘扬宽容与理解的价值观，摒弃文明冲突的论调，承认各国文化传统、社会制度、价值观念的差异，尊重各国自主选择发展道路的权利，加强对话，消除隔阂，为拓展和深化"全面合作、共同发展"的中阿战略合作关系奠定坚实基础。

三、与会者围绕几个重要的专题进行了讨论，包括中阿文明共同的价值观，对中阿合作和文明对话做出过贡献的中国和阿拉伯人士，文明对话对巩固中阿战略合作关系基础的作用，中国的伊斯兰文化及其对加深中阿相互了解的重要意义，中阿媒体对加深相互了解，消除成见，丰富中阿文明对话的作用。

四、与会者经过讨论后强调：

1. 应坚持加强中阿文明对话的战略取向，深化不同文明之间和平、包容、理解和对话理念，加深各国人民之间的相互了解。强化“中阿合作论坛”在文明对话中发挥的引领作用，并将之作为充实中阿战略合作关系内涵的一项重要工作加以推进。

2. 呼吁通过文明对话和政治谈判解决分歧与争端。

3. 重视双方在历史文化遗产保护方面的合作与交流。

4. 重视经济和发展政策中的人文和社会因素，以实现经济振兴、社会稳定的可持续、均衡发展。

5. 鼓励妇女和青年人更多参与政治、经济、社会等各领域发展。

6. 呼吁中阿双方有关部门加紧实施中阿典籍互译项目，积极促进中阿文学艺术作品互译等领域合作。

7. 继续致力于汉语和阿拉伯语在阿拉伯国家和中国的推广。

8. 呼吁中阿双方通过开展文化思想和艺术交流活动展示各自文化特色，促进中阿人民之间的相互了解和认识。

9. 加强双方教育合作，鼓励在院校和学术机构之间建立学术交流机制。

10. 加强中阿记者互访，互办媒体论坛，开展记者和媒体人员培训，交换译制电视节目，以增进中阿人民相互了解。为新闻和文化领域的非政府组织（民间社会组织）提供支持。强调媒体在报道中应秉持公正客观的原则。

11. 呼吁中国和阿拉伯国家政府有关部门积极对历届“中阿文明对话研讨会”提出的建议及其实施方式进行研究。

五、双方欢迎巴勒斯坦国作为完全成员国加入联合国教科文组织，这对保护巴勒斯坦人文遗产免遭盗窃、侵占、丑化和伪造具有重要意义。阿方赞赏中国为此发挥的积极作用。

六、与会者感谢阿拉伯联合酋长国总统、政府和人民的热情款待，感谢阿拉伯联合酋长国外交部为此次会议的成功召开付出的巨大努力，感谢中国外交部、阿拉伯国家联盟、阿拉伯驻华使节委员会及其他有关部门的精心筹备与组织。

七、与会者欢迎第五届“中阿文明对话研讨会”2013 年在中国举行。2012 年召开的“中阿合作论坛”部长级会议将在《2012—2014 年行动计划》中对此予以确认。